“十二五”普通高等教育本科国家级规划教材
普通高等学校体育专业类基础课程教材

体育科学研究方法

（第四版）

黄汉升 主编

中国教育出版传媒集团
高等教育出版社·北京

内容简介

本教材是普通高等学校体育专业类基础课程教材。本教材在前三版的基础上，贯彻落实党的二十大精神，结合新时代教育最新政策和文件精神以及当前教学需要重新修订。本教材主要内容包括体育科学研究导论、体育科学研究选题、体育科学研究设计与计划、文献法、观察法、调查法、实验法、体育科学研究资料的整理与分析、体育科学研究论文的撰写与评价、体育科学研究者的科学素养。本书为新形态教材，用二维码关联了研究案例、政策文件、实践操作视频等资源，既可作为普通高等学校体育专业学生的必修课教材，也可作为体育理论研究者的参考书。

图书在版编目（CIP）数据

体育科学研究方法 / 黄汉升主编. -- 4版. -- 北京 : 高等教育出版社, 2024.1（2025.11重印）
ISBN 978-7-04-061822-8

Ⅰ. ①体… Ⅱ. ①黄… Ⅲ. ①体育科学－研究方法 Ⅳ. ①G80-3

中国国家版本馆CIP数据核字(2024)第043870号

Tiyu Kexue Yanjiu Fangfa

策划编辑 范 峰 责任编辑 杨 琛 封面设计 王凌波 马天驰 版式设计 于 婕
责任绘图 易斯翔 责任校对 胡美萍 责任印制 存 怡

出版发行	高等教育出版社	网 址	http://www.hep.edu.cn
社 址	北京市西城区德外大街4号		http://www.hep.com.cn
邮政编码	100120	网上订购	http://www.hepmall.com.cn
印 刷	保定市中画美凯印刷有限公司		http://www.hepmall.com
开 本	787mm×1092mm 1/16		http://www.hepmall.cn
印 张	22.5	版 次	1999年6月第1版
字 数	470千字		2024年1月第4版
购书热线	010-58581118	印 次	2025年11月第6次印刷
咨询电话	400-810-0598	定 价	52.00元

本书如有缺页、倒页、脱页等质量问题，请到所购图书销售部门联系调换

物 料 号 61822-A0

前　言

体育科学是研究体育现象及其规律的科学，在促进身心健康、提高生活质量、丰富社会文化生活、推动经济社会发展等诸多方面具有重要的作用。体育科学研究能力是体育专业学生的一项基本能力。“体育科学研究方法”作为普通高等学校体育专业类基础课程，是体育专业学生的必修课程，其目标是通过课程教学使学生掌握体育科学研究的基本理论、基本方法，具有科学研究素养和能够从事体育科学研究的初步能力。

本书以第一版、第二版、第三版教材为基础，根据教育部的最新精神和当前教学需要重新修订而成。本教材的新亮点与新变化体现在以下四个方面：

一、坚持以提高体育专业学生科学素养为宗旨，注重理论知识与实践操作的有机结合。强调体育科学研究方法基础理论知识的重要性，并通过精选的大量优秀论文、实验方法、典型案例等来介绍体育科学研究的过程和方法，增强了教材的操作性、实用性。

二、紧扣教育强国、体育强国、健康中国等重大战略导向，遵循科学性、时代性、先进性等原则。章节安排不仅系统反映体育科学发展的基本轨迹，还着力呈现出新时代体育科学理论创新与实践探索所取得的重要成就。本教材能够帮助学生形成发现问题、分析问题、解决问题的能力，并引导学生在进行体育科学研究过程中树立服务国家战略、回应社会现实的意识。

三、重视教材编写与课程思政的有机融合，进一步提升学生科学研究的探究能力与综合素养。例如，通过拓展阅读栏目引入体育科学家科学研究事例，北京奥运会、北京冬奥会、杭州亚运会以及世界大学生运动会中体育科学研究在体育领域的应用等，激发学生的科研兴趣，厚植学生的爱国主义情怀，引领学生传承中华体育精神。

四、系统整合体育科学理论及相关研究的前沿动态，精准聚焦体育科学及相关专业特点。新增了“如何学好体育科学研究方法”、各章节思维导图等内容，使学生可以更为系统、直观地了解并掌握基本理论、基本方法。对文献法、观察法、调查法、实验法等常用科学研究方法进行了补充与完善，对具体操作流程进行了补充，提高了科学研究方法应用的严谨性、科学性，力图使学生学到科学研究方法知识的“精华”，做到“学以致用”。同时，结合互联网时代人才培养与本科专业学生需求的变化，同步更新了“应用案例”“推荐阅读文献”“应用专栏”等相关内容，以帮助学生更好地理解体育科学研究方法的基本理论并灵活运用。

本书是在全国高等学校体育教学指导委员会的指导下组织编写的，凝聚了全国众多高校从事体育科学研究方法教学与研究的专家、教授的智慧，是大家精诚合作、共同努力的成果。自2023年1月教材编写工作启动以来，编写组前后共召开了3次修订会，数易其稿。本书由福建师范大学黄汉升教授担任主编，具体分工如下：第一章，王健教授（华中师范大学）；第二章，魏德样教授（福建师范大学）；第三章，李艳翎教授（湖南师范大学）；第四章，邓星华教授（华南师范大学）；第五章，姚蕾教授（北京体育大学）；第六章，夏树花副教授（河南师范大学）；第七章，毛文慧教授（南京师范大学）；第八章，史兵教授（陕西师范大学）；第九章郑旗教授（山西师范大学）；第十章，宋全贞教授（华东师范大学）。全书最后由黄汉升教授统稿。

本书在编写过程中得到了全国高等学校体育教学指导委员会的支持和指导，参考借鉴了国内外相关学者的最新研究成果，在此一并表示感谢。本书可以作为高等院校本专科学生的体育科学研究方法课程教材，也可供广大体育教师和体育理论研究者学习参考。

书中的疏漏和不妥之处，敬祈专家学者不吝指正。

黄汉升

2023年10月

目　录

科学无国界，科学家有祖国。我国科技事业取得的历史性成就，是一代又一代矢志报国的科学家前赴后继、接续奋斗的结果。

——习近平

在科学上没有平坦的大道，只有不畏艰险沿着陡峭山路攀登的人，才有希望达到光辉的顶点。

——［德］马克思

第一章 体育科学研究导论

本章提要

本章在阐述科学、体育科学、科学研究、体育科学研究、科学研究方法、体育科学研究方法等基本概念的基础上，阐述了体育科学研究的特点、发展趋势及其类型、任务、内容和基本程序，并介绍了体育科学研究方法的分类和发展趋势。

学习目标

1. 掌握科学、体育科学、科学研究、体育科学研究、科学研究方法、体育科学研究方法等基本概念，了解科学研究与体育科学研究的特点，以及体育科学研究的发展趋势。

2. 把握体育科学研究的任务、内容，理解并掌握体育科学研究的基本程序。

3. 了解体育科学研究方法的分类和发展趋势。

4. 能够认识到体育科学研究对体育事业发展的重要意义，树立热爱体育事业、积极参与体育科研的意识。

关键词

科学；体育科学；科学研究；体育科学研究；科学研究方法；体育科学研究方法

本章思维导图

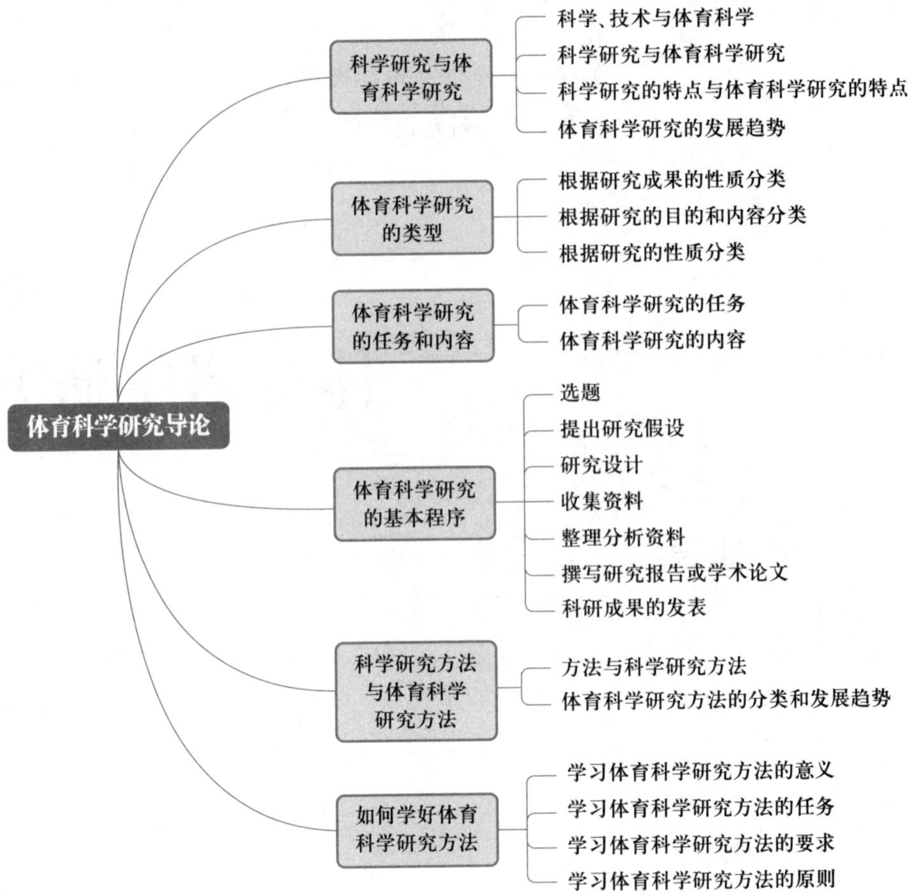

体育科学研究方法是指人们为了科学地认识和揭示体育运动发展的客观规律而采用的手段、途径、工具和方式的总称。随着科学技术的飞速发展，体育也以科学化和社会化的特征跨入了崭新的现代体育的发展阶段，并以前所未有的规模和力度，渗透到人类社会和生活的各个领域。实践表明，现代体育的快速发展客观上要求体育科学展示出与之相适应的进步，而体育科学的进步又与体育科学研究方法的改进和应用息息相关。体育现象的多样性和复杂性，使得体育科学研究必然要利用自然科学、社会科学和相关科学领域的知识来描述、解释和预测丰富的体育现象、问题及发展趋势。体育科学与其他科学的交叉、渗透，形成了许多新兴的体育学科，体育科学已成为一个相对独立的学科群。体育事业的发展离不开体育科学研究的支持，而体育科学研究则需要科学研究方法的支撑，掌握体育科学研究方法是进行体育科学研究的前提。

体育科学是认识的结晶，体育科学研究方法是认识的手段。但无论是从体育科学的发展历史来看，还是从体育科学研究的过程来看，体育科学的每一个进步都与体育科学研究方法的进步和运用密切相关。体育科学的产生和发展，是以体育科学研究方法的创新和进步为支撑的，而体育科学研究的对象、形式、过程等又直接决定了体育科学研究方法的选择和运用。人们借助体育科学研究方法不断加深对体育科学的认识，体育科学研究方法一方面可以作为认识的工具和手段，另一方面又是体育科学发展成果的一部分。可以说，体育科学的进步与体育科学研究方法的进步是相辅相成的。

第一节　科学研究与体育科学研究

体育科学是科学体系的组成部分，体育科学研究是科学研究的重要内容。认识体育科学要从认识科学开始，理解体育科学研究要从理解科学研究起步。而要想把握体育科学研究的特点，就要先了解科学研究的一般特点，在此基础上，才能更深刻地认识体育科学研究的特点与发展趋势。

一、科学、技术与体育科学

（一）科学

“科学”在人们日常生活中是耳熟能详的一个词，但是关于什么是科学，目前尚无一个为世人所公认的定义。由于科学自身的发展以及人们对其认识的不断深化，科学的定义也在不断完善。尽管存在着差异，但在“科学是人类社会现存各类知识体系的总称，涵盖人类认识进步的一切成果”这一点上，人们的认识却有着高度的共识。纵观科学发展的历史，科学在不同时期、不同背景下有不同的定义。在《辞海》中，科学被定义为：运用范畴、定理、定律等思维形式反映现实世界各种现象的本质和规律的知识体系。

科学源自人们对客观世界的真实认知，是能够反映客观世界各种现象本质和规律的知识体系。同时，科学具有鲜明的共同性、实验性、探索性、逻辑性等特征。这意味着科学不仅是一种系统的知识体系，还是围绕此知识体系所进行的探索活动和获取相应、可靠知识的工具，是社会活动体系中必不可缺的部分。

（二）技术

在日益重视科学与技术的现代社会，谈到“科学”就不得不提到“技术”。“科学”与“技术”关系密切，以至于人们常常将“科学”与“技术”合称为“科学技术”。“技术”（technology）一词来源于希腊，是希腊语“techne”（技艺、手艺）和“logos”（文字、语词）的组合，本意是一种实用的技艺，包括艺术、技能、本领等。与“科学”一样，“技术”也是一个动态的概念，它随着社会历史和人类认识的发展而变化，因此，国内外学者对“技术”的概念亦有不同的见解。比较普遍、综合性的概述是：技术是人们以科学理论为指导，在利用自然和变革社会的实践中，获得物质财富、精神和信息手段的总和，包括各种劳动工具、方法、设备、工艺、信息和规则的体系。①“科学技术”实际上包含人类认识世界和改造世界两个方面，其中，“科学”属于认识世界这个范畴，其根本职能是认识自然和社会，通过对各种自然现象和社会现象发生、发展的规律性的揭示，并以提供具有指导和应用价值的理论为主要方式，着重解决“是什么”及“为什么”的认识问题。而“技术”属于改造世界的范畴，其根本职能是通过技术所具有的实际作用，实现人类对客观世界的控制和改造，主要以提供生产和生活所需的工具、工艺及手段的方式，着重解决“做什么”及“怎样做”的实际任务。

综上所述，科学是发现那些在世界上客观存在的事物或现象的本质和规律，而技术则是发明那些世界上从来没有的东西。科学是提供应用的理论，而技术则是使可能应用的理论变成现实。科学与技术各有特征，但二者都是人类科学研究活动的组成部分，是辩证的统一体。

（三）体育科学

体育科学（sport science）是研究体育现象、揭示体育内部和外部规律的一个系统的学科群。②体育科学是科学的重要组成部分，它不仅是一种知识体系、一门学问，而且是一种包含多层含义的现代科学概念。其概念可以从以下几个方面去理解：

（1）作为一种知识体系，体育科学不仅有自身的知识系统和理论框架，而且还有其学科群。随着体育事业及体育科学研究的深入，通过交叉融合，一些新兴体育学科不断产生，日益丰富着体育科学知识体系。

（2）作为一种方法论体系，体育科学不仅有自己的方法体系，而且能作为人们认识体育规律和指导体育实践的工具。

（3）体育科学不仅是体育认识活动的结晶，即一种知识体系，而且是体育认识活动本身，是创造体育理论的科学研究过程或社会精神活动过程；同时，它还包括体育科学共同体、体育学术组织等社会建制。

（4）从研究对象上看，体育科学不仅要研究体育是什么或曾是什么，而且还要研究为什么和怎样进行科学的体育运动，它不仅要研究体育规律，而且要研究体育价值和体育规范。

虽然体育科学已成为一个内容结构比较齐全又相对独立的学科群，但体育科学仍是一门比较年轻的综合性科学，尚处在不断完善与发展之中。不断地整合和分化是体育科学的基本特征之一。

随着体育事业及体育科学研究的发展，尤其是科学技术不断向体育实践的渗透以及体育科学与其他相关学科的交叉和融合，一些新兴的体育学科不断产生。

---

① 周登嵩. 体育科研概论［M］. 北京：北京体育大学出版社，1995：5.

② 中国体育科学学会，香港体育学院. 体育科学词典［M］. 北京：高等教育出版社，2000：291.

由于体育科学知识体系的综合性和多样性，对体育科学体系进行准确分类显得比较困难，体育科学的分类问题一直是体育学者探索的重要问题之一。

在我国，早期的学者倾向于将体育科学分为三类：① 体育基础学科，如运动解剖学、运动生理学、运动生物力学、体育哲学、体育社会学、体育教育论等；② 体育应用学科，如学校体育学、运动训练学、体育测量与评价等；③ 运动技术学科，如田径、球类、体操等各运动项目的理论与技术。他们认为，体育基础学科为其他学科提供理论依据，其他学科则为体育基础学科探索普遍规律积累材料。也有学者主张将体育科学分为 4 类，即体育哲学与社会科学类、体育管理科学类、自然科学管理类和运动技术学科类。

《体育科学词典》将体育科学分为：

1. 体育基础学科

体育基础学科由一些自然科学和社会科学的基础学科构成，是体育应用学科生长的母体，如教育学、社会学、伦理学、历史学、心理学、解剖学、生理学、物理学、化学等。

2. 体育应用学科

体育应用学科是体育科学中最重要的部分，它是在体育基础学科的基础上，与体育自身本质特点结合发展起来的，如运动解剖学、运动生理学、运动生物力学、体育心理学、体育教育学、体育社会学、体育史学、运动训练学等。

3. 体育技术学科

体育技术学科是研究各个具体运动项目和相应技术的特殊规律的理论和学说，如田径技术、体操技术、球类技术等。

可见，对体育科学体系分类的研究，一直是人们孜孜以求的课题。

在我国的相关文件中，由于目的、需要及时期的不同，对体育科学的分类和归属也有所不同。一般情况下，“体育学”一词与“体育科学”一词的含义一致，处于同一层次。例如，根据科学研究的需要，2009 年国家质量监督检验检疫总局、国家标准化管理委员会发布的《学科分类与代码》（GB/T 13745—2009），将学科分类定义为一级、二级、三级，共设 62 个一级学科或学科群、676 个二级学科或学科群、2 382 个三级学科。体育科学是 62 个一级学科或学科群中的一个，体育科学又分成 13 个二级学科，分别为体育史、体育理论、运动生物力学（包括运动解剖学等）、运动生理学、运动心理学、运动生物化学、体育保健学、运动训练学、体育教育学、武术理论与方法、体育管理学、体育经济学、体育科学其他学科。另外，在科技统计领域，我国的学科体系通常划分为五大门类，分别为自然科学、农业科学、医药科学、工程与技术科学、人文与社会科学，体育科学被列入人文与社会科学门类。再如，根据人才培养的需要，1997 年，国务院学位委员会、国家教育委员会颁布的《授予博士、硕士学位和培养研究生的学科、专业目录》将一级学科“体育学”分为体育人文社会学、运动人体科学、体育教育训练学和民族传统体育学 4 个二级学科。2022 年，教育部对《普通高等学校本科专业目录（2012 年）》进行了修订，形成了最新的《普通高等学校本科专业目录》。修订后的体育类本科专业分为体育教育、运动训练、社会体育指导与管理、武术与民族传统体育、运动人体科学、运动康复、休闲体育、体能训练、冰雪运动、电子竞技运动与管理、智能体育工程、体育旅游、运动能力开发 13 个专业。

可见，体育科学体系的分类是根据具体情况决定的，“体育学”与“体育科学”在通常情况下，具有相同含义。

由于体育运动中的主体和客体都是人，而人既具有自然属性又具有社会属性，这就使体育现象和体育问题具有复杂性和多样性。体育运动中主客体的统一性以及体育问题的复杂性和多样性，必然要求体育科学研究要利用多学科的知识。因而，体育科学的领域既涵盖自然科学又涵盖人文社会科学。体育科学是一门既年轻又古老的学科，在其形成独立体系后又表现出极强的综合性的特点。说它年轻，是因为体育科学形成独立的体系只有几十年的时间；说它古老，是因为体育科学是以许多古老而经典的学科为基础而形成的。体育科学是由数十门乃至近百门学科按照体育内在的和外在的本质联系构成的一个有序的知识体系。体育科学与其他学科一样，呈现出两个特点：一是学科不断分化，研究的领域越来越细；二是与其他学科交叉、渗透，不断有新的学科生成。正是这种研究的不断深入以及与其他学科的交叉、渗透，才使得体育科学的研究水平不断提高，进而深化了人们对体育本质规律的认识。

随着现代科学和体育的发展，体育科学日益显示出它的重要性。体育科学不仅是现代体育事业的重要组成部分，而且是现代体育发展的先导、桥梁和催化剂。实践表明，一个国家体育的发展程度与其体育科学发展水平密切相关。只有树立正确的体育科学观，了解体育科学的本质特征和属性，明确现代体育科学的系统、结构、层次，认清体育科学的地位和作用，才能适应形势，促进体育的发展。

二、科学研究与体育科学研究

（一）科学研究

“科学研究”一词来源于英文的 research，由前缀 re（再度、反复之意）与 search（探索、寻求之意）组成，合起来的意思是反复探索。然而，世界各国习惯于用“研究与开发”（research and development，简称 R&D）来表示科学研究。科学研究实质上由两部分组成：一部分是创造知识，即创新、发现和发明，是探索未知事实及其规律的实践活动；另一部分是整理知识，即对已有知识进行分析整理，使其规范化、系统化，是知识继承的实践活动。由此可以给科学研究下这样一个定义：科学研究是人们探索未知事实或未完全了解事实的本质和规律，以及对已有知识进行分析整理的实践活动。科学研究的内容包括观察或探索未知事实的本质及其规律，验证与发展有关事实的本质及其规律，对已有知识进行分析、整理、综合以及规范化、系统化等三方面的实践活动。

（二）体育科学研究

体育科学研究是人们研究体育现象、揭示体育内部和外部规律的一种创造性的实践活动，是人类科学研究活动的重要组成部分。体育科学研究的基本范围包括：探索体育领域中尚未掌握的知识和规律；检验体育实践中所依据的学说和理论；探索如何将已有的体育知识和规律应用于体育实践。其中，探索体育领域中尚未掌握的知识和规律是体育科研工作的主要任务和内容。

不忘初心，我把一生都献给体育科研事业

体育科学研究是随着体育运动的发展而展开的。早期的体育科学研究局限于教育学范畴。随着生物科学的发展，尤其是生理学的发展，自然科学逐渐向体育科学研究领域渗透。有组织的体育科学研究开始于20世纪初。1912年，德国成立了世界上第一个运动医学会。1924年，日本成立了国立体育研究所。1928年，国际运动医学联合会成立。此后，一些国家的体育学府也成立了体育科学研究部或研究所，如苏联的莫斯科体育学院在1932年成立了体育科学研究部。而体育科学研究真正在世界范围内开展，则是在第二次世界大战以后。

中国有组织地开展体育科学研究工作是在新中国成立以后。1954年，北京体育学院设立了研究部，开始培养研究生并开展体育科学研究工作。1958年，国家体育运动委员会成立了体育科学研究所。之后，各省、自治区、直辖市也相继成立了体育科学研究所。目前，我国已建立起比较完备的体育科学研究机构体系，体育科学研究的社会组织也日渐丰富。我国体育事业的快速发展，尤其是改革开放以来竞技体育取得的举世瞩目的成绩，是与我国十分重视体育科学研究工作密切相关的。目前，我国的体育科学研究正处于一个前所未有的快速发展时期。

三、科学研究的特点与体育科学研究的特点

（一）科学研究的特点

科学研究是以一种特殊方式，将脑力劳动和操作劳动结合但以脑力劳动为主的社会生产劳动。虽然科学研究是人类活动的组成部分，但与人类的其他活动有所不同，它表现出以下特点：

1. 科学研究的继承性

探索新领域、创造新知识是科学研究的主要任务，而这一任务完成的前提和基础是对人类已有相关知识的把握和继承。任何科学研究都不可能从零开始，都是在前人或他人创造的基础上进行的，都是要利用前人或他人的研究成果，并且以前人或他人的研究成果为起点，这就是科学研究的继承性。例如，马克思创建的政治经济学就是建立在18世纪古典经济学的基础之上的，运动训练中的超量恢复原理就是建立在生理学基础之上的。这种继承性具有两层含义：一是继承和利用前人或他人的科学理论和研究方法，使之作为继续研究的工具；二是继续完成前人或他人尚未完成和尚未开辟的研究课题。科学研究继承性的具体内容包括科学研究的方向、研究目的和研究过程的指导思想、科学理论（系统性、规律性

的知识体系）、科学研究方法、经验事实材料甚至教训等。继承性是科学研究创造性活动和探索性活动的基础条件。

2. 科学研究的创造性

探索是创造的前提，创造是探索的发展，是探索中的发现，是探索的结果。科学研究的目的就是发现新事物、创造新知识、研制新产品。它不是重复前人或他人的劳动，而是在继承已有成果的基础上进行十分艰辛的探索。继承只能使知识储存、延续，但不能使科学理论发生质变。只有在继承的基础上进行创造，才能使知识扩大、深化和发展。那么，何谓科学研究的创造性呢？如果能用新的资料和新的方法，站在新的角度去研究新的问题，提出新见解、得出新结论、发现新规律、做出新发明，那么这种科学研究就具有创造性。创造性是科学研究区别于其他活动的一个显著特点。科学研究的创造性表现在基础性研究中，就是要揭示或发现新规律和创造新理论；表现在应用性研究中，就是要发现新的技术原理、新的方法和手段；表现在推广性研究中，就是要创造出过去没有的新产品。创造性是科学研究的灵魂。因此，科学研究工作者必须具有创新精神。

3. 科学研究的探索性

探索，就是在揭示事物规律的过程中把未知变为已知。科学研究的共同特点是探索未知，解决尚未解决的问题。对于一个尚未解决而又值得研究的问题，由于在研究过程中存在许多不确定的因素，必然会增加探索过程中失败的可能性。而对未知世界的探索过程，本身就是一个“探索—失败—再探索—再失败—直至成功”的过程。失败是科学研究中的正常现象。只有善于从失败中总结经验和教训，才有可能取得研究的成功。因而，科研工作的管理人员要理解且允许研究人员的失败，并支持其不断地在失败中总结经验教训和进行新的探索。同时，科学研究工作者也必须具备坚韧不拔的精神，经得住失败的考验，有不达目的决不罢休的顽强意志。

4. 科学研究的一次性和连续性

所谓科学研究的一次性，就是一个研究课题对一个研究单位或一名研究人员来说，只能进行一次。即对已经完成的课题，没有重复研究的价值。因为，科学研究的成果一旦被社会所接受或承认，就为社会所共享，除不完善的成果外，没有必要重复研究。因此，研究人员总是同新的问题打交道，不会重复做已经解决了的课题。即使要做，也是在原来课题的基础上进行改进或研究原来课题中尚未解决的问题。

研究工作的连续性包括三个方面的含义：一是研究过程的连续性，即从选题到出成果，整个研究过程都是一环扣一环地连续进行。二是脑力劳动过程的连续性。创造性的脑力劳动最怕中断，只有集中精力和时间，专心致志地思考某一个问题，才能获得最佳的思考效益。三是集体劳动的连续性。重大研究课题往往需要几代人的努力，要一代接一代地进行，这也是继承性在科学技术研究形式上的反映。

5. 科学研究的艰巨性和复杂性

从本质上讲，科学研究是一种艰巨复杂、难度较高的探索性脑力劳动。对研究者来说，不仅要弄清楚“已知”到了什么程度，而且更要知道“未知”在什么地方，只有这样，才能抓住探索的目标。探索性和创造性是科学研究的两个基本特性。探索和创造是非常复杂、非常艰苦的过程。因此，科学研究成果，哪怕是一点微小的成果，都是研究人员在付出极其艰巨的劳动代价之后才获得的。科学研究的这种艰巨性和复杂性首先表现在它的长期性上。任何科研成果都是研究人员长期地、一点一滴地积累资料和废寝忘食地钻研问题后取得的。有的人甚至奋斗终生都不能取得成果，而需要后继者替他继续研究下去。不做长期的艰苦探索，企图靠短期突击取得成果的人，显然缺乏对科学研究的艰巨性和复杂性的充分认识。其次，科学研究的艰巨性和复杂性表现在研究过程的精确性上。精确性是科学研究工作的基本要求，没有精确性就不能称为科学。科学研究的精确性表现为资料的精确、观察的精确、计算的精确、分析论证的精确和表述的精确等。

6. 科学研究的综合性和协作性

随着科学研究对象的复杂性和研究内容综合性的增强，一些课题的难度增大，仅靠个人的努力或单学科的知识是难以完成的，尤其是一些重大课题的研究往往需要多学科的集体联合攻关才能完成。在科学技术飞速发展和分工日益细化的今天，在运用已有知识探求新知的过程中，一个人的知识面和知识深度往往不能胜任较为复杂且涉及面较宽的综合性研究课题。这些课题必须要由各个学科的专家、学者以及专门的实验人员共同组成一个研究集体，然后在研究集体的相互密切配合下进行联合攻关。这使得当今的科学研究往往表现出综合性和协作性的特点。

（二）体育科学研究的特点

体育科学研究工作是整个人类科学研究活动的一个组成部分，它除具有科学研究所具有的一般特点外，还具有一些体育科学研究自身的特点，主要表现在以下几个方面：

1. 体育科学研究对象的复杂性和个体差异性

体育科学研究最主要的研究对象是运动中的人和人的运动。从生物学观点来看，人体是一个结构巧妙而又无时不在变化的复杂有机体。从社会学观点来看，参加体育运动的每一个人，又都是具有不同社会背景、生活背景和团体背景的社会成员。体育科学研究既要揭示人体运动规律以帮助人们取得更好的竞技或锻炼效果，又要研究和探讨体育运动对每一个社会成员会产生怎样的生理学、社会学、心理学、教育学以及伦理学意义上的效应。同时，参与体育运动的人，有思维特征、个性特征、智力水平及道德水平上的差异，有性别、年龄及健康水平的差异，有专项、训练年限、训练水平的差异，有技术水平及战术风格的差异。由于存在研究对象的个体差异性，体育科学研究往往难以进行重复试验。

2. 体育科学研究中知识运用的高度综合性和研究方法的多样性

体育科学的主要研究对象是人，人具有自然和社会的双重属性，同时体育问题具有多样性和复杂性，这决定了体育科学是一门综合性科学。从体育科学本身的产生和发展来看，体育科学是一门新兴的综合科学。它正是综合运用了其他自然科学、社会科学、思维科学的许多理论和方法来研究体育运动中的各种现象和问题，在研究成果不断积累和系统化的基础上，才产生和发展了各门体育学科并由此构成总的体育科学体系。一些重大体育课题的研究往往离不开多学科知识的综合利用和支撑，也离不开多种研究方法的综合运用，仅靠单一的学科知识、单一的研究方法很难全面揭示复杂的体育问题和规律。正是由于体育科学的研究对象不仅有自然属性的人体本身，也有社会属性的人，还有与体育有关的物（如体育器材、设备等），体育科学研究具有复杂性和综合性的特点。这就要求在体育科学研究中要综合运用自然科学、人文社会科学及思维科学的知识和方法，同时，这对体育科研人员的知识结构、智力结构以及现代体育科学研究的组织管理工作都提出了更高的要求。只有进行多学科的综合研究，才能深刻揭示和探索体育实践中存在的问题。

2008 年北京奥运会里的“隐形翅膀”

3. 体育科学研究的应用性和伦理性

从根本上讲，体育科学研究的目的在于促进体育运动的发展，增进人的身心健康。实践性是体育运动的基本特征之一。体育科学研究的选题大多直接来源于体育实践，研究目的往往指向体育教学、身体锻炼、运动训练和竞赛的方法与手段，研究结果能在较短时间内直接或间接地提高运动技术水平、锻炼水平或体育教学质量，因而表现出应用性强、研究周期短、中间环节少等特点。也就是说，体育教学、运动训练和体育锻炼的实际问题往往是体育科学研究的课题来源和主要或直接的研究目标，研究结果也往往直接或间接地用于体育运动实践。这正是体育科学研究应用性的突出表现。而且，由于体育问题的复杂性以及体育科学的综合性，在体育科学研究过程中往往要运用有关基础学科提供的科学依据和基本理论来解决体育问题，这种对相关学科知识的广泛应用，也是体育科学研究应用性的又一突出表现。

也正是由于体育科学研究的根本目的在于促进人的身心健康发展，一些研究成果的价值也往往要通过体育运动中的人来体现，即使是场地设施和器材研究，也应有利于体育运动的开展及人在体育运动中的安全使用，因此，在体育科学研究中必须强调伦理问题。例如，生命科学的研究及其广泛应用，尤其是基因技术的发展给传统伦理道德带来的冲击尤为突出，既寄托了人类对美好生活的向往，也潜伏着人类最深切的恐慌。而基因技术在体育科学中的运用，则为运动医学、运动康复、运动选材、体能训练的研究与实践领域提供了广阔的前景，但也容易引发诸多伦理问题。主要表现为：基因技术的运用，会使运动训练的选材、运动训练的方式、运动恢复的手段发生改变，运动员的运动成绩因得益于基因技术而得到迅猛提高。而这在一定意义上会使运动竞赛的本质和价值在生命科学技术的干预下变得模糊不清，竞赛的公平性原则也将面临挑战。同时，保护基因隐私与避免基因歧视的问题也随之出现。

体育科学研究是涉及人的科学探究活动，因此，在遵循科学研究范式和原则的同时，也应遵循科学研究的伦理原则，避免研究中的伦理问题。在体育科学研究中要坚持以下三个原则：① 可接受性和不伤害原则，即要考虑参与者的权益，要采取预防措施避免损害；② 自愿和自由原则，即让参与者知情并同意，而不能强迫、限制参与者参与研究；③ 尊重隐私和保密原则，研究者应与参与者建立一种信任关系，确保对参与者不愿透露的信息做好保密工作。

四、体育科学研究的发展趋势

高度分化又高度综合，成为当今和未来科学技术的基本特征。在学科不断分化的同时，学科间的交叉、融合也在不断加强，新兴的边缘学科、横断学科不断出现。这种既分化又综合的特征，构成了现代科学技术发展的总趋势。随着体育事业的蓬勃发展，体育科学研究越来越受到重视。体育科学活动作为人类科学活动的一个组成部分，也必然要顺应现代科学技术发展的总趋势，而且体育科学自身的发展，从一个侧面也揭示和印证了科学技术的这一发展趋势。概括起来讲，体育科学的发展趋势主要表现在以下几个方面：

（一）体育科学研究向合作化与综合化方向发展

学科之间的交叉、渗透和融合，新兴学科和边缘学科的诞生，构成了现代科学发展的总趋势。体育科学也不例外，与相关学科的交叉融合也是体育科学的发展趋势。体育科学研究仍将在分化与综合的矛盾中展开，表现为对立统一的相互作用。由于体育科学研究对象的复杂性和差异性以及体育问题的多样性和复杂性，因此，体育科学研究工作必须由多学科专家相互合作，应用各自学科的理论知识共同研究，才能获得重大的研究成效。在我国，体育科学研究的综合化趋势已十分明显，国家、省部级的一些重点和重大招标课题往往是综合性的，且正由越来越多的研究团队承担，而这些团队多是由不同学科领域的学者组成。随着体育科学研究的不断深入，体育科学研究的合作化与综合化将进一步表现为体育科学发展的一大趋向，体育科学与相关学科的交叉融合，将催生新兴学科的不断出现，使体育科学体系不断丰富完善，这也使得体育科学研究工作的规模不断扩大，参与人员不断增加。

（二）体育科学研究领域与研究主题向多样化与多元化的趋势发展

从整体情况看，竞技体育和学校体育一直是我国体育科学研究的重点领域，但随着经济社会的发展，人们对健康的认识逐步提高，健康意识空前加强。人们在追求物质需要满足的同时，也追求精神上的充实和心灵上的丰盈，尤其是“健康第一”的指导思想已开始深入人心。人们在庆贺竞技体育辉煌成绩的同时，也在呼唤休闲体育、社区体育、全民健身等领域的发展。近年来，体育产业和健康产业受到国家和社会的重视，体育产业相关领域的研究，已成为体育科学研究新的热点；在依法治国、全面深化改革的背景下，依法治体、全面深化体育改革等领域的研究，将成为体育科学研究的新课题；在体育运动国际化、信息化与数字化的背景下，国际体育比较、民族传统体育的国际推广、体育信息化领域的研究，将继续受到重视。这不仅使体育科学研究的对象扩展到全社会的各个领域，也将使体育科学研究的主题、类型和层次得到拓展和丰富，并表现出研究领域的多样化和研究主题的多元化。

（三）体育科学研究中现代科学技术设备运用的精密化与普及化趋势

随着体育事业的发展，人们对体育科学研究工作的要求也不断提高。而作为体育科学研究工具和手段的精密仪器设备及技术，为体育科学研究的质量提供了可能。例如，在 2022 年北京冬奥会正式亮相的反兴奋剂干血点检测技术，使用了更加智慧的干血点检查器材“干血点扇贝芯片”，提高了监测的精准度和便捷度。“ptychography”算法驱动的电子显微技术，其精度已达到一万亿分之一米，将为更精细的运动人体科学微观研究提供可能。DNA 技术在体育科学研究中的进一步应用，加深了人们对一些体育问题的认识。在 DNA 基因与运动能力相关的研究报道中，研究人员利用基因技术探索了血管紧张素转换酶和 α- 辅肌动蛋白 -3 两种基因与运动能力之间的密切关系①，加深了对运动能力的认识。仪器设备不仅是体育自然科学类（如运动人体科学）研究的必要手段，在体育教育训练学研究中也将越来越普及。与其他相关的研究一样，越是深入的体育科学研究，对仪器设备的依赖程度就越高。体育科学研究的复杂性需要精密仪器设备的支撑，对仪器设备精密程度以及普及程度要求的提高，正是体育科学深入发展的需要。这种需要也是体育科学研究发展的趋势。

（四）体育科学研究方法的综合化与多元化趋势

每一种研究方法都有其优势，也有其局限性。体育问题的复杂性决定了单一的研究方法难以解决复杂的体育问题。实际上许多重大体育问题的解决是多种方法的综合运用。体育运动的发展对体育科学研究提出了更高的要求。研究方法的改进与完善，又为体育科学研究水平的提高提供了支持。如果说体育运动发展的需求是体育科学研究发展的根本动因，那么，科学技术研究方法的变革则是体育科学研究发展的关键。及时借鉴、移植相关学科的研究方法以更新、完善自身的研究方法，是体育科学快速发展一个动力机制。例如，将数学方法引入体育科学研究，比大多数自然科学晚了几百年；将实验方法、分析方法等引入体育科学研究，也比其他自然科学晚了 100 年左右；将信息论、系统论、控制论引入体育科学研究，大约比其他学科领域晚了 30 年；但灰色系统理论的发表到体育领域第一篇应用论文的出现，只用了不到 4 年的时间。② 这说明体育科学研究领域借鉴和引入其他学科研究方法的速度越来越快。

体育问题的复杂性和综合性，决定了体育科学研究要借助多学科研究方法并

---

① Papadimitriou I D, Lucia A, Pitsiladis Y P, et al. ACTN3 R577X and ACE I/D gene variants influence performance in elite sprinters: a multi-cohort study［J］. BMC Genomics, 2016, 17(1): 285-293.

② 刘嘉津，孙桂云，戴美仙. 灰色系统理论与方法在体育科研中的应用状况研究［J］. 中国体育科技，2005（3）：137-140.

对其进行综合运用，才能深刻把握并解决体育问题，这使得体育科学研究方法呈现出综合化、多样化的趋势。

（五）体育科学研究队伍的专业化与多元化趋势

随着人们对体育运动科学化程度要求的不断提高，不仅未来体育科学的科研组织、规模、队伍将不断扩大，体育科学研究人员的专业化程度也将不断提高。而且，由于体育科学研究的综合化、合作化的特征，将会有更多不同学科背景、不同职业背景的专、兼职人员参与其中。体育学研究生教育的发展，会使更多受过研究生教育并具有丰富体育科研或相关学科经历和经验的研究者进入体育科研机构从事专职科研工作，使研究队伍的专业化程度不断提高。同时，由于体育科学研究任务的多样性，在研究中不仅需要专职研究人员的参与，也需要实际体育工作者的参与和配合。例如，体育教学的改革研究需要体育教师的积极参与，体育管理体制的改革研究又需要体育管理干部的参与，研究队伍组合才能更好地解决体育实践的具体问题，研究的成果也更具有针对性和实效性，这将使体育科研队伍呈现多元化的趋势。

（六）体育科学研究的国际化与信息化趋势

作为一种文化现象的体育运动，其特点之一就是国际化。现代体育科学技术的进步与发展，与体育科学研究的广泛交流与合作是分不开的。与体育运动本身的国际化一样，体育科学研究也已经超出国家的界限并呈现国际化的趋势。信息技术的发展，使得世界各国体育科研工作者的距离大大缩短；国际体育交往的增加，使国际合作交流日趋频繁，各国联合攻关项目增多；全球化发展和信息网络的便利，使地区性、洲际性、国际性体育学术组织的建立和国际性学术活动不断增多，国际体育科学研究的交流与合作变得便捷。正是由于体育科学研究日益走向国际化与信息化，当今及时掌握世界体育科学研究前沿的最新动态以及借鉴、吸收新的研究成果才更为便捷。也正是由于体育科学研究的国际化与信息化，体育科学研究的效率和质量才大为提高。

第二节　体育科学研究的类型

体育科学研究的类型是指根据科学研究活动过程所具有的矛盾特殊性而将体育科学研究划分成的不同种类。由于分析问题的角度不同，所采用的分类依据与分类方法不同，类型的划分也多种多样。例如，可以按研究对象的领域范畴分类，可以按研究任务的特点分类，可以按研究成果的性质分类，可以按研究内容的时间特征分类，可以按研究内容与目的的特征分类，可以按研究方法的特征分类，可以按体育技术学科、理论学科分类等。此外，由于体育科学研究的学科众多，内容广泛，很难找到一种包容多种分类特征的分类方法，同一研究对象和研究过程可以按不同的分类法划分为不同的类型。但是，任何分类都要服从体育科学研究任务和目的的需要，否则对体育科学研究的分类也就失去了应有的意义和作用。

下面介绍较适用于体育科学研究的三种分类。

一、根据研究成果的性质分类

根据研究成果的性质，可以将体育科学研究分为基础性研究、应用性研究和推广性研究三类。

（一）基础性研究

基础性研究是以发现和研究体育运动中的基本规律，发展体育科学理论，揭示各种体育现象之间的联系为主要目标的研究。

基础性研究的主要任务是探索体育运动中的基本问题和基本规律，担负开辟新领域、创造新理论和新学说、寻找新方向的重要任务，是体育科学自身发展的基础。通过基础理论方面的研究，可以验证和提出新的理论性结果，不断丰富和发展基础理论学科，为应用性研究和推广性研究提供理论依据。基础性研究的周期较长，成果属于潜在生产力，一般不能立即见效，但一旦取得突破，对体育科学技术的发展会产生重要影响和深远意义。基础性研究的内容一般是比较概括和抽象的问题，因此要求研究者具有较深厚的理论知识和较强的探索创新能力。

基础性研究中较具有代表性的是基础理论研究。基础理论研究是探索体育事物发展变化的基本规律，从而发现新事物、新现象、新原理，创建新理论的一种研究活动。基础理论研究一般没有事先预定好的实际具体目标，也并非为了直接应用与实践，但基础理论研究却是科学技术发展的基础，基础理论研究一旦取得重大突破，将会极大地推进体育科学技术和体育运动的发展。基础理论研究的潜在运用价值主要是为体育运动中实际问题的解决提供理论指导。例如，关于人体机能活动变化规律的研究、超量恢复原理的研究、体育发展与经济发展关系的研究等，都可归为基础理论研究。体育的基础理论研究对体育运动的发展具有普遍指导意义。

（二）应用性研究

应用性研究是指在体育领域内为实现特定的应用目的所进行的研究。应用性研究处于基础性研究和推广性研究的中间阶段，直接面向一个专门的实际目的和应用目标而展开。其任务是为解决体育实践中的问题，运用有关基础性研究提供的科学原理，着重解决体育实践中的一些关键、基础、具体的问题。如各运动项目的新技术、新战术的实验研究，新的教学、训练方法和手段的探讨，选材方法、指标的研究以及运动场地器材的研究等，都属于应用性研究。应用性研究的成果形式为学术论文、专利、原理模型等。

应用性研究对体育运动的实践具有直接的作用，同时，应用性研究又可以把体育运动实践中的需要反馈给基础性研究，进而推动基础性研究的进一步深入和发展。

（三）推广性研究

推广性研究又称为开发性研究，即利用基础性研究、应用性研究的成果和现有知识，为创造新产品、新方法、新技术、新工艺、新材料，或完成科研任务而进行的技术研究活动。推广性研究是比基础性研究和应用性研究更为普遍的一种科学活动形式。推广性研究的基本任务是对体育科研成果做进一步的验证和推广，根据已知理论和原则应用新技术和生产新产品。其成果形式为专利设计、图纸、论证报告、技术专利、试产品等。

推广性研究的开发对于促进体育事业发展具有重要的现实意义。例如，“3D＋AI”跳水训练系统，可谓是中国跳水“梦之队”的功臣之一，数据显示，该训练系统帮助运动员将训练效率提升了20%。①2021年，中国第一汽车集团有限公司与中国航天科技集团有限公司联合向国家体育总局冬季运动管理中心交付了国产雪车——红旗雪车，在2022年北京冬奥会上，中国钢架雪车队首次实现奖牌“零”的突破。再如，近年来风洞应用到运动训练中的情况日益增多。风洞不仅可对不同运动姿态和装备进行有效的阻力测评，还能提高训练功效。在跳台滑雪训练中，由于高速飞行对人体的巨大影响，一次高强度训练课的飞行总时间仅为40~60秒，而运动员可以借助风洞模拟的各种空中飞行环境进行有针对性和选择性的训练，这可大幅增加运动员的神经—肌肉习服时间。②

2022年北京冬奥会里的科技创新

综上所述，虽然基础性研究、应用性研究和推广性研究各有不同的目的、特点和作用，但是它们是相互联系、相互制约、相互促进的有机体，共同组成了一个类别齐全、结构完整、理论与实践交融的体育科学研究体系。其中，应用性研究是联系基础性研究和推广性研究的纽带和桥梁。

二、根据研究的目的和内容分类

根据研究的目的和内容，可将体育科学研究分为探索性研究、描述性研究和解释性研究三种类型。

（一）探索性研究

探索性研究是指课题所涉及的研究范围与内容比较独特、新颖，是对过去不曾有人涉足、问津的领域进行的研究，研究者对事物的矛盾运动和研究结果都没有明确的把握。探索性研究的主要目的和任务：① 为扩大科学知识领域或建立新的理论体系，去尝试探索新奇事物与规律；② 为大规模正式研究探索新的研究方法的效果和成功的可能性，为正式研究提供经验。体育科学研究中的一些新理论（如超量恢复理论）、新技术、新战术的应用研究就属于这一类。

探索性研究面临的是尚不熟悉的事物，无同类研究成果可借鉴、参考，因而作为探索的结果虽然有可能成功，但一次成功的概率较低，甚至可能完全失败，或难以对研究课题在短期内提供满意的答案。因此，一些重大探索性研究课题耗时较长，有的需几年甚至更长的时间才能获得满意的结果。

① 参考光明网的新闻报道“中国跳水队背后的‘3D+AI’跳水辅助训练系统亮相”。

② 陈小平. 科技助力体育运动创新［N］. 人民日报，2022-2-23（16）.

（二）描述性研究

描述性研究是指在对某一问题事件进行研究的过程中，将观察了解到的事实与现象力求客观准确地加以描述，并根据描述的内容提出某种假说或初步结论。描述性研究一般包括对事物的性质、结构、数量与质量特征的描述，对概括性、规律性的反映。描述性研究在体育实践中的应用已日益广泛。例如，对大量技战术临场观察统计的研究、青少年体质调查研究、体育社会学研究中对若干体育社会现象（如体育人口的现状、城市社区体育的特征等）的调查研究等均属此类。

（三）解释性研究

解释性研究是以某些科学理论和事实为依据提出科学假说，然后通过研究过程中对事物的大量观察（包括实验、调查等）和经验事实的收集，力求在逻辑上验证假说的可能性，解释观察事实与理论假说之间的关系，从而揭示事物发展存在的某种规律，进而提出某种新的理论。

值得一提的是，上述三类研究在体育科研实践中并不是以单一的类型出现的，多数研究活动往往同时包含上述三种类型的目的和作用，力求从多角度、多方面考察与分析客观事物，较全面地反映研究对象的本质和规律也一直是体育科学研究实践不懈追求的目标。

三、根据研究的性质分类

按照研究的性质，可将体育科学研究分为定性研究和定量研究。

（一）定性研究

定性研究是根据社会现象或事物所具有的属性和在运动中的矛盾变化，从事物的内在规定性来研究事物的一种方法或角度。它以普遍承认的公理、一套演绎逻辑和大量的历史事实为分析基础，从事物的矛盾性出发，描述、阐释所研究的事物。进行定性研究，要依据一定的理论与经验，直接抓住事物特征的主要方面，不强调同质性在数量上的些微差异，研究成果往往以文字描述为主。定性研究在体育社会科学研究领域应用较多。

从研究的逻辑上看，定性研究是基于描述性的研究，它在本质上是一个归纳的过程，即从特殊情景中归纳出一般的结论。定性研究侧重和依赖对事物的含义、特征、隐喻、象征的描述和理解。

（二）定量研究

定量研究主要通过数量化的资料或信息，对数据进行量化处理、检验和分析，从而获得有意义的结论。它通过对研究对象的特征按某种标准进行量的比较来测定对象特征数值，或求出某些因素间的量的变化规律。由于其目的是对事物及其运动的量的属性作出回答，故称定量研究。

定量研究则与演绎过程更为接近，即它从一般的原理推广到特殊的情景。定量研究侧重对事物的测量和计算，仪器设备的精准度对其很关键。

定性研究和定量研究是两个相对应的研究范式，在体育科学研究中都有广泛的运用，但二者在研究目标、研究对象及研究方法上存在着明显的区别。第一，在研究目标上，定量研究重视预测控制，而定性研究重视对意义的理解；第二，在研究对象上，定量研究强调事实的客观实在性，而定性研究强调研究对象的主观意向性；第三，在研究方法上，定量研究注重经验证实（量的方面），主要运用经验测量、统计分析和建立模型等方法；而定性研究注重解释建构（质的方面），主要依据大量历史事实和生活经验材料。

第三节 体育科学研究的任务和内容

体育科学研究是针对体育理论与实践中的问题进行的有目的的研究活动。明确体育科学研究的任务，是开展体育科学研究的前提和基础。体育科学研究的任务由具体的体育科学研究内容组成，体育科学研究的内容一般可以按学科归属和课题的研究方向进行分类。研究内容的细化，有利于体育科学研究的深化。

一、体育科学研究的任务

体育科学研究的根本任务，是研究和发现有关体育运动的理论与方法问题，探索解决问题的途径和方法，揭示体育领域中各种现象和关系的本质与规律，为提高体育运动实践活动的科学性服务。具体来说，体育科学研究的任务通常包括以下几个方面：

（1）解决体育运动实践所面临的新问题，探索该问题的本质及其发展规律，创造新的理论与方法，为进一步丰富和完善体育科学体系服务。

（2）从宏观上研究体育运动产生和发展的过程和规律，以及体育运动与社会协调发展的关系和规律，为体育运动的管理机构提供决策依据。

（3）研究各种体育手段（运动动作）对增进人体健康的作用及其机制，为增强人民体质提供理论依据和实用方法。

（4）研究提高各运动项目运动员竞技能力的途径和方法，为充分认识和控制运动训练和运动竞赛过程，提高运动训练和运动竞赛过程的科学化水平服务。

（5）研究体育教育在素质教育中的地位和作用，探索实施基础体育教育和专业体育教育的有效手段和方法，为提高体育教育的质量和效果服务。

（6）研究体育的社会价值对大众思想和行为生活方式的影响及作用，充分发挥体育在全面建成社会主义现代化强国征程中的服务作用。

（7）开展全民健身、竞技体育和学校体育的机构保证、政策法规保证和物质条件方面的研究。在加快构建新发展格局、着力推动经济高质量发展的背景下，还要加强体育社会化、产业化、职业化的研究，开拓体育市场。

上述 7 个方面既可以认为是体育科学研究的基本任务，又可以认为是体育科学研究的几个基本的领域，各个领域中又包含许多具体的研究方向和研究任务。

二、体育科学研究的内容

为完成上述研究任务，体育科研工作者必须致力于体育科学研究的具体内容。体育科学研究的领域非常广阔，内容也十分丰富。而且，按照不同的分类标准可以将体育科学研究的内容划分为不同的类型。按一定的分类标准将体育科学研究的内容划分为若干类型，既有利于把握、选择和确定研究的方向，也有利于识别研究课题的性质及学科归属。这对于体育科研工作的管理以及研究成果的交流和推广，都是大有裨益的。一般而言，可按学科归属和课题的研究方向对体育科学研究的内容进行分类。

（一）按学科归属分类

按学科归属分类，可将体育科学研究的内容分为运动遗传（选材）学研究、运动生理学研究、运动生物化学研究、运动生物力学研究、体育保健学研究、体育伦理学研究、比较体育学研究、运动训练学研究、体育教育学研究、体育社会学研究、体育管理学研究、体育史学研究、体育法学研究、体育美学研究等。

这种分类方法与目前体育院（系）的课程设置类似，优点是研究内容的学科归属明确，便于研究成果的推广和交流；不足之处是课题的性质不明确，不易把握其研究成果的价值。

（二）按课题的研究方向分类

按课题的研究方向分类，体育科学研究的内容大体可以将其分为以下几个方面：体育运动的发展战略研究，体育价值观、体育思想研究，运动训练理论与方法的研究，体育教育理论与方法的研究，不同年龄、性别和不同职业的群体从事体育锻炼的理论与方法的研究，不同年龄、性别和职业的群体的体质研究，运动损伤及康复体育方面的研究，体育科研方法及新的科学理论与技术在体育运动中的推广与应用的研究，体育教学、训练、科研、竞赛等方面的仪器设备的研制，体育运动竞赛的组织与裁判法的研究，体育信息的研究，体育与大众传播媒介的研究等。

这种分类方法的优点是研究方向明确，并在一定程度上反映了课题的学科归属，也便于进行研究成果的交流、推广和相互借鉴；不足之处是课题的性质不明确，不易把握其研究成果的价值。

第四节 体育科学研究的基本程序

体育科学研究的基本程序是指一个课题从开始到结束的完整过程，是进行体育科学研究必须遵循的基本程序。一般来说，该过程可以分为选题、提出研究假设、研究设计、收集资料、整理分析资料、撰写研究报告或学术论文、科研成果的发表 7 个环节。它们之间既互相联系，又相互制约，共同构成密不可分的统一体。

一、选题

选题是进行科学研究的第一步。它是根据多方面的情况确立所要研究的问题。选题是否适宜、准确，不仅关系到个人才能和特长的发挥，而且直接影响到课题有没有价值、能否完成等。英国科学家贝尔纳曾说："科研课题的形成和选择是研究工作中最复杂的一个阶段。一般来说，提出问题比解决问题更困难。"因此，正确地选择课题，是保证研究工作顺利完成的重要前提。

在选题过程中，研究人员主要运用文献法、逻辑思维方法和系统方法等提出自己确定的研究方向内尚未解决的科学问题，选择并论证课题，然后提出假设，确定研究工作的组织形式，掌握必要的研究工具和研究方法，拟订研究计划。可见，选题是这一阶段的首要环节。选题的优劣一般取决于研究人员的知识、能力和经验。

二、提出研究假设

在选定课题之后，紧接着的是对课题的问题提出研究假设。所谓的研究假设（research hypothesis），是在体育科学研究过程中，当某个课题选定后，研究者根据事实材料和一定的科学理论，从自己的知识经验和创造力出发，对所研究的因果性和规律性，在进行研究之前预先作出的一种推断性论断和假定性解释。这种推测性的解释，既与被实践所证明的客观真理——科学理论不同，也与毫无根据的迷信传说有着本质的区别。因此，又把这种有一定理论与事实依据的推测性的解释称为科学假说。研究假设是体育科学理论发展的一种形式，也是建立和发展体育理论的必由之路，是发现新事物、形成新理论的桥梁。

研究假设作为对科学问题的一种试探性回答和预测性解释，应符合如下几个条件：其一，能够合理地解释原有的理论所能解释的事实和现象。其二，能够解释原有理论不能解释的新的发现。其三，能够明确预言尚未发现的新的事实，为进一步检验假说提供可能性。也就是说，虽然假说是在不完全或不充分的经验事实基础上推导出来的，是有待实践证实的，但它绝不是毫无理论根据的胡乱推测和主观臆断，而是具有一定的科学根据，并且得到了一定的科学论证，与原有的正确研究结论相一致的合理推测与解释。因而，研究假设具有科学性、预测性和可行性等特征。

一个研究假设的形成一般分为三个阶段：

（1）在科学研究中发现问题的阶段。

（2）在研究问题的本质或规律的过程中形成初步假设的阶段。

（3）运用科学研究方法对初步假设进行理论论证和逻辑推理，形成结构稳定、系统严谨的研究假设的阶段。

三、研究设计

研究设计是围绕所选课题制订研究的实施方案。它的内容是对研究中采用的方法（或主要方法）、研究样本、指标、工具和仪器进行详尽、具体可行的思考和设计，对研究的工作顺序、经费、人员等进行事前的计划安排。研究设计是使研究结果得到承认的基础，一个课题研究结果的可靠性，完全依赖于研究设计的有效性。因此，在现代体育科学研究中，要注重对研究方式与逻辑、研究目的与目标、研究样本与指标、研究假设、统计分析等因素的综合考虑和设计。

四、收集资料

收集资料是开展科学研究的基础，是能否得到科学发现的先决条件。对于本科生来说，这一阶段主要采用文献法、调查法、观察法、实验法等来获取研究中所需要的文献资料和新的经验事实。资料收集工作要求收集的材料真实、全面，只有这样，才能确保研究得出的结论是客观可靠的。

五、整理分析资料

整理分析资料是对通过实验观察、调查访问、统计、查阅文献等获得的资料进行分类、整理、加工的过程，是达到科学理论的必经环节和中间桥梁。研究活动不能停留在经验事实的获取与积累阶段，而必须运用各种理论思维的方法，对已经获取和积累起来的经验事实和资料进行整理与加工，使科学认识活动从感性认识上升到理性认识，透过现象看到本质，而且对于经验事实和资料的整理与加工必须具有创造性。

在此阶段的研究过程中，可能会运用到许多工具和方法，主要有：理论工具，即运用现有的科学理论去说明和解释经验事实；思维工具，即运用各种思维方式对经验事实进行分析、比较、分类和归纳，并在此基础上抽象、概括出经验事实的本质和规律；数学工具，即运用数学的理论和方法定量分析和处理经验事实，以揭示其本质属性、特征和关系；物质技术手段，特别是运用计算机去分析和处理大量复杂的数据、资料。

六、撰写研究报告或学术论文

撰写研究报告或学术论文是整个科学研究过程中必不可少的环节之一。对经验事实和资料进行整理和分析后，所得出课题的研究成果可以研究报告或学术论文等形式表现出来。研究报告或学术论文要按照特定的格式要求撰写，要有明确的主题思想，要做到结构严谨、层次清楚、实事求是、语言通顺、用词准确。研究报告或学术论文的初稿完成后，要认真修改，并在一定范围内征求同行及专家学者的意见，并根据反馈意见对其进行完善。

七、科研成果的发表

一般情况下，科研成果可以在学术会议、报纸杂志上以报告或论文的形式发表，也可以以专著的形式公开出版。科研成果发表后，要通过实践的检验之后才可以得到社会的承认，并为体育实践服务，促进体育科学的发展。

总之，体育科研的基本程序是前后连贯的，每一阶段都建立在前一阶段的基础之上，又与后一阶段承接相扣，彼此不能截然分开。只有遵循体育科学研究的基本程序，才能够加强体育科研工作的计划性，保证体育科研工作的顺利开展并取得一定的成果。

第五节　科学研究方法与体育科学研究方法

研究方法是进行科学研究的前提和基础，科学的研究方法对科学的结论具有极为重要的意义。体育科学研究同样需要科学研究方法的支撑。体育科学研究方法是指人们为了科学地认识和揭示体育运动发展的客观规律而采用的手段、途径、工具和方式的总称。伴随社会的发展与技术的进步，体育科学研究方法也不断地更新和进步，并呈现出日趋综合化与分化、数学化水平日益提高、更加注重系统方法的运用、更加重视信息技术的运用的趋势。

一、方法与科学研究方法

（一）方法

“方法”一词，在我国最早出现在春秋战国时期思想家墨子的《天志》篇中，指的是度量方形之法。后来，这个词的含义逐渐扩大和演化成为做任何事情的手段。在西方，“方法”（method）一词源于希腊文，表示沿着某种道路行进。在不同的时代、不同的文化背景下、不同的研究领域中，对“方法”一词有着不同的理解和解释：中国哲学认为，“方法”是一种规范和标准；西方哲学认为，“方法”是一种工具和手段；自然科学认为，“方法”是一种程序和结构；社会科学则认为，“方法”是一种理论的应用与对自我的认识。从现代科学意义上理解来看，“方法”是人们在一切活动领域内，为达到一定目的（认识、变革或创造客体）所选取的手段、途径、工具和活动方式的总称。

方法的特点有：① 方法与任务是联系在一起的。不同的任务，不同的目的，就有不同的方法。② 方法与理论是联系在一起的。方法不但与所要解决任务的各种具体对象的理论有关，而且同与之有直接或间接联系的各种理论知识有关，还同人们的世界观、哲学观有关。从一定意义上说，方法就是人们已有的理论、思想的一种特殊的具体化。③ 方法与实践是联系在一起的。方法可以看作在一定理论指导下的一种特殊的实践活动，而且是极富有创造性的实践活动。所以，对于一个确定的任务来说，方法是联结理论与实践必不可少的环节。一方面，科学理论通过它在方法中的体现显示出理论对实践的指导作用；另一方面，人们在实践中不断创造出来的种种新方法，又是丰富和发展理论的重要源泉之一。

将方法作为研究对象，就形成了一门专门的学问。方法与方法论的区别与联系是：方法是某一种特定的方法，而方法论是一切方法的总结和概括。方法论是以方法为研究对象的科学体系，它主要研究方法建立的原则、方法之间的关系以及如何正确应用方法等。可以说，方法论就是人们用什么样的方式、方法来观察事物和处理问题。就正确的方法论来说，马克思主义唯物辩证法是最好的方法论，是解决问题最系统、最科学的方法论。

（二）科学研究方法

科学研究方法（或科学方法）是人们为了实现认识客观世界这一目标而采用的手段方式和途径。实践表明，在一个具体的研究课题中，往往不会只使用某一种单一的研究方法，而是综合运用适合于研究工作的多种方法。尽管人们在对客观世界的探索过程中，可以使用的研究方法有很多，但并非所有的方法都是科学的方法。科学研究方法有一些重要特征，如可控制性、可操作性、可证伪性、可重复性和可争辩性等。只有了解了这些特征，才能理解科学研究方法与其他方法的区别，并将其运用于科研实践中，去完成科研任务、实现科研目的。

二、体育科学研究方法的分类和发展趋势

一般而言，体育科学研究方法是指人们为了科学地认识和揭示体育运动发展的客观规律而采用的手段、途径、工具和方式的总称。

（一）体育科学研究方法的分类

根据不同的标准，体育科学研究方法可有多种分类。现介绍两种常见的分类：

1. 按照研究方法的性质和地位分类

按照研究方法的性质和地位，可将体育科学研究方法分为三个层次：哲学方法、一般研究方法和特殊研究方法。

（1）哲学方法。在我国，哲学方法的主要依据是马克思主义哲学方法论，即辩证唯物主义和历史唯物主义的方法论。它强调认识来源于实践，强调经验事实先于理论而存在，强调用发展的观点来分析问题等。哲学方法是体育科学研究中最高层次的方法，是决定研究工作成败的根本方法。在人类为不断认识客观世界所从事的科学研究过程中，哲学方法对科学研究（包括体育科学研究）起到了重要的推动作用。然而，不同的哲学理论在体育科学研究活动中所起的作用是不同的。其中，辩证唯物主义的方法论揭示了认识的最普遍的规律，它要求研究人员立足于客观现实，在选择和解释事实时避免主观、片面，遵循客观规律来从事体育科学研究活动。这对体育科学研究工作而言，无疑具有普遍的指导意义。

（2）一般研究方法。除哲学方法外，各门不同的学科在科学研究中还运用

了大量的一般研究方法。在现代科学研究活动中，一般方法的意义不仅仅局限于同一学科的范围，还适用于几乎所有的科学研究领域。在体育科学研究中，一般研究方法主要有文献法、调查法、数理统计法、观察法、实验法等。从研究方法论的哲学视角来看，一般研究方法亦可认为是哲学方法的具体表现。一般研究方法一方面为研究者提供了有效的研究思路，使各门学科的研究获得了突破性的进展；另一方面，又直接体现在某一项具体的研究方法中，提高了研究工作的有效性。不难发现，一般研究方法同哲学方法一样，具有普适性的特点。

（3）特殊研究方法。特殊研究方法是指在体育某一学科研究领域中所采用的方法（如运动人体科学中的动物模型、尿生化、核磁共振、EPO 检测等）。必须强调的是，特殊研究方法的最大特点是不具备普遍适用性，即某一种特殊研究方法一般只能适用于某一领域或某一类的研究，而对另一领域或另一类的研究便不再适用。因此，在体育科学研究中运用特殊研究方法时要注意选择和区分。

值得一提的是，上述三种研究方法之间是相互联系、相互影响、相辅相成的关系。哲学方法为人们的认识提供普遍的指导，是一般研究方法的根据和保证；一般研究方法为体育各个学科领域所通用，它所提供的思考步骤和操作程序，能够引导人们正确、有效地获得科学认识、发现科学真理；特殊研究方法是体育各个学科领域所专用的研究方法，是一般研究方法在特殊科学领域的体现和应用。此外，由于哲学方法在体育科学研究中不具有具体的可操作性，而只能从总体上确定解决问题的方向和途径，加之特殊研究方法又缺乏对各个学科领域的普遍适用性，因此，一般研究方法在体育科学研究中就显得尤为重要，但这并没有否定哲学方法和特殊研究方法在体育科学研究中的作用和价值。

2. 按照研究方式分类

按照研究方式，可将体育科学研究方法分为定性研究方法和定量研究方法。

任何事物都具有量和质两个方面，所以在体育科学研究中也相应地存在着定性研究方法与定量研究方法两种不同方式的研究方法。在体育科学研究中，存在两种基本的相互对立的方法论倾向，一种是实证主义方法论，另一种则是人文主义方法论。这两种方法论在研究中代表着不同的研究知识的方法。一个是科学主义，另一个是自然主义。而定性研究方法和定量研究方法则是这两种方法论最为集中的体现。

（1）定性研究方法。定性研究方法是根据社会现象或事物所具有的属性和在运动中的矛盾变化，从事物的内在规定性来研究事物的一种方法。定性研究方法所收集和分析的数据主要来自观察或访谈记录、文献资料或图片、影像、实物等非文字资料。这些资料或是研究者在实地收集的，或是对已有资料信息的应用。定性研究收集资料的方法主要有观察法、访谈法、专题座谈、事物收集以及其他方式。借助计算机软件的帮助，可以有效地整理和分析定性资料。目前，已有多种软件可以对定性资料进行处理和分析，如 ATLAS.ti，Nvivo，Ethnography，Hyper Research 等。这些软件可以进行文本记录的编辑、编码、资料储存、检索和提取、内容分析以及数据展示等。近年来盛行的所谓质的研究方法，实际上也属于定性研究方法的范畴。

（2）定量研究方法。定量研究方法是对体育现象的数量特征、数量关系和数量变化进行分析的方法。定量研究往往从了解现状入手，进而分析各变量之间的关系，证实或否定某种因果关系，比较不同群体差异，并深入查明造成差异的原因等。在定量研究中，信息都是用某种数字来表示的。常见的定量研究方法有观察、实验、调查、统计等方法。其中，统计方法包括描述性统计、推论统计、多元分析方法、因子分析、结构方程模型等，常用的统计分析软件有 SPSS、R、STATA、AMOS、LISREL 等。定量研究方法包括以下几个元素或步骤：建立理论假说；收集相关数据；用统计模型测试各变量（如自变量与因变量）之间的关系；得出各变量之间的关系。

定性研究方法与定量研究方法既相互区别，又是统一的、相互补充的。定性分析是定量分析的基本前提，没有定性的定量是一种盲目的、毫无价值的定量；定量分析使定性分析更加科学、准确，它可以促使定性分析得出广泛而深刻的结论。定性与定量方法相结合，将是体育科学研究的一个潮流。

（二）体育科学研究方法的发展趋势

人类的需求推动着科学的发展，科学的发展也刺激着人类的需求。实践表明，每当科学发展到一个新的阶段，人类总会探索出新一层次的认识方法来满足人类的认识欲求并与之相适应。体育科学研究方法的发展也是随着体育实践中人们认识的不断深入而逐渐完善和发展的。当今世界，科学技术日新月异，这不但对体育实践提出了前所未有的挑战，也为开创新的体育科学研究方法提供了契机。根据体育科学研究方法的现有状况，结合当今世界科学技术发展的趋势和体育实践发展的现状与要求，体育科学研究方法的发展趋势将主要表现在以下几个方面：

1. 日趋综合化与分化

体育科学发展的历史证明，体育科学研究方法主要来源于自然科学、社会科学和其他具体学科的研究方法，是在引进和借鉴其他学科研究方法的基础上，通过辩证地扬弃、取精去粕不断丰富、发展起来的。众所周知，学科之间相互交叉与融合的趋势是现今学科发展的一大重要特征。学科之间相互渗透、融合的趋势，使得在体育科学研究中引进和借鉴其他学科的研究方法既有可能，也有必要。现代体育科学的发展已呈现出既分化、又综合的趋势，其突出的表现就是体育科学与其他学科结合形成了许多新兴学科、边缘学科或交叉学科，如体育哲学、体育社会学、体育经济学、体育管理学、运动心理学、体育遗传学、运动解剖学、运动生物力学、体育伦理学、体育环境学、体育未来学等。随着体育科学自身学科建设的不断完善以及体育科学发展综合化与分化的趋势日益加强，现代体育科学研究方法也表现出综合化和多元化的趋势。

体育科学研究方法的综合化表现为：在体育科学研究中采用多种研究方法，

社会科学研究方法和自然科学研究方法经纬交错以及多门社会科学方法之间的相互交叉和渗透，以避免单一性研究方法所造成的结果的片面性。[①] 体育科学研究方法的分化主要是指体育科学研究方法学科化的趋势，即每一学科在发展过程中形成了自身较独特的研究方法。[②] 例如，体育自然科学类研究侧重于观察法、实验法、数理分析法、典型分析法等，体育人文社会科学类研究侧重于理性分析法、访谈法、调查法等。

2. 数学化水平日益提高

体育科学研究既需要符合逻辑的定性研究，又需要令人信服的定量研究[③]，特别是一些技术动作的分析以及生物力学和生物化学参数的评定、计算，更需要应用数学方法进行定量研究[④]。从体育科学的演进与现代体育科学领域研究的内容来看，从描述肌肉力学性质的方程到根据肌肉微结构及收缩模型；从近代动物的运动模型到现代人体运动的仿真、技术的诊断设计；从运动员的选材、人体机能与体质的评价到运动图像的识别；从竞赛对策的研究到大型比赛的网络管理；从速绩现象的描述到球迷闹事、运动极点的突变现象的描述；从肌电图分析与分维表征到运动成绩及运动生理变化的混沌现象；从体育发展战略研究到博弈理论在体育科学中的应用，无一不是体育科学数学化的成果。由此可见，数学方法在体育领域的应用越来越广泛，多层线性回归、结构方程模型等新兴统计方法在体育科学研究中的不断运用，将促使体育科学研究方法的数学化水平日益提高。数学方法在体育领域的应用一般包括两个方面：一是根据体育的固有规律，把实际问题转化为数学问题，然后在计算机上求出问题的近似数值；二是按需要解决问题的性质，在计算机上进行模拟，探索其发展规律。在精确地描绘体育的本质和发展规律、进行科学预见、用定量分析掌握体育发展规律中量的精确性时，数学方法具有不可替代的作用。

3. 更加注重系统方法的运用

系统方法主要指老三论（系统论、控制论、信息论）、新三论（突变论、协同论、耗散结构论）以及现代系统思想和系统方法的最新发展，如参数型系统方法、反馈控制方法、系统动态方法、超循环法、黑箱方法等。系统理论体现了事物是普遍联系和发展变化的，这是一种科学方法论。系统方法指出，整体不等同于构成整体的各个要素的机械叠加和功能的简单总和，而是各个要素的有机联系和相互作用的结果。体育科学的综合性特点决定了其整体化发展趋势，体育科学发展的整体化要求抛弃那种把事物分割成各个部分并单独对其进行研究的方法，而要从整体出发去研究对象。因此，体育科学是由千丝万缕联系的各个要素组成

① 黄汉升．现代体育科学研究的方法学特征［J］．体育科学，1999（2）：6-10.

② 邵伟德，陈伟明．论现代体育科学研究方法论的几个特征［J］．北京体育大学学报，2002，25（4）：454-456.

③ 姜达维．再说体育科研方法［J］．天津体育学院学报，2002，17（3）：14-18.

④ 杨毅，王秉彝．体育科学研究应用数学方法的思考［J］．体育科学，1998，18（1）：14-15.

的一个复杂系统，需要把它作为一个运动着的整体加以考察，① 即把体育过程的整体和局部之间、整体与外界环境之间、各结构要素之间的相互作用联系起来，进行总的、精确的、动态的考察。运用好系统方法能够很好地处理体育过程中整体与局部、偶然与必然、可能与现实、数量与质量、形式与内容等方面的辩证关系，探索体育系统与各子系统发展变化的规律、方向和趋势。毋庸置疑，系统方法在体育科学研究中的应用将更加受到重视。

4. 更加重视信息技术的运用

2023年在成都举办的第31届世界大学生夏季运动会中的“体育+科技”

现代科学技术的飞速发展，使得从电子计算机到各种遥测／遥控设备、激光技术、光电信息技术、视听录像技术、测试仪器、模拟仪器以及人机同步测试仪器或测量设备，在体育领域得到更为广泛的应用。近些年来，人工智能（AI）、大数据、云计算、5G、区块链、虚拟现实（VR）等技术在体育中的运用，既促进了体育科学研究手段的现代化，为体育科研、训练、教学中的自动化、多功能化、遥控化、轻便化、高效化、精密化和模拟化提供了研究条件与应用保障，也促进了体育科学研究方法从单一定性描述向定性研究与定量研究相结合的方向发展。特别是互联网及互联网移动终端的升级与普及，使得体育科学研究的前沿信息得以共享和交流，避免了重复研究，提高了体育科学研究的效率，促进了世界各国在体育科学研究方面的沟通与合作，加速了新的体育科学研究方法在实践中的应用，对体育科学研究的现代化发展起到了举足轻重的作用。

未来科学技术的不断发展，以及新的科学研究方法在体育领域中的运用与突破，无疑会给体育科学研究带来新的生机与活力，使人们能够对体育问题进行多侧面、多角度、全方位的认识，并推动体育科学的不断发展与飞跃。

第六节 如何学好体育科学研究方法

体育科学研究方法是体育学类本科专业的一门重要课程，学习好这门课程，对于提升体育专业学生的科研素养、专业能力和综合素质，都具有重要意义。要想学好这门课程，就应该充分理解学习这门课程的意义、任务、要求及原则。

一、学习体育科学研究方法的意义

党的二十大报告指出，加快建设教育强国、科技强国、人才强国，坚持为党育人、为国育人，全面提高人才自主培养质量。体育工作者必须深刻领会“科教兴国、科教兴体”的内在含义，持续深入地推进科技服务、加强科研攻关，让科学技术成为提升人才培养质量、推动体育事业发展的重要支撑，以更好地服务于教育强国建设和体育强国建设。2018 年，教育部颁布的《普通高等学校本科专

① 黄汉升. 现代体育科学研究的方法学特征［J］. 体育科学，1999（2）：6-10.

业类教学质量国家标准》明确指出“体育科学研究方法”是体育学类本科专业的7门专业类基础课程之一，是体育学类本科专业均须开设的课程。

作为未来的体育工作者，学习好体育科学研究方法，能够帮助我们提升体育科研素养，提升专业能力，以便在未来的工作中透过体育现象认识体育的内外部发展规律，从而创造性地推动体育事业的发展。通过体育科学研究方法课程的学习，掌握开展体育科学研究的基本原理、核心步骤、研究方法、学术规范，可以强化科学思维方式与创新意识，提升独立进行体育科学研究的能力，提高我们为体育强国建设服务的能力。

二、学习体育科学研究方法的任务

学习体育科学研究方法是提升体育专业本科学生综合能力的重要一环。体育科学研究方法的学习和应用是一个长期的过程，需要持续的学习和实践。具体来说，学习体育科学研究方法的任务包括以下几点：一是要认识科学技术的基本含义及其对国家经济社会发展的重要作用，理解体育科学技术对体育事业发展的重要价值；二是要充分学习和掌握体育科学研究的基本类型、基本程序以及常用的体育科学研究方法，根据研究的需要，能够从文献法、观察法、调查法、实验法中选择适合的研究方法进行科学研究；三是学习并基本掌握 STATA、SPSS 等软件工具，提升对资料进行科学分析的能力；四是学习体育科学研究论文的类型、基本结构、写作规范等，能够完成体育科研论文的写作与答辩；五是通过持续的学习和研究，优化知识结构、端正科研态度、恪守科研伦理，不断提升自身科研素养。

三、学习体育科学研究方法的要求

体育科学研究方法是提升体育学类本科专业学生科研素养的重要课程。学习该课程时应做到以下几点：首先，要树立科研意识，充分认识并理解体育科研对体育事业发展的重要意义；其次，培养科学思维，建立多层次的思维方式，做到单一思维向多样化思维转变，单向思维向多向思维转变，静态思维向动态思维转变；再次，自觉地、主动地参加体育科研方法的相关实践，积极承担各种不同的科研任务，在实践中积累经验，提升科学运用科研方法的能力；最后，广泛寻找学习资源，积极参加科研培训，积极与其他研究者进行学术交流和研究成果分享，接受他人的反馈和建议等。

四、学习体育科学研究方法的原则

体育科学研究方法课程具有很强的理论性和实践性，是拓宽学生专业视野、提升专业能力的重要课程，在学习过程中应坚持以下原则：

（一）坚持理论与实践紧密结合的原则

理论来自实践，实践是理论产生与发展的源泉。体育科学研究方法的理论建设和发展来自科学研究方法的基本理论和体育科学研究的实践发展，因此，在本课程的学习过程中，应在掌握基本概念、基本原理和基本方法的基础上，注重原理和方法的运用。

（二）坚持辩证唯物主义和历史唯物主义的原则

在学习体育科学研究方法的过程中，要以辩证唯物主义和历史唯物主义理论为指导，广泛运用教育科学、社会科学、管理科学、医学和统计学等相关学科的理论知识和方法，针对特定的研究类型，形成跨学科的研究意识。

（三）正确处理继承与发展、批判与吸收的原则

体育科学研究方法内容体系的形成，是不断完善与发展的过程。对于在过去实践中就已证明是行之有效的好经验、好理论和好方法，要予以肯定、继承和发扬。而伴随经济社会的发展和体育事业的进步，体育科学研究也在不断发展，因而学习体育科学研究方法亦不能故步自封、停滞不前，应重视吸收国内外体育科学研究中产出的新经验与新成果，这样才能保持体育科学研究的时代性和先进性。

本章小结

本章从科学、体育科学、科学研究、体育科学研究、科学研究方法、体育科学研究方法等基本概念入手，阐释了对科学和体育科学的基本认识。在此基础上，本章简单介绍了体育科学体系的基本分类及其发展概况，提炼了体育科学研究的特点及其发展趋势，阐明了体育科学研究的类型、任务、内容和基本程序，论述了体育科学研究方法的定义和分类，总结了体育科学研究方法的发展趋势，并提出了学习本门课程的意义、任务、要求和原则。

名词解释

- 科学（science）：运用范畴、定理、定律等思维形式反映现实世界各种现象的本质和规律的知识体系。
- 方法（method）：是人们在一切活动领域内，为达到一定目的（认识、变革或创造客体）所选取的手段、途径、工具和活动方式的总称。
- 体育科学（sport science）：是研究体育现象、揭示体育内部和外部规律的一个系统的学科群。体育科学是科学的重要组成部分，它不仅是一种知识体系、一门学问，而且是一种包含多层含义的现代科学概念。
- 体育科学研究（research of sport science）：是人们研究体育现象、揭示体育内部和外部规律的一种创造性的实践活动，是人类科学研究活动的重要组成部分。
- 体育科学研究方法（research methods of sport science）：是指人们为了科学地认识和揭示体育运动发展的客观规律而采用的手段、途径、工具和方式的总称。

推荐阅读文献

1. 黄汉升．体育科学研究方法高级教程［M］．北京：高等教育出版社，2023.

该书根据国务院学位委员会学科评议组《学术学位研究生核心课程指南（试行）》编写，主要内容包括体育科学研究概述、体育科学研究素养与伦理、文献研究、定量研究、定性研究、混合方法研究等。该书虽为研究生教材，但突出实用性、学术性和时代性，是本科生深入学习体育科研方法、进一步提高体育科研能力和科研素养的参考书。

2. 郑真真．社会科学研究方法的应用［M］．北京：中国社会科学出版社，2013.

本书是中国社会科学院研究生重点教材，强调人文社会学科应运用社会科学研究方法进行实证研究。该书还介绍了在研究的不同阶段应用研究方法的案例。

3. 郑旗．体育科学研究方法［M］．2 版．北京：人民体育出版社，2007.

该书为普通高等教育“十一五”国家级规划教材，突出地阐明了培养本科生基本科学素养、自主创新和从事体育科学研究的基本能力的重要性由三大部分构成，由方法论、研究方式和具体方法与技术三大部分构成。此外，该书在结合科学基本方法论上也呈现出一些新的特点。

问题与思考

1. 谈谈学习体育科学研究方法的意义。

2. 结合 2022 年北京冬奥会，举例说明体育科学研究对体育事业发展的贡献。

3. 体育科学研究的类型有哪些？结合你准备的毕业论文，说明你的毕业论文属于哪种类型。

4. 结合在成都举办的第 31 届世界大学生夏季运动会有关现代科技使用的报道，讨论体育科学研究的特点和发展趋势，并谈谈你获得的启示。

5. 体育科学研究的基本程序有哪些？各个阶段应运用哪些研究方法？

科研选题是科技工作首先需要解决的问题。我多次讲，研究方向的选择要坚持需求导向，从国家急迫需要和长远需求出发，真正解决实际问题。

——习近平

提出一个问题往往比解决一个问题更重要，因为解决问题也许仅仅是一个数学上或实验上的技能而已。而提出新的问题、新的可能性，从新的角度看旧的问题，却需要有创造性的想象力，而且标志着科学的真正进步。

——［美］爱因斯坦

第二章 体育科学研究选题

本章提要

选题是科学研究的起点，是科学研究的首要环节。选题决定着科学研究的方向、目标和内容，影响着科学研究的途径和方法，关系到科学研究的水平、价值和发展。本章主要阐述了体育科学研究选题的意义、选题的原则、选题的程序、课题的来源、选题的方法、选题存在的问题，在此基础上，评析了体育院校不同专业的学士论文选题。

学习目标

1. 了解体育科学研究选题的意义、课题的来源、选题存在的问题。
2. 掌握体育科学研究选题的原则、选题的程序、选题的方法。
3. 初步具备体育科学研究选题的基本能力。
4. 树立体育科学研究的价值目标，强化对体育科学研究必要性、重要性、实用性等的综合认知，提高体育科学研究的专业素养。

关键词

科学问题；研究主题；研究问题；课题；选题；原则；程序

本章思维导图

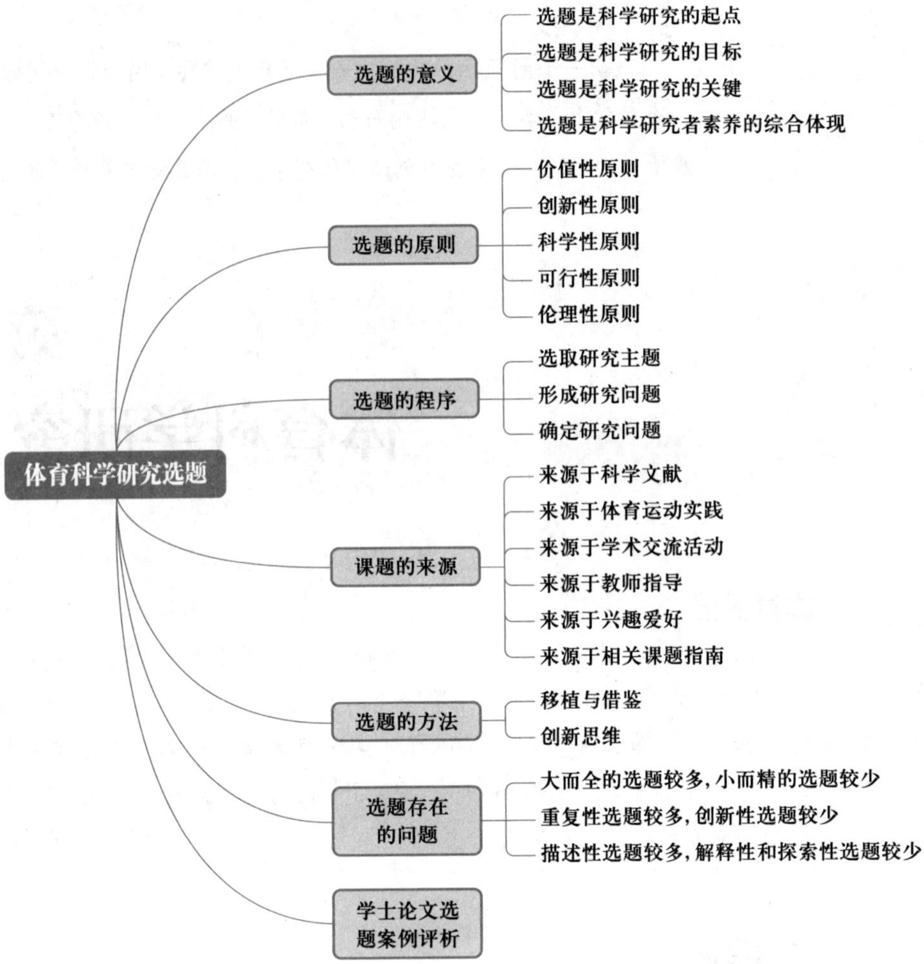

科学问题是一定时代的科学认识主体在当时的知识背景下，提出的关于科学认识和科学实践中需要解决而又未解决的矛盾。科学问题是科学探索的焦点、科学发现的逻辑起点。课题是科学领域中尚未被认识和解决的科学问题。课题是具有独立性、明确意义的科学问题，是具有科学根据、能用科学术语明确表达的问题。选题是科学研究的起点，是科学研究的首要环节。选题决定着科学研究的方向、目标和内容，影响着科学研究的途径和方法，关系到科学研究的水平、价值和发展。体育科学研究选题是科研工作者在对已获得的资料、信息进行分析研究的基础上，有目的、有步骤地选择体育领域中尚未被认识和解决的科学问题进行研究的过程。遵循选题的原则，运用选题的方法，从体育运动实践中呈现出的已知和未知的矛盾中发现问题，依据选题的程序，通过分析、比较、筛选、评判，确定社会需要、具有创新价值的课题，是体育科学研究走向成功的关键。

第一节 选题的意义

问题既是现代认识论和科学哲学中的基本概念，也是与人类活动和需要相联系的基本概念。哲学方法论认为，问题就是矛盾。假如从已知与未知的矛盾出发，那么由已知向未知发展是问题的提出，由未知向已知转化是问题的解决。从传统意义上说，问题是人们在一定的实践或认识活动中出现的矛盾。从现代意义上说，问题是客观事物现状与期望之间的差距。科学研究始于问题，始于研究者对特定领域问题的发现、提炼和选择。但是，并非每个问题都可以成为科学问题。科学问题是一定时代的科学认识主体在当时的知识背景下，提出的关于科学认识和科学实践中需要解决而又未解决的矛盾。科学活动是探索未知世界的过程，而科学问题则是科学探索的焦点和科学发现的逻辑起点。善于和勇于提出科学问题，用科学批判和理性质疑的科学精神审视旧的科学问题，发挥创新想象力，提出新的科学问题，对于一个学科或研究领域来说意义重大。①

课题是科学领域中尚未被认识和解决的科学问题。对科学而言，课题与问题都是值得研究探讨的未知的科学问题。但问题是课题的基础，课题是问题的深化，是由有价值、有创造的问题进一步形成的。课题是具有独立性、明确意义的科学问题，是具有科学根据、能用科学术语明确表述的问题。就体育科学研究而言，体育领域尚未被认识和解决的科学问题就是课题。体育科学研究选题是科研工作者在对已获得的资料、信息进行分析研究的基础上，有目的、有步骤地选择体育领域中尚未被认识和解决的科学问题进行研究的过程。从科学研究的系统性来看，选题是科学研究的起点、目标和关键，是科学研究者素养的综合体现。

一、选题是科学研究的起点

科学学奠基人、英国科学家贝尔纳（J. D. Bernal）指出：课题的形成和选择，无论作为外部的经济技术要求，抑或作为科学本身的要求，都是研究工作中最复杂的一个阶段。一般来说，提出课题比解决课题更困难……所以，评价和选择选题便成为研究战略的起点。② 选题是探寻科学发展的新的生长点，科学的选题既是科学研究的起始步骤，也是关键步骤。选题是否科学、规范、适宜，不仅关系到个人的才能和特长能否得以发挥，而且关系到课题是否有价值、是否能完成等。善于从科学发展和社会变迁所呈现的已知和未知的矛盾中发现问题，进而选择有价值的研究课题，是科学研究走向成功的开始。

---

① 郑旗. 体育科学研究方法［M］. 2版. 北京：人民体育出版社，2007：61.

②［英］J. D. 贝尔纳. 科学研究的战略［C］// 科学学译文集. 北京：科学出版社，1980：28.

二、选题是科学研究的目标

任何有目的的过程，目标的确定总是首要环节，而认识活动的目标就是解决问题。科学研究是认识世界和改造世界的过程，具有明确的目的性。科学研究只有明确了目标，才能使研究工作有的放矢、提高效率。从提出问题到解决问题是一个合乎逻辑的过程，只有提出问题才谈得上解决问题。对问题认识得越清楚，问题解决才可能越可靠。科学研究的目标是解决实践中遇到的问题，选题作为科学研究的起点，是实现目标的前提，没有明确目标的活动算不上真正意义上的科学研究。

三、选题是科学研究的关键

科学研究的目的是促进社会的发展。因此，选择哪些对社会发展有价值的问题就成为选题的关键。从事任何一项研究工作，首先必须考虑其是否具有理论价值和实践价值，或者说是否值得去做。科学研究的理论价值主要体现在研究的问题能否对某一学科的发展、对某种理论的形成或检验、对社会规律的认识、对社会现象的解答等作出贡献。科学研究的实践价值主要体现在研究的问题对现实生活所提出的各种具体问题能否给予科学的回答，能否提供合理的解决方法。

四、选题是科学研究者素养的综合体现

选题的过程是判断的过程、领悟的过程、抉择的过程。选题需要研究者既有专业理论知识、研究方法知识，又有比较开阔的视野、比较敏锐的洞察力、比较强的判断能力，还有一定的社会生活经验。一个具体的研究问题从开始选择到最终确定，正是以上几个方面因素共同作用的结果。研究者如果在上述任何一个方面有缺憾或不足，都将在所选择和确立的问题上留下“痕迹”，都会直接影响到所选问题的水平和质量。①

第二节 选题的原则

选题的原则是指选择研究课题遵循的标准和法则。在体育科学领域，尚待研究的课题俯拾皆是，但并不是所有的科学问题都可以作为研究课题。如何选择适合体育运动实践需要、具有学术价值、科学合理、新颖独特、切实可行的研究课题，需要研究者遵循选题的原则，通过分析、比较、评判、筛选，作出理性的分析和判断。体育科学研究选题主要应遵循以下原则：

① 郑旗．体育科学研究方法［M］．2版．北京：人民体育出版社，2007：65.

一、价值性原则

价值性原则是指选题必须着眼于经济和社会发展的客观需要，着眼于体育实践和理论发展的客观需要。越有价值的问题越是好问题，也是越值得去做的问题。体育科学研究选题的价值主要包括理论价值、应用价值和综合价值。理论价值是指选题在检验、修正和发展体育科学理论，建立科学的体育理论体系上有所突破或者有重要的补充和完善。应用价值是指选题对体育改革与发展有直接的指导意义，有助于解决体育事业发展过程中遇到的各种问题，有利于推动全民健身、竞技体育、青少年体育、体育产业、体育文化、体育对外交往等的发展。综合价值是指课题兼具有理论价值和应用价值，当然可以侧重于理论价值，也可以侧重于应用价值。例如，学士论文《大学生志愿服务性社团建设服务综合互动平台的必要性与可行性的研究——以体育院校为例》，结合体育院校志愿服务性社团的特点及功能，探讨了体育院校志愿服务性社团的含义、组织结构、功能等，剖析了影响平台运行的主要因素，进而从社会大众、体育院校学生、学生志愿性服务社团以及国家公共服务体系的角度，论证了建立大学生志愿服务性社团社会服务综合互动平台的必要性，并进一步从平台搭建的内外部环境、平台功能、平台存在的合理性等方面揭示搭建该平台的可行性。该论文较全面地呈现出搭建体育院校大学生志愿服务性社团社会服务综合互动平台的基本逻辑，并对平台在现实中的搭建及运行提出相应的建议，在促进我国体育院校大学生志愿服务性社团建设和满足社会体育需求等方面具有一定的价值。

《大学生志愿服务性社团建设服务综合互动平台的必要性与可行性的研究——以体育院校为例》全文

价值性原则指明了科学研究的方向，体现了科学研究的目的性。为此，在体育科学研究的选题过程中，要具有高度的使命感和责任感，正确处理社会需求和个人利益的矛盾；要深入体育运动实践，接触社会、了解社会，注重理论联系实际。

二、创新性原则

创新性原则是指选题在借鉴前人研究成果的基础上，能提出新的问题，发现新的线索；能发现新的事实，介绍新的知识；能提出新的认识，得出新的结论；能选择新的视角，应用新的方法。选题的创新性主要体现在三个方面：一是课题所涉及的问题，前人未触及或探讨不深；二是课题中问题研究的角度不同于前人；三是课题在解决问题的方法上有所创新。我国著名化学家、2008 年国家最高科学技术奖获得者徐光宪院士，通过多年的探索总结出的创新与知识积累、学科交叉法、移花接木法、逆向思维法、柳暗花明法、傻瓜提问法、意外机遇法、灵感培养法、综合集成法等选题创新方法非常值得倡导和学习。例如，学士论文《电子拳击手靶训练系统的设计》，针对当前国内外拳击手靶训练缺乏辅助系统及数字化监控系统的现状，在分析拳击手靶训练特点的基础上，从击靶者和教练员拳击手靶训练需求的角度出发，设计了由电子拳击手靶硬件设

徐光宪院士提出的科研创新16条方法

《电子拳击手靶训练系统的设计》全文

备、电子拳击手靶训练数据分析软件构成的电子拳击手靶训练系统。该论文选题依据比较充分、明确，从理论层面构建了电子拳击手靶训练系统，尽管实际运用效果还有待检验，但对建立拳击手靶训练动态模型和研制拳击运动员手靶训练辅助系统，制订拳击手靶训练方法及提高运动技术水平具有一定的新颖性和应用价值。

创新性原则再现了科学研究的本质，体现了科学研究的价值性。为此，在体育科学研究选题过程中，要不断扩大知识面，了解现代科学与本学科的发展，力求选题的前沿性，注重选题的有效性，坚持选题的系统性。只有这样，才有可能提出富有创新性的课题。

三、科学性原则

《女性参与奥运过程中性别平等问题的分析》全文

科学性原则是指选题必须具有明确的指导思想和研究目的，依据要充分、合理，有科学上的现实性。选题的科学性最重要的是持之有据，选之有理。“据”指的是客观存在的事实，“理”指的是已经被科学实践反复证实的客观规律。如果选题直接违背了被实践反复证明的科学理论，毫无事实和科学依据，既难以达到预期的效果，也不可能得到正确的结论。例如，学士论文《女性参与奥运过程中性别平等问题的分析》，基于奥林匹克运动性别平等化的时代趋势，以女性参与奥运为主题，系统回顾了女性参与奥运的历史，揭示出女性参与奥运会的性别不平等问题，围绕性别偏见的传统、社会文化的因素、国际奥委会政策等维度剖析不平等问题的原因所在，并从制度、社会及女性自身层面提出合理有效的应对措施。该论文选题的依据充分明确，为进一步了解女性参与奥运过程中性别问题的主要成因以及发掘和拓展女性在奥林匹克运动发展过程中的作用提供了借鉴，具有一定的科学性和独特性。

科学性原则揭示了科学研究的内在根据，体现了科学研究的严谨性。为此，在体育科学研究选题过程中，要坚持辩证唯物主义世界观，发展、全面、系统地观察事物，充分尊重客观事实，准确把握客观实际；要坚持科学性和创新性的统一和结合，既尊重所依据的科学理论和科学事实，又不拘于事实，既接受已有的理论指导，又敢于突破传统观念的束缚。

四、可行性原则

可行性原则是指选题具备进行或完成的主客观条件。主观条件是指研究者自身的条件，包括生活经历、知识结构、研究经验、组织能力、操作技术，甚至还包括性别、年龄、语言、体力等。客观条件是指进行一项研究时的外在条件，包括研究时间、研究经费、相关文献资料的获取、研究对象或单位和部门的必要支持和合作、研究对象的生活习俗和宗教信仰等。例如，如果选择《影响大众参与社会体育的社会学因素研究》作为学士论文，从研究的内容范围来看，影响大众参与社会体育的因素既包括政治、经济、文化等宏观因素，又包括体育发展状况、社会体育发展水平与管理水平等宏观因素，还包括个体需求与条件、体育价值观念、社会环境与条件等微观因素。从研究对象的范围来看，“大众”涉及不同地域、职业、性别、文化程度、经济收入的人群。因此，无论从自身的知识储备和知识结构来看，还是从获取资料的可能性和全面性等来看，这一涉及面较宽广的研究课题都难以完成。

可行性原则明确了科学研究的条件，体现了科学研究的实践性。为此，在体育科学研究选题过程中，要对完成的研究所必须具备的主客观条件有正确、全面的估计和论证，要注意向从事过同类课题研究的专家请教，对完成研究的条件作出正确的判断，做到“范围恰当”“难易适中”“小题大做”。

五、伦理性原则

伦理性原则是指在体育科学研究中，研究者必须尊重研究对象依法享有的一切权利；必须承担保护研究对象的责任，使其权益免受研究活动的侵害；必须保证研究结果的使用合法、正当。体育科学最主要的研究对象是运动中的人和人的运动。伦理性原则对研究的可行性起着决定性作用。当研究的客观性与伦理性相矛盾时，伦理性应当置于优先地位。因此，应将伦理意蕴与体育科学研究的行为有效结合起来，让体育科研活动的繁荣图景适应社会伦理规约，并运用伦理之缰绳来约束体育科学研究。

伦理性原则凸显了科学研究的道德规范，体现了科学研究的人本性。为此，在体育科学研究选题过程中，要充分评估研究的伦理可接受性，充分认识研究对象享有的权利并承担应对研究对象承担的义务。各学术组织业已形成有关规范，如果在研究中遇到求“真”与求“善”的矛盾，而研究者无法调和矛盾时，必须服从伦理要求。①

第三节　选题的程序

当人们提出一个科学问题后，并不是立即就投入研究，具体的研究问题还需要通过一定的程序加以确定。选题的程序是指科学研究从选取研究主题到确定研究问题的全部步骤。从体育实践和体育科学的发展中发现问题，从众多的问题中选择合适的课题，最终形成有价值的研究课题，是一个科学的系统决策过程。这一有序的过程主要由选取研究主题、形成研究问题、确定研究问题三个阶段组成，其中每一个阶段又由若干环节构成，形成了链条式的决策系统（图 2–1）。

① 郑旗. 体育科学研究方法［M］. 2 版. 北京：人民体育出版社，2007：404.

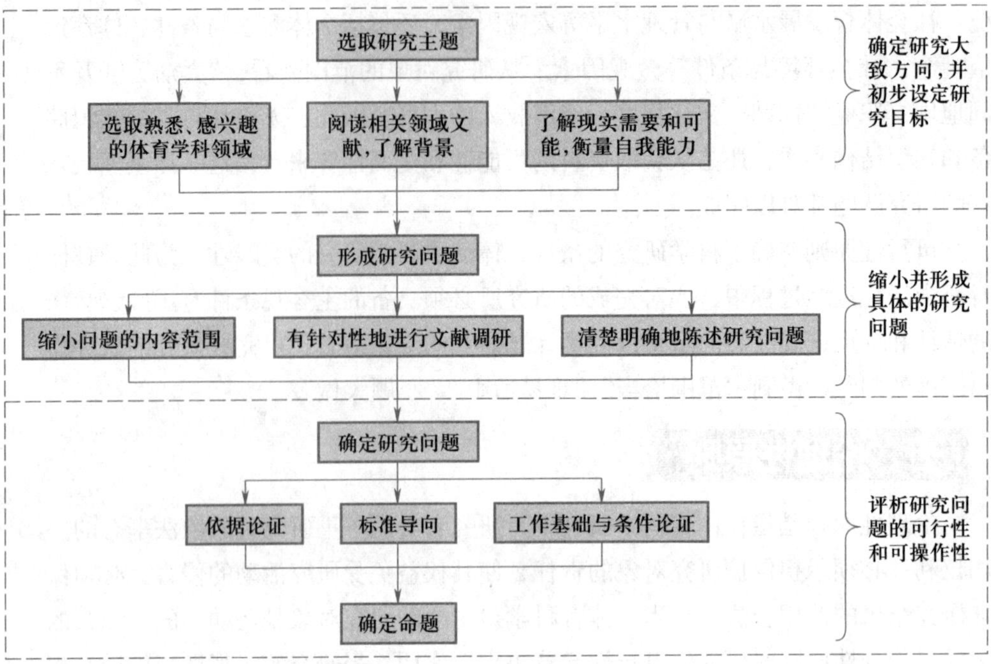

▶图 2-1 体育科学研究选题的程序

一、选取研究主题

为确定大致研究方向并初步设定研究目标，研究者可以首先根据自身的兴趣、需要与动机，从比较熟悉或感兴趣的体育学科领域中选取研究主题。研究主题是指研究所涉及的某一类现象或问题领域，具有相对宽泛性，也具有一般性，如体育教学、运动训练、运动康复、体育信息传播、数字体育、体育工程与信息技术、体育产业等，较为广泛地对相关文献进行调研，依据主题了解研究主题的科学背景，明确研究目的即明确研究的类型、需解决的问题、研究的内容和达到的结果，等等。在阅读相关文献时，了解哪些问题已经被研究，研究进展及质量如何，关注并思考其他研究者的选题和结论能否帮助自身实现研究目的，为形成研究问题提供依据和切入点。例如，研究者在阅读“体育产业”相关文献时萌生了研究兴趣，便可以“体育产业组织”“体育产业结构”等为切入点，在感兴趣的研究领域中选取主题，为后续进一步缩小研究的范围、聚焦主题打下基础。对于某些问题还需要进行一定的实际考察，了解研究工作的现实需要和可能，通过访谈、参加会议等途径了解社会和体育发展对解决该问题的需求程度。

二、形成研究问题

为缩小并形成具体的研究问题，研究者要将最初的、粗略的一般性问题，转变成焦点集中、切实可行的研究问题。研究问题是指研究所要回答的具体问题，是一个可以通过研究来回答的问题。一般来说，一个研究主题可以包含许多个不同的研究问题。例如“体育教学”这一研究主题，可以包括“体育教学环境对体育教学效果有哪些影响”“体育教学环境是如何影响学生学习兴趣的”“如何创设自主自为学习的体育教学环境”等诸多研究问题。缺乏经验的研究者往往容易选择一个比较大的、宽泛的，或者是比较笼统、模糊的问题领域，而不是一个明确的、具体的研究问题。通常可以通过缩小问题的内容范围，将一般性问题转化为特定的问题，将兴趣和关注点集中到研究领域的某一具体方面，也可以通过清楚明确地陈述研究问题，使之更加具体化、更具有可操作性。例如，价值观研究—青少年体育价值观研究—“泛娱乐化”对青少年体育价值观的影响研究；体育消费研究—体育消费政策研究—体育消费试点政策对城市产业结构升级的影响研究；竞技体育研究—青少年竞技体育研究—体教融合背景下青少年足球竞赛体系研究，等等。

在形成研究问题时，有针对性地进行文献调研十分重要。在还没有清楚、明确地定义研究问题时就匆匆忙忙地去收集资料，很可能徒劳无功。因为这样做的结果常常是收集的资料可能是无效的、错误的、残缺的。了解前人相关成果的研究思路、研究对象、研究内容和研究方法等，不仅可以明确研究问题对学科的理论发展或对实际问题的解决所具有的意义和价值，而且可以避免重复研究，也可能发现研究领域的空白，了解研究课题有哪些部分是已经解决的，哪些部分有待进一步解决①。因此，相比选取研究主题阶段时需要的较为宽泛的文献阅读，在形成研究问题阶段的文献阅读则更具有目的性和精确化。如果研究者选择到一个有价值、有新意、切实可行、自己也很感兴趣的研究问题，同时，这一研究问题又经过明确的界定和清楚的表述，那么，这项研究的质量和水平以及整个研究的顺利进行，从一开始就有了基本的保证。②

三、确定研究问题

为评析研究问题的可行性和可操作性，研究者在缩小并形成具体的研究问题之后，通常需要进行充分和必要的论证。论证主要依据选题的原则，对研究的依据、研究的标准导向、研究的工作基础与条件、研究的预期成果等广泛征求意见和建议。研究的依据论证主要从研究目标适应客观需求的程度、研究问题的科学根据及可靠性程度等方面，评价“为什么要进行研究”。研究的标准导向论证主要从研究的理论意义、实践价值、现实可行性等方面，评价“能不能做该选题”。研究的工作基础与条件论证主要从研究者的研究能力、仪器设备、研究经费、研究时间、可利用的社会资源等方面，评价“是否可能完成该项研究”。研究的预期成果论证主要从预期达到的目标所具有的科学意义、实践效果等方面，评价“会取得什么样的成果”。严谨的论证，有助于让整个研究更为系统化、具体化、

① 黄汉升. 体育科学研究方法高级教程［M］. 北京：高等教育出版社，2023：119.
② 风笑天. 社会研究方法［M］. 6版. 北京：中国人民大学出版社，2022：68.

可操作化。论证可以采用征询意见论证、论证会、自我论证等方式。对于学士论文而言，可以请相关教师从以上 4 个方面进行综合论证。

在论证之后，如果基本具备研究条件，就可以确定命题。在定题时应注意以下几点：一是题目要准确，使题目和内容一致，做到名副其实，避免词不达意、文不对题；二是题目要具体，论域范围要明确，使人一目了然；三是题目要规范，不出现语病。当然，在论文写作和修改过程中，随着认识的深化，对题目还可以进行一定的修正。①

第四节 课题的来源

科学研究是人类对未知领域的探索和开拓。已知有限，未知无穷，一切课题都来源于已知与未知相结合的领域。如何在这一广阔领域里搜寻课题、发现课题的线索，是每一个科研工作者应具有的科学素养之一。从广义上说，课题始于问题的产生，但并非所有实际存在的问题都可以成为课题。只有能通过科研途径解决，并获得新发现、新观点的问题，才能作为课题。体育科学研究课题主要来源于科学文献、体育运动实践、学术交流活动、教师指导、兴趣爱好、相关课题指南等。

一、来源于科学文献

科学文献是用文字、图形、符号、声像等记录科学研究成果的重要物质载体，是前人创造积累的科学成果与文化知识的真实记录，是科学知识的结晶。科学文献不仅反映了人们对客观世界的认识水平，而且是体育科学研究课题的重要来源之一。例如，关于体育强国建设，习近平总书记深刻指出，体育强则中国强，国运兴则体育兴。“体育强国”作为新时代我国体育事业发展的核心话语，在党的十九大正式提出后成为体育学界的热点议题，党的二十大报告更是明确提出了“加快建设体育强国”的战略任务。那么，何为体育强国？为何提出体育强国？如何推进体育强国建设？未来研究有哪些问题需要重点关注？当前，学界的热点论域集中于体育强国的概念内涵、提出背景、时代价值、路径选择等方面，已初步形成体育强国研究主线。但总体而言，目前对于研究的前提和基础条件论证依旧不够扎实，研究成果的实践性、系统性和全面性研究不足，缺乏对已有研究的系统性梳理与整合等。因此，应系统辩证地认识体育强国，注重历史逻辑与我国发展实际、整体推进与重点突破、内涵的丰富与外延的拓展、宏观统筹与微观深挖等多维结合。通过加强对体育强国的内部结构、特征及外延的学理分析等提高研究深度，通过多学科交叉融通、多元化的研究方法、探索体育强国的内外

《体育强国研究：综述与展望》全文

① 黄汉升，周登嵩. 体育科研方法导论［M］. 北京：北京体育大学出版社，2008：50.

部影响因素及交互作用等拓宽研究广度，通过加强地方各级人民政府对体育强国战略推进实施效果的研究、对典型个案的深入考察和调研等突出研究效度，从而更好地发挥体育强国在实现中华民族伟大复兴征程中的巨大价值。

在科学文献中寻找课题，要求研究者善于利用现代信息技术手段，养成良好的收集、阅读科学文献的习惯，保持好奇、怀疑和创新精神，保持批判和进取态度，广泛地阅读不同学科、不同类别的文献，从中发现前人研究现状、薄弱环节或空白点、争议部分、错误之处、建议之处。这样不仅可以避免低水平重复研究，而且对于拓宽思路、开阔视野、增长见识、启发思维、激发灵感，最终选择有新意、理论联系实际、力所能及的课题具有积极的促进作用。

二、来源于体育运动实践

实践是检验真理的唯一标准。体育作为一种社会文化现象，是人们以自觉意识支配身体运动为主要手段，为实现娱乐、享受以及促进身心健康等目的而创造出来的实践活动。体育运动的发展离不开实践的指导。因此，只有从体育运动实践中发现问题、解决问题，才能为体育运动的发展提供科学的理论和实践指导。例如，随着我国学校体育的发展进入新时代，如何推动学校体育高质量发展就成为当前亟待解决的重要体育理论与实践问题之一。这涉及新时期学校体育理论体系的优化与完善、学校体育政策法规的解读与落实、职前体育教师培养的挑战与趋势、中小学体育教师队伍建设的困境与路径、《体育与健康课程标准》的推进与实施、《国家学生体质健康标准》的改进与执行、中小学体育教材的编写与应用、体育学业质量评价体系的构建与实践、体育升学考试制度的改革与落实、学生体育核心素养的培育与提升、学校体育场地器材的配置与管理、学生体育运动伤害与社会保险机制的创建与完善、学校体育科研工作的推进与开展、学校体育教练员岗位的设置与定位、学校体育竞赛体系的优化与改进、学校体育与家庭体育和社会体育的贯通与协同等一系列的理论与实践问题。

长期在体育教学、运动训练、体育管理第一线的体育工作者，在体育实践中经常会遇到问题和困难，获得成功的经验和失败的教训，产生突发的新思路。而问题与困难的解决、经验与教训的总结、新思路的表达，都可能成为课题的重要来源。只有在体育运动实践中善于观察、积累、总结，才能发现有价值的课题。

三、来源于学术交流活动

学术活动是科研工作者发表、交流学术成果的主要方式，如论文报告会、专题讲座、专题研讨会、学术论坛等。学术活动大多围绕本学科发展面临的重点、热点问题进行交流讨论，为研究者了解当前学科的研究现状，寻找和形成课题提供了重要平台。体育类学术交流活动既包括奥林匹克科学大会、亚运会科学大会、亚洲体育科学会议、全国体育科学大会等综合性学术交流活动，又包括世界体育社会学大会、国际体育历史与文化会议、中国学校体育科学大会、全国体育管理科学大会、全国体育产业学术会议、全国运动心理学学术会议、全国运动生物力学学术交流大会等专题性学术交流活动，以及区域性的各类综合性、专题性学术交流活动。

从学术交流活动中寻找课题，首先要了解活动的中心议题、参加活动的主要对象、活动的日程安排、交流的方式。在参加学术交流活动的过程中，应关注不同的学术观点、讨论与争论的焦点，并积极参与讨论；注意利用各种机会向有关专家提出问题，虚心请教；注意他人和自己闪现出的思想火花。总之，多参与、勤思考、多动口、勤动手，发现问题、形成课题自然水到渠成。

四、来源于教师指导

2018 年 8 月，教育部发布的《关于狠抓新时代全国高等学校本科教育工作会议精神落实的通知》明确指出，严格本科教育教学过程管理，切实提高毕业论文（设计）质量，强化指导教师责任，加强对选题、开题、答辩等环节的全过程管理。这更加清晰地反映出教师在学生毕业论文（设计）所涉及的选题、开题、答辩等环节中应承担相对应的教学任务，也压实了教师指导本科毕业论文（设计）的工作责任。

在教师指导下寻找课题，可以先初步确定研究方向和研究问题，在教师指导下就研究的价值、研究的内容和研究的对象等进行分析、比较、评判、筛选，最后确定研究的课题；也可以从教师承担的相关课题中选择合适的具体问题作为研究的课题。

五、来源于兴趣爱好

兴趣是最好的老师，兴趣是科学研究的内在动力。在现实生活中，几乎每一个人都有自己感兴趣的学科领域。也正是由于对某一专门学科的兴趣，我们能更好地掌握该学科的专业基础知识，由此产生具有一定连续性和积累性的探索兴趣和研究经验，并逐步得到具体选题的线索和确定选题的范围。感兴趣的问题既可以是理论性问题，也可以是实践性问题，亦可以是理论和实践相结合的问题。体育学科由于专业方向、培养目标、课程设置等不同，学生感兴趣的研究问题也有一定的差异。例如，运动训练专业的学生可能更关注训练方法的科学性、实效性等问题，体育教育专业的学生可能更关注运动技能、教学手段方法、教学组织管理等问题，社会体育指导与管理专业的学生可能更关注运动处方的制定、科学健身的指导、体育俱乐部的经营与管理等问题，运动人体科学专业的学生可能更关注科学健身的理论及科学健身的方法等问题。

在兴趣爱好中寻找课题，在平时应注意积累，关注该学科领域理论和实践的发展，了解该学科研究的热点和难点，关注该学科与其他学科的相互交叉和渗透。以点为主，点面结合，才可能寻找到既满足兴趣爱好又具有一定创新和实用价值的研究课题。

六、来源于相关课题指南

为了推进我国体育科学研究的理论创新和实践创新，解决我国现代化建设中全局性、战略性和前瞻性的重大理论问题，加强基础研究和学科建设，推动传统学科、新兴学科和交叉学科研究，推动学术观点、学科体系和科研方法的创新发展，国家或地方科研机构、行政部门等依据当前体育发展的需要和体育科学发展的一般规律，会定期发布对体育事业、体育科学发展具有重要影响的研究领域和方向的课题指南。课题指南突出了当前我国体育科学的重大理论与实践问题，对于选择符合社会需求、时代性强、具有创新价值的课题具有重要的指导性意义。例如，国家社会科学基金项目课题指南、国家自然科学基金项目指南、全国教育科学规划课题指南、国家体育总局科技创新项目选题指南、全国体育科学大会选题指南、中国学校体育科学大会选题指南、学生（青年）运动会科学论文报告会选题指南等。为了避免人力、财力、物力资源的浪费，有利于研究工作的高效率及专门问题的研究，课题指南一般只指出现阶段体育科学研究的重点和方向，而不提出具体的课题。

体育学科相关课题指南

第五节 选题的方法

选题的方法是指研究者在选择研究问题过程中所运用的工具与手段。① 在科学研究中，有些选题不好或不当，并不是因为研究者不懂得如何选择问题，而是没有掌握或运用好选题的方法。正确的选题要求研究者不仅要有问题意识，而且要了解和掌握选题的有关知识和方法，不断提高自己的选题能力和创新、判断、评价的综合能力。②

选题的方法没有固定的套路和模式。可以说，人们发现问题、形成问题的方法有多少种，选题的方法就有多少种。任何有利于激发创造性思维的方法，都可以作为发现和形成研究课题的方法。运用移植与借鉴及创新思维等方法，能较好地从体育实践遇到的各种共性问题、疑难问题、亟待解决的问题和“反常”的问题中寻找发现新的课题。

一、移植与借鉴

移植与借鉴是将一个学科、领域的研究原理和方法应用到另一学科或领域。在选题中合理地运用移植与借鉴，有利于吸收相关学科的理论与方法、技术与手段，突破思维局限，开拓研究思路，拓宽研究视角，发现和形成新颖的课题。

① 喻立森. 教育科学研究通论［M］. 福州：福建教育出版社，2001：152.
② 裴娣娜. 教育科学研究方法［M］. 沈阳：辽宁大学出版社，1999：83.

移植与借鉴主要包括概念及理论的移植与借鉴、研究方法及技术手段的移植与借鉴。

《自组织理论视角下非奥运项目发展路径研究》全文

《英国体育文化创意业发展及对中国体育产业的启示——基于主导产业扩散效应理论视角》全文

回顾世界体育科学发展史，体育科学正是在不断吸收、移植与借鉴教育学、医学、军事学以及其他学科的理论和方法的基础上，在继承与突破、分化与综合中逐步形成的科学体系。纵观体育学科相关研究成果，现代医学、生理学、生物学、化学、物理学、人体测量学、计算机科学、生物工程学、社会学、人类学、文化学、经济学、心理学、戏剧学、语言学等学科的理论和方法得到了广泛的应用。例如，自组织理论是20世纪60年代末期开始建立并发展起来的，研究复杂自组织系统（生命系统、社会系统）在一定条件下如何自动地由无序走向有序，由低级有序走向高级有序的系统理论。《自组织理论视角下非奥运项目发展路径研究》一文，以自组织理论为工具，通过对我国计划经济与市场经济时代非奥运项目发展的梳理，结合中国当今的政治、经济、社会因素，认为我国非奥运项目发展应选择自下而上和自上而下相结合，但以自下而上的自组织发展为主的形式。加强自组织制度建设、坚持与全民健身相结合、积极推进体育产业发展是未来非奥运项目发展的现实路径。主导产业扩散效应理论是产业经济学的重要组成部分。从传统经济向现代经济的转型和起飞，一方面取决于主导产业部门的迅速成长，另一方面取决于主导产业部门对相关产业的扩散效应（前向效应、旁侧效应和后向效应）。《英国体育文化创意业发展及对中国体育产业的启示——基于主导产业扩散效应理论视角》一文，运用主导产业扩散效应理论，分别就近20年英国体育文化创意产业发展对该国体育产业乃至其国民经济发展所起到的积极驱动作用进行全面论述，指出体育文化创意产业将成为未来体育产业新的经济增长点、新的发展路径、产业结构优化升级的新动力。我国体育产业正处于一个由传统的资源消耗、投资拉动和粗放发展模式向资源节约、创新推动和内生增长模式发展的历史转折时期，应把握好当前的历史机遇与挑战，借鉴英国体育文化创意产业发展的成功经验，通过创新驱动，积极开发体育文化创意产品，大力发展体育文化创意产业，促进传统体育产业结构高质量发展，推进“中国制造”向“中国创造”转型。

《以运动服装为主营业务的体育用品制造业上市公司业绩评价——基于DEA视窗分析方法》全文

再如，数据包络分析（DEA）是运筹学、数理经济学和管理科学交叉研究的一个新领域，是一个对多投入、多产出的多个决策单元进行效率评价的方法。《以运动服装为主营业务的体育用品制造业上市公司业绩评价——基于DEA视窗分析方法》一文，采用DEA视窗分析方法，对2006—2010年以运动服装为主营业务的匹克、李宁、安踏、特步、青岛双星等国内体育用品制造企业及彪马、阿迪达斯、耐克等国外类似企业的经营效率变化进行了比较，揭示了国内体育用品制造业经营业绩、技术效率、规模效率的进步及其与国外类似企业的差距，提出了提升国内体育用品制造业上市公司经营绩效的建议。美国SPARK（sport，play and active recreation for kids，即儿童运动、游戏和娱乐活动）课程是一个专注于提高学校体育和健康教育质量和效果的项目，它由美国国立卫生研究院（NIH）

资助，由圣地亚哥州立大学的保罗·罗森加德（Paul Rosengard）教授和他的团队在1989年发起。《基于SPARK课程理念的体育课程构建策略：设计研究的视角》一文借鉴了美国SPARK课程的理念，基于设计研究视角构建适合中国的体育与健康课程，提出遵循《义务教育体育与健康课程标准》的基本精神，以学生的需求为中心，关注中小学一线的实践需求，关注复杂的学校自然情景，以多次循环迭代为基本原则，提出了创新体育与健康课程理论体系的构建策略。

《基于SPARK课程理念的体育课程构建策略：设计研究的视角》全文

二、创新思维

创新思维是以唯物辩证法的基本原理为指导，以观察和实验中获得的事实材料为基础，通过发散思维、收敛思维、联想思维、反向思维等方式，解决新问题，提出新观点，达到对客观事物本质的、规律性的认识的一种思维方式。

（一）发散思维

发散思维是从多种角度出发、不按常规思路地寻找变异，使信息朝各种可能的方向辐射，多方面寻求各种答案，从而引出更多信息的一种思维方式。发散思维激发创意，发散思维是一个脑力激荡、思维碰撞的过程，在这一过程中，思维的发散点越多、辐射面越广，就越容易碰撞出智慧的火花。发散思维的核心是求异。例如，乒乓球主导技术是指乒乓球运动各主要阶段的关键性得分技术。乒乓球主导技术受制胜因素、动作结构、握拍方式、器材选择、竞赛规程五大因素影响，其中制胜因素（快、转、狠、变、低）、动作结构（选位、重心、引拍幅度、引拍方向、拍面角度、迎球挥拍、击球时期、击球部位、挥拍幅度、还原时间）、握拍方式（横握、直握）构成了主导技术的内部成因，器材选择（底板、海绵、胶皮）、竞赛规程（球台、球网、比赛时间、球的材料、球的大小、发球方式）构成了主导技术的外部成因。乒乓球主导技术经历了从20世纪20—40年代以匈牙利、英国为代表的削球技术，到20世纪50—70年代末以日本、中国为代表的攻球技术，再到20世纪80年代至今以中国、瑞典为代表的弧圈球技术三个发展阶段，正是以上五大因素及各子要素相互融合、相互作用、相互影响的结果。因此，探索各因素及要素的新组合、新融合，就可能产生一个关于乒乓球新技术的课题。

《乒乓球主导技术成因诠释及演进趋势研究》全文

（二）收敛思维

收敛思维是针对所给的信息产生的问题，通过抽象、概括，使其朝一个方面集中、聚敛，从而找到事物的共同点，形成答案、结论或规律的一种思维方式。收敛的核心是求同，抽象与概括、分析与综合、比较与类比、归纳与演绎等是收敛思维的常用方法。例如，体育场地是保障公民参与体育活动基本权利、提高竞技运动水平的物质基础，是建立健全公共体育服务体系的重要载体，是促进体育产业发展的有力支撑。而“体育场地”是一个宽泛的问题领域，可以将问题聚焦到体育场地经营管理、体育场地规划、体育场地投融资、体育场地开放、体育场地空间布局、体育场地资源配置、体育场地政策、体育场地建筑工艺、体育场地供求关系等具体的问题领域，还可将研究视角定位在经济学、地理学、社会学、环境学、建筑学、美学等具体的问题领域。

（三）联想思维

联想思维是利用某些事物在属性或相互关系方面的类似性，通过比较猜测它们其他方面的相似性或相同性的一种思维方式。联想以原有事物为依据，或者因类似而成为联想，或者因相异而产生联想，或者因因果关系而产生联想。例如，国家体育总局、国家发展和改革委员会、工业和信息化部等 8 部门共同印发的《户外运动产业发展规划（2022—2025 年）》提出了“优化户外运动产业发展环境、完善户外运动产业发展布局、优化户外运动产业结构、丰富户外运动产品供给、释放户外运动消费潜力、强化户外运动服务支持”6 大主要任务。户外运动产业不仅为人与自然和谐共生搭建重要场景，也是落实“全民健身”“健康中国”等国家战略的重要形式，是持续优化体育服务供给、更好满足人民群众对美好生活向往的窗口。依据群众跨区域流动提供装备器材精准寄递服务、依据群众喜闻乐见的地方节庆举办参与型户外运动赛事、依据群众复合型消费需求推动多产业融合发展、依据群众户外安全开展“十百千”人才培养工程并完善救援体系等，都将在协调群众精神与物质需求的过程中，在装备供应、品牌升级、产业融合、安全防控等维度开辟新的思路和方法。

（四）反向思维

反向思维是从众人考虑问题的相反方向思考，从而有所发现、有所创新、有所补充的一种思维方式。反向思维最能体现选题者大智大勇的风范和独特的创造性。反向思维不是唱反调，而是建立在科学预测基础上的大胆行动。例如，马拉松作为户外体育赛事的典型代表，以其亲近自然、强身健体等属性得到了社会各界的广泛认可，由其形成的“奔跑经济”带动了吃、住、行、游、购、娱的全产业链布局，并掀起巨大的承办热潮。但是举办“热”的背后，存在风险防范不足、危机应对不力、组织保障不全面等现实问题。究其根本原因，是“人文关怀”的流失，组织者重“功利”轻“人文”，市场化过程中由于赛事主办方过于重视资本流入和地方市场活力，缺少完善的风险管理和应急预案，导致赛事事故和猝死事件频发；参赛者习惯于“被关怀”而缺乏主动“关怀”，下意识地依赖赛事组织者提供的服务，自身专业知识薄弱、生命安全责任感较低，从而诱发安全保障与风险责任界定等难题。由此，单向的“人文关怀”不足以支撑马拉松等户外体育赛事的长效发展，厘清政府管理者、企业承办者、参赛者、媒介宣传者等多元主体关系，提升文化价值认同，推动“人文关怀”实践生成等理论与实践议题，将可能成为今后马拉松等户外体育赛事实现可持续发展的重要内容。

《马拉松“热”背后的冷思考：冒险性户外体育赛事中的人文关怀问题研究》全文

第六节 选题存在的问题

毕业设计（论文）是高等院校本科教育的重要环节，是全面检验学生综合素质和学校教学质量的主要依据，是人才培养质量的重要标志。目前，我国高等院校每年有近10万名体育学类本科毕业生，学士论文质量参差不齐，其中选题是主要因素之一。综合起来讲，选题主要存在以下问题：

一、大而全的选题较多，小而精的选题较少

学位论文是学生为了获得所修学位按要求所撰写的论文。学士论文是本科生应用所学综合知识的能力的体现，是学生科学研究能力的基本体现。学士论文不可能包罗所学的全部知识或某一学科的全部知识。当前，学士论文选题过大或过难是一个比较突出的问题，涉及的问题层次多、范围广。许多学生往往因为选题过大或过难而使论文陷入僵局，或者时间不够，或者材料不齐，或者理论储备不足，或者经验太少，或者能力有限，或者无法深入探讨，最终导致“大题目小论文”。大而不精，广而不深，泛泛而谈，往往形成多中心、多环节的论点及论证，结果是推证越多，偏题越远，导致“下笔千言，离题万里”。例如，《北京奥运会对我国高校校园体育文化的影响》《中华武术在菲律宾的发展》《影响大学生身体健康的因素研究》《武术教育对大学生思维的影响》《现代奥运会对21世纪中国文化的影响》《社区体育与和谐社会的关系》《现代篮球运动快攻战术体系的发展趋势》等就是选题过大、过难的典型。与此同时，针对体育领域某一问题小而精的选题则较为匮乏。为此，选题应重视相关文献资料的收集，全面了解前人的研究现状及发展趋势，依据选题的程序，加强论证，保证研究问题大小适中、难易恰当、目标明确、便于入手。为此，要深入体育实践，坚持理论联系实际，从大处着手、小处着眼，注意观察、发现和提出问题。

二、重复性选题较多，创新性选题较少

科学研究的实质是创造新的知识为社会所用，从而推动社会的进步和发展。学士论文的选题创新可以在研究思路、研究内容、研究方法、研究视角、研究对象、理论依据等某一方面或某几方面去把握，做到与前人的研究有所不同，有自己独到的、新颖的地方。例如，《教练员心理疲劳与运动员心理疲劳的关系》《电子拳击手靶训练系统的设计》《游戏结合“平衡”性疗育方法作用于痉挛型脑瘫儿童康复训练的疗效观察》《DV摄像反馈在背越式跳高教学中的应用研究》等论文选题就是创新性选题。重复性、陈旧性的选题，不仅造成大量人力、财力、物力的浪费，而且助长了“学术垃圾”的形成。重复性选题的主要表现为：不同地区或同一领域的人重复研究同一课题；与前人的研究成果雷同、重复。例如，《放松技术在短跑中的作用》《大学生运动损伤的调查与分析》《体育游戏在中学体育教学中的作用》《快攻在篮球比赛中的作用及其意识培养》《篮球运动变向运球技术的探讨》《论拼抢篮板球的技术和能力》《健美操练习对中学生柔韧性的作用》等论文就属于重复性选题。为此，选题应加强文献检索意识，重视“查新”，全面了解相关研究的现状及趋势；应重视文献研究，了解自己所选课题已达到的“终

点”，并找到自己研究工作的“起点”；应遵循选题的原则，重视选题方法的运用。

三、描述性选题较多，解释性和探索性选题较少

多角度、多方面考察与分析客观事物，较全面地反映研究对象的本质和规律是体育科学研究实践不懈追求的目标。当前，在本科生学位论文选题中，对各种体育现象、现状的描述性选题较多，对各种体育现象的关系、影响因素、发展规律、发展趋势等解释性和探索性选题较少，从而使得体育科学研究难以发挥其解释与揭示未知的功能，缺乏对功能或机制的深入分析，也妨碍了研究水平的提高。体育科学正处在学科的发展阶段，由描述性研究向解释性和探索性研究过渡，是学科建设和发展的重要标志。体育学类学士论文虽然有一些解释性和探索性选题，但多数选题仍局限于一般性的描述性研究，如《中老年人参与广场舞的现状调查与分析》《中学排球运动开展现状调查研究》《体育专业体育舞蹈课程开展现状调查研究》《业余体校乒乓球运动现状》《体育专业学生膳食营养状况调查》《体育专业高考中排球专项考生现状调查与分析》《小学短跑教学开展现状分析》等。为此，选题在揭示事物“是什么样”的同时，应力求以科学理论和事实为依据，透过现象看本质，揭示事物发展变化的原因、规律，解释观察事实与理论假说之间的关系，从而揭示事物发展存在的某种规律，揭示事物“为什么是这样”。

第七节 学士论文选题案例评析

纵观体育科学研究成果，各个层次不乏好选题。就体育学类学士论文而言，选题参差不齐。本节遴选了 6 篇体育院校不同专业的学士论文，就其选题进行简要评析，为学士论文选题提供参考。

案例 1:《教练员心理疲劳与运动员心理疲劳的关系》(提要)

教练员和运动员是体育运动领域中关系密切的两个特殊群体，独特的生活环境、工作情况、社会角色以及面临的巨大压力都会使他们产生心理疲劳。在实际训练备战中，运动心理学工作者通常将重心放在运动员心理疲劳本身的控制和干预上，往往会忽视教练员心理疲劳对运动员心理疲劳的影响。因此，揭示教练员与运动员心理疲劳的关系，对于提高运动训练质量、完善备战工作、制定相关政策具有较强的指导作用。

《教练员心理疲劳与运动员心理疲劳的关系》全文

本研究通过对 10 名现役运动员和 10 名现任一线教练员的访谈，了解他们在日常训练和竞技比赛过程中对心理疲劳的体验和直观感受。在此基础上，采用《运动员心理疲劳问卷》(ABQ)、《教练员心理疲劳问卷》对 30 名国家队及各省市代表队运动员、30 名现任教练员进行了三次测试。质性研究（访谈）表明：运动员心理状态常常受到教练员的影响，当教练员处于心理疲劳状态时，

运动员也普遍出现心理疲劳状况；教练员心理疲劳也常常受到自己负责指导的运动员心理疲劳状况的影响。量化研究（问卷调查）表明：教练员心理疲劳与运动员的心理疲劳在情绪体力耗竭维度上呈现中度显著的正相关，教练员心理疲劳与运动员心理疲劳在成就感降低维度以及对运动的负评价维度上相关不显著。因此，在日常训练中，应采用科学的量表定期对教练员与运动员的心理疲劳状况进行测量和监控，有针对性地对运动员与教练员的心理疲劳进行干预，促进训练效率的提高。

选题评析：该选题紧密结合应用心理学专业的特点，联系运动训练实践，围绕运动领域心理疲劳这一当前运动心理学者争论的热点问题，选择教练员与运动员这一关系密切的两个特殊群体，就其心理疲劳的相互影响进行研究。研究主题清晰明确，依据比较充分，对前人相关研究取得的进展及存在的问题有比较全面的了解，完成研究的主观和客观条件论证较充分，对指导运动训练及备战具有一定的实用价值。

案例 2：《健身快步走对老年人身体形态与身体成分相关指标的影响》（提要）

有规律的健身快步走有助于预防和延缓心血管疾病的发生，有助于肺活量的提高，增进呼吸功能，提高心血管系统综合功能。因此，探索健身快步走与降低过高体脂成分、改善身体形态的关系，对提高老年人的健康水平、预防与肥胖有关的各种疾病具有重要的意义。

本研究通过问卷和体验方式，将 168 名 60~69 岁的健康老年人随机分为实验组（$n=86$ 人）和对照组（$n=82$ 人）。实验组进行 12 周健身快步走，对照组不参加任何专项运动，生活方式与实验前无区别。实验结果表明：健身快步走对于改善老年人的身体形态和身体成分，使锻炼者形成健康体型，减轻下肢负担，提高代谢水平，减重减脂，具有很好的功效，对心血管疾病及慢性代谢疾病有预防作用。健身快步走是健身价值较高的有氧运动，简单易行，不受场地器材和时间等条件限制，随意性强，精神放松。锻炼时可以根据自身状况随时调整运动量和强度，不会给老年人心血管系统带来负面影响，不易造成运动损伤。

《健身快步走对老年人身体形态与身体成分相关指标的影响》全文

选题评析：该选题紧密结合运动人体科学专业的特点，联系老年人健身实践，就健身快步走对老年人身体形态和身体成分相关指标的影响进行了研究。研究主题清晰明确，依据比较充分，对前人相关研究取得的进展及存在的问题有一定的了解，完成研究的主观和客观条件论证较充分，对指导老年人科学健身、预防与肥胖有关的各种疾病具有一定的实用价值。

案例 3：《关于啤酒业运用体育营销提升品牌知名度的探析》（提要）

随着我国体育产业的快速发展，许多企业纷纷以体育为载体进行品牌营销。企业之所以选择体育营销战略，是因为体育可以跨越民族、种族和地域的界限，实现品牌的区域化扩张，可以通过各种媒体打破传统的时空局限，增强品牌对社会的影响力，提高品牌知名度。

青岛、燕京、哈尔滨、嘉士伯四大啤酒品牌的认知度、体育营销形式、主要活动、取得成效的比较研究表明：我国啤酒知名品牌企业主要通过赞助全球转播及赛事级别高的国际大型体育赛事、赞助著名运动队的营销形式提升品牌知名度，国内二线啤酒企业通常选择事件营销形式提升品牌知名度。为此，企业在运用体育营销策略之前，一是必须对企业自身所拥有的资源进行整合，实施体育营销风险评估；二是企业组织举办的体育赛事项目必须保证能够吸引足够多的人参加，尤其是引起企业产品目标消费群的关注，赛事反映的主题要切合企业的品牌理念；三是运用体育赛事赞助营销形式，应该自始至终把握所有跟赛事有关的活动，从而为企业品牌做宣传，不断地向目标消费群推广品牌，并树立品牌形象，提高消费者对品牌的认知度；四是中小型企业在没有雄厚资金支持的情况下，可以选择体育赛事进行事件营销，这样既能紧跟潮流，又能吸引消费者的关注；五是企业在进行赞助时应先熟悉体育的相关法律法规，避免赞助后由于某些法律法规限制，宣传效果打折扣。

《关于啤酒业运用体育营销提升品牌知名度的探析》全文

选题评析：该选题紧密结合市场营销专业的特点，围绕体育产业发展中体育营销这一热点话题，就我国啤酒行业运用体育营销提升品牌知名度的策略进行比较研究。研究主题清晰明确，依据比较充分，对前人相关研究取得的进展及存在的问题有一定的了解，完成研究的主观和客观条件论证较充分，选取的调查对象具有一定的代表性，对各类型企业选择合适的体育营销策略、提升品牌知名度具有一定的指导意义。

案例 4:《对核心区域力量在铁饼训练中作用的探讨》(提要)

近年来，核心区域力量训练在竞技体育领域引起了很多人的关注，但是关于核心区域力量训练的方法、手段、运动量、强度控制、训练注意事项等研究成果不多。核心区域力量训练的方法手段与铁饼项目结合的研究成果更是少之又少。因此，根据核心区域力量训练的特点与铁饼运动相结合提出的简单可行的训练方法，对于提高铁饼运动员的成绩具有训练参考价值。

本研究选取了河北昌黎汇文一中男女各 5 名铁饼二级运动员，随机分为实验组和对照组。针对铁饼项目的特点及基层铁饼运动员技术动作存在的薄弱环节，就静态下的徒手练习、非静态下的徒手练习、稳态下的自由力量练习、非稳态下的自由力量练习 4 种核心力量训练方法对身体素质及运动成绩的影响进行了实验研究。研究表明：核心区域力量训练在铁饼项目中具有提高支撑稳定性，提高全身不同部位和环节力量的衔接、传递和整合，提高力量的效率，提高力量传递的连贯性、用力点的集中性和整体一致性，提高专项技术能力，提高关节的稳定性，预防损伤等效果。

《对核心区域力量在铁饼训练中作用的探讨》全文

选题评析：该选题紧密结合运动训练专业的特点，针对核心区域力量训练方法、手段、运动量、强度控制、训练注意事项等研究相对不足的现状，就核心区域力量训练方法对中学生铁饼运动员身体素质及运动成绩的影响进行了实证探索。研究主题基本明确，依据比较充分，对前人相关研究取得的进展及存在的问题有一定的了解，完成研究的主观和客观条件论证较充分，对于完善中学生铁饼训练方法具有一定的指导意义。但题目的研究内容范围较大，而具体的研究内容范围较小，导致“大题目小论文”。

案例 5:《沈阳市中小学生体育素养形成影响因素的分析》(提要)

体育素养是指人们平时所习得的体育知识和技能，借此而形成的正确的体育价值观，以及正确的待人处世态度和方式。中小学阶段，学生的思想意识和行为习惯尚不成熟，体育素养的培养尤为重要。为此，对影响学生体育素养的因素进行分析和研究，对于让学生在基础教育阶段打下良好的体育素养基础，让更多的学生更好地参与到体育运动中具有积极的作用。

本研究从沈阳市内 5 个区随机抽取了 13 所中小学 1 300 名学生，就体育教师、家长、学校、社区等对中小学生体育素养形成的影响进行了问卷调查。调查显示：中小学生的体育锻炼对体育教师的依赖性很大，且小学生高于初中生。体育教师是学生体育素养养成的直接影响因素。学校组织的集体性活动较多，有利于学生体育素养的养成。家长的体育锻炼态度是学生体育素养养成的影响因素，家长经常参与体育锻炼，对学生参与体育锻炼有一定的促进作用。学校对体育的重视度和体育活动开展情况，对学生主动参与体育锻炼具有促进作用。社区体育设施不符合中小学生体育锻炼的特点，对学生参与体育锻炼有一定的影响。

《沈阳市中小学生体育素养形成影响因素的分析》全文

选题评析：该选题紧密结合体育教育专业的特点，针对当前我国学生体质健康存在的主要问题，探讨了体育教师、家长、学校、社区等对中小学生体育素养形成的影响。研究主题基本明确，对促进全社会共同关注学生体质健康水平、合力提升学生体育素养具有一定的意义。但从文献的掌握程度及自身的知识结构、研究经验、能力等方面综合分析，要全面揭示学校、家庭、教师、社区诸因素对中小学生涵盖“体育知识和技能，借此而形成体育价值观，以及正确的待人处世态度和方式”的体育素养的影响是力所不能及的。

案例 6:《太极拳健身评价体系构建及运动指导研究》(提要)

随着全民健身又一次在中华大地上掀起热潮，太极拳作为中国武术的“拳头产品”，以其强劲的发展态势享誉世界。人们热衷于太极拳，不仅因为它是中国传统文化的代表作，还因为它有着极为显著的健身作用。但目前尚未建立起一套太极拳健身锻炼效果的诊断、测评与运动指导系统，在太极拳练习过程中，人们并不能完全按照个体的身体条件开展科学锻炼。

并且，太极拳健身效果的测量评分体系的缺失，导致健身者难以正确认识太极拳的作用和效果，这在一定程度上阻碍了太极拳在全民健身中的有序开展。回顾相关文献，研究多从练习者的个体本身出发来反映太极拳的健身效果，而对太极拳健身效果的评价指标体系以及以太极拳为内容的运动指导少有开掘。

因此，本研究从太极拳健身原理、国民体质监测系统以及太极拳健身指导的视角，对太极拳健身评价体系及运动指导进行研究。研究选择了与国民体质监测系统相接轨的 8 项测试指标，包括身高、体重（派生 BMI 值）、肺活量、握力、反应时、闭眼单脚站立、坐位体前屈、台阶指数等，使用国民体质测试仪器对 373 名具有 3 年以上锻炼年限的太极拳练习者进行了测试，并运用离差法制定了男性、女性太极拳习练者的单项评价标准和综合评价标准。该评价体系的确立，在理论上填补了太极拳运动健身评价体系的部分空白，也能在实践中直接应用于对太极拳健身人群锻炼效果的评价，有效发挥太极拳运动在推动全民健康与全民健身中的重要作用。

《太极拳健身评价体系构建及运动指导研究》全文

选题评析：该选题紧密结合武术与民族传统体育专业的特点，从太极拳健身原理、国民体质监测系统以及太极拳健身指导的视角，研究制定太极拳健身评价体系及运动指导。该研究选题具有较强的针对性和实用性，研究内容较为充分，可以为构建一套符合太极拳特点和健身者需求的太极拳健身评价体系和运动指导系统提供一定的理论支撑。但研究的测量样本较少，评分标准的准确性有待提高。

本章小结

选题是科学研究的起点，是科学研究的首要环节。体育科学研究选题是科研工作者在对已获得的资料、信息进行分析研究的基础上，有目的、有步骤地选择体育领域中尚未被认识和解决的科学问题进行研究的过程。这一过程需要遵循价值性原则、创新性原则、科学性原则、可行性原则、伦理性原则。选题的程序是指科学研究从选取研究主题到确定研究问题的全部步骤，是一个科学的系统决策过程，主要由选取研究主题、形成研究问题、确定研究问题三个阶段组成。科学文献、体育运动实践、学术交流活动、教师指导、兴趣爱好以及相关课题指南等则是体育科学研究课题的主要来源。选题的方法是指研究者在选择研究问题过程中所运用的工具与手段，移植与借鉴、创新思维等是体育科学研究选题常用的方法。当前，应当注意并解决体育学类学士论文选题存在的大而全的选题较多，小而精的选题较少；重复性选题较多，创新性选题较少；描述性选题较多，解释性和探索性选题较少等问题。

名词解释

- 问题：指客观事物现状与期望之间的差距。

● 科学问题：指一定时代的科学认识主体在当时的知识背景下，提出的关于科学认识和科学实践中需要解决而又未解决的矛盾。

● 研究主题：指研究所涉及的某一类现象或问题领域。

● 研究问题：指研究所要回答的具体问题，是一个可以通过研究来回答的问题。

● 课题：科学领域中尚未被认识和解决的科学问题。

推荐阅读文献

1. 风笑天．社会研究方法［M］. 6版．北京：中国人民大学出版社，2022.

该书为“十二五”普通高等教育本科国家级规划教材、教育部普通高等教育精品教材、国家级精品课程教材，该书由社会研究基础、定量研究方式、定性研究方式三大篇章构成。该书结合国内外社会研究方法的发展趋势和高等学校社会研究方法课程教学的实际，对社会研究方法的基本概念、基本原理和基本方式进行了通俗简明的介绍。在内容安排上，既兼顾到实际研究的逻辑程序，又兼顾到定量及定性研究方式和各种不同的资料收集方法及技术。

2. 黄汉升，周登嵩．体育科研方法导论［M］. 北京：北京体育大学出版社，2008.

该书为全国体育学专业研究生通识教材，具有以下特色：一是在教材内容的安排上，主要从研究生学习研究的实际需要出发，而并非从学科本体出发；二是理论与实际相结合，多种方法与运用示例相结合，便于学习者深入浅出地理解与运用；三是凸显多学科知识的综合性与研究方法的应用性；四是教材体系结构的设计，力求体现体育科学研究的过程特征，从宏观的科学方法论入手，贯穿研究生论文工作的全过程。

3. 巫兰英．全国体育院校2011届优秀学士论文集［M］. 北京：人民体育出版社，2012.

该书收录了全国体育院校2011届优秀学士学位论文150篇。其中，一等奖30篇、二等奖45篇、三等奖75篇。论文涉及体育教育学、运动心理学、运动生物化学、运动生理学、体育社会学、体育经济学、体育信息学等学科领域。

问题与思考

1. 体育科学研究选题具有哪些重要意义？
2. 体育科学研究选题应遵循哪些原则？在选题中如何贯彻这些原则？
3. 体育科学研究选题程序由几个阶段组成？每个阶段的主要任务是什么？
4. 体育科学研究课题主要来源于几个方面？
5. 从体育学术期刊中选择若干篇论文，就其选题方法的运用进行分析评判。
6. 选择自己专业学士论文若干篇，就其选题存在的问题进行分析评判。

科学研究的基本特色就是创新，不断地向新的领域、新的高峰攀登，是科学研究的本色。

——袁隆平

在科学研究中，是允许创造任何假说的，而且如果它说明了大量的、独立的各类事实，它就上升到富有根据的学说的等级。

——［英］达尔文

第三章 体育科学研究设计与计划

本章提要

本章主要对体育科学研究假设的作用、特点、过程、条件作了简要介绍，结合体育科学研究的实践讨论了体育科学研究假设的提出，阐述了体育科学研究设计与计划的意义、内容及制订过程，并结合实际分析了开题报告案例。

学习目标

1. 基本掌握假设、研究设计和研究计划的基本理论。
2. 掌握体育科学研究设计与计划撰写的一般方法。
3. 结合课题进行设计，撰写研究计划，提高体育科学研究的能力。
4. 培养创新思维和科学探究精神。

关键词

假设；研究设计；研究计划；开题报告

本章思维导图

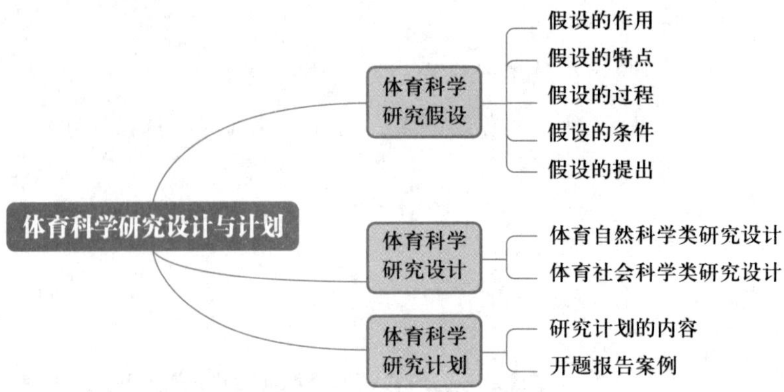

一项好的研究，应当是具有假设和检验的研究。科学不仅需要研究假设，更需要实证检验。如果说选择课题是“研究什么问题”的话，那么研究设计就是解决“怎样去研究”的问题。体育科学研究是一个系统工程，涉及诸多方面的工作，要想最终实现研究目标，就必须在研究实施之前对调查研究进行科学、完整的设计。研究计划是根据研究目的，为了能以较少的人力、物力和时间来获取客观、明确可靠的研究结论而制订的具体、严密、科学的研究方案或计划。它是对课题进行操作的关键一步。研究计划的质量会直接影响研究结果的可靠性，影响整个课题的研究水平。研究设计内容涉及整个课题研究过程。从研究目的与研究对象的确定、研究变量与指标的选择，到研究材料的收集与统计分析等，都属于研究设计的内容。体育科学研究设计与计划流程图见图 3-1。

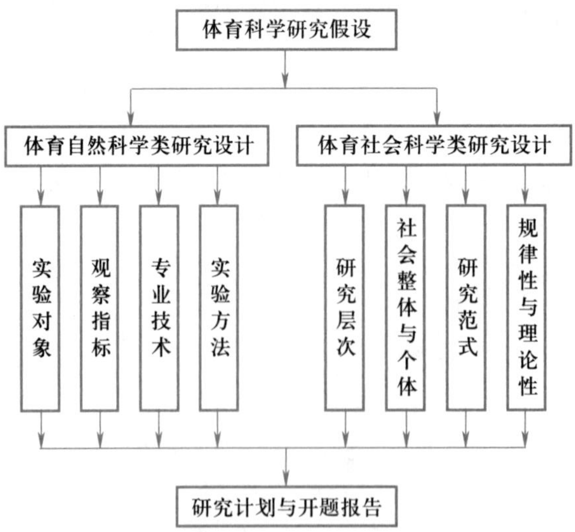

▶图 3-1 体育科学研究设计与计划流程图

第一节 体育科学研究假设

假设是一种有关变量间关系的尝试性陈述，或者说是一种可用经验事实验证的命题。①假设是体育科学研究的起点，是制订研究计划的依据，是研究过程中获取材料的导向标，是探索客观真理、形成科学理论的桥梁。假设可以通过文献查阅得出，也可以从实地考察或访谈中得到，还可以通过文献查阅与实地考察结合的方式得到。

一、假设的作用

1. 指导研究

科学研究一般都是以假设为起点的。假设可以指导研究者从何处入手，选择何种研究方式和调查方法，收集何种资料，何时结束研究等。科学研究的基本程序实际上就是“大胆假设，小心求证”。

2. 逻辑推导

假设有不同的抽象层次。由理论直接演绎来的假设一般比较抽象，研究者可由这种抽象的理论假设推演出具体而特殊的经验假设，也称为工作假设。例如，从“经济越发达地区体育发展水平就越高”这一假设，可以推论出“沿海地区的体育发展水平高于内陆地区的体育发展水平”这一具体的工作假设，它较易由实证得到直接验证。由经验概括而来的假设，具抽象程度较低；但通过归纳逻辑的推论，可以使一些具体假设上升为抽象的理论假设，后者所说明的是更广泛、更普遍的现象。例如，通过对信息化社会中人们的读写能力、语言能力、思维能力的观察，可以推论出“随着社会的发展，人的智能也得到发展”的假设。科学研究就是运用不同抽象层次的假设，来完成由抽象到具体或由具体到抽象的往返过程。

3. 发展理论

假设不管是从理论演绎而来的，还是从经验观察而来的，只要经过证实或证伪，就可以增进科学知识，促进理论的应用或发展新理论。一个假设如果得到相当程度的证实，便成为假说；假说如再得到进一步、多方面的证实，并被科学家们所一致接受，便会成为定律。可以说，理论的建设是经由假设—假说—定律发展的。同样，理论的检验和修改也是从假设检验开始的。

二、假设的特点

（1）假设要以一定的客观事实和科学理论为依据，必须经过科学的论证。假设要能合理解释现有的客观事实，不能与已知的事实和已证实了正确性的理论相矛盾。在假设的两个依据中，事实更为重要。

---

① 风笑天．社会研究方法［M］．6版．北京：中国人民大学出版社，2022：43.

（2）假设具有一定的推测性和或然性。假设是一种理论思维中的想象，标示着某一预想结果产生的可能性。假设并非是任意的猜测，也不是确切的事实。因此，研究者既要大胆地提出假设，又要不被假设所操纵，要能够根据事实放弃或修正假设。需要指出的是，在某些研究中，往往把未经验证的假设当作研究的结论。实际上，假设仅仅是体育科学研究的一部分，还不是事实，是否正确，还需要验证。

（3）假设具有可验证性。假设应以概念为基础，而假设中的主要概念或变量应该可以操纵或测量，从而使研究确实能够验证假设。

三、假设的过程

假设的产生和形成有一个过程。要想提出合理的假设，研究者应当具有一定的科学素养。第一，研究者需要有较丰富的实践经验、广博的科学理论知识、一定的科学想象力，尽可能弄清研究对象的实际情况，掌握有关的研究资料。第二，研究者需要有敏锐的观察力和好奇心以及联想能力。当人对某一事物产生怀疑之后，就会提出新的问题。此时，对问题的认识还仅处于一种初步的设想阶段，即假设阶段。假设是认识的初级阶段，是一种初步设想，有一定依据就行。对问题提出多种大胆的假设之后，就必须根据现有的理论和事实对假设进行严格的推理和论证，从而得到较合理的解答问题的设想。一般来说，从问题的产生到假设的形成可以分为怀疑—问题—假设三个阶段。

四、假设的条件

科学研究提出的假设并非空想，是在一定条件下提出来的。社会学家古德等人于 1950 年提出，假设必须满足以下几个条件：

（1）以明确的概念为基础。

（2）具有经验的统一性（即能被经验检验）。

（3）对假设的适用范围要有所确定。

（4）与有效的观测技术相联系。

（5）与一般的理论相联系。

五、假设的提出

假设的提出是一系列复杂的科学思维活动，需要运用有关的逻辑方法，并经过科学抽象和逻辑推理来实现。最常用的方法有：

1. 从已有的局部经验中进行抽象概括

人们在体育工作实践和科研实践中可以获得一些有益的感性经验，如果运用理性思维对之进行去粗取精、去伪存真的抽象概括，找出经验材料之间的内在联系，从局部的经验、感性材料中抽取事物的某些本质，那就可能形成对同类（相似）事物的普遍规律的研究假设。新的假设的有关科学概念，就是科学抽象概括的产物。要保证抽象概括的可靠与正确，一要掌握与课题有关的现成的经验材料，二要加强对抽象思维能力的培养。例如，有的体育教师在体育教学中曾长期采用过音乐伴奏，并取得了较好的教学效果，他们经过总结初步得出了部分项目教学采用音乐伴奏能加快教学进度、提高教学质量的经验。但这一经验还未形成理论。对这一经验进行概括分析，可以将其抽象为“音乐伴奏可在体操、武术、健美操及准备活动的教学内容中使用，可加快建立学生的节奏感、韵律感、协调性，提高练习积极性，增强审美能力，促进技能掌握”的假设理论。但它还不具备普遍运用成功的必然性，可将此作为假设，再进行实验研究予以验证。

2. 对两个相同（或相似）事物进行类比推理

类比推理是根据两个（或两类）事物间存在的某些相同或相似的属性，推出它们的其他属性也相同（相似）的一种逻辑方法。科学史上采用类比推理为科学理论建立假设的例子很多，如卢瑟福的原子模型假设类比了太阳系结构。类比推理在仿生、仿制方面有重要作用。例如，设计师模仿蜻蜓翅膀上的翅痣设计了飞机两翼上的平衡重锤，现代科学家仿效人脑研究出了智能计算机、各种机器人等。在体育运动中，人们模仿动物的一些技能提出了新的技术设想，有些最终为体育实践证实并广为运用。例如，“鳄鱼爬”就是模仿鳄鱼爬行的动作而出现的一种时尚健身方式，对于锻炼全身肌肉、强化核心力量、提高心肺功能都有重要的作用。但是，由于事物间的差异性，类比推理出的某些结论带有或然性。因此，要注意两个事物的共有本质属性、不同属性与推出属性之间的联系，相同属性越多，假设结论的可靠性越大。

3. 综合创造

客观事物的整体性是普遍的。综合方法是通过创造性的分析、想象与加工，将某些事物的个别属性与局部因素有机地联系与组织起来，从而形成对事物的新的整体性认识或创造新的整体形象，进而对形成的新的整体事物的本质、特点和规律作出推断设想，即形成有一定事实根据的科学假设。显然，综合以分析为基础，又大大高于分析，并继续向新的分析和综合发展。原始人的弓箭，现代社会的坦克都是综合的产物。体育运动中的许多新技术、新战术、新材料都是综合创造的产物，人在完成每一个综合时的思维结果，就是一种新的假设，然后人会在实践中对新的假设进行检验与运用。例如，乒乓球技术中的弧圈球技术，是攻球技术和旋转球技术综合而成的；排球、足球战术是一系列技术动作的综合运用；华佗的“五禽戏”是虎、鹿、熊、猿、鸟 5 种动物的不同活动动作综合而成的创造性的养生套路；体操中的“旋”动作，是人体沿水平轴、矢状轴翻转的综合动作技术。再如，我国学者田麦久等 1983 年在对主要竞技项目进行科学分类的基础上，提出了在一般训练理论与专项训练理论之间建立一个新的理论层次的构想。1987 年，田麦久先生在学术刊物上发表了题为《项群训练理论的构思与命名》的论文；1990 年，他在北京亚运会科学大会上发表了论文《项群训练理论的建立与应用》；1998 年，《项群训练理论》专著正式出版。这些论著，分别论述了依据不同主导竞技运动规律划分的 8 个项目的训练特点，从而使运动训练的理论体系更趋于完善，这是我国运动训练学界对运动训练学理论建设的突出贡献。

4. 借鉴移植

借鉴移植是将一种科学理论或一种技术、方法应用于另一学科或技术领域，从而使事物发生数量的变化与质的飞跃，进而产生具有新功能、新概念、新特征的新事物。这种新思路方案的形成就是一种新的假设。例如，将体操项目中男子单杠的某些技术移植到女子高低杠中，就产生出新的高低杠的技术概念与体系结构；将一些舞蹈动作移植到滑冰运动中，就形成了既不同于原舞蹈动作又不同于原滑冰动作的新的技术概念。再如，我国体育界流行的“木桶理论”源自日本丰田公司有关企业管理的经验，其主要内容为：一只盛水的木桶，由多块木板组合而成，如果其中有一块木板较其他木板矮，则其他木板再高都是无用的，因为木桶的最终盛水量就是由这块最矮的木板决定的。这一理论引入运动训练界后被解释为：运动员的训练水平由各方面组成，运动员要想取得高水平的成绩，则各方面都需要达到高水平。如某一方面落后，成绩最终将被其限制。从一定意义上讲，借鉴移植也是一种特殊的综合创造，但借鉴移植的条件与对象选择更严格。

5. 归纳法与演绎法

归纳法是由实践中某些事物具有的某种属性与原因推出该类事物都有此属性的推理方法，是从个别至一般的思维推理。其推理的根据是事物的必然属性和具有此属性的原因。如在体育运动中，有人通过多次观察发现，排球运动员在进攻扣球、防守拦网时，都要连续在网前快速原地起跳，因而归纳出连续原地起跳能力对完成主要进攻与防守至关重要，从而推论出“所有排球运动员都需要发展连续快速起跳的能力”这一结论。可以以此为假设，进一步在实验、观察中去进行验证。

演绎法是从一般到个别的推理，是从已知的判断、已有科学知识中推出新的判断、新的知识的思维过程。如在体育运动中，根据“儿童青少年时期是身体素质和某些运动能力发展的敏感期（迅速时期）”的理论，推论出“按不同年龄期有计划、有针对性地发展儿童青少年的各种身体素质与运动能力所取得的效果显著”的结论，进一步提出“改革现行中小学体育与健康课程标准，分年龄阶段增加素质练习与部分专项技能教学”的假设，然后对这一假设进行实验验证。

第二节 体育科学研究设计

在研究课题选择的系统化阶段，在确定了具体研究目标和相应的研究方法后，就应结合具体的研究目标和研究方法进行研究设计。研究设计是对提出研究课题假设、选择研究对象、明确研究变量、定义研究变量等的规划。

一般来说，在体育科学研究中，研究的基本目的是通过一定的操作过程，实现对多个因素或现象间的某种规律性关系予以确认或揭示的描述。为了达到此目的，需要对可能干扰该操作过程的某些因素在操作之前予以控制。研究设计就是在运用或实施具体的研究方法之前，为保证得到正确资料或信息而进行的一种计划性工作，而且，这一准备性工作应以研究设计方案的形式写入选题报告并予以确定。

在体育科学研究中，无论采用何种获取资料的方法，其基本的目的都是确认或揭示若干因素或现象间的某种规律性关系，从而依据这种在一定范围内具有普遍性、规律性的关系来指导今后的行为。也就是说，尽管研究的过程、实施的研究方法等是在特定的时间和空间中进行的，尽管研究对象（如学生）很可能被限定为某一地区或某一学校或某一年级的某个班级，但是研究的目的却不仅仅停留在对特定的研究过程（含对象、方法、结果）自身的说明上，而是通过具有个别性、特殊性、局部性特性的研究，揭示具有普遍性、广泛性或者说具有可再现性、可重复性的一般意义的关系。可是，由于在运用一定的方式，对一定的对象，在一定的时间和空间获取资料时，往往会有很多因素对上述变量产生一定的影响，这种影响可能导致研究者获得的资料存在偏差，而研究者依据这种有偏差的资料所进行的分析必然会使研究结果与预期的研究目标相背离。因此，为了保证具体研究目标的实现，事前进行周密细致的研究设计是很有必要的。

体育科学是综合性科学，其科学研究涉及自然科学类研究和社会科学类研究。自然科学类研究与社会科学类研究的主要区别在于：自然科学类研究以客观事实为研究的起点，又以研究得出的客观事实或现象为研究的终点，它既具有理论性，又具有实用性；社会科学类研究以社会现象为依据，主要运用理论分析解释社会现象。前者侧重定量研究，后者侧重定性研究。

一、体育自然科学类研究设计

体育自然科学类研究设计有自身的特点，包括数理统计设计和专业理论设计两个方面。

数理统计设计是运用统计学知识和方法来进行的设计，主要是为了解决实验观察结果的可重复性和经济性问题，减少或消除误差，保证样本的代表性和样本间的可比性，保证实验观察结果的精确性、可靠性和确定性（可重复性），提高效率，使较少量的实验观察提供大量的有用信息。

专业理论设计主要解决实验观察结果的有用性和独创性问题，是为了回答科研课题假设而进行的具体验证过程，是科研是否有用、是否先进的前提和基础。专业理论设计的内容包括从专业理论角度来选定具体的科研课题以及设想、计划和安排实验观察内容。

专业理论设计的具体化就是实验设计，即有关实验研究的计划和方案的制订。下面以实验设计为侧重点进行讨论。

（一）实验对象的设计

实验对象的设计也就是实验材料或单位的选定。如果实验对象是动物，就应根据实验目的确定动物的品种、雌雄和现实状态，确定实验程序与药物剂量、剂型、用法及实验阶段。对于实验观察项目，应确定相应的有效和无效标准。

实验对象的设计具有可重复性和一致性，适用性和可控性，易行性和经济性，确定性和可靠性等特征。为了符合这些要求，必须掌握足够的文献资料。

（二）观察指标的设计

在专业理论设计中，一个很具体、很重要的环节，就是选定实验观察指标。实验观察的结论，主要是从观察指标提供的经验事实材料中推导出来的。因此，实验观察要想得出肯定或否定假说的结论，或揭示研究对象规律特性的结论，一定要事先选准观察指标，否则即使实验观察的统计学设计周密，实验观察正确执行，收集的实验资料完整可靠，也可能无法得出正确的结论，回答不了实验观察所要回答的问题，不能保证实验的“有用性”，那么实验就等于白做。为此，必须要注意了解三个问题：① 观察指标的概念；② 观察指标的要求；③ 实验观察指标的选定。

1. 观察指标的概念

指标，也称判据、参数，对自然科学研究来说，指标即一种指示标志，是在实验观察中用来指示（反映）研究对象中某些特征、可被研究者或仪器感知的一种现象标志。通过它可以推测某些特定的事实，并从中得出特定的结论。例如，心率这一现象标志，可用来指示（反映）运动员对运动负荷的反应和适应的特征，在运动训练中教练员用它来作为控制运动负荷的指标。在某一特定课题的研究中，往往需要选用一组指标，这一组指标互相之间是一个有机的整体，缺少哪一个指标，都不能客观、全面地揭示研究对象的特征，也不能得出关于研究对象规律性的结论。例如，要了解儿童的发育状况，需要有身高、体重、智力发育、行为反应等一组指标，如果只把身高或体重某一项指标作为评价儿童发育的指标，显然是片面和错误的。而在一组指标中，一定会有一项或两项指标是起主导或关键作用的，研究者应该着重抓好具有关键性和主导性的指标，以便把其他各项指标有机地协调起来。

2. 观察指标的要求

理想的指标分为三类（表 3-1）。

▶表 3-1 观察指标的要求

类别	要求	备注
第一类	合理性、正确性、特异性、重现性、客观性	这五点中不符合其中之一者，该指标就不能被选用
第二类	灵敏性、无偏性、可能性	这三点是对指标的进一步要求，选定时要尽可能满足
第三类	可转换性、变换性、能分级、无害性	这四点是对指标的相对要求

选定指标的最主要、最根本的要求是指标的有用性，即能产生预期作用、能达到预期目的。为达到指标的有用性，首先要考虑指标的合理性，其次是客观性和灵敏性以及对人体的无害性。

合理性指标首先取决于有关假设的合理性。历史上，出现过由于错误的假设，导致错误的专业理论设计、错误或不全面的观察指标，造成假象，从而引申出错误结果和理论的一些实例。比较典型的例子是苏联的一位神经论专家设计的一个证明免疫抗体形成的神经反射机制的实验。他将动物后肢与躯体分离而仅保留由肢体传入躯体的神经干，然后向该“离体”肢体注射某种特异抗原，注射后不久将该神经干切断。过些时候，该动物的血液中即出现相应的特异性抗体，于是，他认为特异性免疫抗体是通过抗原作用于神经感受器而反射地形成的。这是假设上的错误，该专家首先认为免疫抗体的形成是直接单纯的神经反射机制；接着是专业理论设计存在严重缺陷，即没有把神经干存在有内淋巴这一组织结构的因素考虑在内。后来有人用同位素示踪实验证明了注入该肢体的特异性抗原可经该神经干的内淋巴直接进入体内血液循环，从而否定了该专家认定的“特异性抗原仅通过神经反射机制而不直接与网状内皮细胞接触便可使机体产生特异性抗体”的结论。由上例可见，专业理论设计思想的错误，必然导致观察指标的失误。

3. 实验观察指标的选定

实验观察指标的选定，可以通过自创指标和选用现成（定型）指标两种途径。自创指标是根据专业理论假设与现实的需要和可能，由自己创造的观察指标。具体应注意以下 4 点：

（1）指标的可靠性。专业理论设计要充分掌握与实验观察对象有关的一切文献知识。设计每一种实验观察指标时，都应首先利用现代科学的最新理论成就，而不应该撇开这些成就去搞设计。在治疗运动损伤的过程中，可以采用针刺镇痛疗法，如果用针刺镇痛作用原理进行实验，首先应该利用现代关于疼痛的生理、生化、解剖学的理论成就以及中医经络学说的研究成果等，只有当这些成就提供的信息不足以阐明问题时，才考虑神经体液以外的可能性。解决此问题的关键是要全面地掌握文献资料，并对有关课题的各种假设、支持假设的各种实验观察指标和资料进行反复的对比和分析，找出各自内在的科学规律及价值，从而形成自己正确而全面的假设，并确定真正有用的观察指标。

（2）指标的典型性。为了深入、全面地观察实验对象的一切内在特征，往往要选用多种或一组指标来观察。但在多种指标中，有些指标可能是关键性的，此时应该注意抓主要矛盾，即指标的典型性，着重用表 3-1 中 3 类 12 个要求选好这些指标来进行观察。

（3）指标的标志性与灵敏性。指标要有效地标志预期的变化，而且要有一定的灵敏性。当作用量增减时，指标效应量也能随之增减，也就是对作用量变化的分辨力要高。选用这样的指标进行实验观察可节省所需样本数，比较经济。

（4）指标的可能性、可行性和易测性。一些要求高精度的指标，如果没有相应的高精密度、高分辨力的仪器设备可能测不出来。因此，实验观察指标应充分运用先进技术和手段提高灵敏度。有些仪器设备如果本单位没有，则须根据相关信息中心提供的信息，与有关单位开展合作研究。各种相关专题的科研论文、专科实验手册或专著，均有现成的指标可供参考选用。有的指标已被广泛使用，即定型指标。总之，广泛查阅有关的科学文献资料是寻找指标的重要途径与方法。

（三）专业技术的设计

为使理论设计出的实验观察内容能很好地付诸实践，还要从专业技术层面进行设计。

技术主要指完成科研任务的具体实践方法和技能，包括应用已有科学知识制造和使用工具，进行测量观察或控制的方法和技能等。

1. 仪器的选择、使用和测试控制

采用仪器解决什么问题、仪器的性能如何、怎样使用仪器，都必须在广泛了解文献资料和各种样品说明书等之后才能获得充分的认识。

关于仪器的使用，关键在于使用仪器取得的信息能否真正反映指标原来提供的信息。要保证这种真实性，一定要做好三个控制，即控制好仪器、控制好仪器操作者、控制好受试者。这样做的目的是使这三个方面的误差尽可能降到最低水平。

（1）控制好仪器。应要求课题研究人员充分掌握仪器的结构和性能，要仔细研究仪器说明书，掌握排除仪器可能出现的较简单的故障的方法和技能。在正式实验前，要对仪器进行试运行，确保万无一失，才能开始实验；操作仪器的方法和过程要规范化。

（2）控制好仪器操作者。① 做好仪器操作者上岗前的培训和考核，考核合格者才允许操作仪器。考核的内容应包括有关仪器结构和性能的知识，简单维修和保养的知识以及仪器使用、操作与维护的规程和规则。② 要充分了解仪器操作者的思想品德，确保其诚实可靠、有高度责任感，能严格做到在有人监督和无人监督条件下都能规范地进行实验操作。③ 要让仪器操作者充分了解该课题研究的意图、观察项目和有关专业理论知识，能敏感地发现实验的新现象并能及时报告课题负责人和做好实验记录。实验记录应用编有页码、装订良好的记录本记录，以碳素墨水或蓝黑墨水笔书写；记录本不准撕页，记录内容不准任意涂改擦拭，实在需要重写的内容，可划去，并在划线旁签名或盖章。④ 课题负责人要留心和关心仪器操作者的心态及情绪变化，如发现仪器操作者有思想波动，可暂停实验，待其情绪恢复正常后再进行实验。这点特别重要。总之，课题负责人与仪器操作者之间要建立良好的友谊，只有互相信任和关怀，才能真正做到在较长时间的科研过程中默契配合，共同为出好成果而努力工作。有些实验之所以失败，原因不在仪器本身，而在于掌握仪器的人。

（3）控制好受试者。① 受试者应按研究指标的要求严格挑选。如果受试者

是人，应注意其年龄、性别、职业和现实状态；如果受试者是动物，应注意其种类、品种、性别、规格、饲养条件和实验环境。② 要对受试者（人）交代清楚实验的目的和意义以及实验过程的前期、中期和后期的一切注意事项；要消除受试者的恐惧心理，使之能心情舒畅地配合实验。③ 每次实验前要注意受试者的情绪变化，检查受试者是否已做好一切实验准备；在实验过程中和实验结束后要严格按实验观察指标的要求认真监控观察。

2. 实验操作技术的创立和选择

实验操作技术除根据实验观察要自己创立外，还可以利用他人创立的现成技术。利用他人的实验操作技术来研究新的课题，可以节省一些摸索试验的时间和精力。只要理论设计本身先进，并不会影响课题研究成果的独创性。因此，除非科研课题本身需要创立一种新的技术（科研上，不少新的突破是由于创立了新的实验研究技术），一般可以充分利用现成的实验技术。但应特别指出的是，利用现成的实验技术时可以结合实际需要和可能对其进行改进，实验技术的改进也是一种创新。

（四）实验方法的设计

这是专业理论设计的重要环节，是决定科研工作成败的关键，具体包括以下5个方面：

1. 样本抽样

任何实验研究，都不可能在全体动物或人的身上进行，通常只是对少数样本进行。而实验研究的目的，却是希望将通过样本获得的结果和结论推广到全体对象。因此，样本必须具有代表性，能反映研究对象的总体。用这样的样本所得的结果和结论才可以推广应用到同一总体的其他对象上，从而使研究获得科学的重复性。

（1）确定总体。总体不确定，就谈不上所选定的对象对总体有代表性。

（2）确定抽样方法。使用随机抽样方法抽取样本和分组时，要不加任何主观意愿，用抽签法或随机数字表法等抽取样本，并将其分配到实验观察组或对照组中去。统计学研究结果表明，只要样本是随机抽取的，它们就有代表性，就可用来估计全体，可用来预见在这个实验以外的其他实验场合中可能获得怎样的结果、预见可能的误差有多少、预见估计不准确（错误）的可能性有多大，也可通过一个变量预测另一个变量等。

（3）确定样本数。保证具有代表性的最少样本数可用统计公式计算或用查表法确定。所抽取样本应有足够数量，太多易造成浪费，太少则没有代表性。究竟多少样本数合适，数量上没有严格规定。一般来说，如果所得实验数据变异性很大，或比较组间数据相差不太显著，样本数量就要大些，有时要求几十或几百；而当数据变异性不太大，或比较组间数据相差很显著，或样本具有很大代表性时，样本数量就可少些，可用 8～10 只（例）。一般对照组样本数量应与实验组相同。

2. 具体实验设计

具体实验设计大致可分为简单设计和多组设计两类。简单设计是对单项假设进行验证，即考察一个自变量与一个因变量之间的因果关系。此外，它只分为一个实验组和一个控制组，或仅有一个实验组。多组设计则有三个以上的组，它可以考察多个自变量与因变量之间的关系。实验设计具体有单组前后设计、组间比较设计、双重对照设计、配对比较设计、完全随机化设计、多因素设计、拉丁方格设计等。

3. 实验条件控制

饮食、气温、气压、温度等实验条件往往可严重影响实验结果，因此应严格控制，使其恒定。在对照实验时，相互比较的各组除实验因素可以改变外，其他条件（包括年龄、性别、体重、营养、健康状况等）都应尽量一致，否则所得的结果可能是由条件不同引起的，而不是由实验因素本身变化引起的。例如，研究不同运动负荷对动物肝糖原含量的影响时，如对照组与实验组的饲养条件不同，那么所得结果就可能不是该药物的作用，而是饲养条件不同的结果。众所周知，肝糖原含量与饲养条件有着极为密切的关系。

4. 实验观察方法的可重复性

实验观察方法的设计必须要有严密的逻辑思维，而严密的逻辑思维来源于对文献和观察信息的充分掌握和分析以及有关该课题的专业理论知识。为了使实验结果具有科学性和可重复性，还须合理设计和安排实验次数。实验取得阴性结果时，要从各方面查找原因，多次重复实验来证明所得结果确是阴性。若实验取得的是阳性结果，就更应多次重复实验以确定所取得的阳性结果的可靠性和可重复性。如果每次的实验数据之间差异比较大，重复实验的次数就要多些；如果差异比较小，则重复实验的次数就可少些。此外，还要考虑实验的费用，如果费用高，实验重复次数可适当减少。影响实验观察方法的精密因素还包括测量计数的误差、仪器的误差和灵敏度、药物的纯度等，它们都可影响实验结果的可靠性。

5. 观察记录、观察结果的统计学处理

每次观察结束后，都要及时把记录、结果整理好，可通过分类或列表、制图等方式，把观察的结果用数字或符号记录好。

对实验观察资料（数据）要进行统计学处理，主要包括：① 资料的系统化：用均数百分率等表达一定倾向或规律；② 判断比较组间结果差异是否有意义：用显著性测验法算出 p 值；③ 揭示各因素间的相互关系：用相关或回归系数来表示。

二、体育社会科学类研究设计

在研究体育的社会现象时，可以采用各种方法来研究。在研究问题或选题的过程中，研究者基本确定了研究的思路，但研究从何入手、如何研究，仍然是研究者面临的实际问题。体育社会科学类研究具有理论性、思辨性、宏观性等特点，因此，体育社会科学课题方案设计有一定的规律性。

要对体育现象进行研究，就需要对研究对象的范围有全面的了解。社会学家认为，社会是一个多层次的整体，社会是由个人组成的，但社会的性质又超出个人特性的集合。那么，对社会的研究应该从何入手呢？要解决这一问题，首先要划分出社会的层次。一般来说，可以将社会现实划分为以下几个层次：

（1）个人层次。它可进一步分为客观层次和主观层次，即行为层次和态度层次。

（2）群体（或集体）层次。它也可再分为客观层次和主观层次，前者包括群体结构和集体行为，后者包括人际关系和互动规则。

（3）社会结构层次。它比前两个层次更抽象，包括由社会分化形成的社会制度、社会活动方式和社会网络。

（4）文化层次。文化是指由社会成员所共有的世界观、价值观、道德规范所产生的各种社会现象，这一层次包括物质文化、制度文化和精神文化。

上述层次是从研究单位的角度划分的。当然，还可以从其他角度来划分，如划分为生产力、生产关系或经济基础与上层建筑等。

（一）研究层次

社会现象的错综复杂，使得对社会的研究一直是多层次、多角度的。研究者选取的社会层次和观察角度不同，所采用的研究方式也就不同。当代社会研究的几个主要层次是：① 宏观层次；② 微观层次；③ 社会单位层次。在每一层次中，根据不同的研究角度，还可划分出不同的研究主题。

1. 宏观层次

在宏观层次上，研究者将社会视为一个有机的整体，侧重从文化和历史的角度来研究体育整体的性质和发展规律。宏观研究的主题有：

（1）社会变迁研究。在文化层次上，它从历史演化的角度来发现并解释体育发展的规律。

（2）社会结构研究。它从社会系统的相互联系入手来分析体育社会体制；运用社会学原理研究探讨各种社会体制对体育发展的影响。

（3）社会行为与态度研究。它将许多个人的行为或态度视为一个整体，由此来分析、预测人们的社会行动。这种研究通常采用大规模的统计调查，利用问卷和民意测验来了解人们的社会态度和行为倾向，然后用社会背景变量加以解释。

2. 微观层次

微观研究是从个人或群体入手，通过观察人们的社会交往来发现社会行动的意义、特点及其与社会环境的复杂关系。微观研究的主题有：① 人的社会化；② 人际关系；③ 个人与社会环境的相互作用。例如，运动员选材的问题、运动员心理疲劳的问题等。符号互动论指出，社会是由社会行为者不断解释社会情景的意义，并在实际交往中不断相互协调和适应的过程。社会心理学、行为科学、现象学和民俗方法学的研究多在微观层次上，它们不注重社会整体的性质，不试图发现所谓客观规律，而是注重实际的社会过程和个人的活动，在研究方法上主要采取实地观察与客观描述。

3. 社会单位层次

社会单位层次的研究是从群体结构和集体行为入手，直接考察实际的社会单位，如社会组织、社会群体和社区。

（1）社会组织研究。它是指对企业、公司、学校及其他机构的研究，如体育中介公司、体育俱乐部、社区体育等。这种研究类似于社会结构研究，即通过变量分析来描述组织内部各部分的相互关系以及组织与外部系统的关系。

（2）社会群体研究。它是指对青少年、老年人、妇女等群体的研究，如弱势群体的体育健身问题、职业女性的休闲问题等。这种研究通常采用参与观察的方法，并尽可能记录下各种信息。近几十年来，在群体研究中还采用了实验方法，即引入某项变量、控制其他变量来观测实验变量对群体行为或态度的影响。

（3）社区研究。这种研究的范围很广，它既包括对一定区域（城市、乡村等）的全面考察，又包括对社区内部特定社会问题的研究，如城市社区体育的管理体制问题等。社区研究常采用人类学方法，即长期参与观察与实地研究。

（二）社会整体与个体

在体育社会学研究中，要把握社会整体与个体的关系。

整体论认为，社会的性质不是由其部分的性质决定的，社会整体决定其各个部分的本质。由此推论出，社会研究的基本分析单位是社会整体，如社会文化、社会制度、社会结构等，因为社会现象的存在与变化只能由整体特征或宏观变量（结构变量、环境变量等）来解释，而不能归结为个人特性，即不能还原到个人心理或生理的层次。

个体论则认为，社会研究的基本分析单位是个人。韦伯曾说："理解社会学认为个人及其行动是它的基本分析单位。"因为个人是有意义行为的唯一承担者，而国家、团体、社会制度等整体概念都是表明人们互动的某种范畴，它们都可以还原为各个参与者的行动。波普、沃特金斯等个体论者还强调，对于社会现象应当根据人的动机、态度和行动来解释，而不应当根据社会集合体的性质来解释。

个体论与整体论的分歧在于：个体论主张采用分析或分解的方法，并在基础层次上对事物作出解释，而整体论主张通过揭示整体的本质属性来解释各个具体事物。

整体论（或系统论）是富有启发性的思想。它强调，只有了解一个有机系统的各部分之间的相互联系，才能认识系统的本质属性。它指出了传统科学的分解或分析方法的局限，但是它并没有提供一套研究有机整体的操作方法。到目前为止，它还只是一种无法付诸实践的学说。此外，由整体论推导出社会研究，应当"从社会整体出发"也是不恰当的。首先，从分析单位的角度来看，整体与个体是相互补充的。其次，在具体研究中考虑社会整体的所有联系，不仅难以做到，也没有必要。社会研究一般是通过选取某一层次或角度，主要考查少数重要因素来说明所研究的现象。“从社会整体出发”作为一个方法论原则，其作用是有限的，且缺乏实践上的意义。

实际上，社会现象既是综合性的，又可以区分为各种特殊类型，这就需要采用“具体问题具体分析”的方法，需要在各种研究层次、研究角度和研究方式之间进行选择，而不能事先将社会研究限定在某一层次或某种分析单位上。

（三）研究范式

研究范式是指某一特定学科的科学家所共有的世界观。例如，蕴含在牛顿的物理学中的世界观构成一种研究范式，而与之对立的爱因斯坦的物理学的世界观则构成另一种研究范式。研究范式是由其特有的观察角度、基本假设、概念体系和研究方式构成的，它表示科学家看待和解释世界的基本方式。

美国社会学家乔治·里茨尔区分了社会学三种不同的研究范式：社会事实范式、社会定义范式和社会行为范式。这种划分主要表明了社会学家看待社会现象的不同方式或不同观察角度。

社会事实范式是以埃米尔·杜尔凯姆的方法论思想和现代的结构功能理论为代表的，它强调社会现象的客观性，认为社会现象是客观的事实，不能还原为个人的事实，研究主题是社会事实，即宏观的社会结构和制度，使用的是问题调查法和历史比较法。属于这种范式的有结构功能论、冲突论和系统论等。

社会定义范式以马克斯·韦伯的思想为代表，强调社会现象的主观性质，认为一些宏观的社会现象，如“国家”“制度”等都不是有形的实体，它们是由人们的主观定义建立的，因此社会现象是不可能与个人的动机、态度和行为相分离的。研究主题在于通过主观意义理解行动、互动及其所导致的后果，主要使用观察法，辅之以问卷调查。属于这种范式的有行动理论、符号互动论、现象学社会学、民俗学方法论以及存在主义社会学等。

社会行为范式以行为科学（管理学、社会心理学、组织社会学等）的方法论为代表，研究主题集中在个体行为上，尤其关注诱发预期行为的报偿和阻止非预期行为的惩罚，使用实验方法。属于这种范式的有行为主义社会学和交换论。

以上三种范式可以归纳为：

社会事实范式：外因——行为、社会现象；

社会定义范式：观念——行为、社会现象；

社会行为范式：以社会生物学、经济学为出发点，个人本能、需求、利益——行为、社会现象。

以上这几种研究范式都只是强调社会现实的某一侧面，但它们对于全面地认识社会都是必不可少的。尽管这几种范式使用的基本假设、概念和研究方式各不相同，不过在实际研究中，它们又是相互联系的。例如，体育社会学研究主要关心的是体育社会结构和体育社会发展的问题，它的研究主题常常是以社会事实的概念表述的（如“体育社会化与经济基础的关系”问题），但这种概念往往是抽象的，因此在经验研究中就需要运用社会行为范式的概念将其具体化，而在研究社会行为时又必然涉及人的主观层次，这就会与社会定义范式的概念相联系。

社会研究没有统一的范式或模式，各种观察角度、各种研究方式都有其合理性和局限性。

（四）规律性与理论性

1. 规律性

任何科学的前提或基本假设是，它的研究对象是有规律可循而不是杂乱无章或偶然的。社会研究也采纳这一基本假设，它的目标是探寻社会现象的规律性和社会行为的模式。

尽管许多社会现象似乎是随机的、偶然的或独特的（例如，人们可以自由地选择职业或配偶，不同的国家有自己独特的历史背景和发展途径等），但是社会生活仍具有高度的规律性。这种规律性与自然界的规律性既有相同之处，又有不同之处。社会规律性主要表现为统计规律，即总体的规律。社会研究所关注的正是由许多个人组成的总体的行为倾向或发展趋势，而不是个人行为的规律。例如，人们生育子女的个人原因是各种各样的，并受各种偶然因素的影响，但是一个社会的总出生率却是相对稳定的；从不同社会、不同国家的出生率的差异中可以发现一些有规律的影响因素，如热带地区比温带地区出生率高等，由此可以发现人口生育的规律。而如果各个国家的出生率没有相对稳定性，就无法对人口生育的规律进行科学研究了。

体育的社会现象同样具有规律性。不同国家由于文化差异和经济基础的不同，其体育运动开展的形式和运动项目也存在差异。例如，经济发达国家的体育运动，主要以俱乐部的形式开展，以社会办体育为主；在经济尚不发达的国家，则以国家主办体育为主。这种差异的存在同样带有规律性。

社会生活中的规律不同于自然规律，因为前者不是完全客观的，而是与社会规范和社会制度相联系的。社会规范是指各种正式或非正式的行为准则、道德标准、法律条文等，它们是人为设立的，并随着时间的推移而不断变化。社会规范使得社会生活在很大程度上具有规律性。例如，现代社会的体育分为学校体育、大众体育和竞技体育，学校体育是基础，竞技体育建立在学校体育和大众体育的基础之上，竞技体育的优秀人才要经过 5 ~10 年甚至更长的时间才能出成绩等。体育运动的发展不是杂乱无章的，而是有章可循的。

社会制度也规定了人的行为，在一定的制度下会产生一定的行为。马克思曾指出，人的社会活动都受到社会制度的制约。社会规律是不以个人意志为转移的客观规律。社会虽然不是一个像自然界那样的客观系统，但它也不完全是人为设计的产物。虽然个人行为都是有意识、有目的、有选择的，但最终形成的社会秩序却是自然而然的，是不受个人意志所左右的。

综上所述，体育社会研究所探寻的体育发展规律是指：

（1）体育社会总体的统计规律，它只是以概率的方式说明总体的状态或倾向，而并不排除个别的特例。

（2）由体育社会规范和体育制度所规定的相对持久的行为模式。

（3）适用于特定社会、特定历史时期的体育运动。在这一方面，体育社会研究不同于哲学研究和历史研究，它并不试图探寻永恒的或普适的历史发展规律，并依据这种规律来预言人类社会体育的未来，而是试图科学地解释体育社会生活中所表现出来的各种规律。

2. 理论性

体育社会学研究是在经验层次和抽象层次上进行的。在抽象层次上的任务是建立科学理论。理论的主要功能是：

（1）指导研究的方向。

（2）描述事物的状况和性质。

（3）解释现象之间的关系。

（4）预测未来的事件或现象。

社会理论是以抽象的概念来说明社会现象的本质，但并非任何抽象概念都可以称为社会理论。许多社会科学家主张，社会理论应当是一套加以系统陈述的，以可靠的经验资料为基础并在逻辑上相互联系的命题。这一定义将社会理论与社会哲学、政治思想和日常生活中的抽象概念区分开来。有些社会科学家还强调，社会理论的逻辑形式应当是演绎的，其中最低层次的具体命题可由最高层次的理论命题推演出来。根据具体命题就可以建立研究假设，这种假设是对经验事实之间的关系所作的尝试性解释。社会理论的这种构造可以使研究的经验层次与抽象层次连接起来。

一般来说，理论由下列基本要素构成：

（1）概念。概念是理论构造的砖石，是对研究范围内同一类现象的概括性表述。概念是客观世界与主观思维相互作用的产物。人们根据经验观察，从类似的事物中可归纳出一些独立的共同属性，这种从同类事物或现象中归纳出共同属性的过程称为抽象。概括是对经验事实的分类，抽象是运用主观思维的推断。"所有的概念都是概括，而所有的概括又意味着抽象。"这就是说，概念不仅反映感性经验，还具有理性认识的特征。

概念可分为实体概念和非实体概念。实体概念是指可直接观察到的物体、事物或现象，如运动员、犯规、比赛等。非实体概念则无法直接观察，如智力、社会关系、体育文化、锻炼动机等。社会科学涉及的许多概念都是非实体概念。

科学研究对概念的使用有其基本的要求，以下是在定义科学概念时必须遵守的一般规则：

① 定义必须是相称的，否则就不准确。如"耐力是人体肌肉活动的能力"就不准确。这里，对概念定义的外延大于被定义概念的外延，因为肌肉活动能力包括肌肉紧张或收缩时张力的大小、长时间和快速率做动作等方面，而耐力只包括肌肉长时间活动的能力。

② 定义不得循环。如果概念定义要用被定义概念来说明，就犯了循环定义的逻辑错误。如“科学研究就是用科学的方法来进行研究”就犯了定义循环的错误。

③ 定义不应该是否定的。只知道事物不具有某种性质，并不能了解该事物具有某种性质。正如只知道某人不是小王，并不代表能知道他是谁一样。如“对抗肌是指不直接完成动作的肌群”没有揭示概念的内涵，因而不能算是准确的定义，其应该定义为“对抗肌是与直接完成动作相对抗的肌群”。

④ 定义不能包括不确定的概念或含混的、带有情绪色彩的词句。如“体育游戏是一种最有趣的体育活动形式”，其中，“最有趣的活动形式”是一个不明确的、含混的概念。

（2）变量。变量是概念的一种类型，它是通过概念的具体化得到的。例如，“运动”这一概念，当它被界定为一个项目时，就变成了变量。变量在不同情况下有不同的状态或属性，它反映了概念的可变动性，说明了现象在规模、重量、密度、速度等方面的变化情况，或现象在程度差异上的变化方式。如上述“运动”这一变量，就表明了项目的不同规模。

科学研究必须使用变量的语言，因为它需要精确描述现象和事物的状态，需要了解某一现象的变化如何与另一现象的变化相联系。由于变量具有明确性和可观测性，因此只有使用变量语言，才能进行有效的经验研究。近几十年来，体育社会研究科学化的主要表现之一就是不断改进其变量分析方法。

变量可以分为各种类型。从变量之间的影响关系来看，变量可分为自变量和因变量。在一组变量中，能够影响其他变量并使其发生变化，而又不受其他变量影响的变量称为自变量；依赖于其他变量，而又不能影响其他变量的变量称为因变量。在因果关系中，自变量是原因，因变量是结果。例如，运动促进健康，运动是自变量，健康是因变量。

简单地说，研究是探讨变量之间的因果关系，这种探讨有两种基本方式：第一种是已知某一自变量（x），将它作为原因来探讨它对其他变量的影响。例如，要研究运动对人体生理机能的影响，就要列举出负荷量、负荷强度、密度等各种因变量。第二种方式是已知某一因变量（y），然后将它作为结果来探寻导致这一结果的种种原因。例如，研究老年人参加体育锻炼的人多于其他年龄段的人的原因就是要找出各种自变量。一般来说，因变量是我们希望解释的现象，而自变量是对所研究现象的一种解释。例如，“适度地参加体育运动锻炼能增强人的免疫功能”就是一种解释。变量间的关系是指两个或两个以上的变量相联系的性质，它们主要有相关关系、因果关系、虚无关系三种类型。

① 相关关系。如果说变量 x 与变量 y 有相关关系，意思就是它们一同变化，即 x 有变化，y 也有变化，反之也一样。例如，“运动成绩随着身体素质水平的提高而提高”，这里面的运动成绩和身体素质水平就是一种相关关系，但这里没有明确的因果关系，即无法明确是身体素质水平的提高引起运动成绩的提高，还是

运动成绩的提高引起身体素质水平的提高。也就是说，在相关关系中，一般无法区分哪个是原因，哪个是结果，两者是互为因果的。

如果一个变量值的增加伴随着另一个变量值的增加，或者一个变量值的减少伴随着另一个变量值的减少，则这个关系称为正相关，或称为直接相关。一个变量值的增加，伴随着另一个变量值的减少，则这个关系称为负相关，或称为逆相关。在使用符号表示时，“+”表示正相关，“-”表示负相关，但要注意，正负号并不表示关系的强度，而仅表示变化的方向。

② 因果关系。在有相关关系的两个变量中，如果明确说明了一个变量的变化引起了另一个变量的变化，那么这种关系就可以称作因果关系。所谓因果关系就是“因 x 的变化导致 y 的变化”。因果关系必须符合三个条件：x 和 y 有相关关系；x、y 之间的关系不是由其他因素导致的；x 的变化在时间上先于 y 的变化。例如，如果说“学习态度影响学习行为”，那么，首先“学习态度”与“学习行为”之间是相关的，它们共同变化。在时间上“学习态度”的变化先于“学习行为”的出现，由此可以认为这种关系是因果关系。

③ 虚无关系。虚无关系是指用某一变量的变化很难预计到另一个变量是以怎样的方式发生变化的。例如，性别和成才之间毫无关系，从性别的差异中，很难预测出他（或她）是否能够成才。换言之，虚无关系表明一个变量与另一个变量不存在共变关系。在数据的统计分析中，通常要对虚无关系（虚无假设）进行检验，如果虚无假设被否定，那么对命题中各变量的关系就给予了更令人信服的证实。只要是变量，就一定能够度量，就可以用具体的指标来进一步理解变量，作为变量的替代。变量的形成是一个抽象的过程，而变量的度量则是一个具体化的过程。对变量的度量要建立操作定义。

（3）操作定义。操作定义是依据抽象定义所界定的概念内涵和外延提出一些可观测的指标来说明如何度量一个概念，即把概念与可观测的指标联结起来的中介。例如，“优秀运动员”的操作定义可以概括为“省市体育专业运动员”。可测性是操作定义最基本、最重要的特征。可测的定义必须要同时满足可靠性和有效性的一般要求。变量操作定义质量的好坏，直接影响到研究的可重复性、结果的可检验性以及研究的普遍适用性和结论。需要指出的是，变量的可测性并不是绝对的，有些变量的可测性好，有些则差；有些研究对变量要求较高的可测性，有些研究则要求达到一般的标准就行。因此，根据研究的不同需要，对变量操作定义的深度、具体的程度也可以有所不同，从而使研究能适应课题的具体要求。

操作定义在科学研究中具有重要作用。它有利于提高研究指标的客观性，使理论概念具体化，将指标变为可直接感知、测量的具体事物；有利于提高研究指标的统一性，消除歧义，按统一的标准方法与特征进行调查、观察或实验研究，因而，它又有利于指标结果的对比分析，进而可以去验证提出的研究假设的正确性。因此，操作定义在本质上是连接研究假设与实际现象事物之间的重要桥梁。

构造操作定义的方法：

一般来说，一个变量可以用以下三种方法来构造其操作定义，以使之能够操作。采用何种方法构造操作定义，应该根据研究的要求和变量的具体特性而定。原则上，一个操作定义应该能够准确地度量出变量的基本含义，操作定义必须和变量的基本内涵相对应。

① 将客观存在的具体事物或数量标准作为概念的调查指标。例如，“成绩优秀的学生”定义为“各科考试成绩平均总分 85 分以上的学生”。

② 将可观测的社会现象作为概念的调查指标。例如，“体育社会化”是一个模糊的概念，这就可以将这一概念分解为几个指标：全社会参与体育活动、参与办各项体育事业、参与占有分享属于全民财富的体育等。

③ 对于一些很难用具体客观标准和社会现象来界定的概念，可以采用社会测量和主观评价的方法设计指标。例如，“体育锻炼意识”这个概念无法测量，可以设计一些可测量的指标，如对体育锻炼的态度、对体育锻炼作用的认识、参与体育锻炼的情况等。

第三节 体育科学研究计划

体育科学研究计划是指对整个研究工作进行规划，从而制订探索特定体育现象或事物的具体策略，确定研究的最佳途径，选择恰当的研究方法。同时，它还包含制订详细的操作步骤及研究方案等方面的内容。一项完整的研究总是从研究的目的和题目出发，到得出结论或提交研究报告为止，总体上需要回答的问题是：为什么要研究这个课题，需要研究什么问题，怎样研究，使用何种方法，需要什么保证条件等。体育专业本科生的学位论文开题报告也是一项研究计划。

一、研究计划的内容

（一）研究的课题及其目的和价值

在进行一项研究之前，首先应当说明为什么要进行这项研究，从事此项研究有什么理论或实践价值，即这项研究要解决什么问题，解决到什么程度，是为决策提供参考，还是要提出具体的建议等。说明课题的目的和价值是进行研究的先决条件，一项课题的规划、组织等一切工作都要围绕课题的目的和价值进行。而且也只有说明课题的目的和价值，评审专家才会同意该项课题的研究。因此，课题的目的和价值是一项研究的出发点。要说明课题的目的和价值，研究者就必须对自己选定的课题有详尽的理解，即这项课题对发展当前的理论或指导当前的实践有哪些方面的优势，以往有关该课题的研究已经进行到什么程度，哪些方面还有欠缺，这项课题能做哪些补充，在哪些方面可以实现创新。这就要求对已有的研究成果和文献有全面的了解或评述。只有对选择的课题有明确的定位，才有可能在研究中实现突破，也才能保证实际研究操作过程的顺利进行。

（二）研究的文献综述

研究的文献综述可以依据研究的题目简要说明综述的主题、问题范围与基本概念，应综述主题，综合叙述问题，将主要观点与相应内容材料，按一定的逻辑层次系统地展开综合叙述、分析与概括。所叙述的体系结构应尽可能与研究的主要问题相对应。在表述时应注意：① 综合与概括资料要全面、客观；② 以观点、问题为纲（体系的框架）展开综述，以充分确凿的文献资料去说明论证观点，做到观点明确、问题清楚、概括简练、材料内容丰富可靠，避免干条式、无内容、缺材料的综述，或无概括、无观点、无层次地堆砌资料；③ 综述要突出中心问题；④ 对不同学派、观点的评价，对前人成果的总结，要历史地、客观地、全面地说明，避免个人偏见，避免实用主义、断章取义；⑤ 引用材料要力求具有代表性、针对性和准确性。综述的最后要有研究述评，即对综述文献进行概括总结，提出课题研究的切入点，文字应简短。

（三）研究的主要内容

这一部分主要是构建研究课题的总体框架，是研究计划的重要内容。研究的主要内容应说明研究对象和调查（实验）对象，提出研究所要达到的目的。

课题论证的基本逻辑结构应该包括是什么（提出问题）、为什么（分析问题）和怎么办（解决问题）三个方面。提出问题是根据研究课题的实际现状和理论现状提出疑问；分析问题是对存在的问题、调查的结果或实验的结果进行分析，分析存在问题出现的原因、调查结果产生的原因、实验结果产生的机理等；解决问题是对产生的问题、原因和机理提出解决问题的策略。提出问题是研究的逻辑起点；分析问题是研究的路径，是运用相关理论对研究问题进行学理分析；解决问题是课题研究的逻辑终点。

此外，要提出课题研究的重点和难点。研究的重点是指课题的主题，课题的核心内容；研究的难点包括研究的理论深度和获取素材的难度等。

（四）研究的类型和方法

根据研究的目的和内容，确定该研究需要采用什么样的研究方式和方法，是预测性研究、描述性研究还是解释性研究，是横剖研究还是纵贯研究。然后确定具体的研究方法是什么，是采用定性分析还是定量分析，是采用问卷调查还是采用实地观察访问，资料的分析方法是什么。如果采用统计分析的方法，还要说明采用何种统计分析方法，是单变量分析还是多变量分析。研究类型和方法是多种多样的，不同的课题需要采取不同的研究类型和方法，同一课题可以采用不同的研究类型和方法，同一类型和方法也可以应用于不同的课题，一个课题也可以使用多种研究类型和方法。

（五）研究的分析单位和抽样方案

研究的内容及目的确定之后，就要确定研究的分析单位以及抽样方案（概率抽样或非概率抽样）。分析单位是研究者所要描述的对象，是研究的基本单位。确定了分析单位之后，就要确定需要选择哪些分析单位，怎样选择分析单位，即确定研究总体和抽样方案。研究总体也就是研究的实施范围，需要在这个范围内选取样本。抽样方案有多种，要根据研究的性质和要求来确定。一个完整的抽样方案一般包括以下三个部分的内容：界定研究总体、确定抽样方法、确定样本规模和抽样精度。

一般来说，分析单位等同于抽样单位，但是也有例外。有时分析单位的分布状况并不明确，或者难以界定，为了方便研究的进行，就需要将包含分析单位的其他事物作为抽样单位。

（六）资料的收集方法和分析方法

要进行研究，就必须收集资料。收集资料的方法有多种，并不仅限于问卷调查。收集资料的方法应根据研究的目的和要求来确定。不同的研究类型，资料的分析方法也不一样。例如，描述性研究主要采用查阅文献、实地访问等定性研究的方法收集资料。在分析方法上，描述性研究常采用基本的描述统计法；解释性研究主要运用统计分析的方法，以此阐明变量间的关系；预测性研究则需要更高级的分析资料的方法，如运用多元回归分析的方法等。

（七）研究人员、组织情况以及进度计划

除个人单独进行的调研外，一般都存在调研人员的选择、培训和组织等问题。要使研究顺利进行，就必须组建一支精干的调研队伍。在组建调研队伍的过程中，除应考虑个人的综合素质外，还必须考虑调研人员的整体结构，明确分工。一支调研队伍必须有一两位善于把握全局的领导者，要有一些具有实干精神的中坚力量，同时也要有若干较高水平的研究人员和写作人员。要讲究搭配和协调，既要有对调研工作比较娴熟的行家，又要有初出茅庐的新手，行家能把握总体，新手可能产生更多有新意的想法，他们可以取长补短。调研队伍应该老中青结合，以中青年为主，这样的队伍往往效率较高。总之，做好了调研队伍的组建工作，开展调研就有了一个坚实的基础。

研究设计中需要对调研人员的任务和工作进度作出安排，即要明确在什么时间进行什么工作，该项工作需要多长时间完成。不同的调研课题有不同的最佳时间和周期，应进行精心设计和选择。

（八）研究需要的物资和研究经费

物资和研究经费是研究得以顺利进行的重要条件。每一项研究都要投入一定的人力、物力和财力。在研究设计中，对这些因素进行规划可以保证研究的顺利实施，而不至于让研究半途而废。研究需要的物资主要指调查工具、技术手段（录音录像设备、实验仪器等）、分析手段（计算机）和各种材料。研究经费主要包括调研人员的差旅费、劳务费、资料费、其他费用等。

研究经费与课题的重要性存在着正相关的关系，另外也与课题的研究方法、调查手段等密切相关。如何筹措和使用研究经费，如何用较少的花费获得较多的调研成果，也是调研方案应考虑的重要问题。

二、开题报告案例

开题报告是学士学位论文工作的重要环节，是指为阐述、审核和确定学位论文题目而举行的报告论证会，它是监督和保证学士学位论文质量的重要措施，同时可使更多的人了解、关心和帮助学生的有关科研工作。开题报告一般包括下列内容：选题依据（说明该选题的理论、实际意义，综述国内外有关该选题的研究动态和提出自己的见解）、研究目的、主要内容、研究方法、完成期限和采取的主要措施。完成开题报告后，学生一般应根据专家小组的评议意见，再对选题方案进行修正、补充和提高。

案例 1：不同核心力量训练方法对大二女生身体素质影响的实验研究

论文题目：不同核心力量训练方法对大二女生身体素质影响的实验研究

选题依据：

（1）说明本选题的理论、实际意义。

（2）综述国内外有关本选题的研究动态和提出自己的见解。文献综述的主要内容包括：相关概念界定；核心力量训练的作用研究；核心力量训练的方法与手段研究；核心力量训练对学生身体素质和体质健康的影响研究；文献述评。

（以上内容略）

实验设计：

实验目的：探讨三种不同核心力量训练方案对大学女生身体素质的影响。

实验对象：选择 60 名非体育专业大二女生为实验对象，选取的实验对象身体健康，无残疾、重大疾病或不适宜进行较剧烈运动的其他疾病。

实验对象选择依据：目前大学生对自身的身材容貌愈加重视，对体育运动更加关注，因此需要更多的训练方法为日常体育锻炼提供参考，大学女生相对于大学男生来说，体育运动参与更少，长期缺乏体育锻炼，且因为生理原因更容易长胖。大一刚进校的学生对大学生活需要一段适应期，而大二的女生已经适应了大学生活，能够更好地参与实验，因此本实验选择大二女生为实验对象。

排除与纳入标准：选取的实验对象身体健康，无残疾、重大疾病或不适宜进行较剧烈运动的其他疾病。

实验分组：本研究采用随机抽样的方法，选取 ×× 学院 60 名非体育专业大二女生为实验对象（与实验对象经过协商并签署告知书，同意进行实验），对 60 名实验对象进行分组，每组 20 人，三个组皆为实验组，互为对照，分别采用稳态核心力量训练（A 组）、非稳态核心力量训练（B 组）和稳态 + 非稳态核心力量相结合训练（C 组）三种训练方案。

实验假设：① 稳态核心力量训练能提高大二女生身体素质水平。② 非稳态核心力量训练对大二女生身体素质水平提高的效果优于稳态核心力量训练。③ 稳态 + 非稳态核心力量相结合训练更能提高大二女生身体素质水平。

实验时间与地点：

时间：2022 年 9 月初到 12 月初，共计 12 周。

地点：×× 学院田径场。

实验器材：瑜伽垫、平衡垫、瑞士球、沙袋、海绵垫、秒表、卷尺等。

实验指标的筛选、确定与测试：采用《国家学生体质健康标准（2014 年修订）》评价指标与评价标准测试学生的身体素质水平。其中，50 米跑考查学生速度素质；立定跳远考查学生腿部的爆发力（腿部力量）和全身的协调性；坐位体前屈考查学生各个关节的灵活性及韧带、肌肉的柔韧程度；一分钟仰卧起坐考查学生腰腹部的肌肉力量以及耐力水平；800 米跑考查学生心肺功能和身体机能耐力水平。实验严格按照《国家学生体质健康标准（2014 年修订）》中学生体质健康测试要求进行测试，并根据其评分标准对 5 项身体素质测试指标进行评分，取其平均值作为实验对象的身体素质综合水平。

实验流程：确定身体素质测试指标，12 周的实验分为实验前测、实验后测，60 名实验对象均要测试身高、体重和以上 5 项身体素质测试指标以及 FMS 功能性运动测试指标。三个实验组实施三种不同的核心力量训练方案。三个实验组的训练时间、训练强度以及除实验干预外的训练内容基本相同，以保证实验的有效性。

实验技术路线如图 3-2 所示：

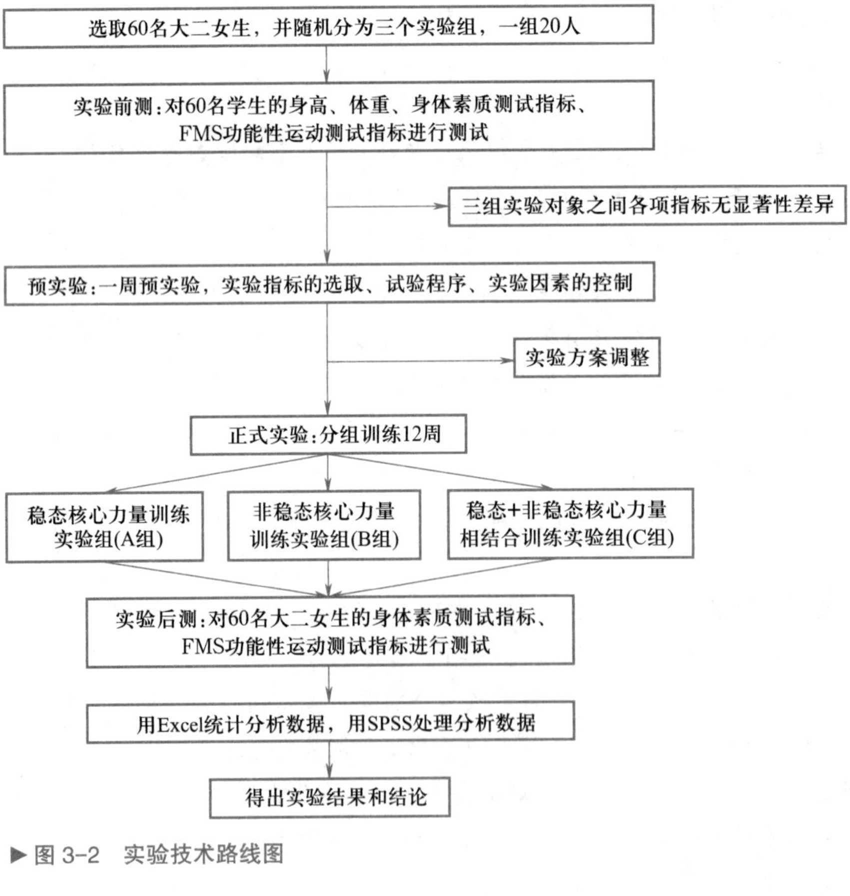

▶ 图 3-2　实验技术路线图

预实验训练方案：

在实施正式的训练方案之前，对大二女生进行为期一周的预实验，以确保实验干预的有效性以及后期运动强度负荷的调整。

随机抽取30名大二女生，分为3个实验组，每组10人，均进行1周的训练，分别采取稳态核心力量训练、非稳态核心力量训练和稳态+非稳态核心力量相结合训练三种训练方案，三组的训练强度与训练负荷均保持一致，以确保实验的有效性。在1周训练结束之后对三个实验组共30名学生的速度素质（50米跑）、力量素质（立定跳远、一分钟仰卧起坐）、耐力素质（800米跑）、柔韧素质（坐位体前屈）以及FMS功能性运动测试指标进行测试，对相关数据进行对比分析，观察其训练效果，依据实验过程中发现的问题修正和完善实验方案。

实验前测：

在训练前对60名学生的身高、体重、50米跑、800米跑、坐位体前屈、立定跳远、一分钟仰卧起坐测试指标以及FMS功能性运动测试指标进行测试。所测得的实验数据作为实验前测，经SPSS统计分析，$p>0.05$，说明各组实验对象以上指标均无显著性差异（FMS功能性运动测试有自己的评价体系，根据其自身评价体系得出的结果进行单独统计分析）。

A、B、C三组实验方案：

训练的具体时间为2022年9月初到12月初，共计12周，每周训练3次，分别在体育课基本部分后，每次训练的时间为30分钟。具体方案在预实验的基础上对训练方案进行调整。根据核心力量训练的循序渐进原则，训练由易到难，在训练数量以及时间上采取由少到多、由短到长、运动强度由低到中再到高的原则。第一阶段以简单动作为主，第二、第三循环阶段不断增加动作的难度和运动量。每次训练针对核心区域不同肌群安排不同的动作，刺激学生整个核心区域的发展。上课过程中按照核心力量训练计划安排训练内容、运动量，在实验实施过程中，要实时观察学生的练习状态及练习情况，适时调整练习计划。由于核心力量训练的方法与手段较多，比如各种垫上徒手练习、平衡板练习、瑞士球练习等，为了增加训练的趣味性，调动学生参与训练的积极性，每节课前都会根据学生的具体情况合理安排不同的训练方法手段。但三组的训练强度与负荷均保持一致，以确保实验的有效性。

A组在稳态下（稳定支撑界面）进行为期12周的核心力量训练，B组在非稳态下（非稳定训练器械）进行为期12周的核心力量训练，C组将稳态核心力量训练与非稳态核心力量训练结合进行为期12周的训练，每周训练3次，每次训练的时间为30分钟。遵循循序渐进原则和适宜负荷原则，12周训练分为三个阶段，第一阶段以简单动作为主，低运动强度，心率保持在110~120次/分，第二、第三阶段逐渐增加运动强度和运动负荷，中运动强度，心率保持在120~140次/分，在方案实施过程中通过学生10秒心率自测来调整运动负荷与间歇时间。每次训练针对核心区域的不同肌群安排不同的动作，以刺激学生整个核心区域的发展。

A组训练方案：主要采用垫上徒手练习、负重练习、药球练习等，比如俄罗斯转体、负重卷腹、上举药球砸地等，每次训练遵循循环训练与适宜负荷原则，每周训练3次，即周一、周三、周五进行训练，随着每个阶段动作难度的升级以及学生对训练负荷强度的适应，每个阶段都对训练计划进行适当调整，并保证与其他实验组的训练强度和训练负荷一致。实验过程中具体的训练负荷可根据学生心率及时进行调整（表3–2）。

▶表 3-2 A 组训练方案

训练阶段	动作数量	运动负荷	组内间歇	组间间歇
第一阶段（1~4 周）	6 个	4~5 组	30 秒	60 秒
第二阶段（5~8 周）	6~8 个	4~5 组	30~60 秒	60~120 秒
第三阶段（9~12 周）	6~8 个	4~5 组	30~60 秒	60~120 秒

B 组训练方案：主要采用瑞士球练习、平衡球练习，比如平衡球上 V 字对抗、双脚撑瑞士球平板支撑、平衡球上负重半蹲等，每次训练遵循循环训练与适宜负荷原则，每周训练 3 次，即周一、周三、周五进行训练，随着每个阶段动作难度的升级以及学生对训练负荷强度的适应，每个阶段都对训练计划进行适当调整，并保证与其他实验组的训练强度和训练负荷一致。实验过程中具体的训练负荷可根据学生心率及时进行调整（表 3-3）。

▶表 3-3 B 组训练方案

训练阶段	动作数量	运动负荷	组内间歇	组间间歇
第一阶段（1~4 周）	6 个	4~5 组	30 秒	60~90 秒
第二阶段（5~8 周）	6~8 个	4~5 组	60~90 秒	60~120 秒
第三阶段（9~12 周）	6~8 个	4~5 组	60~90 秒	60~120 秒

C 组训练方案：主要将稳态核心力量训练方案与非稳态核心力量训练方案进行结合，每次训练遵循循环训练与适宜负荷原则，每周训练 3 次，即周一、周三、周五进行训练，每个阶段都针对核心区域不同肌群安排不同的动作，合理安排静态核心力量训练和动态核心力量训练的动作数量，具体的训练负荷可根据学生心率及时进行调整（表 3-4）。

▶表 3-4 C 组训练方案

训练阶段	动作数量	运动负荷	组内间歇	组间间歇
第一阶段（1~4 周）	6 个	4 组	30~60 秒	60~90 秒
第二阶段（5~8 周）	6~8 个	4~5 组	60~90 秒	60~120 秒
第三阶段（9~12 周）	6~8 个	4~5 组	60~90 秒	60~120 秒

实验后测：实验干预 12 周后，对实验对象身体素质测试指标以及 FMS 功能性运动测试指标进行测试，并对数据进行记录、统计、分析。

维基测：在实验后测两周之后，对实验对象身体素质测试指标以及 FMS 功能性运动测试指标再次进行测试，记录、统计、分析所得数据。

实验控制：实验前三个组的学生在身高、体重以及身体素质测试指标上未表现出明显差异。为了确保实验的有效性和连续性，要求实验组在训练期间不再重复进行其他方式训练，并且严格控制三个组的训练时间、训练强度以及除实验干预外的训练内容。为了保证学生对每一个训练动作技术要领都有正确的体验，实验前向三组女生进行标准技术动作的讲解和演示，同时对练习中存在的问题及时指出与纠正，以确保学生能正确、标准地完成练习动作。

严格按照训练计划实施训练，保证训练内容和训练量。实时观察学生实验过程中的训练状态及训练情况，教会学生利用 10 秒心率自测了解自己训练后的身体反应，及时调整训练计划。为了确保实验的有效性，在学生心率过快的情况下，适当增加组内或组间的间歇时间，以保证三个组训练强度和训练负荷的一致性。

数理统计法：将三个组实验所得的相关数据通过 Excel 进行整理与统计，运用 SPSS 统计软件对三个实验组实验前的基本信息与身体素质测试指标进行方差齐性检验，对三个实验组实验前测、实验后测每一组数据进行单因素方差分析，并进行事后多重比较分析，通过多重比较，探索数据间的联系，为文本的研究提供支持。

研究框架：

实验结果与分析

1 实验前身体素质测试结果的同质性检验

2 实验前后身体素质测试结果比较（组内）

2.1 实验 A 组实验前后身体素质测试结果（组内）

2.2 实验 B 组实验前后身体素质测试结果（组内）

2.3 实验 C 组实验前后身体素质测试结果（组内）

3 三个组实验前后身体素质测试结果对比（组间）

3.1 实验组实验后身体素质测试结果的单因素方差分析

3.2 实验组实验后身体素质测试结果的多重比较结果

4 不同核心力量训练方法对大二女生身体素质的影响分析

4.1 速度素质的影响（50 米跑）

4.2 力量素质的影响（立定跳远、一分钟仰卧起坐）

4.3 耐力素质的影响（800 米跑）

4.4 柔韧素质的影响（坐位体前屈）

4.5 FMS 功能的影响

5 核心力量训练促进女大学生身体素质水平提升的策略

6 结论与建议

6.1 结论

6.2 建议

主要参考文献：（略）

完成期限和采取的主要措施：（略）

指导教师意见：（略）

签名：

年 月 日

选题评析：

（1）选题有意义。面对青少年身体素质水平下降的现实状况，体能训练作为促进青少年体质健康的有效手段在世界各国受到重视，并成为青少年体质健康干预的有效方式。核心力量训练因其对人体运动的重要性而备受关注，已作为体能训练的重要组成部分，并且在理论和实践上都取得了显著的成果，受到了科学界的广泛认可。因此该选题有现实意义和理论价值。

（2）研究目的明确。该文重点探讨三种不同核心力量训练方案对大学女生身体素质的影响。

（3）研究方法正确，设计合理。三个实验分别是为验证三个假设设计的，实验对象的样本数合理，三个实验测试的指标达到了实验要求，实验设计的程序和技术路线合理。

需要完善的方面：

（1）没有交代研究对象抽样的具体方法和抽样程序。

（2）没有注明实验所用设备的型号和生产厂家。

（3）没有研究经费预算。

案例 2：大学生体育 app 消费的调查分析

论文题目：大学生体育 app 消费的调查分析

选题依据：

（1）说明本选题的理论、实际意义。

（2）综述国内外有关本选题的研究动态和提出自己的见解（请扫二维码）。

《大学生体育 app 消费的调查分析》综述

研究目的：探索大学生体育 app 消费行为，把握体育 app 消费的未来趋势。

研究假设：① 大学生在体育 app 消费中会出现追从于个别 app，同时在 app 上呈现不理智消费的现象。② 大学生体育 app 消费将会由单一向综合发展。

研究对象：以大学生体育 app 消费为研究对象，调查对象是国内 11 所高校的在校大学生。

研究框架：

1 问题研究的理论基础——AISAS 模型

1.1 AISAS 的概念介绍

1.2 AISAS 的研究维度

1.2.1 attention—注意

1.2.2 interest—兴趣

1.2.3 search—搜索

1.2.4 action—行动

1.2.5 share—分享

2 大学生体育 app 消费调查结果分析

2.1 大学生体育app消费理念分析

2.2 大学生体育app消费基本情况分析

2.2.1 大学生体育app消费结构分析

2.2.2 大学生体育app消费种类分析

2.2.3 大学生体育app消费倾向分析

2.3 大学生体育app消费满意度分析

2.3.1 体育资讯类app满意度

2.3.2 视频观赛类app满意度

2.3.3 运动健身类app满意度

2.3.4 游戏竞技类app满意度

2.3.5 体育购物类app满意度

2.3.6 其他类体育app满意度

3 大学生体育app消费存在问题及其原因分析

3.1 大学生体育app消费理念不成熟

3.2 大学生体育app消费种类单一

4 大学生体育app消费结构优化和提升策略

4.1 营造科学合理的消费观念

4.2 发展产品核心内容，把握市场趋势

4.3 体育app的品牌营销要得到用户认可，达成共同价值观

4.4 功能避免单一化，打造跨界融合

5 结论和建议

研究方法：

（1）文献资料法。以大量国内外有关体育app消费和大学生体育app消费的论文和硕博士毕业论文，国内外有关书籍、杂志、报纸、网络为资源，并阅读与本文相关的体育管理学、体育经济学、经济学原理、社会调查方面的论著，为本文的研究提供理论基础。

（2）问卷调查法。

问卷的调查对象：以国内11所高校的在校大学生为样本。

问卷的编制：通过查阅大量文献资料，并以AISAS模型为理论基础，编制两份问卷调查表，即大学生体育app消费情况调查表和大学生体育app消费满意度调查表。

（3）专家访谈法。为了更好地了解当前我国大学生体育app消费的现状，本文采用专家访谈法，即围绕论文中涉及的相关问题和议题展开专家访谈，从而获得专业性的见解、认知与评价，进而推进本文的研究。本文涉及的专家包括大学老师、行业从业者。

（4）数理统计法。对于数据的处理，本文先进行问卷检测、问卷数据整理，随后根据研究需要分别进行频数、百分比以及率的卡方百分比检验等。

主要参考文献：（略）

附件A 大学生体育app消费情况调查表（略）

附件B 大学生体育app消费满意度调查表（略）

附件 C 专家访谈提纲（略）

完成期限和采取的主要措施:（略）

指导教师意见:（略）

签名:

年 月 日

选题评析:

（1）选题有意义。这是一个互联网 app 应用消费调查的选题。在高度发达的网络时代，app 消费正在影响着人们的生活方式，体育 app 消费也具有广阔的前景，了解大学生对体育 app 消费的认识和习惯有助于进一步探究体育消费市场的发展方向。

（2）研究目的明确，提出的两个假设紧扣主题。

（3）研究的主要内容基本上是围绕“是什么”（提出问题）、“为什么”（分析问题）和“怎么办”（解决问题）的逻辑框架构思的，并且力求论证提出的两个假设。

（4）研究采用文献法、调查法、访谈法和数理统计法，方法可行。

（5）附上了“问卷调查表”。一般来说，“问卷调查表”要与开题报告一起交给评委，以便评委为开题人把好开题关。

需要完善的方面:

（1）题目大，论域宽。题目可以增加限定词，或增加副标题“——以 ×× 市大学为例”。

（2）文献综述显得单薄，外文资料较少。没有阐述 app 等重要术语的概念与内涵。

（3）没有交代调查对象抽样的具体方法与程序。

（4）没有研究经费预算。

案例 3：×××× 大学体育专业学生学习倦怠调查分析

论文题目：×××× 大学体育专业学生学习倦怠调查分析

选题依据：

（1）说明本选题的理论、实际意义。

（2）综述国内外有关本选题的研究动态和提出自己的见解（请扫二维码）。

《×××× 大学体育专业学生学习倦怠调查分析》综述

研究目的：探讨体育专业学生学习倦怠产生的原因，提出预防和改善体育专业学生学习倦怠的措施。

研究对象：本文以 ×××× 大学体育学院大一、大二、大三体育教育、运动训练及社会体育指导与管理专业学生学习倦怠的现象为研究对象。

研究框架：

1 研究结果

1.1 研究对象基本特征

1.2 ×××× 大学体育专业学生学习倦怠现状

1.2.1　不同性别学生学习倦怠差异

1.2.2　不同专业学生学习倦怠差异

1.2.3　不同年级学生学习倦怠差异

1.2.4　不同性格学生学习倦怠差异

1.2.5　城乡学生学习倦怠差异

2　讨论

2.1　×××× 大学体育专业学生学习倦怠整体现状差异分析

2.2　不同性别学生学习倦怠差异分析

2.3　不同专业学生学习倦怠差异分析

2.4　不同年级学生学习倦怠差异分析

2.5　不同性格学生学习倦怠差异分析

2.6　城乡学生学习倦怠差异分析

3　结论与建议

研究方法：

（1）文献资料法。通过检索、查阅文献，收集对本研究有历史价值和参考价值的各种相关资料并对其进行总结分析，明确选题方向并确定题目，为本研究奠定坚实的理论基础。

案例：有氧运动通过Nrf2-HO-1信号通路抑制氧化应激减轻斑马鱼年龄相关性肌肉减少症的研究

（2）问卷调查法。根据研究内容需要，在已有的连榕教授编制的《大学生学习倦怠调查量表》基础上，增加性别、年级、专业、城乡、性格（采用《艾森克人格问卷简式量表》中的《内外向人格量表》）内容，制作《×××× 大学体育专业学生学习倦怠调查问卷》，通过微信小程序等方式对 ×××× 大学体育学院大一、大二、大三体育教育、运动训练及社会体育指导与管理专业学生发放电子问卷 200 份。

（3）数理统计法。回收问卷后，将统计结果用 SPSS 统计软件录入和整理，并对取得的数据进行统计分析，为进一步研究提供数据支撑。

案例：第十四届全运会空手道比赛男子组手项目进攻技术特征研究

主要参考资料:（略）

完成期限和采取的主要措施:（略）

指导教师意见:（略）

签名：

年　　月　　日

选题评析：

（1）选题有意义。这是一个心理学调查的选题。当前体育专业学生中存在学习倦怠的现象，如逃课、上课玩手机等，了解体育专业学生学习倦怠的现状并对其形成原因进行分析，有助于减少该现象的发生，提升教学效果，具有一定的现实意义和理论价值。

（2）文献资料收集了国外的相关研究。

（3）研究目的明确。

（4）研究采用文献法、调查法和数理统计法，方法可行。

需要完善的方面：

（1）没有列出《大学生学习倦怠调查量表》、《艾森克人格问卷简式量表》中的《内外向人格量表》，以及《×××× 大学体育专业学生学习倦怠调查问卷》的具体内容。原则上“问卷调查表”要与开题报告一起交给评委，以便评委为开题人把好开题关。

（2）没有交代调查对象抽样的具体方法与程序。

（3）没有提出研究假设。

（4）研究的逻辑框架，依据“提出问题、分析问题和解决问题”的逻辑，缺少“解决问题”，即策略的研究。虽然“3 结论与建议”中有“建议”，但不足以代替解决问题部分的策略。

（5）没有研究经费预算。

本章小结

本章重点阐述了体育科学研究假设的作用、特点、过程、条件、提出。体育自然科学类研究设计一般包括数理统计设计和专业理论设计两个方面。专业理论设计的具体化就是实验设计。体育社会科学类研究设计具有理论性、思辨性、宏观性等特点，研究层次有宏观层次、微观层次、社会单位层次，研究范式有社会事实范式、社会定义范式和社会行为范式。一项完整的研究计划应当包含的主要内容有：研究的课题及其目的和价值，研究的文献综述，研究的主要内容，研究的类型和方法，研究的分析单位和抽样方案，资料的收集方法和分析方法，研究人员、组织情况以及进度计划，研究需要的物质设备和研究经费。

名词解释

- 假设：是一种有关变量间关系的尝试性陈述，或者说是一种可用经验事实验证的命题。
- 研究设计：是对提出研究课题假设、选择研究对象、明确研究变量、定义研究变量等的规划。
- 研究范式：是指某一特定学科的科学家所共有的世界观。
- 操作定义：是依据抽象定义所界定的概念内涵和外延提出一些可观测的指标来说明如何度量一个概念，即把概念与可观测的指标联结起来的中介。

推荐阅读文献

1. 王维. 科学基础论［M］. 北京：中国社会科学出版社，1996.

该书是一本有关科学哲学的基础性著作，全面讨论了科学本质和特征，亦对科学假说和科学理论进行了广泛讨论。

2. 袁方．社会研究方法教程（重排本）[M]．北京：北京大学出版社，2013.
重点阅读该书的第三章社会研究的方法论问题和第五章社会学研究的设计。

问题与思考

1. 体育自然科学类研究设计应包括哪些内容？
2. 体育社会科学类研究设计应包括哪些内容？
3. 假设在体育调查研究中有什么作用？
4. 思考你感兴趣的某一体育热点问题或现象，设计一个研究计划（如体育专业学生创新创业问题、体教融合问题等的研究计划）。
5. 依据所学专业申报一个大学生创新性实验项目。
6. 请设计一个开题报告的技术路线图（题目自拟）。

读书破万卷，下笔如有神。

——杜甫

如果说我看得比别人更远些，那是因为我站在巨人的肩膀上。

——［英］牛顿

第四章 文献法

本章提要

文献法是收集、鉴别、整理文献，并通过对文献的研究形成对事实的科学认识的方法。本章介绍了文献的特点与类型、文献检索、文献阅读、文献积累与管理以及文献综述等内容。

学习目标

1. 了解文献的特点、载体类型、出版类型。

2. 在明晰体育文献检索的步骤、途径和工具的基础上，能够熟练检索所需文献。

3. 掌握文献阅读、积累的技巧，能够独立撰写文献综述。

4. 培养文献素养，能够在体育科研中遵守学术规范，尊重知识产权，提升学术道德水平。

关键词

文献；体育文献；文献综述

本章思维导图

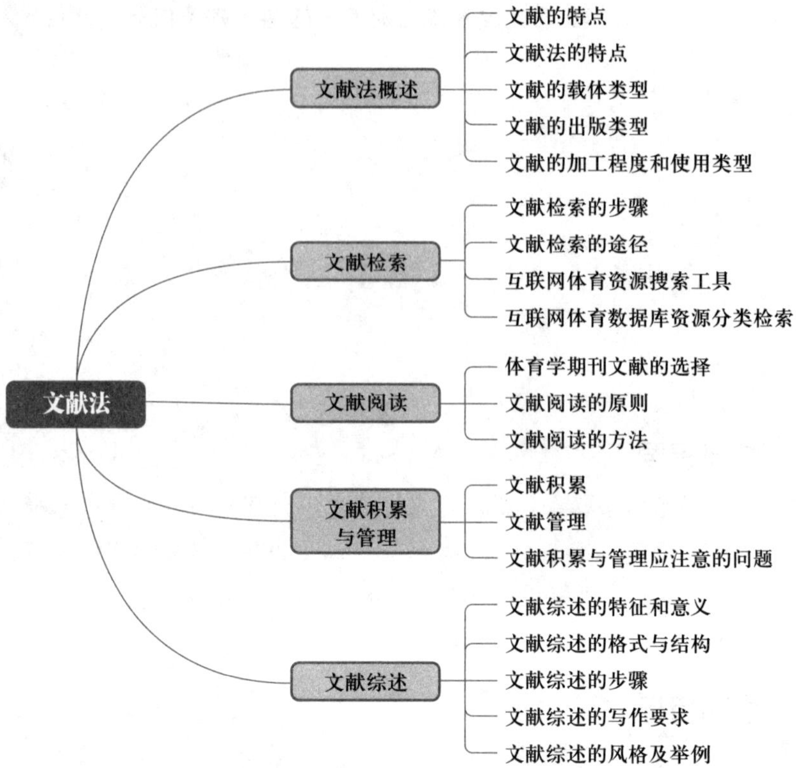

科学研究需要充分地占有资料，第一步就是要进行文献调研，以便掌握最新的科研动态，了解前人已取得的成果、研究的现状等，这是科学、有效地进行任何科学研究工作的必经阶段。从体育科学研究的全过程来看，文献法经常在科学研究的准备阶段和进行过程中使用。

文献法是收集、鉴别、整理文献，并通过对文献的研究形成对事实的科学认识的方法。文献法是一种古老而又极富生命力的科学研究方法。在体育科学研究的过程中，文献资料占有十分重要的位置，没有一项体育科学研究是不需要查阅文献的。因为体育科学研究不仅要了解前人已经取得的成果，还需要了解最新的体育科研动态和前沿发展。在选题阶段，需要了解与课题有关的背景资料；在研究过程中，需要及时了解与课题研究有关的进展情况；而在对研究结果进行分析时，还需要用文献资料来充实论据。与此同时，对历史资料的研究，也是认识事物发展规律的一种途径。因此，文献法不仅是一种收集资料的方法，也是一种分析研究的方法。

第一节 文献法概述

宋代朱熹认为，文指典籍，献指熟知史实的贤人。近代认为，文献是指具有历史价值的文章和图书或与某一学科有关的重要图书资料。《信息与文献 术语》（GB/T 4894—2009）将文献定义为：“在文献工作过程中作为一个单位处理的记录信息或实物对象。”而文献工作则是“为了储存、分类、检索、利用或传递，而对记录信息所进行的连续和系统的汇编和处理”。随着社会的发展，在科学技术高速发展的推动下，随着人们研究工作的不断深入，文献无论是在深度上，还是在广度上，都有了很大的发展，形成了一个复杂而庞大的体系。

一、文献的特点

（一）数量庞大，增长迅速

在现代社会，文献的最大特点就是数量的急剧增加。如有关体育科学研究的书籍大量出版、专业报刊日益增多、研究领域不断扩大、研究报告和论文数量成倍增加，尤其是互联网的迅猛发展，使人们能够接触到的文献数量大幅增加。

（二）学科渗透，内容交叉

体育不仅包括自然科学和社会科学的一些基本内容和特征，它还与社会科学、自然科学以及新兴的组织管理科学中的许多学科有着密切的关系。体育科学在自身的发展过程中，不断地吸收其他学科的理论和方法，研究的领域越来越宽，研究的课题也越来越专业，这便形成了体育文献涉及面越来越广的特征。

（三）重复出现，水平参差

随着科学技术的迅猛发展，媒体的形式越来越多样。在互联网时代，文献会以不同的形式在多种媒体上反复出现，这无疑增加了检索筛选的难度。此外，随着互联网的出现，信息量成几何级数增加，各种未经严格把关筛选的信息在网络上传播，只是造成信息在数量上的增加，而其相应的水平并没有随着数量的增加而同步得到提升。

（四）形式多样，分布分散

这主要体现在收藏储存载体的多样化上。当前，文献的形式日益复杂，不仅有传统的印刷出版物，还有大量的音像制品和网络数字化产品，它们广泛应用于教学和科研中。属于同一学科、同一专业的文献，经常分散在不同学科或不同形式的载体上；而属于某一学科、专业的刊物也刊载许多其他相关学科的文章。

此外，翻译文献增多，语言种类增加，术语不统一，各种新型网络化文献数据库的出现等，也是现代文献的重要特点。

二、文献法的特点

（一）历史性

从时间角度看，文献法是一种“历史”的研究。只要是在研究者当前研究之前出现的文献，研究者都可进行研究。

（二）灵活性

文献法不受时空限制。空间上，研究者可不用亲临现场；时间上，研究者可灵活安排。

（三）继承性与创造性

运用文献法的目的在于比较和借鉴，即通过检索、收集、鉴别以及研究与运用，最终实现对某一现象的认识，从而分析其形成的客观原因。因而，文献法是对前人研究的传承。同时，还可对原有文献加以重新组合，从而找出事物之间的新联系、新规律，形成新观点。因而，文献法也具有创造性。

三、文献的载体类型

（一）印刷型文献

印刷型文献是指通过铅印、油印和胶印等手段，将知识固化在纸张上的文献，如图书、期刊以及各种印刷资料。这是一种有着悠久历史的传统文献形式，至今仍广为应用。其主要优点是便于阅读和流传，缺点是体积大、信息密度低。

（二）缩微型文献

缩微型文献是指以印刷型文献为母本，采用光学摄影技术把文献的影像固化在感光材料上的一类文献。常见的缩微型文献有缩微平片和缩微胶卷两种。这种文献的优点是体积小、信息密度高，缺点是阅读必须借助专用的缩微阅读机或利用缩微复印机。

（三）声像型文献

声像型文献是一种非文字形式的文献，常见的声像型文献有唱片、录音带、电影胶片、激光声视盘（CD-ROM）、幻灯片等各种视听资料。这类文献记录声音和图像，可以通过唱机、录音机、录像机、放映机和投影机等将场景予以重现，能使人闻其声、观其形。

（四）机读型文献

机读型文献是随着计算机技术的广泛应用而产生的一种新文献。常见的机读型文献是各种已录有内容的磁带、磁盘和光盘。这种文献的存储、阅读和查找利用都须通过计算机，所以其既有信息量大、查找迅速的优点，又有设备较贵、使用费用高的缺点。

近年来，出现了一些新的文献载体，它将声音、图像、文字、数据以数字化的形式录入光盘或其他介质，通过计算机实现重放或检索。这类媒体是在新的技术支撑体系下出现的媒体形态，如互联网、数字杂志、数字报纸、数字电视、移动电视、触摸媒体、手机终端等，它有别于传统的报纸、期刊、广播、电视等大众媒体，因此被称为新媒体。这类媒体文献具有前几种文献载体的优点。随着数字技术和网络技术的不断发展，新媒体的影响越来越大，它也成为社会学研究者重要的文献资料来源。

四、文献的出版类型

（一）图书

图书是论述或介绍某一领域知识的出版物。图书可分为三类：第一类是教科书、科普读物和一般生产技术图书，属阅读性的图书；第二类是辞典、手册和百科全书等，属工具性的图书；第三类是含有独创性内容的专著，它属于原始文献。

《信息与文献　参考文献著录规则》（GB/T 7714—2015）

图书往往是著者在收集大量已有资料的基础上，经分析归纳后编写而成的。其特点是内容比较系统、全面、成熟、可靠，但出版周期较长，报道速度相对较慢。图书主要可用于对大范围的问题获得一般性的知识，或对陌生的问题获得初步了解。

在各种论文末的参考文献或题录性检索工具中，纸质图书通常按如下格式著录："主要责任者．题名：其他题名信息［M］．其他责任者．版本项．出版地：出版者，出版年：引文页码．"。电子图书以及其他具体变化，可参考《信息与文献　参考文献著录规则》（GB/T 7714—2015），或根据学校学位论文要求，以及拟投稿的期刊、出版社等要求进行调整。

（二）期刊

期刊一般是指名称固定、开本一致的定期或不定期连续出版物。期刊论文内容新颖，报道速度快，信息含量大，是传递科技情报、交流学术思想最基本的文献形式。对某一问题需要深入了解时，较普遍的办法是查阅期刊论文。据估计，期刊情报占整个情报源的60%～70%。因此，期刊论文受到科技工作者的高度重视，大多数检索工具也以期刊论文作为报道的主要对象。

期刊的影响因子

期刊论文按如下格式著录："主要责任者．题名［J］．期刊名，年，卷（期）：页码．"。当前一些期刊采用了"网络首发"机制，部分论文尚未确定年、卷、期等信息，则往往需要添加引用日期、DOI等信息，具体可参考《信息与文献　参考文献著录规则》（GB/T 7714—2015）等的相关要求。

（三）学位论文

学位论文是指为申请学士、硕士、博士学位而提交的学术论文。学位论文的质量参差不齐，但都是就某一专题进行研究而做的总结，多数有一定的独创性。学位论文是非卖品，通常保存在学校图书馆中，部分高校会上传到更大的网络数据库如CNKI、PQDT等，后文将对一些常用的网络数据库进行讲解。

学位论文的著录格式一般为："作者．题名［D］．出版地：校名，出版年：引文页码．"。具体可参考《信息与文献　参考文献著录规则》（GB/T 7714—2015）等的相关要求。

（四）会议文献

会议文献是指在国际或国内重要的学术或专业性会议上发表的论文。会议文献学术性强，往往代表着某一领域内的最新进展，反映了国内外科技发展水平和趋势，是获得最新情报的一个重要来源。会议文献可分为会前文献（如会议日程预报和会议论文预印本）和会后文献（如各种会议录），其中，会后文献是主要的会议文献形式。

会议文献著录的特点是有表示会议的专用词，如 conference，symposium，convention，workshop，meeting，congress，assembly 等；有表示会议录的一些词组，如 proceedings of …，collection of …；有的会注明会议召开的地点、届次、时间，以及会议录的出版社、出版地、出版时间等。这三点中，第一点最常见。会议文献可通过互联网或在图书馆和情报所等处查阅。

（五）科技报告

科技报告是指政府部门或科研生产单位关于某项研究成果的总结报告，或是研究过程中的阶段进展报告。报告的出版特点是各篇单独成册，统一编号，由主管机构连续出版。在内容方面，科技报告比期刊论文等专深、详尽、可靠，是一种不可多得的情报源。科技报告可分成技术报告（technical reports）、技术备忘录（technical memorandums）、札记（notes）、通报（bulletins）和其他（如译文、专利）类型。有些报告因涉及关键核心技术或国防军事、国家安全问题等，所以又分为秘密、机密、绝密、内部限制发行和公开发行几个等级。目前，国际上较著名的科技报告是美国政府的 4 大报告，即商务部出版局（Publishing Board，PB）报告、国防部（ASTIA Documents，AD）报告、国家航空航天局（National Aeronautics and Space Administration，NASA）报告和能源部（Department of Energy，DOE）报告。

科技报告著录一般有表示报告的词（如 report、memorandum 等）和报告号。科技报告主要在情报所或收藏科技报告的院校、研究所的图书馆查阅。

（六）专利文献

专利文献主要由专利说明书构成。专利说明书是指专利申请人向专利局递交的有关发明目的、构成和效果的技术文件，它经专利局审核后，向全世界出版发行。专利说明书的内容比较具体，有的还有附图。通过专利说明书可以了解该项专利的主要技术内容。由于只有符合新颖性、创造性和实用性的发明创造才能获得专利，所以专利说明书对于工程技术人员，特别是产品工艺设计人员来说，是一种切合实际、启迪思维的重要情报源。

（七）标准文献

标准文献是指由技术标准、管理标准、经济标准及其他具有标准性质的类似文件组成的一种特种文献。狭义的标准文献指按规定程序制订，经公认权威机构（主管机关）批准的一整套在特定范围（领域）内必须执行的规格、规则、技术要求等规范性文献，简称标准。广义的标准文献指与标准化工作有关的一切文献，包括标准形成过程中的各种档案、宣传推广标准的手册及其他出版物、揭示报道标准文献信息的目录、索引等。

（八）报纸

报纸是指为了某种特定需要，以刊登新闻和评论为主的定期连续出版物，是一种公开而广泛地向公众传递信息的媒介，如《中国教育报》《中国体育报》《体坛周报》《足球》等。报纸具有发行范围广泛、数量大、传递信息快速等特点。

（九）电子文献

电子文献是指以数字代码方式将图、文、声、像等信息存储在磁光电介质上，通过计算机或具有类似功能的设备阅读使用，用以表达思想、普及知识和积累文化的文献，包括网上期刊［J/OL］、网上电子公告［EB/OL］、光盘图书［M/CD］、网上数据库［DB/OL］、磁带数据库［DB/MT］等。随着现代通信技术、计算机和网络技术以及信息存储技术的发展，电子文献作为一种新型的文献类型，其数量正在呈几何级增长。电子文献也包括前面 8 种文献形式涉及的内容。

五、文献的加工程度和使用类型

（一）零次文献

零次文献（zeroth literature）是指未出版发行的原始文献，主要包括两个方面的内容：一是形成一次文献以前的知识信息，即未经记录，未形成文字材料，口传耳受的口头交谈，或直接作用于人的感觉器官的非文献型的情报信息，如各种口传的神话传说、史诗故事等；二是未公开于社会，即尚未正式发表的原始文献，或没正式出版的各种书刊资料，如书信、手稿、记录、笔记和一些内部使用通过公开正式的订购途径不能获得的书刊资料。

零次文献一般是通过口头交谈、参观展览、参加报告会等途径获取的，不仅在内容上有一定的价值，而且能弥补一般公开文献从信息的客观形成到公开传播之间费时甚多的弊病。

（二）一次文献

一次文献（primary literature）是指首次出版的各种文献，也称为原始文献。一般指以知识的直接生产者的最初发现或发明、新理论、新方法、新见解为内容出版的原始文献，包括期刊论文、研究报告、会议录、专利说明书、学位论文等。这类文献内容丰富，参考价值大，是人们利用的主要对象。

（三）二次文献

二次文献（secondary literature）是指报道和查找一次文献的检索书刊，如各种目录、题录和文摘等。二次文献是一次文献的集约化和有序化，是图书情报工作者在大量收集原始文献的基础上，将分散零乱的一次文献进行整理，著录其特征（著者、篇名、分类号、出处、文摘等），并按照一定的顺序加以组织编排后，再次出版，以供读者查找利用。二次文献是储藏和科学利用一次文献的主要途径。

（四）三次文献

三次文献（tertiary literature）是指利用二次文献提供的线索，选用大量一次文献的内容，经综合、分析、研究、整理、概括和评述后再度出版的文献。属于三次文献的有述评、进展报告、动态、综述、指南、手册、年鉴和百科全书等。各种教科书也属于三次文献。

零次文献由于没有进入出版、发行和流通这些渠道，收集利用十分困难，属于过去很少被人们利用的文献类型。但近年来很多收藏实物、手稿、个人通信等原始文献的博物馆、档案馆等逐步加大了开放的力度，此外，互联网的迅速发展大大增加了人们对零次文献了解的范围和程度，因而对这些场所保藏的丰富零次文献的利用也变得越来越方便。

后三种文献是原始文献从分散到系统化、密集化的过程，是一个由分散到集中、由无序到有序、由广博到专精的对知识信息进行不同层次加工的过程。一般来说，一次文献是基础，是检索利用的对象；二次文献是检索一次文献的工具，故又称为检索工具；三次文献是把分散的零次文献、一次文献、二次文献，按照专题或知识的门类进行综合分析加工而成的成果，是高度浓缩的文献信息，它既是文献信息检索和利用的对象，又可作为检索文献信息的工具。

第二节 文献检索

文献检索是指根据学习和工作的需要获取文献的过程。文献检索主要有两种方式：一是手工检索，二是计算机检索（包括光盘检索）。手工检索最终要向计算机检索过渡。但是，手工检索是计算机检索的基础，熟悉和掌握书本式检索工具及其检索方法，是利用计算机检索的基本功，即使在电子计算机和互联网络广泛使用的当下，手工检索依然非常重要。

一、文献检索的步骤

文献检索工作是一项实践性和经验性很强的工作。对于不同的项目，可能采取不同的检索方法和程序。检索程序与检索的具体要求有密切关系，大致可分为以下几个步骤。

（一）分析研究课题，明确检索要求

要先分析待查项目的内容实质，为此必须弄清所需信息的特征，如学科归属、时间界限、所需文献类型、国别语种等，以确定检索方向，根据要查证的要点抽提出主题概念，明确哪些是主要概念，哪些是次要概念，并初步定出逻辑组配。这是使检索获得满意结果的先决条件。

（二）选择检索工具

选择恰当的检索工具，是成功实施检索的关键。首先必须对各种检索工具所覆盖的学科范围有清楚的了解，其次从文献的类型、文种、出版的时间等方面来考虑选用哪种检索工具较合适。一般来说，中文文献选择中国知网、万方数据库、百度学术等；英文文献选择 Web of Science、Google Scholar（需要有国际网

访问权限）等。

检索工具的质量主要由下列几项指标确定：① 文献的类型及收录量；② 文献的摘录及标引质量；③ 文献报道的时效；④ 使用的方便程度；⑤ 索引是否完善等。

选择检索工具时，要以专业性检索工具为主，再适当使用综合性检索工具。如果一种检索工具同时具有机读数据库和刊物两种形式，应以检索机读数据库为主，这样不仅可以提高检索效率，而且还能提高查准率和查全率。为了避免检索工具受到编辑出版过程滞后性的影响，还应该在必要时补充查找若干主要相关期刊的现刊，以防止漏检。除考虑以上因素外，还要考虑文献在本地区的收藏情况，检索工具的索引是否适合本课题检索的要求等。

（三）确定检索策略

选用具体的检索工具后，就要考虑选择哪种检索方法，确定具体的检索途径，是从分类途径还是从主题途径检索，所查找的文献要达到什么要求，选用什么检索词等，以便具体进行检索。一般的检索工具都根据文献的内容特征和外部特征提供多种检索途径，除主要利用主题途径外，还应充分利用分类途径、著者途径等进行多方位补充检索，以避免单一途径可能造成的漏检。

（四）实施检索

以上几步准备好之后，即可开始正式检索。这一步应当注意：

（1）尽量先使用累计索引，然后再用现刊索引补充。

（2）各种检索工具（引擎）要配合使用。

（3）检出一批结果后，应浏览相应文摘，以判断这些结果是否满足要求，并对其进行筛选。若感到不满意，应及时修改检索策略，加以调整，再行检索，直到满意为止。

（五）获取原文

检索得到的结果通常是文献线索，还不是原始文献。为了获得原始文献，还需进行两项工作：

（1）辨识文献款目，包括文献类型、来源、出版物名称等。

（2）查找原始文献的收藏单位。

在利用检索工具获得的文献线索中，文献来源（出处）往往采用缩写的方式，因此还必须把缩写的文献来源转换成全称。这一般可通过检索工具本身的附录解决。可以先从本单位、本地区入手，利用馆藏目录和联合目录（联网目录），找到原始文献收藏单位，然后通过借阅、复制或网上传送获得文献，另外还要识别著录时所用的各种缩写等。若馆藏目录中查不到，则可利用各类联合目录获得其他单位的收藏信息。

（六）检索效率

检索效率表示检索系统在进行信息检索时的有效程度，即检索系统所具备的查全能力和查准能力。检索效率主要有两个衡量指标，即查全率（recall ratio）和查准率（precision ratio），分别用字母 R 和 P 表示。查全率和查准率与文献的存储和信息检索两个方面是直接相关的，也就是说，与系统的收录范围、索引语言、标引工作和检索工作等有着非常密切的关系。

降低查全率和查准率的原因主要有数据库与检索目标不匹配（如在期刊论文数据库搜索学位论文）、索引词存在较多同义词或近义词（如运动/锻炼、网络/互联网）、检索词具有明显的跨学科属性（如治理、健康）、索引目标的信息不足（如时间久远、作者不明）、数据库涵盖内容过多（如既包含自然科学类文献，又包含社会科学类文献）等。

二、文献检索的途径

根据文献特征的差异，检索方法可以分为两类，即分别从文献外部特征和内部特征入手进行检索。文献外部特征包括文献的题名、作者名和序号，许多文献都具有唯一的序号，如报告号、专利号、标准号、会议号、书号等。在已知文献外部特征的情况下，可以按上述外部特征，利用各种检索工具直接查找。但在更多的情况下，我们并不是去查找已知文献，而是要查找符合特定要求的未知文献。在这种情况下，人们更多的是根据文献内部特征，即文献内容的学科特性去进行检索。

按照文献内容的学科特性进行检索大致有 4 种途径：

（一）分类途径

分类途径是指将文献资料的内容在所属学科（专业）分类体系中的位置作为文献检索的途径，它依据分类目录或分类索引查找文献，也称为体系分类途径。体系分类索引是指利用文献的体系分类法所建成的索引系统，其检索标志就是所给定的分类号码。利用这一途径检索文献的前提是确定检索课题所属的学科类目，从而找出该类目相应的分类号（我国主要使用《中国图书资料分类法》），然后逐类查找。

按分类途径检索文献便于从学科体系的角度获得较系统的文献线索，即具有族性检索功能。它要求检索者对所用的分类体系有一定的了解；熟悉分类语言的特点；熟悉学科分类的方法；注意多学科课题的分类特征。多数检索工具，如《全国中文体育期刊篇名目录》《中国人民大学复印报刊资料》等都是按分类编排的，可以按照分类进行查找。

（二）主题途径

主题途径是指根据文献的主题特征，利用各类主题目录或关键词索引进行检索的途径。检索者只要根据项目确定检索词（主题词或关键词），便可以实施检索。主题目录和主题索引就是将文献按表征其内容特征的主题词组织起来的索引系统。主题的排列没有逻辑上的顺序，只是形式上的顺序。利用主题途径检索时，只要根据所确定主题词的字顺（字母顺序、音序或笔画顺序等）找到所查的主题词，就可以查得相关文献。

主题途径具有直观、专指、方便等特点，不必像使用分类途径那样先考虑课题所属学科范围、确定分类号等。主题途径表征概念较准确、灵活，不论主题多么专深，都能直接表达和查找，并能满足多主题课题和交叉融合学科检索的需要，具有特性检索的功能。

目前，国外检索文献主要采用主题途径，因为利用它可以将分散在各个学科里的有关文献集中在同一主题下，便于分析比较和选择。当前，学科交叉融合的趋势愈加明显，科技工作者越来越多地采用主题途径检索。主题途径在我国的使用没有分类途径那样普及，但在互联网资源的查询中，使用这种方法比分类途径更具优势。主题途径检索文献的关键在于分析项目、提炼主题概念、运用词语来表达主题概念。

（三）著者途径

著者途径是根据文献的外部特征，利用著者（个人或单位著者）目录和著者索引进行检索的途径。国外比较重视著者途径的利用，许多检索工具和著作都把著者索引作为最基本的辅助索引。它是按著者的姓名字顺，将有关文献排序而成。以著者为线索可以系统、连续地掌握他们的研究水平和研究方向，同一著者的文章往往具有一定的逻辑联系。已知课题相关著者姓名，便可以依著者索引迅速准确地查到特定的资料，因此，著者途径亦具有特性检索的功能。

（四）序号及其他途径

序号途径是根据文献的序号特征，利用其序号索引进行检索的途径。许多文献具有唯一性或一定的序号，如专利号、文摘号、书号、电子元件型号等。根据各种序号编制不同的序号索引，在已知序号的前提下，利用序号途径能查到所需文献，满足特性检索的需要。利用序号途径，需对序号的编码规则和排检方法有一定的了解，要能从中判断出文献的种类、出版的年份等，以顺利进行文献检索。序号途径一般被当作一种辅助检索途径。

文献检索主要根据文献外部特征和内部特征的描述，利用各种途径获得所需的相关文献。除以上所讲的 4 种途径外，还有引文途径、专用符号代码索引（如元素符号、分子式、结构式等）、专用名词术语索引（如地名、机构名、商品名、生物属名等）。

三、互联网体育资源搜索工具

互联网体育资源搜索工具主要包括国内各级各类体育行政部门、社会组织以及关于体育资讯的相关网站，国外体育相关媒体网站等，具体包括国家体育总局和各省（自治区、直辖市）体育局网站、中华全国体育总会和国家级体育协会网站、体育资讯网、国际奥委会网站和中国奥委会官方网站等。

互联网体育资源搜索相关网址

（一）国家体育总局和各省（自治区、直辖市）体育局网站

国家体育总局作为我国体育事业的主管部门，主要职责包括研究体育发展战略，协调区域性体育发展，推动多元化体育服务体系建设，推进体育公共服务和体育体制改革；拟订体育事业发展规划和政策，起草有关法律法规草案并督促实施；统筹规划群众体育发展，负责推行全民健身计划，监督实施国家体育锻炼标准，推动国民体质监测和社会体育指导工作队伍制度建设，指导公共体育设施的

建设，负责对公共体育设施的监督管理；统筹规划竞技体育发展，设置体育运动项目，指导协调体育训练和体育竞赛，指导运动队伍建设，协调运动员社会保障工作；统筹规划青少年体育发展，指导和推进青少年体育工作；拟订体育产业发展规划、政策，规范体育服务管理，推动体育标准化建设，负责体育彩票发行管理；指导、管理体育外事有关工作，组织开展国际体育交流与合作；组织开展体育领域重大科技研究、技术攻关和成果推广；负责组织、协调、监督体育运动中的反兴奋剂工作；承办国务院交办的其他事项。

在国家体育总局网站首页的最下方链接“地方体育行政部门”中，可以直接进入相关部门网站，查询所需体育信息。

（二）中华全国体育总会和国家级体育协会网站

中华全国体育总会（All-China Sports Federation）于 1952 年在北京成立，是中华人民共和国的全国群众性体育组织，是依法成立的非营利性的社团法人。中华全国体育总会实行会员制，其团体会员包括省、自治区、直辖市体育总会，全国各单项体育运动协会及行业系统体育协会等。

在中华全国体育总会网站首页的左侧，可以链接到国家级体育协会，可在这些网址查询体育项目的详细信息。

（三）体育资讯网

体育资讯网是国家体育总局体育信息中心建立的专业体育信息研究与咨询服务网站，于 1999 年 10 月注册。资料来源于国家体育总局体育信息中心收藏的各国大量体育报纸、书刊以及由其收集整理的各国官方体育机构网站的文献。该网站主要有群众体育、体育产业、竞技体育、巴黎奥运、冬奥专题、体操专栏、科技动态、运动训练、竞赛成绩、体育视频、项目索引等各种专门数据库。

体育资讯网为收费服务，网站信息咨询服务采用会员入网的形式，信息传递快速便捷。网站全年随时接受会员入网，用户可自行选择服务种类。单位和个人入网后，即成为该网站会员，可随时上网查阅订购的信息或通过电子邮件索取电子版。

（四）国际奥委会网站和中国奥委会官方网站

国际奥委会的全称为国际奥林匹克委员会，是一个国际性的、非政府的、非营利性的组织，是奥林匹克运动的领导机构，它于 1981 年 9 月 17 日得到瑞士联邦议会的承认，并被确认为无限期存在的具有法人资格的国际机构。在国际奥委会网站能够查找到与奥运会相关的最新资讯等。

中国奥委会的全称为中国奥林匹克委员会，是以发展体育和推动奥林匹克运动为任务的全国群众性、非营利性体育组织。其主要任务和职能包括：依据《奥林匹克宪章》，在全国范围内发展和维护奥林匹克运动；促进竞技体育和群众体育的协调发展；在有关全国单项体育协会的配合下，选拔运动员组成中国体育代表团，全权代表中国参加地区、洲级和国际综合性体育赛事；反对体育运动中任何形式的歧视和暴力，禁止使用禁用药物和方法等。在中国奥委会官方网站能够搜索到我国与奥运相关的信息。

四、互联网体育数据库资源分类检索

（一）国内综合性数据库

1. 中国知网

中国知网是1999年6月由清华大学、清华同方发起的一个具有全球学术、教育等文献资源的集成化数字出版功能、能为各行各业创新提供知识管理与知识服务的交流合作平台，包括学术期刊、学位论文、会议、报纸、年鉴、专利、标准、成果、学术辑刊、图书、工具书、中国引文库、学术图片、学术视频、音频、统计数据、法律法规、政府文件、科技报告等资源。其网站首页有行业知识服务与知识管理平台、研究学习平台、专题知识库等。

许多大学图书馆都购买了中国知网的数据库资源，用户可以在校园网范围通过图书馆进入中国知网检索、浏览、下载文献。中国知网可以在线阅读文献，也可以下载CAJ、PDF格式的文献全文，学习者可根据需要下载相应的文档阅读器。

文献检索实例：

以“体育教学”为主题，在中国知网检索本年度CSSCI期刊发表的论文步骤如下。

中国知网文献检索实例视频

第一步，进入中国知网首页。在首页左侧能够看到三个选项卡，分别是“文献检索、知识元检索和引文检索”，此时我们保留其默认的“文献检索”即可。在检索类型部分，当前默认选项为“主题”，与本例契合无须进行变动（图4-1）。

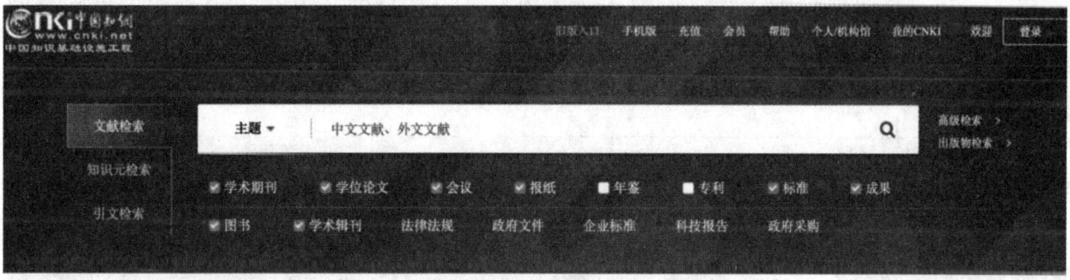

▶图4-1 首页检索框

第二步，选择文献类型。默认的文献类型包含“学术期刊、学位论文、会议、报纸、标准、成果、图书和学术辑刊”。结合本例需求，将除“学术期刊”以外的其他选项取消勾选（图4-2）。

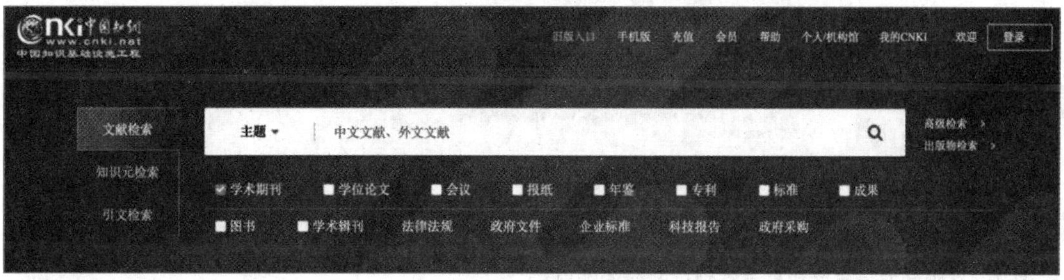

▶图4-2 学术期刊检索

第三步，输入检索条件。在检索框中输入“体育教学”，点击“放大镜（检索）”图标，进入新页面（图 4–3）。

▶ 图 4–3 检索结果示例

在此步骤中，检索结果左侧有按照主题、学科、发表年度、研究层次、期刊、来源类别等为标准的分类检索方式，可根据需求分别点击选中浏览。本例中，需要检索本年度的核心文献，故而有针对性地在“发表年度和来源类别”选项卡中进行勾选（图 4–4）。

▶ 图 4–4 限制发表年度和来源类别后的检索结果

第四步，选择文献进行阅读或下载。如研究者对某篇文献感兴趣，想进一步了解具体研究内容、研究成果或需要下载，则只需点击篇名进入文献内容简介页面，此页面中包含文献完整摘要、来源期刊信息、目录等内容。如需在线阅读，则可以点击“手机阅读”或“HTML 阅读”进行阅读；如需下载，可点击“CAJ 下载”或“PDF 下载”，这两种电子文献格式可根据个人需求加以选择（图 4-5）。

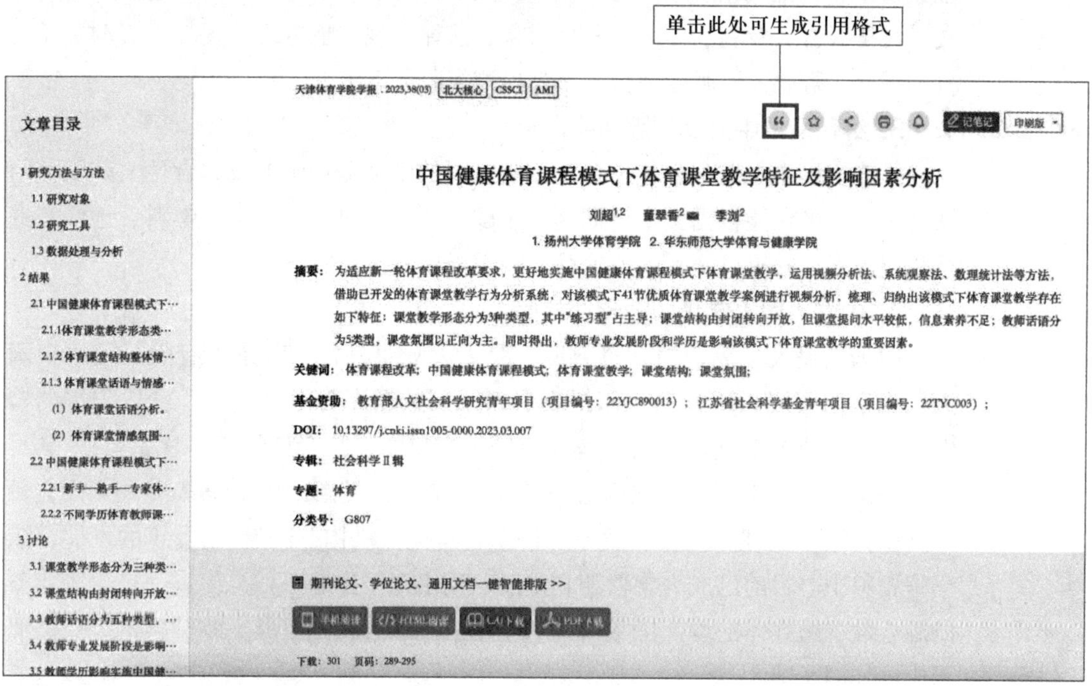

▶图 4-5 文献内容简介页面

第五步，单击“引用”符号（即图 4-5 中右上角的前引号），可以自动生成引用该文献的所需引用格式（图 4-6）。

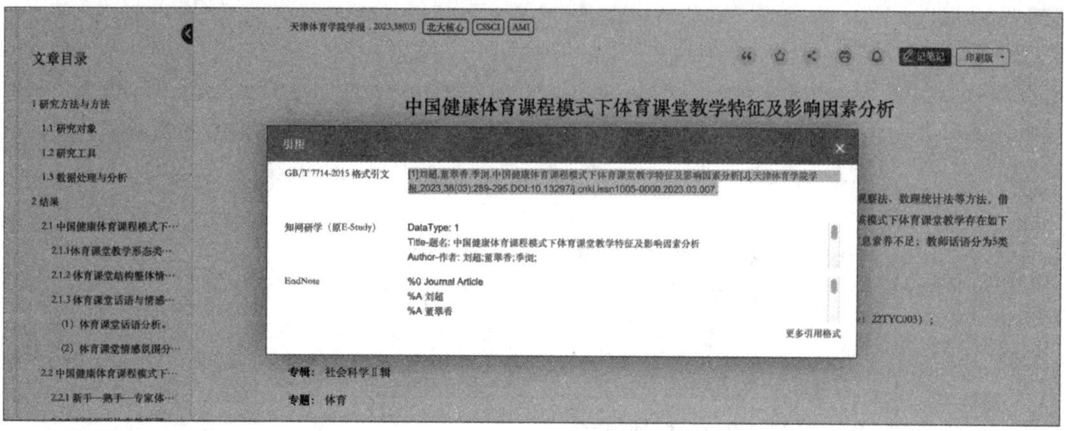

▶图 4-6 文献引用格式

上述五步之后，一次简单的文献检索就完成了。但是，文献检索完成之后，还需要进行针对性的阅读，以了解作者在文献中阐明的观点，具体方法详见本章第三节。

2. 万方数据知识服务平台

万方数据知识服务平台是一个大型综合性信息资源系统，专注于知识的发现、共享、传播与应用。目前，该平台能检索到学术期刊、学位论文、会议论文、科技报告、专利、标准、科技成果、法律法规、地方志、视频等资源，还有科创平台、行业知识服务平台、文献检测等服务系统。

3. 维普资讯中文期刊服务平台

维普资讯中文期刊服务平台是国内重要的中文信息服务及综合性文献服务网站之一。该平台能根据文章、期刊、主题、作者、机构、基金、学科、地区等进行相应检索，并提供文献引证追踪、科学指标分析等服务。

4. 中国人民大学复印报刊资料库

中国人民大学复印报刊资料库，是人大数媒科技（北京）有限公司以中国人民大学书报资料中心的复印报刊资料系列数据库为内容基础，辅以先进的检索方式、优质的期刊、论文推荐而成的人文科学、社会科学资料库。

中国人民大学书报资料中心成立于 1958 年，是新中国最早从事人文社会科学文献搜集、整理、编辑、发布的信息资料提供机构。经过 60 余年的发展，该书报资料中心目前已成为兼营期刊出版、网络电子出版、信息咨询、广告等业务的综合性、跨媒体的现代出版机构和学术信息服务机构。其文献检索的方式类似于中国知网（图 4–7）。

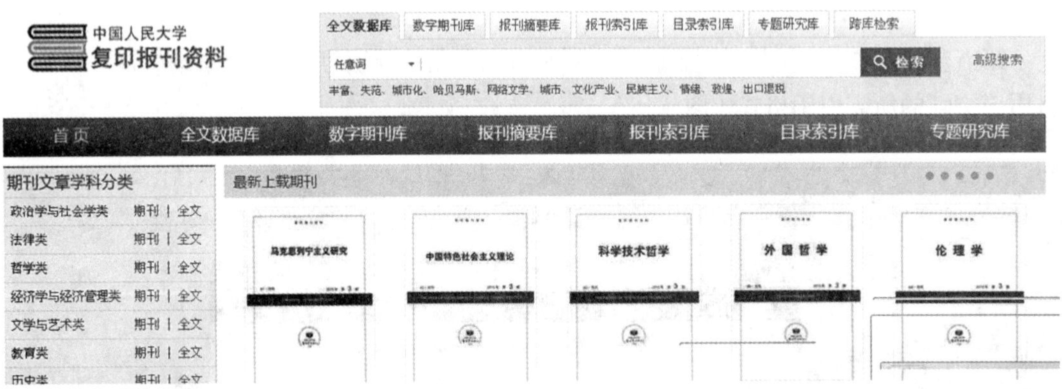

▶ 图 4–7 中国人民大学复印报刊资料库主页面

注：仅限于在本校图书馆已经购买该数据库资源时使用，否则需购卡并注册登录使用。

（二）国外数据库

1. SPORT Discus 数据库

SPORT Discus 数据库是由加拿大运动信息资源中心提供的体育、健身、运动及相关学科的书目数据库，是目前唯一收录全球运动信息的数据库。

SPORT Discus 整合了 SIRLS Sports & Leisure 和 HERACLES 两个知名数据库，收录了世界范围内与运动、健康有关的各类期刊文献、会议记录、研究报告、专著、学位论文，其内容涵盖运动训练、指导和教育、消费者健康、运动科学与健身、健康教育、运动机能学、营养学、职业健康安全、体育教育、物理治疗、体育社会学、运动心理学、运动损伤与康复、体育管理等主题，全文覆盖范围可追溯到 1930 年，是体育与运动医学领域的权威研究工具。

2. EBSCO 数据库

EBSCO 是一个大型文献服务专业公司，提供期刊、文献订购及出版等服务，总部位于美国，在 30 多个国家设有分部。通过 EBSCO host 平台可以访问超过 375 种全文和辅助研究数据库，含外文期刊、杂志、图书、产业报告、行业出版物、专著、市场研究报告等多类资源，涉及自然科学、社会科学、人文和艺术等多个领域。其中，综合学科学术参考类全文数据库（Academic Search Ultimate，简称 ASU）是目前全球最权威且涵盖学科范围最丰富的全文数据库之一，共计逾 17 900 种索引及摘要，超 12 000 种全文期刊。此外，还有商管财经类全文数据库（Business Source Ultimate，简称 BSU）、传播及大众传媒全文数据库（Communication & Mass Media Complete，简称 CMMC）等。

3. PQDD 学位论文数据库

PQDD 学位论文数据库（Pro-Quest Digital Dissertations，简称 PQDD）是由美国 ProQuest Information and learning 公司出版的博士、硕士学位论文题录及文摘数据库，收录了美国、加拿大等国家千余所大学的文、理、工、农、医等领域的学位论文。

此外，教育信息资源中心、中国中小学教育教学网等网站中，也能检索到一些相关的体育文献。

第三节 文献阅读

阅读是一种爱好、一种习惯、一种享受，也是一种境界。曾因任第十五版《大英百科全书》编辑指导而闻名于世的莫提默·艾德勒将阅读归为一种艺术。收集文献的目的是摘取与研究课题有关的资料，文献的阅读必不可少。但是，文献的阅读与普通阅读不同。根据课题研究方向，在检索到了海量的文献后，如何阅读是一个问题。因此，掌握研究文献的阅读与记录方法，同样是文献法的一项重要内容。

一、体育学期刊文献的选择

一般而言，我国学者阅读的体育学期刊文献，按照语言可分为中文期刊和英文期刊。其中，中文期刊中 CSSCI 期刊认可度较高。CSSCI 全称“中文社会科学引文索引”（Chinese Social Sciences Citation Index），由南京大学中国社会科学研究评价中心开发，因而也称“南大核心”“南核”，主要涵盖《体育科学》《中国体育科技》《北京体育大学学报》《体育学刊》等知名学术期刊（表4-1），相关期刊上的文章可以在中国知网、万方数据知识服务平台等网站上进行阅读、下载。其中，部分期刊在其官网也可以直接阅读和下载，如《上海体育大学学报》《成都体育学院学报》等。除CSSCI来源期刊外，北京大学中文核心期刊目录（简称“北大核心”“北核”）、中国科学引文数据库（Chinese Science Citation Database，简称CSCD）收录的中文期刊在我国也有较高的认可度，在检索与浏览时应重点关注。

▶表4-1 2021—2022年CSSCI期刊收录的体育学期刊

序号	期刊名称
1	北京体育大学学报
2	成都体育学院学报
3	上海体育大学学报
4	沈阳体育学院学报
5	体育科学
6	体育学刊
7	体育学研究
8	体育与科学
9	武汉体育学院学报
10	西安体育学院学报
11	中国体育科技

英文期刊质量较高的是科学引文索引（Science Citation Index，SCI）、社会科学引文索引（Social Science Citation Index，SSCI）收录的期刊，前者主要收录的是自然科学方面的研究论文，而后者一般收录人文社会科学方面的研究论文。SCI收录的体育类期刊主要有*Exercise and Sport Sciences Reviews*、*Medicine and Science in Sports and Exercise*等；SSCI收录的体育类期刊主要有*Physical Education and Sport Pedagogy*、*Sport Management Review*等。需要指出的是，由于部分期刊既刊登自然科学方面的论文，又刊登社会科学方面的论文，故而这些期刊同时被SCI和SSCI收录，例如*Journal of Sport and Health Science*、*Psychology of Sport and Exercise*等。

此外，应注意文献的时效性，部分观点在发表之时可能是创新点，但随着时间的推移，以及学术界对部分问题理解的愈发深入，过去的观点会有过时的可能。故而，在选读文献时，需要注意文章所发表的时间以及其内容是否对当前的研究具有参考价值。当然，也存在历久弥新的文献，有些经典作品在发表的若干年之后也依然能够给读者带来启发。

要想选择优质文献，主要考虑以下4点，即目标学科、权威期刊、权威学者、高被引文献。第一，检索时的文献主题应与所属学科和检索目标吻合；第二，优先选读高质量期刊中的文献，例如CSSCI、北大核心，以及SCI、SSCI收录期刊中的文献；第三，优先选读所检索领域内资深或知名学者的研究成果；第四，被引用频次也是辨别文献质量的一个重要指标（一些经典的高被引文献可能并没有发表在核心期刊上），可以优先选读高被引文献。

除对期刊文献的阅读外，体育科学研究中还会涉及学位论文、专著等更多类型的文献资料，其甄别方式与期刊文献的选择类似，例如优先参考博士论文，优先选择知名出版社、权威专家出版的作品等。需要特别指出的是，对于网页内容的参考和引用须慎重。如必须参考网页内容，应尽量追溯权威来源，如中国政府网、国家体育总局网站，或新华社、人民网等权威媒体。在界定关键词时，也应杜绝引用百度百科、维基百科等网页内容（因为这些信息是可以随时更改的），而要追溯高质量文献中的出处，或尝试查找《辞海》《辞源》等工具书，部分工具书的电子资源在中国知网等综合数据库中有检索入口。

二、文献阅读的原则

在阅读文献时，为了能充分地利用收集到的文献资料，从中获取对研究课题有价值的信息、资料，应遵循以下原则：

（一）计划性原则

阅读文献时，应当有一个大体的阅读计划，作出具体的时间安排。阅读进度的确定，应考虑到文献资料的数量、难度、性质以及研究课题的总体安排和进度。

（二）顺序性原则

为了提高阅读效率，在阅读文献时应遵循一定的顺序。一般而言，应先看一次性文献，然后看文献综述；先阅读一般文献，再阅读专业文献；先读理论文献，后看应用文献；先看书籍，后看论文；先读近期文献，后看出版时间较长的文献；先读难度小的文献，再读难度大的文献；先看中文文献，后看外文文献；先读新内容较多的文献，后读新内容较少的文献；先看摘要和结论部分，后看中间部分；先读主要、关键部分，后读次要、细节部分；先读影响力较大的报刊上的文献，后读影响力较小的报刊上的文献。当然，在实际阅读过程中，阅读顺序也要因人而异。

（三）批判性原则

阅读已有文献时，要坚持用批判的眼光去看待其研究成果，多问几个为什么。在阅读一篇学术论文时，要根据其观点，思考其依据是什么，在此领域，是否有相关的其他研究成果，相比之下，此文的观点是否对原有的理论有创新。批判的目的是对文献内容的真伪、价值等有一个较为清醒的判断。

（四）同步性原则

阅读文献时，研究者并不需要将文献全部收集齐全后再去制订阅读计划并着手阅读，可以同时收集文献资料和阅读。这样，二者将会产生互补效应，有利于进一步推动文献的收集和利用。因为在阅读的过程中，会发现更有用的文献资料，可以重新去收集；在收集过程中，阅读可以对有关文献进行初步的筛选，使收集到的文献更有利于研究的需要。

三、文献阅读的方法

文献阅读的一般程序是：首先快速浏览题目、摘要及各级标题，对文献结构了然于心；其次慎重考量该文献的哪些部分需要花时间进行精读；最后及时记录，对文章进行标记或新建文档记录专门的读书笔记。

快速阅读的方法

浏览是将收集到的文献资料普遍地、粗略地翻阅一遍。通过浏览，研究者可以对收集到的文献内容、价值有初步的认识和判断，并据此确定是否需要对该文献进行深入研讨。快速浏览可以尽快抛弃多余信息，吸收有用信息。其阅读要求是：① 注意力要高度集中。② 克服出声朗读、逐字阅读和回归倒读的习惯，采用无声视读法。③ 运用概念阅读法粗读。④ 运用垂直阅读法作纵向扫描。⑤ 采取跳读方法，根据文献结构，抓住概要，掌握中心和重点。可见，快速浏览不是只追求速度的快读，而是在快速的基础上注重质量的一种创造性的理解过程。

粗读是为了解某一文献的基本观点，搜寻文献引用的主要事实或数据的一种阅读方式。粗读的范围可以大一些，既可以读本学科、本专业的有关文献，又可以读相邻学科，甚至其他学科的文献资料。这样，一方面可以较具体地了解本学科、本专业范围内当前研究的概貌，另一方面可以扩大知识面和视野，从本学科、本专业以外的领域获得有益的资料和启示。粗读的要领是：① 着重搜寻表达文献基本观点的重点句子和主要事实、数据。② 在理解方面，要从宏观上把握文献的主旨和脉络。③ 要联想文献，即要把文献中的观点与观点、观点与事实、事实与事实之间的关系联系起来思考。④ 在评价方面，要对一般文献的基本观点和主要事实作出初步的评判。

精读就是在粗读的基础上进行的一种深入探究、得其精髓的阅读方法，其目的在于理解、鉴别、评价、质疑和创新。通过精读，不仅要全面掌握文献的实质内容，而且要明确筛选出对课题有价值的材料，发现问题和提出新的见解。可以说，浏览、粗读都是为精读服务的。精读的要领是：① 阅读时要眼到、脑到、手到，即一边读书、一边思考、一边提纲挈领地记下文献的要义、存在问题和自己的见解，以提高阅读质量。② 要深入思考和分析文献的每一个概念、判断和推理的过程，以及整个文献的逻辑结构，认真把握文献的全部思想。③ 把文献引用、阐述的观点与客观事实或者其他文献联系起来进行反复的对比和研究。④ 对文献引用的事实、阐述的思想与研究课题之间的关系作出客观的判断和全面的评价。

第四节 文献积累与管理

要想有效地收集到全面、系统、与课题有关的资料，平时就要做一个有心人，注意通过各种途径收集和积累资料并长期坚持下去。研究者通过文献资料的日常收集与积累，一方面可以开阔视野，了解研究概况，掌握动态信息，另一方面可以为日后的课题研究引出一些初步的线索，这些线索可以作为选定和进入课题的基础。在日常学习中，文献积累的方法多种多样，传统的方法大致可分为复印文献积累、簿册文献积累和卡片文献积累三种。在互联网时代，常将文献以数字化的形式储存，如电脑硬盘、移动存储设备、网络云存储等，因而，数字文献积累也是一种重要的文献积累的方法。

一、文献积累

（一）复印文献积累

随着科学技术的发展，资料复印成为许多学生收集资料的重要手段。特别是由于复印成本的降低，资料复印也越来越普及。在资料复印过程中，必须准确记录相应的文献出处，避免后续使用过程中引起有关版权的纠纷。

（二）簿册文献积累

簿册文献积累是将所需记录的文字资料抄录在日记簿或其他记录本上。其摘录形式一般有以下几种：

1. 提纲式

从所读的书或内容中提炼出纲要，并记录在笔记本上，以备查考。

2. 摘录式

将所读的书或文章中一些特别重要的句、段或结论、数据、史实之类的资料摘抄下来，作为今后撰写学术论文时引文的来源。

3. 札记式

把读书时的心得、体会、启示、收获、质疑、批评等用散记的形式记录下来。

总的来看，簿册文献积累的优点是摘录的资料可不受原文篇幅的限制，同时便于保存，不易散失，缺点是摘录进笔记本以后，其位置也就固定了。这对于资料的反复组织、每次使用、剔旧更新是极不方便的，可采取下列方法弥补。

（1）编制索引。按照积累目的或使用习惯，编制不同的资料篇名索引或主题索引，可使同一类别而分散在各个摘录本中的资料在索引中相对集中，以节省翻检记录本的时间，提高利用效率。

（2）预先分类。按自己准备积累资料的大致方向，把将要积累的资料分为几个大类，摘录时按类集中，每一类资料可分别用一本笔记本记录。

（三）卡片文献积累

卡片文献积累就是将资料记录在用单张纸片制成的卡片上，一张或数张卡片摘录一条资料。卡片文献积累的优点是排检灵活，增减方便。利用卡片积累资料时，可根据资料性质制作不同的卡片。

（四）数字文献积累

文献管理软件简介

CiteSpace 简介

在互联网时代，数字文献很多，以中国知网下载的文献为例，可下载的文献有 CAJ 和 PDF 两种格式，且可分别免费下载各自的阅读器。数字文献的优势是方便使用文献管理软件对收集到的文献进行整理。目前常用的文献管理软件有知网研学、Zotero、Endnote 等。其中，在知网研学软件中，使用者不仅可以搜索文献、按需求分类储存论文及笔记，还可以在论文上做标记。

除传统的“检索—阅读—积累”流程外，数字文献数据库具有更完善的索引功能，这也使之能够在 CiteSpace 等软件的帮助下呈现出可视化的“知识图谱”，进而帮助学习者定位关键文献、分析研究方向和前沿热点。熟练掌握数字文献积累的方法，能为后续文献综述等工作提供强大助力。

二、文献管理

在大量文献积累的过程中，有效的文献管理有助于提高效率，方便写作等环节的取用。因此，需要建立一套系统，来持续记录和组织信息。

（一）关键词搜索记录

首先，如果在对不同的数据库和目录进行了搜索、试验了各种不同的关键词及其组合之后，没有予以记录，那么在后续研究中，就很难回忆起当时是在何处、通过何种途径找到这些检索结果的，从而极有可能进行不必要的重复检索。其次，在需要查找某领域新文献时，之前保存的检索记录也有助于快速确定有用的数据库，以及最佳的关键词组合。为了使记录周全，应有下述笔记：① 用过的关键词、短语和布尔逻辑检索条目。② 开展检索的日期。③ 开展每项检索时用到的搜索引擎、数据库和目录。④ 每项检索的结果。

除此之外，学习者在笔记或文章的纸质版上记录下导向这些文献的路径也是一个好习惯，例如是从其他文献的参考文献列表中看到的，还是在进行某个数据库关键词检索时找到的等。

（二）记录文献的细节

此处文献的细节主要指可能出现在学位论文“参考文献”列表中所有来源文本的重要著录信息，如国内学位论文常采用《信息与文献　参考文献著录规则》（GB/T 7714-2015）的著录格式。在完成终稿前，可以集中核实期刊名称、论文标题或页码，但如果能养成良好的记录习惯，则可以节省时间和精力。

（三）打造个人图书馆

个人图书馆即一套纸质、电子文件和关键文本笔记的编码、归档系统。没有归档系统，追溯参考文献会极其困难。要创建编码体系，就要把研究主题拆分为小单元，在档案盒或文件夹中相应地归档文献，并标注文件夹的分类名称。如果有某个参考文献与两个类别相关，可以使用交叉参考体系。此外，对于阅读文献所做的笔记，也可以根据自己的习惯建立单独的归档体系或与原始文本放在一起。当然，要谨慎区别自己的原创和网上下载的笔记与总结。此外，知网研学、Zotero、Endnote 等文献管理软件也能够为打造个人图书馆起到重要的作用。

三、文献积累与管理应注意的问题

除了解文献积累与管理的方法外，还有一些需要注意的地方，包括文献的取舍、使用、复习回顾等多个方面，具体要注意之处如下：

（1）积累文献资料应围绕所确定的专业、学科或专题进行。

（2）摘录文献资料一定要有选择性。

（3）摘录文献资料时，应对所要摘录的资料进行必要的分析，提炼出类别或主题标目，以便编排查检。

（4）注意积累与使用的有机结合。

（5）经常温习所积累的文献资料，切不可只管摘录，不管温习、记忆和使用。

（6）积累文献资料必须持之以恒。

第五节 文献综述

文献综述是指在全面收集有关文献资料的基础上，经过归纳整理、分析鉴别，对一定时期内某个学科或专题的研究成果和进展进行系统、全面的叙述和评论。从字面理解，“综”即综合，要求对文献资料进行综合分析、归纳整理，使材料更精练明确，更有逻辑层次；“述”即评述，就是要对综合整理后的文献进行比较专门的、全面的、深入的、系统的论述。需要注意的是，只综不述会使自己出现文献综“抄”的问题。在学位论文、开题报告等文本中，综述作为一种书面论证，依据对研究课题现有知识的全面理解，建立一个合理的逻辑论证，通过论证，得出一个令人信服的论点，引出或回答研究问题。而有些专门的文献综述，则是针对某一专题、某一领域的历史背景、前人工作、争论焦点、研究现状与发展前景等方面，以作者自己的观点写成的严谨而系统的评论性、资料性科技论文。

一、文献综述的特征和意义

文献综述通过对过去和现在研究成果的深入分析，指出目前的水平、动态、应当解决的问题和未来的发展方向，提出自己的观点、意见和建议，同时依据有关理论、研究条件和实际需要等，对各种研究成果进行评述，为当前的研究提供基础或条件。对于学位论文等具体科研工作而言，一篇成功的文献综述，能够以其严密的分析评价和有根据的趋势预测，为新课题的确立提供强有力的支持和论证，在某种意义上，它起着总结过去、指导提出新课题和推动理论与实践新发展的作用。

文献综述具有内容浓缩化、集中化和系统化的特点，可以节省同行科技工作者阅读专业文献资料的时间和精力，帮助他们迅速了解有关专题的历史、进展和存在问题，做好科研定向工作。因此在文献调研时，一篇好的综述性论文或博、硕士论文综述，有助于研究者在更短时间内准确掌握课题的技术背景，是值得关注并加以利用的文献类型。当然，已出版的文献综述提供了对一个领域的有用介绍和概览，但是在做课程论文或学位论文的文献综述时，不能仅仅依靠它们，而应该表明自己有能力甄别和解释有关的原始资料。

通过收集文献资料，可进一步熟悉科学文献的查找及资料的积累方法，在查找的过程中同时扩大知识面。查找文献资料、写文献综述是科研选题及进行科研的第一步，因此学习文献综述的撰写也是为今后科研活动打基础的过程。写文献综述能提高一个人的归纳、分析、综合能力，有利于其独立工作能力和科研能力的提高。文献综述选题范围广，题目可大可小、可难可易。毕业论文（设计）的课题综述，则要结合课题的性质进行书写，以更好地为总体的研究目的服务。

二、文献综述的格式与结构

根据载体和分析方式，文献综述的格式与结构可能存在差异。就体育科学研究方法的基础学习而言，较为直观的、常见的综述主要有作为论文组成部分的文献综述（含学位论文、期刊论文中的文献综述）和独立发表的文献综述（也称综述性论文）两种类型。

（一）作为论文组成部分的文献综述

1. 学位论文中的文献综述

文献综述在学位论文中起到学术继承性、开放性、动态传递性和引出研究问题等功能。部分高校直接将文献综述列入学位论文开题报告或正文的写作要求中，如华南师范大学《本科生毕业论文（设计）手册》的开题报告中有“本选题的意义及国内外研究状况”板块，这除帮助学生找到尚未回答或解决的问题、加深对该背景领域内知识的理解、习得有助于论文写作的研究方法与途径外，在开题论证中，专家和老师也能通过阅读文献综述对选题可行性进行论证分析，以保证学生能够按时完成学位论文并达到预期结果。

根据论文选题，学士学位论文可以简单地对背景、历史进行回顾，也可选择对理论或研究方法进行述评。一般而言，不要求将文献综述单列为章节标题，但仍需在绪论部分简述、简评与论文主题相关的研究情况，目的是展示现有研究基础，突出自身研究的意义。绪论中“简述”+“简评”的两段式撰写结构是比较常见的一种综述方式。或者，针对一个研究问题的不同方面，本科生也可分段采用“边述边评”的方式，概述相关成果。例如从“一些学者……又有人……”到“×× 理论……具有指导意义”“研究主要集中于……缺少……”“……前沿问

案例：根据关键概念分类述评的学位论文综述

题”等，简要地将相关研究进行一个接一个的总结与评述，逐层递进，这也是新手较易模仿的一种模式。

此外，根据学位论文的形式，其大致可分为理论研究类论文和实证研究类论文，前者常见于体育史、体育哲学等基于文本的研究，后者则多在运动人体科学、体育教育训练学、运动心理学或基于经验数据的体育管理学、体育经济学等领域。二者在综述写作上也存在一定区别。理论研究类论文探讨前人没解决的问题、没发现的规律等，对于单个研究问题的文献回顾，可以采用“国外研究现状＋国内研究现状”两小节的格式；对多个研究问题则一般根据具体情况进行分类，比如就某一主题的横向对比与纵向发展等（详见本节第五部分及相应案例）。而实证研究类论文因需要结合一定的理论来展开假设或进行实验设计，所以不一定按国内外研究现状来回顾，更多是对理论自身发展情况的述评，常见的流程是：① 介绍相关理论；② 对经验研究进行回顾，即总结、分析相关实证研究，找出研究的空白、一致性的结果或者相互矛盾的地方；③ 提出将要研究的问题或需要检验的假设。

案例：实验研究的学位论文综述

2. 期刊论文中的文献综述

期刊论文即定期出版的刊物所收纳的文献，是学术界知识交流的主要形式之一，也是重要的写作借鉴来源，其格式、篇幅一般较学位论文有所差异。常规的期刊论文，文献综述一般以“微”述评的形式，融合在前言或绪论部分，也有的将文献综述移出前言，紧随其后专列一节或一点，并标为“文献综述”“文献回顾”“以往的研究”等，体育学国际期刊发表的研究论文也常见“literature review”部分。这也是发表的体育学论文中较为常见的两种形式。

案例：期刊论文中的“微”述评

当然，也有一些论文将综述分散贯穿正文，包括一些量化研究中基于不同理论提出的多个研究假设等。但如果完全没有文献述评内容，则容易受到质疑。另外，即使是一些独立成篇的Meta分析、系统综述论文，在前言部分也会有简短的述评，用以引出研究问题。

案例：分散至正文的述评

（二）独立发表的文献综述

独立发表的文献综述即单独成篇的综述性论文，格式与一般研究性论文的格式有所不同，这是因为研究性论文注重研究的方法和结果，特别是阳性结果，而独立发表的文献综述要求向读者介绍与主题有关的详细资料、动态、进展、展望以及对以上方面的评述。撰写独立发表的文献综述，可以根据观点的提炼、区域性的归纳或年代的划分来写。

1. 传统的文献综述

总的来说，传统的文献综述一般都包括前言、主体、评述和参考文献4个部分。撰写文献综述时可按这4个部分拟写提纲，再根据提纲进行撰写。

前言部分主要说明写作的目的，介绍有关的概念、定义以及综述的范围，扼要说明有关主题的现状或争论焦点，使读者对全文要叙述的问题有一个初步的印象。

案例：传统的文献综述

主体部分是文献综述的核心，其写法多样，没有固定的格式，可按年代顺序进行综述，也可按不同的问题进行综述，还可按不同的观点进行比较综述，不管用哪一种形式综述，都要将所收集到的文献资料进行归纳、整理及分析比较，阐明有关主题的历史背景、现状和发展方向，以及对这些问题的评述。主体部分应特别注意代表性强、具有科学性与创造性的文献引用和评述。

评述部分与研究性论文的小结有些类似，通常是将全文主题进行扼要总结。对所综述的主题有研究的作者，最好能提出自己的见解。

参考文献虽然放在文末，却是文献综述的重要组成部分。因为它不仅表示对被引用文献作者的尊重及引用文献的依据，而且为读者深入探讨有关问题提供了文献查找线索。因此，应认真对待参考文献。参考文献的编排应条目清楚，查找方便，内容准确无误。

系统综述与Meta分析的报告内容与流程

2. 特殊的文献综述

除传统的文献综述外，还有一些有着明确的方法和操作流程的综述类型，如系统综述（systematic review）、Meta 分析（也称“元分析”或“荟萃分析”，meta-analysis）等。系统综述是指凭借清楚的格式化问题，运用系统和明确的方法对相关研究进行辨认、选择以及严格评价，对所纳入研究的数据进行收集和分析的综述。Meta 分析则是指在系统综述中，运用统计学手段解读所纳入研究结果的一种分析方法。二者有明确的报告条目清单和各阶段信息收集流程图。不过，系统综述并非要对所有研究进行统计学分析（Meta 分析），而作为一种统计学方法，Meta 分析也并不全用于系统综述，二者并非包含与被包含关系。

相比传统的文献综述，系统综述针对某一具体的研究问题，系统全面地收集所有相关的已发表与未发表的文献，采用预先定义好的原则和方法对文献进行评价和分析，筛选出符合质量标准的文献，在进行定性或定量合成的基础上得出综合结论（表 4-2）。因此，这种更加追求科学性和客观性的综述，在体育学领域更多被用于对运动干预效果、身体活动影响因素、专项训练效果等方面既有文献的研究。

▶表 4-2 传统的文献综述与系统综述的异同点①

比较项	传统的文献综述	系统综述
待研究的问题	范围通常较广泛	常集中于某一问题
文献检索的方法	通常未说明	多种来源，较全面
原始文献的来源	通常并未查全所有相关文献	包含已发表与未发表的文献，较全面
对原始文献的选择	通常以作者的主观判断为主，存在选择性偏倚	有明确的选择标准，常采用多人评审与盲审法，降低偏倚

① 詹思延. 系统综述与Meta分析［M］. 北京：人民卫生出版社，2019：2.

续表

比较项	传统的文献综述	系统综述
对原始文献的评价	评价方法不统一	有严格的评价方法
结果的合成方法	多采用定性合成的方法，使收集的资料条理化	多采用定量的方法
结果的更新	文章发表后，作者一般不对其进行更新	定期更新

当然，无论是传统的文献综述还是特殊的文献综述，一篇有价值、高质量的文献综述是可依照相关要求，改写为学士学位论文提交的。具体选题与质量的把握，则需要与指导老师密切沟通。

三、文献综述的步骤

一般情况下，文献综述可分为选择并定义主题、开发论证工具、文献检索、文献研究、文献评述、综述撰写 6 个步骤。

第一步，选择并定义主题。一个好的研究课题通常来源于对现实问题的兴趣。然而，兴趣陈述只是对潜在研究课题的粗略认识，必须通过概念辨析和精确定义，将生活用语转化为更加具体的学术语言，以便研究者成功与相应学科文献相联系。精练术语、准确聚焦、选择合适的学术观点，都是确立研究课题的必经之路。

第二步，开发论证工具。可信的综述方案不是简单地报告信息收集情况或提出对课题的看法，而是通过对支撑性证据的逻辑陈述得出结论。证据构建、论证发展、逻辑推理等工具是构建可信方案的基石。

第三步，文献检索。文献检索决定文献综述包含的信息。通过使用略读、浏览、绘制资料图等方式来选择并组织文献，能为论文提供最有力的支持证据。在此基础上，要对相关资料进行分类和储存。

第四步，文献研究。文献研究是指将收集、整理和分析检索到的资料作为证据进行合理排布，以得出一套逻辑性的结论，说明相关主题的研究现状。

第五步，文献评述。文献评述就是分析和解释从文献研究中获得的结果，从而对研究课题作出回应，包括借助这些发现所形成的论点，为论文陈述提供依据，也包括分析先前知识是如何回答研究问题的。

第六步，综述撰写。为了向目标受众清晰传达综述成果，还需要经过多稿的撰写、审校与修改，最终形成准确、完整、易懂的成稿。

当然，上述步骤更适合作为学位论文、课题研究等组成部分的支撑性综述。独立发表的文献综述则根据目的在“文献评述”部分可能有更多的拓展，包括对该主题更大的展望，甚至基于系统分析结果提出的一些政策建议等。

四、文献综述的写作要求

（一）基本要求

一篇好的文献综述，应有较完整的文献资料，其中应有评论分析，并能准确地反映主题内容。在撰写文献综述时，应注意以下 6 个方面的问题：

（1）收集的文献应尽量全。掌握全面、大量的文献资料是写好综述的前提。

（2）注意引用文献的代表性、可靠性和科学性。在收集到的文献中可能出现观点雷同的文献，有的文献在可靠性、科学性方面存在差异，因此在引用文献时应注意选用代表性、可靠性和科学性较强的文献。

（3）引用文献要忠实于原文献。由于文献综述有作者自己的评论分析，因此在撰写时应分清作者的观点和文献的内容，不能篡改文献的内容。

（4）参考文献不能省略。有的科研论文可以将参考文献省略，但文献综述绝对不能省略，而且应是文中引用过的，能反映主题全貌并且是作者直接阅读过的文献资料。

（5）适当使用统计图表。

（6）不能混淆文献中的观点和作者个人的思想。

（二）学位论文中的文献综述写作要求

相较硕、博士学位论文而言，学士学位论文写作时间较短，在综述写作上也更简单，因此只要达到文献综述的基本要求即可（表 4-3）。在正式的论文写作中，综述内容一般归入“绪论”部分，受字数限制，写作时应力求精简，根据选题将综述单列为小节标题，分类述评，也可将其与研究背景、目的等结合起来，分段进行简述与简评。

▶ 表 4-3 不同研究层次学位论文中的文献综述特点与形式①

学位论文类别	文献综述特点与形式
学士学位论文	以描述为主，聚焦研究主题；最能体现研究主题的主要文献及其来源；分析正当有理
硕士学位论文	以分析总结为主，涵盖研究方法、研究或论文写作技巧和研究主题；可能有两个以文献为基础的章节，一个是研究方法的综述，用以展示对其优点及不足的认识，另一个是与研究主题 / 问题有关的理论综述
博士学位论文	以分析综合为主，涵盖关于研究问题的大部分已知文献，包括外文文献；在理论内部和各理论之间有高层次概念思维；对之前关于该问题的研究进行总结性和形成性评价，并对与之相关的学科领域进行有深度和广度的探讨

具体而言，学位论文综述的写作还需要注意以下几个问题：

① 黄忠廉，刘丽芬，等．十大文献综述：妙理与实例［M］．北京：科学出版社，2021：78.

（1）综述内容与研究主题具有一致性。即引用文献要与论文主题有关，重点论述核心文献，其他相关文献列明即可，不可出现为凑数量而离题千里的现象。

（2）综述逻辑结构具有层次性。例如，该问题前人学者是否研究过，研究到什么程度，是通过什么方法、怎么研究的，何人、何时、何地研究的，研究的主要结论是什么，引发怎样的思考与争论，这些层次之间的递进关系需要有较合理的安排。在分类论述时，分清关键概念间是否存在并列关系或包含关系，也可大概率避免逻辑混乱与主线模糊。

（3）语言表达具有简洁性和流畅性。切记，要尽量避免“××学者说……”“××学者认为……”等大量复制或重复表达其他学者观点，却没有相应评述的罗列现象。应用简洁流畅的语言，对以往研究的优点、不足和贡献进行批判性分析与评论，并阐明其与研究主题的关系，体现综述撰写者自己的思考。

（4）经典性与前沿性相结合。经典性文献的观点、思想、理论，大都经受了实践的检验，或取得了学术认同，能够为论文的立意带来更好的支撑；而前沿性文献，如近三年相关领域成果，则有助了解学术动态，判断选题的时代价值。二者均须有所涉猎。

（5）兼顾全面性与批判性。“述”是基础，“评”是重点，在尽可能总结相关文献脉络的同时，要有能够体现自己观点、呼应拟研究内容的“评”。当然，也要注意不应过度批评前人的不足，否则容易增加读者的期待，为自己的研究大大增加难度。

（6）力求准确性与客观性。用于评述的证据和论点，应尽量来自原始文献，若是引用前人学者的参考文献观点，也应尽可能查阅原文加以理解。引用时应实事求是，不可过分夸大或缩小观点表达，数据、结果、结论也要具有科学性，不能凭空想象或推测、加工。

（三）期刊论文中的文献综述写作要求

期刊论文中的文献综述功能与学位论文相似，因而在写作要求上无须再多赘述。需要注意的是，“微”述评的形式使期刊论文对简洁性有着更高要求。一篇高质量的期刊论文综述部分所涵盖的学术脉络很可能超过一篇硕士学位论文的综述内容，但篇幅却不会太大。因此，若想要在学术研究领域继续深造、发表高质量期刊论文，核心文献的把握、逻辑层次的安排、语言文字的凝练等各方面能力都需要有更多的训练。

（四）综述性论文的写作要求

传统的综述性论文质量，一般由即时性、讨论广度和准确性等方面，以及是否指出了未来研究的最佳途径来判断。这与学位论文综述等指向某个具体的研究问题有所差异，但其他要求也大体类似。如综述性论文应该对一个研究方面的最新进展作不偏不倚的总结，审稿人也必须评估文章作者在引用文献上的选择。由于综述性论文包含大量的详细信息，其篇章结构和行文流畅性也很重要。需要注意的是，当前常用的 CiteSpace、HistCite 或 VOSviewer 等知识图谱软件，虽然有助于研究领域的整体把握与视觉呈现，但一篇高质量的综述性论文仍需要建立在对该领域的充分了解之上，因此必要时应咨询并加入专家意见，避免单纯对数据的依赖。

系统综述、Meta 分析等特殊的综述写作，一方面，要在操作流程和报告内容上遵循相关要求，如《系统综述和荟萃分析优先报告条目》（*preferred reporting items for systematic reviews and meta-analyses*）等。另一方面，作者对分析结果讨论与总结的客观性与准确性也是重要评价维度。

（五）其他常见问题的避免

结合上述撰写时的要点，一些初学者最常犯的共性错误，需要引起重视并努力规避。包括：

（1）文献简单罗列，“综”而不“述”。写综述必须充分理解前人的研究观点，并用合理的逻辑将它们准确地表述出来。如果仅仅是罗列而未进行系统分类、归纳和提炼，那么内容就会十分杂乱，缺乏内在的逻辑。

（2）个人观点过多，“述”而不“综”。个人观点可以起到点睛式的评论或启示的作用，但不应是主体。综述的重点在于“综”，即其主要部分应是对前人观点的客观阐释和分析。

（3）避重就轻，故意突出自己研究的重要性。在撰写综述时，应该寻找前人研究未尽之处，并围绕这些问题开展自己的研究。不能动辄全盘否定，故意“贬低”前人研究以“凸显”自己研究的创新性或重要性。

（4）引用的文献代表性不强或时效性太差。一个主题相关的文献可能成千上万，引用时应重点关注高质量的、对领域发展起重要作用的代表性文献。而在时效性上，除少部分经典外，过旧的文献可能无法反映最前沿的研究现状。

五、文献综述的风格及举例

除学位论文、期刊论文等载体的不同而带来的结构差异外，文献综述的写作还存在多种不同的风格类型。例如，按论述的角度，可以分为横向综述和纵向综述；按综述范围大小，可以分为专题性综述和综合性综述；按加工深度，可以分为概要性综述和评论性综述等。下面主要介绍几种常见的风格类型。

（一）横向综述

案例：横向综述

横向综述是对某一专题的某一时期各方面的有关知识进行综合整理。例如，最大吸氧量的测定方法较多，有直接测定法，也有间接测定法，而间接测定法又有许多种。通过介绍各种方法的特点、过程及优缺点，可以为运动员的选材和训练提供依据和测试参考。

（二）纵向综述

案例：纵向综述

纵向综述是对某一学科或某一问题，从历史渊源述起，再论述其发展过程，从而揭示这一学科或问题的发展规律，为科研人员和读者系统地了解这门学科的知识提供方便。

（三）专题性综述

专题性综述是就某一学科中的某个问题，综合叙述这一方面的有关问题。这种综述的专业性和针对性较强。

案例：专题性综述

（四）综合性综述

综合性综述从客观上对某一领域进行综合论述，它不仅要对本专题领域的知识进行综合，还要将其他相关因素考虑进去。它要求作者站在更新的高度看待问题。

案例：综合性综述

本章小结

文献是记录有信息或知识的一切载体。文献法是收集、鉴别、整理文献，并通过对文献的研究形成对事实的科学认识的方法。了解文献的特点、载体类型和出版类型，掌握文献检索的步骤、途径和工具、学会使用文献管理软件，以及养成良好的文献积累习惯有助于写好文献综述。文献综述是指在全面收集有关文献资料的基础上，经过归纳整理、分析鉴别，对一定时期内某个学科或专题的研究成果和进展进行系统、全面的叙述和评论。文献综述是文献综合利用的重要表现形式。写好文献综述对于撰写毕业论文、在科学研究领域进一步发展具有重要意义。

名词解释

- 文献：在文献工作过程中作为一个单位处理的记录信息或实物对象。
- 文献法：是收集、鉴别、整理文献，并通过对文献的研究形成对事实的科学认识的方法。
- 文献综述：是指在全面收集有关文献资料的基础上，经过归纳整理、分析鉴别，对一定时期内某个学科或专题的研究成果和进展进行系统、全面的叙述和评论。

推荐阅读文献

1. [英] 戴安娜·里德利. 会写才会读：完成文献综述的10个要点 [M]. 李涤非，刘武阳，译. 重庆：重庆大学出版社，2023.

本书针对文献综述从哪里开始，究竟什么是文献综述，文献综述能帮助研究者实现什么目的，如何确定文献范围，怎样搜索、管理、阅读文献更为高效，如何在论文中将不同的文献组织在一起，如何引用才能避免抄袭，如何运用文献来论证自己的观点以及凸显自己研究的价值、创新点等问题，给出了实用的应对技巧与策略。

2. 黄忠廉，刘丽芬，等. 十大文献综述：妙理与实例 [M]. 北京：科学出版社，2021.

本书最大的亮点在于对文献综述类型的细分，其内容不仅涵盖期刊论文中的文献综述撰写方法，同时也对学位论文、科研项目、会议报道、会议学术类，以及时段类专题述评、学术人物类述评、外文发表类述评和单部著作类述评的范式进行了详细阐述。其中，后四类述评即第七章至第十章中所涉及的内容具有一定的特色，值得阅读学习。

3.［美］劳伦斯·马奇，布伦达·麦克伊沃．怎样做文献综述——六步走向成功［M］．高惠蓉，陈静，肖思汉，译．2版．上海：上海教育出版社，2020.

本书将文献综述的过程归纳为6个推进性的步骤，分别为选择主题、文献搜索、展开论证、文献研究、文献批评和综述撰写。作者尝试通过“手把手”式的指导，带领读者完成文献综述的撰写流程。值得一提的是，上述各个步骤的主体内容之后配备有简约的“自测表”，适用于读者对自己本阶段工作进行回顾与反思，具有较强的可操作性。

4. 张黎．怎样写好文献综述——案例及评述［M］．北京：科学出版社，2008.

本书在阐明学术论文结构、文献综述目的、文献来源以及文献有机整合策略的基础上，通过对纯文献综述类型的文章和实证研究类文章中的文献综述进行评述，指出研究者在文综述过程中常见的问题与纠正方法。尤其值得关注的是，本书第四章和第五章还专门提出在文章的研究方法部分和讨论部分应该如何应用文献综述、如何结合文献进行回顾，对学术研究领域的入门者具有一定的参考价值。

问题与思考

1. 结合自身专业特点，想一想如果没有文献资料，体育科学研究工作将会受到哪些限制或影响？

2. 回忆自己以往采用或认知的文献法使用策略，思考它们与本章所学内容相比，有哪些不足或值得分享的个人经验？

3. 请思考不同类型文献的优势和劣势，它们在体育科研中的适用场景有何不同？

4. 分析当前网络文献对科学研究工作带来的影响，其中有哪些积极意义？应注意哪些问题？

5. 如何更好地积累、组织文献资料，使之对自己今后的科学研究工作产生持续价值？

6. 高效地完成文献综述需要哪些关键能力？你将如何提高自己的文献综述能力？

如果不随时注意观察，随时记下来，哪怕你走遍天下，还是什么也记不真确，什么东西也写不出。

——老舍

理论之所以能够成立，其根源就在于它同大量的单个观察关联着，而理论的“真理性”也正在此。

——［美］爱因斯坦

第五章 观察法

本章提要

本章重点阐释了观察法的概念、特点、作用、适用范围、局限性和基本类型，介绍了观察法的基本程序、观察设计方案的制订及运用观察法应遵循的基本原则，阐述了观察实施中应注意的问题，结合案例分析了观察法在体育科学研究中的简明应用。

学习目标

1. 了解观察法的特点、基本类型、作用，辩证认识观察法的适用范围及局限性，尊重科学、尊重事实，培养科学思维，系统全面认识观察法。

2. 掌握观察法的基本程序和实施要点，强化研究素养，恪守学术道德，能够根据研究问题设定观察对象、观察内容，按照科学方法开展观察研究。

3. 初步掌握观察法在体育教学、全民健身、运动训练与竞赛、幼儿体育等领域中的应用，坚守学术诚信，勇于创新、积极探索，能够进行知识迁移，在体育科学研究中运用观察法解决实际问题。

关键词

观察法；观察设计；观察指标；体育比赛技术统计

本章思维导图

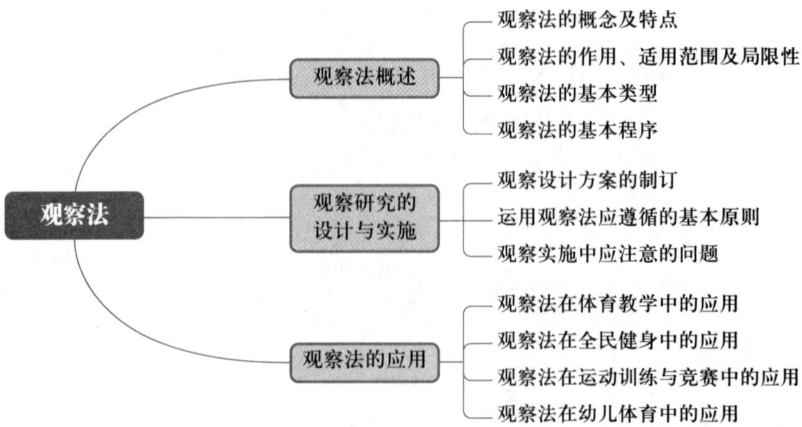

人类对客观世界的认识，无不始于感觉和知觉。感觉和知觉是认识的开端，是一切知识的源泉，而观察是人类系统认识客观世界的主要手段。人类在成长的过程中很早就学会了观察，它是我们生活中最普遍的行为，如出门前查看天气、游览观光、观看演出等。同样，科学研究也始于观察，英国学者C.A.Moser说："观察可称为科学研究的第一方法。"观察作为一种资料收集的方法，是自然科学和人文社会科学领域不可或缺的手段，它不仅仅是感官直接认知的结果，也是大脑积极思维的过程。科学的观察需要在精确界定的条件下，以系统的、客观的方式进行，研究者需要运用自己的感觉器官或以某些工具为辅助，对自然现象或社会现象进行系统考察以获取经验。

近年来，观察法在学校体育、竞技体育、全民健身等领域均受到广泛的重视和运用。研究者观察学生的学习行为、动机、态度和效果等内容从而为体育教学改革提供合理建议，或是观察运动员日常训练及比赛中技战术运用以更好总结训练方法与手段，或是对身体活动进行观察以提供最佳的健身指导等。观察法是体育科学研究最基本的方法之一。本章将主要讨论观察法的特点和基本类型、观察研究的设计与实施、观察法在体育科学研究中的运用。

第一节　观察法概述

观察法是体育科学研究的基本方法之一，具有观察主体的目的性和能动性、观察对象的自然发生性、观察过程的可重复性及观察的知觉过程和思维过程统一性等特点。根据观察的目的、对象、性质和形式等标准，常用观察可分为直接观察与间接观察、干预观察与非干预观察、参与观察与非参与观察、结构观察与非结构观察、定性观察与定量观察等基本类型。当然观察法也不是万能的，它具有一定的局限性，需要根据现实情况选择合适的观察方法，按照一定的程序实施观察。

一、观察法的概念及特点

“观”是看，“察”是仔细看，是细究，是详审。观察就是仔细察看，反复核查研究，是一种有目的、有意识的感性认识活动。观察的重要特点就是强调在“自然发生”的条件下，对观察对象不加任何干预控制。在科学研究中，观察法是一种最基本、最常用的科学方法。在进行调查、实验、个案研究时，都要进行观察。因此，从某种意义上讲，观察可以说是研究工作的基本要素，在科学研究方法体系中占有十分重要的地位。起初，人们在观察时，主要是用肉眼直接观察。随着科学技术的发展，具体观察方法从肉眼直接观察发展到了以使用仪器设备进行间接观察为主。

观察法不仅是研究自然科学的重要工具，也是人类学、社会学、教育学、体育学等社会科学的重要工具。观察法是指研究者有目的、有计划地通过感官以及借助仪器，对处于自然状态下的客观事物或社会现象进行感知并进行系统的考察和描述，从而获取经验事实的一种科学研究方法。

观察法的主要目的是描述客观事物或社会现象及研究对象行为，它具有下述特点：

第一，观察法是一种自觉的、有目的、有计划的认识活动，而不是盲目的简单反射式感觉。日常生活中的观察是观察者通过看、触、尝、嗅等方式接受外界对感官的刺激，而观察法还包括理解或从理性上领会的含义。观察法有着明确的观察目的和观察对象，有着具体而严密的观察计划，是为了揭示自然现象中的规律而积极、主动地对客观事物进行考察和描述的过程。

第二，观察法是在自然条件下进行的，观察对象是处于自然状态下的客观现象，这一特点也是观察法有别于其他研究方法的主要标志。因此，利用观察法所得的结果就较为客观、可靠，避免了人的刻意造作和掩饰。如果观察对象不是处于自然状态的，而是人为的、故意制造的，也就失去了使用观察法的必要性和意义，甚至可能得到错误的观察结论。

第三，观察法是研究者借助一定的观察对象对客观事物进行认识的一种科学研究方法。人的感觉器官是最重要的观察工具，人所获得的外部世界的信息有90% 是通过眼睛获得的。科学仪器是人的感觉器官的放大和延伸，高速摄像机、高速摄影机、电子显微镜、核磁共振仪、三维测力台等先进的仪器设备为人类更深层地观察、探索体育运动的客观规律提供了可能。实践证明，观察工具的性能和水平对观察结果往往有重大影响。

第四，观察法的运用是一个能力的反映过程。人对外部世界的观察，同摄影机的摄影有着本质的区别。摄影是一个纯客观的光学过程；人的观察不仅是直接感知的过程，而且是大脑积极思维的过程。从信息论观点来看，观察既包括信息的输入，又包括对信息的初步加工。

第五，观察法并不需要像实验法那样严格控制各种变量，也不像检验法那样，需要使用严密的测验工具或量表、常模，而只需制订较为完备的计划即可施行，适用广泛。观察法不同于日常生活中简单的“观察”，它既可有一定目标，作为一种独立的研究方法来使用，又可与其他研究方法，如个案研究法、追踪研究法、调查研究法等协同使用，使研究更加系统、精确。

总之，观察法具有方便、易行、灵活等特点。对观察者而言，他可在自然条件下随时随地进行观察，根据需要，观察时间可长可短，观察者可多可少。对观察对象而言，它可以不受人为干扰，而观察者也能在正常的自然状态下完成相应的工作。因此，观察法可以直接收集到具体、真实、可靠性较高的材料。

二、观察法的作用、适用范围及局限性

（一）观察法的作用

观察法作为一种最基本的科研方法，贯穿体育科学研究的全过程，并在研究中起着十分重要的作用。

第一，观察法是获得第一手资料的重要手段。研究者通过有目的、有计划地对体育领域某一现象及变化过程进行全面、细致和深入的观察，可以获得认识该事物的比较客观的事实材料。在此基础上，研究者可以确定某个体育现象得以发展的条件，科学地分析和说明所研究的体育现象及过程。研究者也可以通过观察获得对事物的最直接的认识，这有利于体育科学理论的提出。

第二，观察法是检验体育科学理论观点是否正确的重要途径。体育研究假设所推导出来的关于未知事实的结论，只有通过观察到的科学事实进行检验，才能证明是科学的、有价值的。

第三，观察是发现问题的重要来源，有助于研究课题的选择和形成。研究者通过观察可直接提出某些新课题，发现某些新观点、新理论，为体育研究开拓新的方向和领域。

第四，观察方便易行。观察法通常不必使用特殊设计的复杂仪器设备，不需要特殊条件；观察法通常不妨碍观察对象的日常学习、训练、生活和正常发展，因此不会产生不良后果。

（二）观察法的适用范围

观察法作为一种相对独立的科研方法，有一定的适用范围，它是一种基本的方法，但它不是一种万能的方法。

在体育科学研究中，观察法的适用范围有：

（1）当研究目的是描述对象在自然条件下的具体状态，或者需要对正在进行的某些过程作出描述时，可以采用观察法，如体育比赛中技术与战术统计观察；或者描述正常发生的行为并检验变量间的关系时也可以采用观察法，如研究体育教学中学生团体内的人际关系，某体育教师的教学艺术，学生与体育教师、学生与学生之间的冲突与合作，对运动员训练或比赛中技术上存在问题的观察等。这些问题不允许研究人员干涉对象的活动，干涉一旦发生，研究就失去了真实性。所以，需要用观察法来收集材料。

（2）当研究需要获得研究对象或事态变化过程的第一手资料时，或需要了解某一事态产生、变化过程的原因时，或研究者对于研究现象所知有限时，或研究现象并不是日常生活中的寻常现象时，观察法是获得资料的最合适手段。如对运动员赛前训练及赛前准备活动情况的观察、对民间体育组织行为的观察等。

（3）当通过操纵一个或几个自变量来检验它们对行为的影响，并对其进行比较时，或通过系统地改变刺激事件来研究有机体的反应限度时，或设置条件对先前发生的重要事件进行控制，并观察随后出现的行为时可以采用观察法。如对不同运动负荷所产生的训练效果的观察、对某运动项目教学步骤及教学方法运用效果的观察等。

（三）观察法的局限性

（1）被动性、偶然性和片面性。观察法是在“自然条件”下，对人或客观现象进行的考察，如果所要观察的现象不出现，观察者往往要消极地、被动地等待，即使所要观察的现象出现了，观察所得也往往是片面的和不系统的；研究者没有主动权，对于影响观察结果的种种因素难以控制，因此，单凭观察法得到的结果是不够科学的。

（2）难以数量化。利用观察法所得结果一般是描述性的，即使是定量观察，也往往只能限于经常性和百分比处理，如次数、发生率等。同时，观察法的描述性结果，使得资料的主观性较强，推论、归类较多，其中不可避免地掺有研究者主观思想、情感及能力等个人因素。

（3）样本量小。观察法虽可通过制订一定的标准来加以评定，但不易完全统一标准，且所需时间较长，被动等待并不一定出现的现象将受到时间、空间的限制，从而影响了大样本观察的可能性。因而，观察法一般不宜大规模进行。

总之，观察法既有其优点，又有其固有的局限。如能以科学的、客观的态度来进行观察研究，并结合其他研究方法，则能得到较为可信的结论。

三、观察法的基本类型

为了更好地分析和把握观察的实质，根据观察的目的、对象、性质和形式等标准，可将观察法分为不同的类型。在体育科学研究中，常用的观察法分类如下：

（一）直接观察与间接观察

1. 直接观察

直接观察是指观察者在观察对象行为发生时直接通过感官来获取事实资料的观察方法。有时为了能更准确地分析观察结果，也可同时借助仪器（如摄像机等）将观察结果保留下来，以便于反复观察。在体育科学研究中，使用最多的直接观察是临场观察法，即在体育教学与比赛的现场通过直接观察获取资源数据。直接观察的最大优点是自然、真实，只要观察对象不是刻意作秀，不是在“表演”，那么得到的资料就是对实际行为的客观记录。

2. 间接观察

间接观察是指观察对象的行为、事件发生时，观察者并不在现场，而是通过对某些特定现象的观察来获取相关资料，或根据仪器的记录来推断观察对象状况的观察方法。例如，通过拍摄体育运动中的一些动作，如举重时的身体角度、投掷时的出手角度等，来分析、推断动作的合理性和有效性。

虽然直接观察比间接观察更为直观、客观，但间接观察可以弥补受人的主观能力限制而无法观察或不能准确观察的缺陷。因此，若二者结合使用，就可使观察更完整、严密和精细。

（二）干预观察与非干预观察

1. 干预观察

干预观察，也称为实验观察，是指在人为设置或控制的条件下，对观察对象或活动进行观察的方法。该方法既可在实验室内采用，又可在自然条件下人为加以控制地使用。实验观察控制了变量条件，它虽然仍以观察对象的“自然表现”为观察内容，但事实上已是一种实验研究方法，是观察法和实验法的结合，可以更好地发现、观察对象的本质特征。

2. 非干预观察

非干预观察，也称为自然观察，是指在自然情形下的观察行为，对观察对象或活动不施加任何影响或控制。该方法的特点是真实，但偶然性较大，难以得到系统的结果。

（三）参与观察与非参与观察

1. 参与观察

参与观察是指观察者深入到观察对象的生活、工作中，以其中一员的角色参加活动，观察对象也对此认同。观察者和观察对象一起生活、工作，观察者在密切的接触中对观察对象的言行举止进行观察，这种观察情景比较自然，观察者可以深入观察对象的内部，了解他们对自己行为意义的解释，获得“局外人”所无法获得的观察资料。参与观察中的观察者具有双重性，他们既是研究者又是参与者，如研究者深入到运动队中，与队员同吃、同住、同练，由此获得运动员的真实生活情况。参与观察得到的资料是第一手的，比较翔实、可靠，但由于观察者本人是其中一员，其对观察结果的判断有时会受到影响，不够客观。观察者需要与观察对象保持良好关系，同时保持研究所必需的心理和空间距离，努力排除“前设”与“偏见”，尽量获得客观、真实的事实，以完成体育科学研究。

2. 非参与观察

非参与观察不要求观察者直接进入观察对象的日常学习、训练、生活等，他们以纯观察者、研究者的身份对观察对象进行观察。体育科学研究大多是非参与观察，如观察比赛中技术、战术的运用，在条件允许的情况下，观察者也可以进行现场录像以更好地完成观察。在非参与观察中，由于观察者与观察对象有一定的距离，其观察结果更为客观，操作也相对容易，但是人为制造的观察情景有可能导致观察对象出现“研究效应”，观察者难以对观察对象进行深入的了解，某些深层或隐藏性较强的资料不易被观察到。

（四）结构观察与非结构观察

1. 结构观察

结构观察是指有明确目标、具体要求、详尽计划、步骤和方案的观察方法。研究者事先确定了统一的观察对象和记录标准，对所有的观察对象使用同样的观察方式和记录规格。体育科学研究中的临场技术统计大多属于结构观察，该方法取得的结果周详、精确，可以得到量化的数据，便于比较分析并可与实验法结合使用。但该方法按照固定程式进行观察，范围较小，缺乏观察的深度和广度。

2. 非结构观察

非结构观察是指对观察对象无明确的目的要求，也不确定具体观察方案，不施加控制，往往事先没有确定的观察表格、提纲，或者只设置开放式的观察提纲，随时可根据观察者的需要而采取灵活的方式来进行观察的一种方法。这种开放式的观察活动可允许观察者随时发现新问题，及时调整自己的观察内容，但一般不够系统、完整，因而往往只用于预备性、探索性观察研究。

（五）定性观察与定量观察

1. 定性观察

定性观察是指区分和确定客观事物所具有的性质，即在事物的变化发展过程中，何时、何地、发生什么现象，具有什么性质和特征以及该现象和其他现象有何联系等内容。例如，观察到一个体操运动员的后手翻动作技术，而不是其他的手翻动作技术，即后手翻技术就是动作的性质。又如，观察空翻动作以及球类运动员不同的战术等，能发现它们存在着质的差异。在体育科学研究中，定性观察就是对这些不同性质的技术、战术、动作姿势以及其他行为等进行观察，从中发现它们的联系与区别，这对深化认识具有重要的作用。

2. 定量观察

定量观察是指观察事物在发展过程中数量的变化。在量的观察中，不仅要确认事物的性质，还要确定事物的数量、强度、历时长短等内容。因此，量的观察是在定性观察的基础上进行的，是定性观察的进一步深化。通过量的观察确定了某些数量特征后，才能更深入地认识研究的现象。例如，在中长跑比赛中，除观察运动员的基本技术情况外，还经常要记取运动员 200 米、300 米或 800 米等段落的速度变化以及步长变化等数据。又如，观察跳远比赛时，除观看技术情况外，还经常要统计起跳成功次数以及助跑速度、最后几步的步长变化、起跳的准确程度等数据。这种量的观察能提供具有说服力的研究证据，是体育科学研究中常用的观察方法。

总之，随着人们认识能力、观察水平的提高，观察法从定性观察向定量观察发展。各种不同的观察法相互联系、互为依存。因而，在制订观察计划时，要充分考虑采用多种方式的观察法，以得到更满意的效果。

四、观察法的基本程序

（一）制订观察设计方案

观察设计方案是进行观察的依据，要求目的明确，观察内容与方法具体，观察指标客观有效。

（二）做好观察前的准备工作

制订观察设计方案之后，做好观察前的准备工作是顺利观察和获得可靠观察资料的前提，是观察的序曲和前奏。观察前，应做好以下几项工作：

（1）应取得有关单位的支持和配合。

（2）要了解观察对象的一般情况，如训练水平、一般和专项素质、技术水平、战术意识、个人特点等。

（3）要统一思想、统一方法、统一规格、统一符号，并要通过实习熟练观察记录方法。

（4）做好观察时使用的工具、器械、仪器的准备、检查和核对校准工作，如记录表格、秒表、照相机、录像机等。

（三）实施观察

（1）尽量严格按照计划进行，观察的目的明确，忠实于原定的观察范围。观察过程中如发现原定计划确有不当之处，或观察现象有所变更时，则应见机行事，务求能妥善地完成原定任务，尽可能地取得最佳效果。

（2）选择最适宜的观察位置。观察者的位置应根据观察目的和中心来选择：一方面要保证所要观察的现象能全面、清楚地落入视野范围；另一方面要保证不影响观察对象的常态或其他人的正常活动。

（3）要善于辨别重要的和无关紧要的因素。所谓重要，主要根据与研究任务关系的大小以及是否能提供有利的资料而定。如果观察者被无关紧要的或次要的因素所纠缠或干扰，则势必影响观察的效率。

（4）要善于分清引起各种现象的原因。在观察过程中，需要保持思维的清晰和注意力的高度集中。每当一种现象出现，要能找出影响观察对象注意力的因素，清楚判断导致观察对象注意力分散的原因。

（5）要注意在观察范围内各种活动发生的原因。反映有关体育的各种现象，在绝大多数场合，是由一系列的活动及其所引起的反应构成的。例如，教师、教练员的示范动作会引起学生的反应；一个体育小组长的活动会引起其他组员的反应等。观察时，应把注意力集中放在这些活动及其反应上。

（6）在某些情况下，借助仪器可使观察更加精确，或可观察到正常视野观察不到的现象。照相机、摄影机、录音机、录像机都是观察中有用的辅助仪器。例如，电影或电视的某些“慢镜头”（减速放映），对分析和研究运动员的动作有很大帮助。确定采用何种仪器时，必须考虑其运用的正确性，如运用不正确反而会妨碍观察，影响正常观察工作的进行。

（7）较复杂的观察任务适宜分组进行。进行分组观察时必须有明确的分工；每组既要有确定的观察中心，又要注意全面观察情况。在进行观察的过程中，各组应采用统一的标准、统一的记录表格和统一的记录符号，以便于观察后的核对及综合分析。

（8）要保持观察对象的常态，并取得其密切配合。不要为了方便观察，而影响观察对象的正常活动。必须保持观察对象不受观察的影响，从而使观察材料更真实地反映客观实际情况。

（四）记录观察

观察的记录方式一般有三种：

1. 评级法

观察者对所观察的研究对象评定等级，如研究对象对某种事物可以是不喜欢、不太喜欢、一般、有点喜欢、很喜欢。观察者可以在预先印好的表格上按级画圈。

2. 频率法

观察者将规定好要观察的项目预先打印在纸上，一旦出现某种现象，在框上画一个“√”号。

3. 连续记录法

用笔记的方法在现场作连续记录，也可以运用录音机、录像机、微型摄影机将观察到的情况录摄下来，回来后再转记在电脑上。

另外，在记录过程中，还应注意：

（1）不要依赖记忆。观察时，必须及时做好全面记录，凭记忆留下来的东西，不能保证其准确性，内容越复杂、细节和数字越多、时间越久，记忆就越不可靠。

（2）要尽可能节省写字的时间。记录只要求把主要事实记下来，可不用完整的句子。经常出现的情况可用速记符号，字数要尽量少，但记录的内容要尽量全面。注意要把更多的时间用于观察。

（3）记录要清楚、易读、易用。记录要迅速、文字要简洁、字体要清楚易认。速写符号应预先规定并有注释，否则记录符号将成为不可理解的障碍；同时，条理要分明，宜用记录表格。

（4）不同的观察任务和内容需要不同的记录表格。一种记录表格不可能适用于各种观察情况。观察者可根据具体情况和具体要求自行设计最方便、最适用的记录表格。

（5）借助仪器记录，有利于观察后的研究。照片、视频、录音等机械性记录，可以把观察时的客观情况保存下来，供以后反复、仔细地分析研究，这些记录往往是很有价值的，但也都有它们的局限性。

（五）整理观察材料

观察记录只是对客观事物的现象进行描述的一种形式，要想从观察记录中找出客观事物发展变化的规律，还必须对观察记录的材料进行加工整理。

观察结束后，首先必须全面审核观察记录，剔除可能有错误的材料；对漏记指标或数据，可结合他人同类观察记录或通过其他途径予以校补，但依据不足时应坚决予以删除，决不可想当然地随意填补。

根据不同研究任务的需要、不同指标的性质与特征，可对观察材料进行分类加工、整理，对量化指标进行专门的统计分析处理，以确定某些研究指标与研究问题的相互关系及规律。

第二节 观察研究的设计与实施

观察设计方案的制订是观察的重要环节，需要在明确观察目的与任务的基础上选取适切的观察对象、观察指标等。在体育科学研究中，不同的观察类型、不同的观察方法，其实施的具体方式各有不同，但都需要遵循客观性、全面性、典型性、针对性四大原则，在实施观察的过程中也需要做好观察员的培训工作、合理安排观察任务、合理选择和利用科学仪器、自觉控制观察活动、多进行纵横对比观察等，以保证观察顺利进行。

一、观察设计方案的制订

观察设计方案是进行观察的依据，主要内容包括观察目的和任务、观察对象、观察内容、观察指标（或规格）、观察方法（时间、方式和位置等）等。

（一）明确观察目的和任务

明确观察目的和任务，是制订观察设计方案的基础。它决定着所要选择的观察对象、观察指标、观察方法以及观察的组织等。观察目的有几种：一是通过观察，收集客观材料，提出新问题；二是通过观察，发现新问题，提出研究方向。因此，应明确观察问题的中心，范围不能太广，否则观察工作不能深入，会影响观察效果。

（二）选择观察对象

根据观察目的和任务，选择观察对象的范围和人数（队、班、组或个人）。

观察对象应具有代表性。

（三）确定观察内容

根据观察目的和任务确定观察内容，是一个很重要的环节，是决定观察成败及成果大小的重要因素。确定观察内容，一是要有的放矢地选择与研究问题相关的内容；二是既要有重点，又要多方面，即收集影响相关因素的内容；三是根据条件和可能确定观察内容。

（四）选择观察指标（或规格）

观察指标是观察目的和任务的具体体现，是观察对象特征不同侧面的具体反映。观察指标的选择取决于研究的主题与目的，观察指标体系的合理与否，影响着观察的可行性及观察结果的科学性。因此，需要在一定的理论支撑下结合实际研究的需要确定观察指标，对观察指标进行严格的定义，明确研究的边界，以避免在具体实施观察时出现观察概念模糊、观察范围混乱等问题。

1. 观察指标应具有的特性

（1）客观性。所选择的观察指标（或规格）应既能反映客观存在，又要符合客观规律，并能通过一定的观察方法获得有关材料。例如，身高、体重、臂长、腿长、弹跳、血压和心率等都是可以测量出来的，又是能在限定的条件下重复出现的。可以说，重复性就是客观性的体现。

（2）合理性。合理性是指所选择的观察指标（或规格）既能反映客观现象，又能反映所研究问题的本质。例如，研究一堂体育课（或训练课）的运动负荷或强度时，应选择心率、血压和尿量等观察指标；若选择呼吸差、肺活量等观察指标就不合理，其不能客观地反映研究的对象。又如，研究体操运动的支撑跳跃、跳马的技术结构时，就应该选择助跳的速度和频率、起跳和推手的时间、腾空的高度等观察指标。合理性和特异性也有很大关系，如研究人体的结构和步长时，选择体现步频与腿长关系的观察指标比选择体现步频与身高关系的观察指标更合理。

（3）灵敏性与可实现性。现代科学的发展，使得准确、灵敏的观察往往需要借助仪器，以延长人类进行观察的感官作用、扩大观察的幅度、加深观察的深度，从而使观察更为深刻和准确。例如，进行技术分析时，可采用高速摄影机、录像机等科学仪器。

（4）独立性与完整性。观察指标体系是一系列指标组合而成的有机整体，既相互联系又相互补充。不同的指标反映观察对象的不同方面，彼此之间相互独立，理想的观察指标体系应做到少一个指标不充分，多一个指标则出现重叠；各个指标又构成一个完整的集合，从而更全面、客观地反映观察对象的特征。

2. 选择观察指标的具体方法

（1）资料筛选法。通过收集文献资料，了解与该观察对象相关的指标，初步拟定观察指标。同时对研究对象的核心术语进行界定，找出反映观察对象不同侧面的观察指标，划定观察指标的边界。

（2）观察分析法。对观察对象进行初步调查或探索性观察，以获得设计指标的感性认识或灵感。一般来说，在初步确定指标时，可以对指标体系产生由模糊到具体的认识；而在设计指标初步完成后，则可以通过预观察对指标体系的可行性进行验证，进一步优化观察指标。

（3）专家咨询法。通过对专家进行问卷调查或访谈的形式厘清本质、梳理观察指标内容，对初步拟定的观察指标进行有效性检验，并根据专家意见对指标体系进行补充和修订。

在体育科学研究中需要对观察对象或问题进行系统性的分析，可以综合运用以上方式进行指标的设计，理论与实践相结合，逐级判别以构建完整的指标体系，还可以通过预观察检验指标的客观性、合理性，不断修改完善观察指标。

（五）确定观察方法及其具体要求

根据观察任务选择具体的观察方法和手段，计划出整个观察过程，包括观察的次数，每次观察的时间、地点、方向、角度、位置等具体情境及其要求。例如，在研究优秀运动员的关键动作技术或研究运动队的战术运用时，可以选择比赛现场拍摄法，再进行录像观察解析。如在《中国女排与巴西女排集体拦网战术运用分析》一文中，研究者采用一台高速摄像机从场地后面看台现场拍摄中国女排与巴西女排的 7 场比赛，将比赛录像导入 Kinovea 软件进行数据采集。Kinovea 软件是一款技术动作视频分析软件，具有多画面比较、视频重叠分析、视频标记、运动轨迹标定、运动学参数测量等功能。再采用录像观察法对两队拦网运动员的技术动作、身体姿势、战术安排等进行观察，统计集体拦网人数、拦网次数、拦网移动方式、对方进攻方式和有效拦网次数（拦死、拦回、拦起）。①

二、运用观察法应遵循的基本原则

在运用观察法时，应遵循以下基本原则：

（一）客观性原则

坚持客观性原则是进行观察的最基本要求。在观察中，坚持客观性原则就是坚持唯物主义的认识观，坚持实事求是的态度，按照客观事物的本来面目去反映事物。只有这样，才能保证观察所获得经验事实的真实与可靠，才能保证科学研究结论的正确性。在观察中，坚持客观性原则，就必须坚持实事求是的科学态度，就应该一切从实际出发，不能择己所好和有先入之见，要避免主观臆断和片面性。同时，要注意避免被假象所迷惑，防止和避免因仪器的误差而造成的错觉。在一次观察中，观察者所观察的对象和观察的内容不宜过多，必须对使用的观察仪器进行校验。

① 郝霖霖，葛春林，于作军．中国女排与巴西女排集体拦网战术运用分析［J］．中国体育科技，2015，51（2）：51-56.

（二）全面性原则

在观察中，坚持全面性原则，就是要对事物或现象的全貌和发展变化的全过程有一个比较全面的观察，把握研究对象的各种属性、特征，不要被其局部现象或偶然性所迷惑。只有这样，才能客观如实地反映事物的全貌。观察的全面性是观察的客观性的内在要求。从不同角度出发观察任何事物或现象，都会有不同的观察效果。因此，对事物或现象的发展变化和对复杂问题进行观察时，一定要事先制订详细的观察计划，使观察工作能按预定的计划有目的、有步骤地顺利进行。只有这样，才能对事物或现象发展变化的全过程和复杂问题的各个方面有一个比较全面的观察。

（三）典型性原则

在观察中，为了提高观察的效果和效率，在坚持全面性原则的同时，还要注意抓住典型，选取有代表性的观察对象，掌握恰当的观察时机，选择方便的观察地点。在观察过程中，要对事物和现象的变化、差异进行细致、敏锐的观察，尽可能提高观察的精确度和准确性。在体育科学研究中，所观察的事物或现象常常转瞬即逝，必要时可借助科学仪器进行观察和记录。特别是对典型的（如重大比赛等）和偶然发生的超出常规的意外现象不要轻易放过，要及时捕捉或搞清楚其原因，在典型的和偶然的现象中往往可能会有所发现。

（四）针对性原则

针对性原则是指要根据观察目的和所要解决的问题，有计划、有步骤地实施观察。针对性原则是保证观察的客观性、全面性和典型性的基础。严格按照观察计划的程序去实施观察，就能达到“事半功倍”的效果。

三、观察实施中应注意的问题

俗话说“耳听为虚，眼见为实”，这是有道理的。但是，严格地说，人的任何观察都会发生一定误差。因此，运用观察法时应尽量做到以下几点：

（一）做好观察员的培训工作

合格的观察员要有高度负责的态度，要有求实精神，观察对象是什么就观察什么，是什么情况就记录什么情况，绝不能凭主观愿望添油加醋或故意隐瞒，更不能歪曲或捏造事实。观察员要按照观察提纲、表格或卡片的要求进行观察和记录，同时还应根据观察的目的和要求，注意观察设计之外的那些稍纵即逝的现象，要充分认识有关观察课题的重要意义。

（二）合理安排观察任务

观察任务的安排，应以人的感觉器官的承受能力为限。例如，每一位观察员分配的观察对象应尽可能专一，特别是观察离散对象时一般不应超过 5~9 个单位，否则容易产生观察误差；安排的观察项目应尽可能简明、集中。如果观察项目过多或过于分散，就很容易发生遗漏现象。此外，每一次观察的时间不宜过长，否则随着感觉器官疲劳程度的加强，发生观察误差的可能性就会增大。

（三）合理选择和利用科学仪器

在实地观察和体育临场观察中，应根据观察的具体情况，尽可能使用各种测量仪器、照相机、摄影机、录音机等科学仪器和各种度量衡工具，充分发挥这些仪器和工具的放大、延伸、计量、记录等功能，这是提高观察客观性、准确性的重要途径，同时，也是防止或减少观察误差的重要方法。

（四）自觉控制观察活动

为了减少观察对象反应性心理或行为所造成的观察误差，观察者应自觉控制自己的观察活动，必要时可采取隐蔽观察、伪装观察的方法，尽可能消除观察活动对观察对象的影响。此外，在某些特殊情况下，还可以事先不作任何通知或宣布，采取突然的方式进行观察。

（五）多进行纵横对比观察

对于比较复杂的事物或比较重要的社会现象，应该选择不同类型的观察对象进行横向对比观察，或者对同一观察对象进行纵向重复对比观察。纵向重复对比观察，可以是同一观察者对同一观察对象在不同时间、不同阶段上进行的先后对比观察，也可以是不同观察者对同一观察对象进行的先后对比观察。一般来说，通过多点对比观察和重复对比观察所得出的观察结论，发生观察误差的可能性会大大降低。

第三节　观察法的应用

在体育科学的诸多领域中，由于不同的研究目的与研究主题，会有各种不同的研究方法。观察法的主要目的是描述行为。在体育科学研究中，观察法运用得十分普遍，常见于体育教学、全民健身、运动训练与竞赛、幼儿体育等领域。观察法与其他研究方法一样，兼具共性与个性、一般与特殊。由于体育学科性质和运用领域及研究主题的差异，观察法在具体研究过程和实践中也存在差异。在任何观察研究中，都必须控制反应性或观察者偏见可能导致的问题。

一、观察法在体育教学中的应用

体育教学观察是指通过观察体育教学过程、教学组织、教学方法、教学效果等方面的情况，检验教育教学的效果。20 世纪 70 年代，美国开始从微观层面探讨体育教学，主要采用了系统观察法，研究焦点从直接观察教师行为转向系统分析学生，继而研究教学有效性、教学生态、师生互动等。体育教学观察主要包括：① 学生的学习、生活、娱乐等方面的情况，包括学生的学习时间、学习习惯，学生的生活自理能力、心理状况、消费状况，学生的课外时间、空间的安排，在活动中的表现和感受，对不同活动的选择倾向等。② 教师的教育、教学活动，包括教师在课堂教学中的活动情况、教师的德育工作、教师在课余活动中的教育情况等。③ 学生与教师的关系，涉及教师对学生的态度（民主、严格、专横等）、学生对教师的态度（亲近、疏远、钦佩、敬畏等）、教师教育行为与学生行为表现之间的关系等。④ 学生或教师的群体氛围，包括凝聚力、离散倾向、人际关系等。⑤ 学校管理，包括学校日常工作管理、学校办学特色、校园体育文化、改革举措等。⑥ 其他教育因素的影响，包括不同教材、教学手段、校园环境对学生的影响等。

案例 1：初中体育教师课堂教学活动空间研究

一、观察目的

通过对 20 节初中体育课中教师站位与行走路径的观察、记录、编码和分析，探讨初中体育教师课堂教学过程中站位与行走的活动空间与时间，以期从体育课堂教学的有限空间中提取更有效的信息，为优化体育教师课堂教学效率提供参考。

二、观察对象

20 节初中体育课中教师的站位与行走路径。

三、观察方法与实施

精读每节体育课的教案，解析每节体育课的教学设计；观看教学录像，熟悉各课堂教学环节中教与学的活动及情景；对照课堂教学录像进行教师站位与行走路径的记录；结合课堂教学录像，校核教师站位与行走路径的记录；用 G1、G2……G20 分别标记 20 节初中体育课，形成课堂观察的原始记录。

按课堂教学的时间顺序，依据课堂教学实际及学生的位置，对初中体育教师的站位进行编号标记，使用视频播放器和秒表对不同学生队形中教师各个站位和行走路径的时长、频次进行统计。

四、数据处理与分析

通过观察统计教师在体育课不同阶段常用队形、不同教学内容常用队形的使用频次，分析队形选取的原因与优劣。统计课堂教学中教师的站位等，运用社会网络分析法的 Ucinet 软件进行制图，剖析体育教师的站位分布与行走路径分布情况并计算活动网络密度，为教师课堂队形组织与站位等提出合理建议。

（资料来源：时维金，沈建华，蔡皓. 初中体育教师课堂教学活动空间的研究——基于师生互动言语行为的视角［J］. 体育学刊，2016，23（4）：91-96.）

案例评述：通过观察课堂录像记录教师在课堂教学中的站位与行走路径等要素，利用 Excel 建立数据库，并运用 Ucinet 软件制作矩阵图与点位图。该案例形象生动地展现教师站位与行走路径，引入社会网络分析进行交叉学科研究，值得借鉴。

案例 2：教师健美操课堂教学行为系统观察

一、观察目的

基于美国亚利桑那州立大学观察工具（ASUOI）编制大学健美操课堂教学系统观察工具，通过观察、记录教师言语行为与非言语行为，比较不同经验水平教师在大学健美操课堂教学中教学行为可能存在的差异，为总结有效教学行为规律，促进体育教师教学能力培养提供实证支持。

二、观察对象

教师的课堂教学行为。

专家组：教学经验丰富、获得学生和同事认可的教师 4 名。

新手组：目前在校代课的健美操专业研究生 5 名。

三、观察方法与实施

1. 观察指标

（1）ASUOI（健美操版）（表 5–1）

▶表 5–1 ASUOI（健美操版）观察指标

言语行为	非言语行为
称呼名字、指导、纠正、提问、表扬、批评、催促、管理、沉默、其他言语行为	错误示范、正确慢速示范、走动、肢体协助、教学手势、管理手势、管理器材、其他非言语行为

（2）观察课程阶段。集合、热身、技能学习、体能训练和其他课程阶段。

2. 观察实施

使用数码相机配合三脚架记录大学健美操课堂教学行为，摄像机架设在教室的右前方，由研究者和助手控制，确保始终能捕捉到教师的言语行为和非言语行为，同时尽量不影响教师上课。研究者和助手在摄像现场记录课堂事件，以便事后观看录像时能够回忆和理解课堂情境。为保证记录客观、无偏差，应明确一般观察和记录规则，并对观察者进行培训；然后播放课堂录像，让观察者观察健美操教师所呈现的行为，并用 Noldus Observer XT 行为观察分析系统进行记录。

3. 观察编码

将某时刻出现的具体教学行为归入系统观察工具定义的某个行为编码，找出该行为的时间起点，录入对应编码。对于规定了修饰语的行为，还需要确定、录入其属性。编码过程中可以随时回放录像，反复观看以确定行为编码。所有教学行为（言语行为、非言语行为、课程阶段）在系统中定义为三个行为组，因此需要分三个步骤编码录像：第一步，编码 9 段教学录像中的非言语行为；第二步，编码言语行为；第三步，编码课程阶段。

记录规则示例：

（1）两次言语行为间隔比较短暂，不超过 3 秒时，不记为一次沉默，并归入前一个功能单元。

（2）教师提问时，把学生回答的部分记在同一个功能单元内。

（3）两种非言语行为同时发生时，以主导行为为准。

（4）以课堂情境或学生反应来判断教师不清晰的言语行为和非言语行为，实在不能确定时才选择记为“其他”。

四、数据处理与分析

1. 观察数据统计

（1）时长。时长指某事件X在一段时间内出现一次或多次，持续的总时间长度。

（2）时间百分比。事件X的时间百分比=事件X的时长/所分析的时段总时长。

（3）频数。频数指事件X在某段时间内出现的次数，本研究中通常报告一组被试的行为总频数。

（4）每分频率。事件X的每分频率=事件X出现的频数/所分析的时段总时长。

（5）平均时长。平均时长指事件X出现时的平均时间长度。

2. 观察数据分析

对观察指标进行描述性统计，运用 t 检验等统计手段对两组教师课堂教学行为进行差异检验并分析原因。

（资料来源：黄志剑，陈梦霖. 不同经验水平教师大学健美操课堂教学行为的系统观察研究［J］. 河北体育学院学报，2019，33（3）：52-61.）

案例评述：美国亚利桑那州立大学观察工具（ASUOI）具有良好的信效度，研究者对其进行本土化检验，丰富了其适用范围，运用 Noldus Observer XT 行为观察分析系统进行观察、编码记录，拓展了体育教学研究的科学工具，可供其他研究者参考使用。

二、观察法在全民健身中的应用

全民健身领域运用观察法，主要体现在通过对社区体育、社会体育组织、特殊群体等领域内的现象和人群进行观察研究，为开展全民健身活动提供依据。该领域研究的问题多数采用非干预观察与干预观察的方式，如干预观察中的参与观察、结构观察和实验观察。参与观察常常被用来了解群体文化和行为；结构观察常用于记录那些自然观察法难以观察的行为；实验观察可在实验室内借助仪器设备对人体在运动状态下的机体变化进行研究，如对不同健身人群身体机能的诊断与评价。

案例3：城市体育社团组织系统比较的参与观察

一、观察目的

从微观层面探寻城市官办体育社团与城市民办体育社团之间的组织差异，分析适合当前环境的体育社团发展方式，以期为我国体育社团的改革与发展提供借鉴。

二、观察对象

以城市官办体育社团沈阳市乒乓球协会和城市民办体育社团“沈阳徒步”为观察对象。

三、参与观察

对沈阳市乒乓球协会进行参与观察，两次参与乒乓球协会组织的活动。

“沈阳徒步”属于自发性而非常规存在的组织形式。组织活动仅在开展户外活动过程中有所体现，研究者亲自参与“沈阳徒步”组织的登山、徒步活动等10次。

四、观察结果推论

源于不同推动力量生成的两个体育社团，在组织系统方面存在巨大差异。组织系统的差异反映了城市官办体育社团沈阳市乒乓球协会是制度理性的产物，而城市民办体育社团“沈阳徒步”是生活理性的产物。

（案例来源：冯欣欣，曹继红. 制度理性与生活理性：城市体育社团组织系统的比较研究[J]. 中国体育科技，2015，51（1）：104-120.）

案例评述： 作者使用参与观察，亲自参与体育组织开展的活动，能够在密切的相互接触和直接体验中倾听和观看他人的言行，观察的情境较为自然，能够获得一手资料。进行参与观察需要注意观察者的双重身份问题，正确处理与观察对象之间的关系，尽量以客观中立的视角进行学术研究。

案例 4：居民户外休闲性身体活动和环境空间研究

一、观察目的

应用SOPARC（system for observing play and recreation in communities）方法研究居民休闲性身体活动，并对增强居民户外休闲性身体活动水平和休闲体育空间的规划管理提出建议。

二、观察对象

以武汉市4处户外休闲公园（中山公园、沙湖公园、汉口江滩、东湖听涛）为研究对象，观察居民的户外休闲性身体活动与环境。

三、观察方法与实施

1. 量表修正

借鉴麦肯齐设计的SOPARC量表，依据运动者的身体活动幅度和活动时心率的高低对运动强度进行划分，包括轻度（棋牌、垂钓、静坐等）、中度（散步、太极拳、公共健身器等）和剧烈（跑步、轮滑、打球等）三种活动强度。同时，将被观察者划分为儿童（0~6岁）、少年（7~17岁）、青年（18~40岁）、中年（41~60岁）和老年（60岁以上）5个年龄组。

2. 划分观察目标区域

确定每个观察地点的面积、位置、边界信息，并将其在地图上详细标注。依据4个观察地点的功能分区或资源特色对其进行观察目标区域划分（如园林景观区、文化休闲区和生态游乐场区等）并依次编码。

3. 培训观察员

选定观察员，参照麦肯齐在线培训教程相关内容对观察员进行培训，并选定观察区域进行1天的模拟实践，确保观察员能够胜任观察任务。

4. 实地观察

选取6名观察员，按照SOPARC使用过程所需时间频率（4天/周、4次/天）进行观察，研究区域包含4个城市公园，研究日期包含8个工作日和4个周末日。每天进行4次观察，4次观察起始时间分别为7：30、10：00、13：00和16：00，分别代表早晨、上午、中午和下午观察时间。观察内容主要为活动人群、各类人群活动强度和观察地环境特征等。

四、数据处理与分析

统计不同性别人数、各年龄段人数、活动强度等数据，使用交叉列联表进行归类统计，通过卡方分析检验属性变量间的独立性，并计算属性数据间的关联性统计量，分析不同年龄段、不同性别的居民在活动强度、休闲活动时间选择，以及休闲活动目的地选择等方面的差异性，分析各类人群的活动特征，依据各类人群户外身体活动的时空差异与偏好等提出建议，优化公共休闲环境，提高场所的有效使用率和规划管理建设水平。

（资料来源：徐燕，李爱菊，郭帅新，等. 居民户外休闲性身体活动和环境空间研究——基于社区玩耍与游憩观察系统方法［J］. 武汉体育学院学报，2018，52（4）：32-37.）

案例评述： 引入国外学者提出的研究身体活动的新手段SOPARC，探究该方法应用于我国户外身体活动研究的可行性并验证其应用效果，为研究大众身体活动提供新的方法。关于观察员的培训，让观察员学习配套在线课程，安排观察员进行模拟实践等提升观察员能力、保障观察质量的方式可供参考借鉴。

三、观察法在运动训练与竞赛中的应用

在运动训练与竞赛领域运用观察法，主要是指通过对运动训练现场、比赛现场和录像中的运动技术和战术统计进行观察和记录，分析运动训练过程的控制因素，运动员竞技能力的构成因素和表现特点，比赛中运动员、教练员及裁判员的表现，比赛成绩的影响因素等，为更好地提高运动员的竞技能力和比赛水平提供客观依据。体育比赛技术统计是一种运用具体数据反映体育比赛技战术各方面、各环节，及作为体系的各个组织部分之间的数量关系和特征的认识活动，是一种对比赛活动进行系统调查的研究方法。进行体育比赛技术统计主要采用观察法，因而观察法也被体育类专业学生学位论文广泛采用。

常见体育项目的比赛技术统计观察表

案例5：中国女子羽毛球单打比赛主动技术得失分规律的研究

一、观察目的

通过临场技术统计方法，对女子羽毛球单打比赛主动技术直接得分、直接失分与胜负关

系进行研究，为我国羽毛球单打技术训练的侧重点提供参考依据。

二、观察对象

参加第9届全运会女子羽毛球比赛（包括预赛、决赛）的46名运动员。

三、观察测量指标及方法

（1）主动技术。只要从后、中、前场击出的球，均为主动技术（包括过渡球）。

① 后场：进攻性高球、吊球、杀球、劈球、抽球。

② 中场：抽球、挡球、钩球。

③ 前场：搓球（放网球）、推球、钩球、扑球。

（2）记录得失球时，如属本方的写“吊得”“吊失”“杀得”“杀失”等；属对方的在得失前加上“对”字，为“对吊得”“对吊失”“对杀得”“对杀失”等。当出现本方或对方处理被动失误时，不记被动失误，而记前一拍主动得分。如本方搓球而对方挑球失误了，应记“搓得”而不记“对挑失”。总之，不记被动失误。

（3）双方主动得分或主动失分时，记录均以最后一拍为准，包括直接得分和直接失分，以及夺回发球权的成功和失去发球权的失误。

（4）记录时，“本方”指写在统计表前面的一方，“对方”指后面一方，分别记录其得失情况。如 ××× 对 ××× 比赛，前边的运动员为本方，后边的运动员为对方。

四、技术统计数据处理

（1）为研究双方运动员在最后一拍获得主动权，主动得分，主动失分等因素对胜负造成影响的规律，采用团体小样本均数比较的显著性检验，研究上述三个指标间的差异。

（2）为研究不同水平运动员的主动得分和主动失分的差异，采用卡方检验。

（3）为研究主动得分和主动失分与比赛胜负的相关程度，求相关系数并作检验。

（案例来源：全国体育学院成人教育协作组，《体育科学研究方法》教材编写组. 体育科学研究方法［M］. 上海：世界图书出版公司，1994：103.）

案例评述：通过临场技术统计，直观展现羽毛球运动员比赛基础数据，有利于运动员赛后进行比赛复盘，通过数据的处理与计算，为后续运动训练提供科学依据，帮助运动员提升技术能力。

案例6：世界高水平女排比赛逆转现象研究

一、观察目的

通过观察分析比赛录像，探讨世界高水平女排比赛逆转前后技战术运用特征，为深入分析今后的比赛提供理论依据和参考。

二、观察对象

以2004—2016年间举办的4届奥运会女排比赛、2届世界女排锦标赛、2届女排世界杯，共计163场比赛中发生的逆转现象为研究对象，观察逆转取胜球队技战术运用情况。

三、观察方法与实施

1. 观察方法

从收集到的163场比赛视频中，筛选出完整且清晰的共218局比赛视频进行观察。其中包括局逆转比赛视频20局，正常比赛视频198局。

首先观察比赛中的比分，将正常比赛进程的比赛和落后之后又反超的比赛进行区分；然后按照逆转概念的界定，对发生逆转的比赛进行细致的观察。

2. 观察内容

观察最终获胜队的发球、扣球、拦网、接发球、接扣球、接拦回球、接传垫球等技战术运用情况。

技术统计内容为局逆转比赛中胜队在比赛中的发球得分、发球失分、发球过网；扣球得分、扣球失分、扣球过网和扣球被拦（指拦回本方区域和拦到对方区域，并未造成一方得分或失分）；拦网得分、拦网失分、有效拦网；接发球失误、接扣球失误、接拦回球失误和犯规失分（指连击、进攻性击球犯规、过中线、轮转错误和位置错误等犯规造成的失分）；负队失误导致的胜队得分。

在统计中将发球得分、扣球得分、拦网得分统称为主动得分；将负队失误导致的胜队得分称为被动得分；将所有合法的击向对方场区的球造成的失分统称为击球失误，包括发球失分、扣球失分、拦网失分；将除击球失误之外的失误称为其他失误，包括接发球失误、接扣球失误、接拦回球失误和犯规失误。

四、数据处理与分析

根据排球比赛规则与专家建议界定排球比赛中的逆转现象。通过统计主动得分、被动得分、击球失误、其他失误等数据，以及 t 检验等手段对比分析发生在局末阶段的逆转与发生在局中阶段的主要技战术特征。

（资料来源：王晓桐，高峰，王泽杰．世界高水平女排比赛逆转现象研究［J］．天津体育学院学报，2019，34（4）：350-357．）

案例评述： 借助现代科技设备进行观察与回放，能够更加准确识别动作、得失分与技战术布置等比赛技术统计关键因素，通过大量数据分析，总结技战术运用特征，为后续比赛技战术制定提供依据。

四、观察法在幼儿体育中的应用

在幼儿体育领域运用观察法，主要包括对幼儿基本动作发展、园所体育活动开展情况和师幼互动、体育运动对幼儿身心发展和社会适应的影响等内容进行观察和评估。由于年龄的限制，幼儿的动作能力、语言能力、认知能力尚未发育成熟，其行为也易受情绪的影响。通过观察和分析幼儿的外在行为表现，记录客观事实，解读幼儿行为，发现个体差异，帮助家长、教师深入了解幼儿身心发展规律，为评价幼儿动作发展水平、丰富幼儿体育活动形式、优化体育在不同教育阶段的衔接、促进幼儿身心健康发展等提供指引。

案例 7：幼儿基本动作发展观察

一、观察目的

了解不同年龄阶段幼儿粗大动作和精细动作发展特征和行为表现。

二、观察对象

西安市蓝田县第三保育院抽样选取的 80 名大、中、小班幼儿的基本动作。

三、观察方法与实施

1. 观察时间

预备性观察：2019 年 2 月

正式观察：2019 年 3—4 月

观察时段：做早操、体育游戏课、午餐、户外活动、自由玩耍、手工课、接送幼儿时。

2. 观察内容

根据《3~6 岁儿童学习与发展指南》的要求制定观察记录表（表 5-2），观察内容包括观察不同年龄阶段幼儿粗大动作和精细动作的能力发展水平和典型行为表现。

▶表 5-2 幼儿基本动作的发展观察核对表

观察对象：　　　　观察地点：

观察时间：　　　　观察者：

年龄	动作形式	幼儿基本动作	能	不能
3 岁	粗大动作	1. 能沿地面直线或在较窄的低矮物体上走一段距离		
		2. 能单脚连续向前跳 2 米左右		
		3. 能用手滚动皮球，双手向上抛球		
		4. 能在 65~70 厘米高的障碍物下钻爬		
		5. 能单手将沙包向前投掷 2 米左右		
	精细动作	6. 能用笔去描横线，竖线以及圆圈		
		7. 能半精准地沿着粗线剪纸		
		8. 能熟练地用勺子吃饭		
4~5 岁	粗大动作	1. 能听信号按节奏上下肢协调地走和跑		
		2. 能单脚连续向前跳 5 米左右		
		3. 能连续自抛自接球		
		4. 能在宽 20 厘米、高 30 厘米的平衡木（或斜坡）上走		

续表

年龄	动作形式	幼儿基本动作	能	不能
4~5岁	粗大动作	5. 能熟练协调地在60厘米高的障碍物下较灵活地侧钻		
		6. 能单手将沙包向前投掷4米左右		
	精细动作	7. 能用剪刀剪出一个大圆		
		8. 能完成4~5块的拼图		
		9. 能用筷子吃饭		
6岁	粗大动作	1. 能绕过障碍、听信号走和跑		
		2. 能单脚连续向前跳8米左右		
		3. 能单手将沙包向前投掷5米左右		
		4. 能在走平衡木时做手臂动作或持物走		
		5. 能熟练协调地侧身钻过50厘米高的障碍物		
		6. 能连续拍球		
		7. 能玩攀爬架、荡秋千、拍皮球等体育活动		
	精细动作	8. 能玩16~20块的拼图		
		9. 能画出至少有6个身体部分的人物形象		
		10. 能熟练使用筷子		

3. 观察培训

在正式观察之前，选取有丰富教学经验的3位幼儿教师作为观察员，并对其进行相关培训，统一观察的标准。培训内容主要包括讲明观察目的、观察对象、观察的主要内容，确认行为操作性定义和表现方式，观察的时间地点环境，观察记录表的填写，资料的收发，观察记录时的细节要求等。在培训时播放一段幼儿参加体育活动的录像，请观察员对视频反复进行观看并记录相应信息，3天后重放同一视频，要求观察员再次记录。根据相关公式进行计算，以检验观察员的观察信度。

4. 观察结果

通过对观察结果的分析，了解幼儿动作发展的特征和动作行为表现，为后续研究提供依据。

（资料来源：李阳. 幼儿基本动作的发展干预研究［D］. 北京：北京体育大学，2020.）

案例评述： 预观察和正式观察分阶段进行，能够总结预观察阶段的经验教训，不断优化观察方案，确保正式观察顺利进行。观察内容详细，指标明确，组织了观察前的观察员培训，也进行了观察信度检验，研究程序规范，减少了观察误差，得到了翔实的数据。

案例 8：户外体育活动中男女幼儿教师师幼互动特征观察

一、观察目的

使用幼儿园版 CLASS 评估系统，对上海市某幼儿园的男女幼儿教师进行每次 25 分钟以上的户外体育活动的观察，并运用《CLASS 师幼互动评价体系观察单及评分单》对师幼互动的情况进行打分，尝试探究男女幼儿教师在户外体育活动中师幼互动的质量，分析男女教师师幼互动的特征与成因，以期为幼儿园男女教师提高户外体育活动中师幼互动质量提供可行性建议。

二、观察对象

选取某幼儿园职前学历、教龄、职称、所带班级等背景条件基本相同，具有典型性的 1 名男教师与 1 名女教师，对其师幼互动特征进行观察。

三、观察方法与实施

1. 观察时间

观察男女教师在户外集体游戏和户外器械两种运动情境中师幼互动情况，每次观察时间为 25 分钟，每种户外情景观察 16 次，以录像工具辅助记录，共计收集 64 份录像材料。

2. 观察工具

研究中主要运用 CLASS 评估系统对男女教师在两种户外体育活动中师幼互动的情况进行打分，从三大领域出发，评定其师幼互动的水平。CLASS 评估系统采用七点计分法，分为高水平、中水平和低水平三种等级。6、7 分为高水平，3、4、5 分为中等水平，1、2 分为低水平。其中，消极氛围这一维度采取反向计分，即得分转为相反分值。评分单如表 5-3 所示。

▶表 5-3 CLASS 师幼互动评价体系观察单及评分单

带班教师： 运动场地： 观察者：
开始时间： 结束时间： 成人数： 儿童数：
录像名称： 运动内容： 运动类型：

领域	维度	备忘录	评分
情感支持领域	积极氛围（PC） 1. 关系 2. 积极情感 3. 积极交流 4. 尊重	备忘录	评分 1 2 3 4 5 6 7
	消极氛围（NC） 1. 消极情感 2. 惩罚性控制 3. 嘲笑 / 不尊重 4. 严重的否定	备忘录	评分 1 2 3 4 5 6 7
	教师敏感性（TS） 1. 意识 2. 回应 3. 关注问题 4. 儿童自如地表现	备忘录	评分 1 2 3 4 5 6 7

续表

领域	维度	备忘录	评分
情感支持领域	尊重儿童（RSP） 1. 关注儿童 2. 幼儿发挥活动的主导性和自主性 3. 儿童的表达 4. 限制移动	备忘录	评分 1 2 3 4 5 6 7
班级管理领域	行为管理（BM） 1. 清晰的期望 2. 前瞻性 3. 纠正不当行为 4. 儿童行为	备忘录	评分 1 2 3 4 5 6 7
	课堂效率（PD） 1. 学习时间最大化 2. 常规 3. 过渡 4. 准备	备忘录	评分 1 2 3 4 5 6 7
	教育学习安排（ILF） 1. 有效的促进 2. 活动形式和材料的多样性 3. 儿童的兴趣 4. 澄清学习目标	备忘录	评分 1 2 3 4 5 6 7
教学支持领域	概念发展（CD） 1. 分析思考 2. 创造 3. 整合 4. 联系实际生活	备忘录	评分 1 2 3 4 5 6 7
	反馈质量（QF） 1. 支架 2. 循环反馈 3. 鼓励思考 4. 提供信息 5. 鼓励和肯定	备忘录	评分 1 2 3 4 5 6 7
	语言示范（LM） 1. 频繁的对话 2. 开放性的问题 3. 重复和延伸 4. 自我描述和平行描述 5. 高级的语言	备忘录	评分 1 2 3 4 5 6 7

3. 观察与评估

为保证观察与评分信效度，邀请两位评分者共同进行观察与评分。先让评分者对 CLASS 评估工具进行系统学习与交流探讨，熟悉量表各领域各维度的具体内容，掌握计分方式。在此基础上模拟现场观察、收集录像和评分等环节，对评分者进行为期 4 周的培训，确保评分一致性比率达到一定要求。

正式观察过程中，评分者对两名被试进行现场观察与录像拍摄，根据观察的情况进行打分，确保每一份录像都有两名评分者观察和计分。全部打分完成后，针对分数不一致的部分共同进行讨论，从而确定师幼互动的最终分数。

四、数据处理与分析

针对两名教师在不同户外体育活动中的师幼互动情况，分三个领域对频次数、最大值、最小值、平均值、标准差进行描述性统计。

对不同性别教师在不同户外体育活动中，三大领域、十大维度的师幼互动评分进行独立样本 t 检验。

（资料来源：刘莹．户外体育活动中男女幼儿教师师幼互动特征的个案研究［D］．上海：华东师范大学，2022.）

案例评述：运用个案研究，引入 CLASS 评估工具观察与评估男女教师在户外体育活动中的师幼互动情况，总结共性情况与性别差异，为后续分析男女教师师幼互动特征与成因提供现实依据。

本章小结

观察法是获得第一手资料的重要手段，是检验体育科学理论观点是否正确的重要途径，也是发现问题的重要方式，有助于研究课题的选择和形成，根据观察的目的、对象、性质和形式等标准可分为不同的类型。观察法有一定的适用范围，也存在观察主体、观察对象、观察仪器和过程等方面的局限，需要根据实际情况选择合适的方法进行观察研究。

观察法的基本程序包括制订观察设计方案、做好观察前的准备工作、实施观察、记录观察、整理观察材料等环节。观察设计方案是进行观察的依据，主要内容包括观察目的和任务、观察对象、观察内容、观察指标（或规格）、观察方法（时间、方式和位置等）等，研究者需要在科学方案的指导下开展观察。

在体育科学研究中，体育教学、全民健身、运动训练与竞赛和幼儿体育等领域均常用观察法进行研究。在观察实施中应遵循客观性、全面性、典型性、针对性等原则；应做好观察员的培训工作，合理安排观察任务，合理选择和利用科学仪器，自觉控制观察活动，多进行纵横对比观察等，应尽可能减少观察误差，以获取更加准确的观察结果，分析解决问题。

名词解释

- 观察法：是指研究者有目的、有计划地通过感官以及借助仪器，对处于自然状态下的客观事物或社会现象进行感知并进行系统的考察和描述，从而获取经验事实的一种科学研究方法。

● 直接观察：是指观察者在观察对象行为发生时直接通过感官来获取事实资料的观察方法。

● 间接观察：是指观察对象的行为、事件发生时，观察者并不在现场，而是通过对某些特定现象的观察来获取相关资料，或根据仪器的记录来推断观察对象状况的观察方法。

● 干预观察：也称为实验观察，是指在人为设置或控制的条件下，对观察对象或活动进行观察的方法。

● 非干预观察：也称为自然观察，是指在自然情形下的观察行为，对观察对象或活动不施加任何影响或控制。

● 参与观察：是指观察者深入到观察对象的生活、工作中，以其中一员的角色参加活动，观察对象也对此认同。

● 非参与观察：是指观察者以纯观察者、研究者的身份对观察对象进行观察。

● 结构观察：是指有明确目标、具体要求、详尽计划、步骤和方案的观察方法。

● 非结构观察：是指对观察对象无明确的目的要求，也不确定具体观察方案，不施加控制，往往事先没有确定的观察表格、提纲，或者只设置开放式的观察提纲，随时可根据观察者的需要而采取灵活的方式来进行观察的一种方法。

● 定性观察：是指区分和确定客观事物所具有的性质，即在事物的变化发展过程中，何时、何地、发生什么现象，具有什么性质和特征以及该现象和其他现象有何联系等内容。

● 定量观察：是指观察事物在发展过程中数量的变化。

● 观察指标：是观察目的和任务的具体体现，是观察对象特征不同侧面的具体反映。

● 体育比赛技术统计：是一种运用具体数据反映体育比赛技战术各方面、各环节，及作为体系的各个组织部分之间的数量关系和特征的认识活动，是一种对比赛活动进行系统调查的研究方法。

推荐阅读文献

1. 水延凯，江立华．社会调查教程［M］．6版．北京：中国人民大学出版社，2014.

该书具有较鲜明的学科性和中国化特色以及较突出的创新性、实用性和可操作性。书中第八章重点讨论了实地观察法的概念和种类、实地观察的实施、努力减少观察误差和对实地观察法的评价。

2.［美］艾尔·巴比．社会研究方法［M］．邱泽奇，译．13版．北京：清华大学出版社，2020.

该书是美国大学的通用社会学教材，是一本具有世界声誉的经典之作。该书讨论范围广泛，论述严密，从社会理论基本范式到学科报告撰写，从社会研究的基本概念到各种复杂技术方法，深入浅出，循序渐进，既适合专门研究人员，又是其他相关学科研究人员的必备参考书。

问题与思考

1. 观察法的基本程序有哪些?

2. 如何制订一份科学有效的观察设计方案?

3. 观察法在体育教学领域中适用于哪些场景?请举出一个例子。

4. 体育比赛技术统计需要观察什么内容?请从体育学中文核心期刊上找出2~3篇专项体育比赛技术统计论文，讨论其观察指标及体系存在的问题并进行修正。

5. 在体育科学研究中使用观察法应注意哪些问题?

没有调查就没有发言权。

——毛泽东

我们不应该带着观点来调查事实，而必须用事实来证明观点。

——［希腊］米松

第六章 调查法

本章提要

本章重点阐述了体育科学研究中收集资料常用的调查法：问卷调查法、访谈法、德尔菲法和案例研究。对问卷的类型、结构、设计及发放与回收等进行了分析描述，阐述了访谈法和德尔菲法的特点与基本程序、案例研究的基本程序和注意事项，并对田野调查法、口述史、网络调查法、电话调查法进行了介绍。文中结合具体案例对各研究方法的运用要求作了详细的说明。

学习目标

1. 熟知调查研究的定义、特点及常见的调查法。
2. 基本掌握问卷调查法的基本程序和运用要求。
3. 基本掌握访谈法和德尔菲法的基本程序和技巧。
4. 基本掌握案例研究的基本程序和注意事项。
5. 了解田野调查法、口述史、网络调查法、电话调查法等研究方法的注意事项及应用范围。

关键词

调查法；问卷调查法；访谈法；德尔菲法；案例研究；田野调查法；口述史

本章思维导图

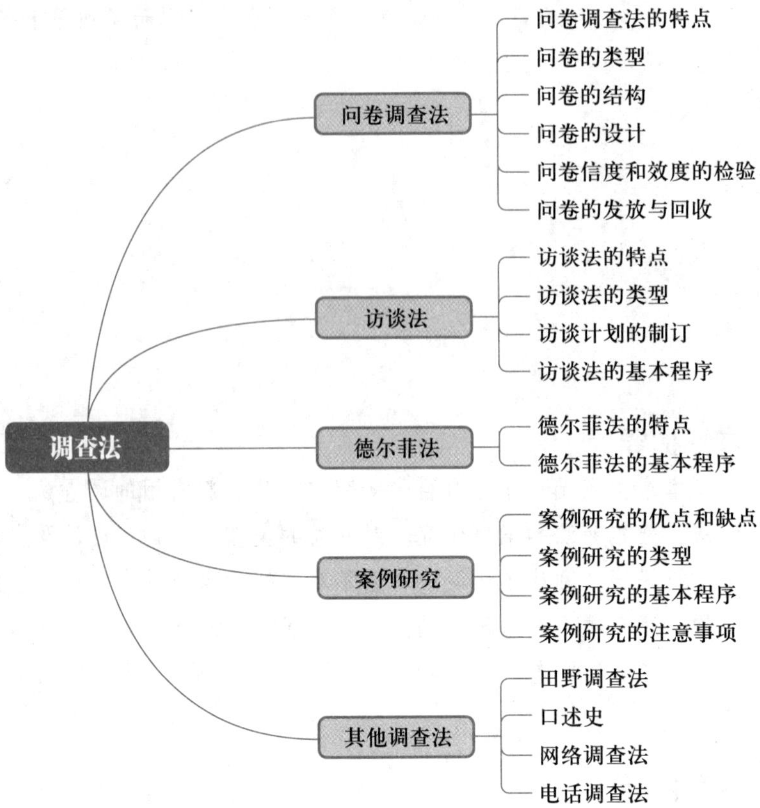

调查研究是社会研究中最常用的研究方式之一，注重寻求真实和逻辑实证。一般采用自填式问卷或结构式访谈等方法，系统地、直接地从一个取自总体的样本那里收集资料，并通过对资料的统计分析来认识社会现象及其规律。

调查是调查者了解社会、认识社会现象并及时获取信息资料的重要途径和手段。调查法是通过调查进行研究的一种科学研究方法。调查法简便、灵活，研究人员可以亲自调查，也可以委托他人或社会中介机构收集资料、大规模地开展调查。在科学研究中，调查法根据需要可以对全部调查对象进行全面调查（也称普遍调查），例如，在研究目前我国国家男子篮球队的进攻意识时，可以调查目前我国国家男子篮球队的所有队员。但当调研对象范围太大时，受时间和经费等条件限制，大多数人不具备开展普遍调查的条件，因而可以从研究总体中选择一定数量的、能代表总体特征的样本进行抽样调查，用抽样调查的结果来推断、反映研究总体的特征。抽样调查一般应先界定研究总体、总体边界和抽样框，例如，对我国社区体育开展现状的调查，一般采用概率抽样方式从我国社区体育的研究总体中选择相应社区作为总的抽样框，通过调研一定数量样本的社区体育开展情况最大程度反映研究总体的社区体育开展情况。调查过程中需要注意抽样误差、非抽样误差和样本偏倚的问题。关于具体抽样方法和样本量等抽样问题，此处不做赘述，请查阅统计学中关于抽样调查的内容。调查法能够客观精确地分析社会现象，曾被认为是最符合科学研究逻辑的研究方式，相对于其他研究方法，调查法具有以下主要特点：(1) 调查要求从某个调查总体中抽取一定规模的随机样本。(2) 资料收集需要特定的工具，即问卷、量表、访谈提纲等，且有一套系统的特定的程序要求。(3) 调查能得到数量巨大的量化资料，且必须在计算机的辅助下完成资料的统计分析。① 常用的调查法有问卷调查法、访谈法、德尔菲法、案例研究以及其他调查法等。

第一节 问卷调查法

问卷调查法也称问卷法，是调查者根据调查目的和任务把事先周密设计的若干固定问题通过书面形式向调查对象提问以收集研究资料和经验事实的方法。问卷调查法是体育科学研究中常用的一种收集资料的方法。研究者将所要研究的问题编制成问题表格，让调查对象以书面方式填答问卷，从而获得研究信息和资料。相对于其他社会调查法，问卷调查法因其标准化、客观性和效率高的鲜明特点广泛地应用于体育研究的各个领域。

一、问卷调查法的特点

（一）标准化

调查问卷（简称问卷）一般都是研究人员根据研究目的及要求严格筛选、精心设计的，系统性强，标准化程度较高，因此所获信息资料易于量化，便于统计。

（二）客观性

问卷一般采用无记名形式，调查对象可以不受约束，按照要求自由回答，真实地反映自己的各种观点和态度，因此得来的资料较为系统、客观。

（三）效率高

无论调查对象是自填还是代填，问卷都是以标准化的书面形式作答，方法简便，节时省力，费用低，效率高，特别适合调查对象多、调查范围大的大规模调查。但问卷调查法受问卷内容形式限制，信息深度不够，不能充分说明态度、观点和原因。在调研过程中，还会遇到错填、漏填等现象，不能保证问卷全部得到回收。

二、问卷的类型

按照问卷填答者来区分，调查问卷一般可分为两种形式：自填问卷和代填问

① 风笑天. 社会研究方法［M］. 6版. 北京：中国人民大学出版社，2022：157-158.

卷。其中，自填问卷按照问卷传递方式可分为报刊问卷、邮寄问卷、送发问卷和网上问卷；代填问卷按照与调查对象的交谈方式可分为访问问卷和电话问卷。

按照问题的设计和回答形式，问卷可分为开放式问卷和封闭式问卷。开放式问卷又称自由式问卷，一般不设固定备选答案和答案范围，适合答案无法预计，具有开放性、探索性的研究议题。调查对象自由陈述自己的观点和意见，虽然可以得到丰富的材料，但不便于统计分析。例如，您对于避免网球教学中的运动损伤有何建议？谈谈您对体操教学中课程思政元素有机融入的认识。封闭式问卷给予备选答案或答案范围，调查对象不需深入思考，按照要求在众多备选答案中选择作答。封闭式问卷标准化程度高，便于编码统计，但易于使问题流于表浅，缺乏深度。现实中，问卷经常在封闭式问卷后附着少量开放式问题，以便收集更多的信息。

三、问卷的结构

问卷由封面信、指导语、问题与答案、编码、结束语组成。

（一）封面信

封面信是问卷的自我介绍信，内容包括调查者的身份、单位、姓名和电话，调查的目的、意义和主要内容，选择调查对象的途径和方法，对调查对象的希望和要求，回复问卷的方式和时间，调查的匿名原则和保密原则等。为了能引起调查对象的重视和兴趣，争取他们的合作和支持，封面信的语气要诚恳、平易近人，文字要简洁、通俗、有可读性。封面信一般置于问卷第一页的上面，也可单独作为一封信放在问卷的前面。

（二）指导语

指导语是用来指导调查对象填答问卷的各种解释和说明，其作用与仪器设备的说明书类似，主要说明填表的方法、要求和注意事项等。指导语是针对问卷的填写而提出的，要求语言表述清楚、简明扼要。例如：

填答说明：

1. 请在每一个问题后适合自己情况的答案号码上画圈，或者在此处填上适当的内容。

2. 若无特殊说明，每一问题只能选择一个答案。

3. 填写问卷时，请不要与其他人商量。

（三）问题与答案

问题与答案是问卷的主要组成部分，包括提出的问题和提供的答案选项。问题力求简明，封闭式问卷一般为陈述句，有填空题、判断题、多选、限选、单选和排序等题型。开放式问卷一般以填空题和问答题的形式出现，具体见本章“四、问卷的设计”中的“（一）问题的表述形式”。

（四）编码

在以封闭式问题为主的问卷中，为了将调查对象填答的内容转换成便于识别的数码，需要对回答结果进行编码，以便于研究者对调查资料进行汇总运算。可将调查对象的回答转换成数字（0，1，2，3，4，5，6，7，8，9），即赋予每一个问题与答案一个数字作为它的代码，以便输入计算机进行处理和定量分析。编码既可以在问卷设计的同时就设计好，也可以等调查完成后再进行，前者称为预编码，后者称为后编码。在实际调查中，研究者大多采用预编码。因此，预编码就成为问卷的一部分。例如：

调查对象的地址、类别和户编码可以被设计为：

省编码	地市编码	县市编码	乡镇编码	村编码	类别编码	户编码
A_1	A_2	A_3	A_4	A_5	A_6	A_7
□□	□□	□□	□□	□□	□□	□□

对问题答案选项的编码：如在询问调查对象的性别时，可以把男性代码设为“1”，女性代码设为“2”；可以用数字“1、2、3、4、5”表示对“学生参加商业性质的比赛”的认可程度 5 个答案的编码（强烈反对、反对、一般、赞同、非常赞同）。

（五）结束语

结束语在问卷的最后面，一般用简短的语言对调查对象的配合表示衷心的感谢。例如，可以在结尾写：“问卷至此结束，谢谢您的支持与配合！”也可征询调查对象对问卷的看法和感受，例如，“您对这份问卷如何评价？ 1. 很有价值 2. 可能有些价值 3. 没有任何价值 4. 不知道或不回答”。

四、问卷的设计

问卷一般通过基本资料、态度、事实及背景信息等可测信息来反映人们的行为、态度和社会特征等研究问题，通常以个体为研究单位。在设计问卷时，一般先事实后态度，再对有关背景的信息进行深入了解。

问卷的问题一般分为量表题和非量表题。所谓量表题就是测试受访者的态度或者观点看法的题目，通常使用李克特量表来测量，常用的李克特量表有五级量表和七级量表。量表题在心理学、管理学、社会学等社会科学领域应用广泛，很多统计分析方法，例如，因子分析、相关分析、回归分析、方差分析、t 检验、中介作用或者调节作用分析都适用于量表题项。非量表题常见的有填空题、判断题、单选题、多选题、排序题、问答题、关联题等，常常用于基本信息的统计和基本特征的描述。

（一）问题的表述形式

1. 填空题

填空题一般用于对调查对象基本信息的了解和简单问题的回答。填空题要简洁、清晰，便于问答。例如：

性别______ 年龄______ 学历______ 运动等级______

您到健身场地需要______分钟

2. 判断题

判断题一般用于对事实现状问题及态度、观点等的简单判断。答案设计大多一分为二，非此即彼。例如：

您观看过 2023 年杭州亚运会跳水女子 10 米跳台决赛吗？□是 □否

您赞成开设这门选修课吗？□赞成 □不赞成

3. 单选题

单选题是问卷的常用题型，多用于对事实的陈述、态度或观点的选择，也常用于等级（程度）的回答。单选题的答案设计要尽可能穷尽，符合逻辑，层次一致，相互独立。一些关于人的态度、动机、价值、人格方面的社会调查常用矩阵式或量表式表达形式，也可以组合多种表述形式。例如：

您每周锻炼几次？

□ A. 2 次及以下 □ B. 3~4 次 □ C. 5 次及以上

您认为以下表格中所列出的各项测试项目，对高校高水平女子篮球运动员来说重要程度如何？①

测试素质	测试指标	重要程度				
最大力量	1 RM 深蹲	非常重要	重要	一般	不太重要	不重要
力量耐力	90 秒卧推	非常重要	重要	一般	不太重要	不重要
爆发力	双手胸前传重力球	非常重要	重要	一般	不太重要	不重要
速度	3/4 篮球场加速跑	非常重要	重要	一般	不太重要	不重要
无氧耐力	篮球场横向折返跑	非常重要	重要	一般	不太重要	不重要
无氧耐力	30 分钟功率自行车	非常重要	重要	一般	不太重要	不重要
协调与灵敏	双摇跳绳	非常重要	重要	一般	不太重要	不重要
柔韧性	坐位体前屈	非常重要	重要	一般	不太重要	不重要

4. 多选题

多选题一般设计多种备选答案，不限选择数量或限选一定数量。例如：

请在您喜欢的运动项目前画“√”（不限选择数量）：

□篮球 □排球 □足球 □羽毛球 □乒乓球

□网球 □田径 □体操 □游泳 □武术……

您在体育课教学中的学习目的是（限选三项）：

□ A. 锻炼身体 □ B. 获得好评 □ C. 交往联系 □ D. 达成目标

□ E. 取得成就 □ F. 竞争意识 □ G. 集体影响 □ H. 审美感受

□ I. 生理需要 □ J. 兴趣爱好 □ K. 其他（请写明）________

① 宋陆陆. 高校高水平女子篮球运动员身体运动功能训练实证研究［D］. 北京：首都体育学院，2022.

5. 排序题

排序题要求按照题目要求从备选答案中排出所选的顺序。这种题型适合定序要求下关于重要性的分析。例如：

请按照您的想法对运动员社会支持的重要性程度进行排序：

1. 家庭支持 2. 教练支持 3. 同伴支持 4. 组织支持 5. 政策舆论支持

6. 问答题

问答题一般以开放式问题的形式出现。这类题一般为有关观点、意见等无法具体化为封闭式答案或者作为补充的问题。设计此类问题时，应注意问题的明确性，并保持一定的弹性。例如：

感谢您耐心地填完本次调查问卷，敬请您结合自己的经验对当前体能训练的发展提出自己的观点和建议：________________。

7. 关联题

问卷中还会出现部分问题与调查对象不相关的情况，通常以接转题的形式出现。例如：

此次足球球迷冲突的起因是主场球迷挑起的吗？□是 □否

若是，请转至题5，请给出主场的原因或者证据：______________________。若否，请跳过此题。

根据研究目的设计问卷内容时，应将以上题型组合，从而清晰地表述问题，获得针对性强的答案。同时，尽量使问卷保持一定的弹性和余地。

（二）问卷的设计原则

为提高问卷的回复率、有效率和回答质量，在设计问卷时要注意以下设计原则和排列原则。

1. 具体性原则

问题的内容要具体，不要提抽象、笼统的问题。例如："你的体育价值观是什么？"对此，调查对象一般是无法回答的。另外，问题中涉及的核心概念一定要作出科学、明确、具体的说明。例如，如果想要调研体育产业供给侧结构性改革过程的现实问题，首先要对"体育产业供给侧结构性改革"这个概念及范围进行明确解释，让调查对象知道什么是体育产业供给侧结构性改革，以及它包括哪些内容。

2. 单一性原则

问题的内容要单一，不要将两个或两个以上的问题合在一起提。例如："你是否喜欢灵活而又民主的教练员？"可能具有"灵活而不民主""不灵活但民主""既灵活又民主""既不灵活也不民主"多重理解，调研有效性低。

3. 通俗性原则

表述问题的语言要通俗，并给出必要的解释，不要用调查对象陌生的、难以理解的语言。例如，"您知道押加项目吗"这个表述就不适合用来提问（"押加"是藏族人民喜爱的民族传统体育项目，通俗来讲就是趴着拔河，但一般人可能不理解）。

4. 准确性原则

表述问题的语言要准确，不要使用模棱两可、含混不清或容易产生歧义的语言或概念。例如，对于“是否经常参加体育活动”这样一个调查标准，其中，“经常”需要有精确的说明。

5. 客观性原则

表述问题的态度要客观，不要使用带有诱导性或倾向性的语言。例如，“你喜欢教师这一受人尊敬的职业吗”这种明显带有倾向的问题不宜在问卷中出现。

6. 非否定性原则

要避免使用否定句形式来表述问题。例如，“你是否赞成在公共场合严禁吸烟”这种问题可能会让调查对象疑惑，有可能不赞成在公共场合吸烟的人填写了“否”，而赞成在公共场合吸烟的人填写了“是”。

7. 可接受原则

必须考虑调查对象是否自愿、真实地回答问题。凡调查对象不可能自愿、真实地回答的问题，都不应该正面提出。例如，不要正面询问运动员“你服用兴奋剂吗”这类问题。另外，问题不宜过多，一般回答问题的时间应在 20 分钟以内。

8. 完备性原则

问卷选项的设置应覆盖问题涉及的所有内容，确保每位调查对象都有一个适宜自己的选项。例如，对退休老人的调查“您的收入来源”这一问题提供的答案选项有“A. 退休金 B. 劳动收入 C. 子女赡养 D. 其他”。而 D 选项“其他”，则给了调查对象更多的选择空间。

（三）问题的排列原则

1. 按问题的性质、内容或类别排列

不要将不同性质或类别的问题混杂在一起。例如，可以把背景方面、经济方面、生活方面、家庭方面的问题都相对集中地放在一起，这些问题一般放在问卷的前面部分或问卷的后面部分；可以先列客观事实方面的问题，后列态度、观点等主观方面的问题。

2. 按问题的复杂程度或困难程度排列

一般来说，问题排列应先易后难、由浅入深，先一般性问题，后特殊性问题。特别是敏感性强、威胁性大及隐私性的问题更应该安排在问卷的后面部分。

问卷案例

3. 按问题的时间顺序排列

一般来说，按照调查事物的过去、现在和将来的顺序排列问题。当然，也可以反过来排列。

此外，还要注意问题的安排要有逻辑性，信度方面的问题分布也要合理，例如，反向计分问题的安排等。

五、问卷信度和效度的检验

根据前文分析，问卷可分为量表题和非量表题。问卷进行数据分析前要先进行信效度检验，一般可在预调查和正式分析两个阶段进行信效度检验。预调查阶段进行的信效度检验可以很好地发现题项存在的问题，并修正和调整题项。信度是效度的必要条件，效度高，信度一般也高；信度低，效度一般都不高。但是信度高，效度不一定高。

（一）问卷信度的检验

信度即可靠性，指测量方法的质量，即对同一现象进行重复观察，是否可以得到相同的数据。①采用同样的方法对同一对象重复进行测量时，其所得结果相一致的程度，表现为测验结果的一致性、再现性和稳定性。信度是一个相对的概念，它告诉我们问卷调查结果的可信程度，反映的是程度上的多少。信度的基本类型包括重测信度、复本信度、折半信度、同质性信度和评分者信度。信度可以通过再测法、等价法、折半法、内部一致性法以及肯德尔和谐系数法等方法进行计算。

信度的正用与误用

（二）问卷效度的检验

效度也称为有效度或准确度，是指利用测量工具或测量手段能够准确测出所要测量的变量的程度，或者说能够准确、真实地度量事物属性的程度。也可以说，效度是指测量标准或所用指标能够如实反映某一概念真正含义的程度。②效度可分为内容效度、实证效度（关联效度）和结构效度。人们在评价各种测量的效度时，往往采用专家判断、统计分析、再测分析和经验评定来确定内容效度；通过相关分析、区分度分析或命中率分析来得出实证效度；通过因素分析、与标准化测验相关的聚合效度和区分效度来确定结构效度。③也可采用专家效度检验的方式来评价问卷效度。专家往往从经验角度对逻辑结构和问卷内容是否能反映研究目的进行定性评价。如果专家判断问题的分类正确率在85%以上，且总体结构与调查主题相吻合，则该问卷的结构效度是有效的，否则应予以修改或剔除。

效度的正用与误用

六、问卷的发放与回收

在发放正式问卷之前，一定要对问卷进行检验，对出现的问题进行反复修改。可以结合该研究领域专家、学者和调查对象的反馈对问卷进行评价和修改，选取总体样本中少量的样本进行预调查，如果问卷回收率或者问卷有效回收率过低、问题填答率低、问题答案常错填，就应对问卷重新进行修改，及时对问卷的缺陷、遗漏进行修改和补充，以避免发放正式问卷时出现不可挽回的损失。预调

① [美]艾尔·巴比. 社会研究方法[M]. 13版. 邱泽奇，译. 北京：清华大学出版社，2020：167.
② 风笑天. 社会研究方法[M]. 6版. 北京：中国人民大学出版社，2022：95-96.
③ 张力为. 体育科学研究方法[M]. 北京：高等教育出版社，2002：102-113.

查在问卷调研设计中不可省略，一般抽取小样本（30~50例）进行预调查。[①] 回收问卷后要进行统计分析，检验统计结果能否反映所需调查信息。

（一）问卷发放与回收的方式

问卷可以采用现场集中发放、填写与回收的方式，也可采用邮寄问卷、报刊问卷、网上问卷、电子邮件、电话问卷等方式。现场集中发放、填写与回收的方式适用于便于组织的样本调查或者小样本的调查，有利于解释、说明，回收率高。

（二）提高问卷有效回收率的方法

问卷回收率也称问卷应答率或回答率，是调查者实际收回问卷数占发放问卷数的百分比。问卷回收率的高低需要考虑多个因素，不能简单认为问卷回收率越高越好。在实际调查中，由于收回的问卷中还可能有一些无效问卷，所以问卷有效回收率更具有统计学意义。问卷有效回收率是实际收回有效问卷数占发放问卷数的百分比。

在问卷调查中，如果问卷有效回收率低，调查结果的代表性会受到影响。一般而言，问卷有效回收率越高越好。提高问卷有效回收率的方法主要有以下几种：

1. 选择具有吸引力的调查内容

问卷是否具有吸引力，往往会影响调查对象的意愿和兴趣。关系到人们切身利益的问题以及具有新鲜感或特异性的问题，调查对象回答的积极性往往较高，问卷有效回收率也可能较高。

2. 提高问卷设计质量

问卷设计质量对问卷有效回收率会产生巨大甚至决定性的影响。问卷的设计质量既取决于问卷的内容，特别是问题的选择、排列和表述以及回答的类型和方式，又取决于问卷的形式、长度和版面等。

3. 取得权威机构的支持

如果能够与某些权威机构（如政府行政部门、行业协会）合作，得到权威机构的支持和协助，则可以提高调查对象参与调查的积极性，问卷有效回收率也能得到提高。

4. 采用合适的问卷调查方式

调查方式对问卷有效回收率也有重要影响。一般来说，在网络问卷、送发问卷（邮寄问卷、报刊问卷）、访问问卷中，网络问卷有效回收率较低，访问问卷有效回收率较高，但都大于邮寄问卷和报刊问卷。其中，报刊问卷有效回收率最低。因此，在条件许可的情况下，应尽可能采用问卷有效回收率高的问卷调查方式。

---

① 黄汉升，周登嵩. 体育科研方法导论［M］. 北京：北京体育大学出版社，2008：204.

5. 对调查员进行培训

在进行问卷调查时，可根据需求安排若干调查员负责发放并收集调查问卷，培训调查员可以提高问卷发放与回收的效率。

应注重培训调查员以下几个方面：① 专业能力。使其对问卷内容充分理解、熟练应用，以便开展调查工作。② 沟通能力。调查员需要灵活、准确、客观地表达问题，使调查对象能够理解问卷内容。③ 责任心。调查员应当友好地对待所有调查对象，认真倾听调查对象的回答内容，耐心地为调查对象答疑解惑。④ 保密意识。调查员应保护调查结果及被调查者的隐私，维护结果的完整性、真实性、准确性。

6. 对调查对象进行回馈

部分调查对象不填写问卷，有时可能是由于问卷内容与他们自身"利益"没有任何关系，因此，对于回答问卷的调查对象给予一定的精神或物质激励，可以在一定程度上提高调查对象的积极性。例如，如果给予一定的研讨会参与机会、赠送一些购物优惠券、赠送一些小礼品等，问卷有效回收率会大大提高。

（三）无效问卷的筛选

回收问卷时一定要严格检查，剔除回答字迹不清、语句不明的问卷，此外，回答不全的问卷也不能统计在内。剔除无效问卷，有助于数据的真实，提高问卷的可靠性。剔除无效问卷，一般要考虑以下情况：① 资料不真实，答案不完整的问卷；② 空缺率太高，问卷漏答项在三项及其以上者；③ 问卷答案呈现规律性作答的问卷；④ 答案雷同的问卷；⑤ 卷面存在前后矛盾现象，不符合逻辑和常识性的答卷；⑥ 反向记分题目与原题目得分差异在 3 分以上的问卷。此外，也可以借助统计学的极端值和因子分析来剔除无效问卷。

第二节　访谈法

访谈法也称访问调查法，是访谈者（即调查者）有计划地与访谈对象（即调查对象）通过口头交谈等方式进行交流，从而收集资料的一种方法。访谈法也是体育科学研究常用的基本方法之一。访谈法可以用来收集访谈对象的个人观点、经验和看法的信息，深入了解访谈对象的思想、情感和行为，有助于解释社会现象，评估政策效果。

一、访谈法的特点

（一）双向性

访问调查的整个过程是访谈者与访谈对象互相影响、互相作用的过程。相比之下，观察法在观察过程中主要是观察者单方面的活动，观察对象一般处于被动的状态，观察者应尽量防止或减少对观察对象的影响；而访问调查法则在整个访谈过程中是双向传导过程，即一方面是访谈者通过提问等方式作用于访谈对象的过程，另一方面又是访谈对象通过回答问题的方式反作用于访谈者的过程。访谈者不是尽量减少对访谈对象的影响，而是积极地影响访谈对象，并努力掌握访谈过程的主导权，尽可能使访谈对象按照预定计划回答问题。

（二）交往性

访谈是访谈者在人际交往中收集资料的一种手段。只有在人际交往中与访谈对象建立基本的信任关系，并根据对方的具体情况采用恰当的方式访谈，才能使访谈对象积极提供所掌握的信息情况。这就要求访谈者在访谈过程中不仅应努力掌握访问过程的主动权，积极影响访谈对象，尽可能使他们按照预定的计划回答问题，而且必须根据访谈对象的具体情况采取恰当的方式进行访问。只有这样，才能使访谈对象积极提供访谈者所需了解和掌握的资料。因此，在做好各项访谈准备工作的基础上，访谈者还要善于人际沟通，熟练掌握访谈技巧，有效控制访谈过程。

二、访谈法的类型

根据调研的目的，访谈法分为结构型访谈、非结构型访谈和介于两者之间的半结构型访谈。结构型访谈一般按照定向标准程序，采用问卷或调查表形式；半结构型访谈采用半结构化的访谈提纲；非结构型访谈一般为没有定向标准化程序的自由访谈。在各类访谈中，有正式访谈，也有非正式访谈，有逐一采访询问的个人访谈，也有通过开小型座谈会进行的团体访谈，一般结合观察法同时进行。根据具体访谈对象和内容，访谈法除专家访谈法外，比较典型的访谈法还有深度访谈法和焦点小组访谈法。

深度访谈法是质性研究中常用的资料收集方法，指为了追寻与访谈对象相关的更深层信息，采集访谈对象对某个事物的看法或作出某项决定的原因等，访谈者与访谈对象以一种单独的、个人的互动方式进行的面对面交谈，例如，有关训练的无意识动机或遭受的挫折等内容的访谈。深度访谈持续时间较长，一般 30 分钟以上。深度访谈的数据往往难以用量化的方法进行分析和解释，且所需的费用和时间较多，因此其样本较小。

焦点小组访谈法是指由一名访谈者引导一小组人深入讨论特定领域或问题的方法，每个参与者都可以表达自己的观点和想法，相互之间进行观点互换和交流，一般采用小型座谈会的形式进行。焦点小组访谈常常用于揭示对某一问题、现象的群体反应，解释并阐述其他一些定量研究方法的结果，为分析大规模、定量调查提供补充。

三、访谈计划的制订

制订访谈计划就是要根据调查课题和研究假设设计出详细的访谈提纲和问

题。调查课题一旦确定，事实上就已经规定了调查课题的研究方向，接下来的重点就在于如何设计和确定具体的、实际可行的访谈提纲和问题，以有效地实现调查课题的研究目标。因此，在访谈的全过程和各步骤中，访谈提纲和问题设计的好坏，是决定访谈成功与否的关键步骤。要做好访谈提纲和问题的设计，就必须深入分析调查课题，并认真学习各种相关的知识，从而形成初步的设想，这是制订访谈计划的重要前提。作为访谈者，之所以要认真学习与访谈提纲和问题有关的各种知识，原因在于访谈对象有时也会主动与访谈者讨论有关访谈提纲的种种问题。若访谈者在这方面具备丰富和全面的知识，就能同访谈对象进行深入交谈，从而有助于提高访谈对象回答问题的积极性和访谈效果；反之，将影响访谈对象回答问题的积极性和访谈效果。

制订访谈计划要注意以下几点：

（一）明确主题

制订访谈计划时，要明确自己的研究课题中有哪些问题需要通过访谈的方式收集资料。

（二）深化主题

按照研究任务的需要和问题本身所涉及的范围和逻辑层次，可以将访谈主题合理地分解为若干个具体的小问题。各个小问题应尽量相互独立，不重复交叉，并力求表述明确、含义清晰。

（三）确定问题

根据分解出的每一个独立小问题的性质，以明确的形式和语气给出回答各个问题的方向，即回答每一个问题的总要求，但不提供回答的范围、数量、深度或具体的参考答案。

（四）形成提纲

将分解后形成的各个独立小问题，按一定的逻辑顺序遵循由易到难的原则排列起来，由此形成访谈计划。

访谈提纲案例

四、访谈法的基本程序

访谈法的基本程序一般包括访谈前的准备、接近访谈对象、提问、听取回答、引导和追询、访谈后的整理等几个环节。以下重点介绍访谈前的准备、接近访谈对象以及访谈中的策略和访谈后的整理。

（一）访谈前的准备

1. 准备好相关的访谈资料

访谈前，应尽可能掌握与调查内容有关的各种知识，对于访谈对象的总体情况及其环境，应预先有初步的了解，然后根据访谈对象的性别、职业、年龄、文化、习惯、兴趣、经历等特点，设计多种联络、提问与过渡的方案。访谈者应熟悉记录方式，采用录音或速记的方式，并在访谈结束后尽快补齐整理，以免漏掉信息。进行标准化访问时，必须对统一调查的问卷有明确的了解和掌握；进行非标准化访问时，应把粗线条的访问提纲具体化为各种问题。

2. 选择合适的访谈对象

访谈对象的选择应符合内容的需要，要尽可能找最了解情况的人来回答最适合的问题。选准访谈对象后，在可能的情况下对访谈对象的各方面情况应多了解些，这对于正确选择访谈方法和灵活运用访谈技巧具有重要意义。

3. 选择时间、地点和场合

一般来说，最佳访谈的时间是访谈对象工作、劳动、家务不太繁忙，且心情比较舒畅的时候。访谈地点和场合的选择以利于访谈对象准确回答问题和畅所欲言为原则。与访谈对象进行一对一访谈，常常能够取得最佳的访谈效果。

4. 访谈对象知情同意

在征询与访谈前，要明确告知访谈对象该项访谈的真实目的、主要话题与访谈过程。在非结构型访谈或半结构型访谈中，交谈双方的谈话内容经常采用录音的方式保存。录音或录视频须征得访谈对象的同意，以免引起访谈对象不必要的担心、焦虑和反感。

（二）接近访谈对象

接近访谈对象可选择以下几种方式：

1. 自然接近

所谓自然接近，即在某种共同活动过程中接近对方。采用自然接近方式时，访谈者有心，访谈对象无意，因此，有利于消除访谈对象的紧张、戒备心理，有利于在不知不觉中了解情况。

2. 求同接近

所谓求同接近，即在寻求与访谈对象的共同语言中接近对方。在一时难以找到共同点时，可从访谈对象最熟悉、最关心的问题，或当时最吸引人的问题谈起。

3. 友好接近

所谓友好接近，即从关怀、帮助访谈对象的角度入手，通过感情联络，建立信任，接近访谈对象。

4. 正面接近

所谓正面接近，即开门见山，通过自我介绍，直接说明调查的目的、意义和内容，然后进入正式访谈。这种方式虽然显得简单、生硬，但可以节省时间，提高效率。

5. 迂回接近

所谓迂回接近，即一开始不直接访问有关的问题，而通过其他话题逐步进入访问的正题。

（三）访谈中的策略

访谈中的称呼一定要符合双方的亲密程度和心理距离。称呼要入乡随俗、亲切自然；要尊重恭敬，也要恰如其分。此外，称呼要随着时代发展而变化。

1. 提问的策略

提问是访问调查的主要手段和环节，它在访谈过程中占有十分重要的地位。从一定的意义上说，访谈技巧最早体现在提问的技巧上。问题通常可以分为实质性问题和功能性问题。实质性问题是指为了掌握访问调查所要了解的实际内容而提出的问题，包括事实方面、行为方面、观念方面的问题以及感情、态度等方面的问题。功能性问题是指在访谈过程中为了对访谈对象施加某种影响而提出的问题，包括接触性问题、试探性问题、过渡性问题和检验性问题。访谈者应根据问题本身的性质和特点等情况选择适宜的提问方式。

一要考虑问题本身的性质和特点。一般来说，比较尖锐、复杂、敏感和威胁性较大的问题，应采取谨慎、迂回的方式提出；反之，则可以大胆、正面地提出。

二要考虑访谈对象的具体情况。一般来说，对思想上顾虑重重、性格孤僻、多疑，或不太熟悉情况、理解问题能力较差的访谈对象，应采取耐心解释、循循善诱、逐步前进和深入的方式提出问题；反之，则可以直率地连续提出问题。

三要考虑访谈者与访谈对象之间的关系。一般来说，在访谈者与访谈对象互不熟悉、尚未建立基本信任关系和初步感情的情况下，应采取耐心、慎重的方式提出问题；反之，则可直率、简捷地提出问题。

另外，提问的语言要简短，提问要通俗化、口语化及尽可能地方化。

2. 听取回答的技巧

听取回答是提出问题的直接目的，也是访谈过程的另一个重要环节。“善谈”和“会听”是一个熟练的访谈者不可缺少的两方面的素质。要做到“会听”，有效地听，访谈者必须努力排除各种听的干扰，保持正确的态度，善于对访谈对象的回答作出恰当的反应，表现为听得认真，聚精会神、一丝不苟，边问、边听、边记。听取回答时，态度要委婉、从容，要耐心、礼貌地聆听，淡化敏感性和威胁性问题。

3. 引导和追询的策略

访谈过程中不仅要提问，而且需要引导和追询。当访谈遇到障碍不能顺利进行下去或偏离原定计划的时候，要及时引导访谈对象。例如，在访谈对象答非所问、文不对题时，或顾虑重重、欲言又止时，或一时语塞、不知如何回答时，或漫无边际、离题太远时，或中断重新开始时，访谈者都要给予其提示和说明，帮助其正确理解问题，打消思想顾虑，回忆状况，回到正题。为了使访谈对象能真实、具体、准确、完整地回答问题，也要适当地追询。追询时要做到两点：一是要适时。对某些细小的、具体的问题也可在对方回答问题时立即作些补充追询。但从总体来看，对重大问题的追询宜放在访谈的后期进行。二是要适度。一般来说，追询应以不伤害访谈对象的感情为原则。

（四）访谈后的整理

访谈结束后，访谈者应及早整理访谈录音或记录，做好访谈笔记，记录心得，防止信息丢失和遗忘，及时发现问题并进行相应调整。此外，还要对录音材料和记录材料对比核实，尽可能结合其他途径的材料全面分析研究对象。

第三节 德尔菲法

德尔菲法也称特尔菲法、专家调查法，是指调查者针对某些问题（如方案、指标、教学内容、教学手段和方法等）向专家进行咨询调查，依靠专家的专业知识、实践经验、创造性智慧，采用系统的逻辑方法和匿名问卷的形式，分别对事物进行评估与分析、预测与判断，从而获得客观、可靠的意见与信息的方法。

一、德尔菲法的特点

（一）集体性和权威性

调查结论通常是多名专家的专业知识、实践经验和创造性智慧的集体结晶，具有较高的权威性和说服力。

（二）反复性与反馈性

德尔菲法在有控制的情况下进行多轮次的反馈征询，并将每次征询的意见整理归纳后反馈给各专家，供下一轮应答参考，以达到互相启发的效果。德尔菲法经过多次的综合与反馈，既集中了主要意见，又不排除少数意见，可以提高调查结论的可靠性。

（三）定量性

对每一轮的调查结果，研究者都要采用一定的统计方法进行统计处理，对预测意见作定量分析，对预测结果作定量评价。德尔菲法是一种属于直观预测范畴的方法，即定性预测技术，但它并没有停留在定性水平上，而是在专家定性分析的基础上，利用相应的方法作出定量评价，得出预测结果。

（四）匿名性

匿名性即采用匿名书面问卷的方式进行调查和预测。在这一过程中，专家与专家彼此不交流，以消除专家在心理、知识、经验、权威等方面的相互影响，使其能充分独立地发表各自见解。

二、德尔菲法的基本程序

德尔菲法的基本程序是调查者就某一需要调查的问题设计调查表，然后在选择若干专家的同时进行调查书面设计，专家就此问题发表意见并反馈给调查者，调查者及时汇总材料并反馈给专家，经过几轮反馈，调查者对获得的调查结果进行定性与定量分析，最后得出结论（图 6-1）。

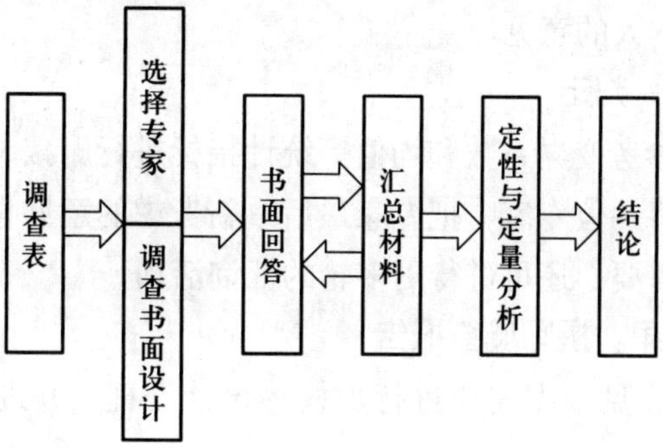

▶图 6-1 德尔菲法程序图

（一）根据调查主题设计调查表

调查表是调查信息的主要方式，因此，根据调查主题设计和编制调查表，是德尔菲法的重要环节。编制专家调查表时，要先对调查问题进行分类。调查问题一般可分为三类：

德尔菲法调查表案例

（1）要求给出定量估计的问题。例如，对事件完成的时间、事件的概率、技术参数等问题的调查给出定量的估计。

（2）要求给出一定说明的问题。这类问题可以有三种回答要求：要求作出肯定式回答、要求作出推断式回答、要求作出有条件的回答。

（3）要求给出充分说明的问题。对于这类问题，需要针对预测主题作出论证一览表。

（二）选择专家

选择专家是德尔菲法的关键。所选的专家要有广泛的代表性，不仅要熟悉业务，有特长，具有一定的声望，还要有较强的判断和洞察能力。如果所选专家对调查主题缺乏深入了解，那么很难提出正确的意见和作出有价值的判断。据统计，德尔菲法的调查表回收率只有 50%，这意味着并非所有专家都愿意参加调查。为提高回收率，可以先发邀请函，探询专家是否愿意参加调查，并请他推荐其他专家。

专家人数视调查问题的需要而定，一般以 20~50 人为宜。人数太少，会降低学科的代表性，缺乏权威，影响调查精度；人数太多，则难于组织，对结果的处理较复杂，工作量太大。对大型项目或重大问题，专家人数也可以扩大到百人以上，用计算机处理资料。

德尔菲法案例

德尔菲法的应用拓展

（三）实施调查

使用该法进行调查，通常经过 4 轮征询，专家的意见便可以趋向一致。

1. 第一轮调查：提出问题

调查表不应带任何暗示等，只要求专家对调查表中的问题作出回答。

2. 第二轮调查：修改问题

请专家根据整理的不同意见修改自己所提问题，即让调查对象了解其他见解后，再一次征求他本人的意见。

3. 第三轮调查：判定

对第二轮意见参考变异系数和均值等统计指标进行删减、增添、合并、修改等整理后再反馈给每一位专家，把专家最后重新考虑的意见收集上来，再加以整理。有时根据实际需要，还可进行更多轮的征询活动。

4. 整理调查结果，撰写调查报告

对征询所得的意见根据需要进行加权等统计处理，并进行文字归纳，写成报告。

案例

郑湘平等①以体育院校体操专修40名男学生的身体素质评价指标和模型构建为研究对象，运用德尔菲法和主成分分析法，筛选出体育院校体操专修男学生的身体素质评价指标并建立等级评价标准，进而构建身体素质评价模型。其过程如下：

目前，对于指标的筛选大多采用德尔菲法。从第一轮筛选出的22项初选指标中发现部分指标能反映评价对象的本质，而部分指标不能完成其评价功能（表6–1）。

▶表6–1 身体素质指标初选内容及编号

指标	编号	指标	编号	指标	编号
60秒双杠屈臂撑	1	原地团身后空翻	9	三面劈叉	17
50米跑	2	单脚或双脚连续跳10~20米	10	体侧屈	18
5级蛙跳	3	转肩宽度	11	原地纵跳	19
屈臂悬垂计时	4	60米跑	12	60秒并脚单摇跳绳	20
原地10秒高抬腿跑	5	俯卧撑	13	站立体前屈	21
立定跳远	6	40秒两头起计数	14	闭眼单脚站立	22
坐位体前屈	7	60秒肋木悬垂举腿	15		
原地双脚或单脚纵跳	8	30秒跳绳	16		

为了避免指标之间出现交叉、重复、包含、矛盾、因果等关系，达到指标“少而精、简而全”的要求，根据研究需要采用德尔菲法进行筛选，其筛选统计结果见表6–2。

① 郑湘平，袁卫华，陈义龙. 基于因子分析的体育院校体操专修学生身体素质评价标准及模型构建研究［J］. 北京体育大学学报，2014，37（2）：107–113.

▶表 6-2　身体素质评价指标征求专家意见结果（$N=17$）

指标	编号	选择频数	指标	编号	选择频数
60 秒双杠屈臂撑	X_1	16	60 米跑	X_{12}	13
50 米跑	X_2	9	俯卧撑	X_{13}	10
5 级蛙跳	X_3	15	40 秒两头起计数	X_{14}	9
屈臂悬垂计时	X_4	5	60 秒肋木悬垂举腿	X_{15}	12
原地 10 秒高抬腿跑	X_5	11	30 秒跳绳	X_{16}	7
立定跳远	X_6	12	三面劈叉	X_{17}	12
坐位体前屈	X_7	11	体侧屈	X_{18}	7
原地双脚或单脚纵跳	X_8	11	原地纵跳	X_{19}	8
原地团身后空翻	X_9	8	60 秒并脚单摇跳绳	X_{20}	11
单脚或双脚连续跳 10~20 米	X_{10}	4	站立体前屈	X_{21}	12
转肩宽度	X_{11}	12	闭眼单脚站立	X_{22}	14

按照统计学的要求及经过专家咨询，确定专家赞同频数超过 60% 的指标为入选指标，再对作用不大的指标进行删除或合并，结果发现，5 级蛙跳和立定跳远均入选指标体系，通过综合分析与专家咨询认为，立定跳远的绝大部分信息包含于 5 级蛙跳之中，5 级蛙跳更具有代表性，所以将立定跳远删除。因此，最后确定 60 秒双杠屈臂撑、5 级蛙跳等 12 项指标为评价身体素质的主要指标。

……

结果表明，体育院校体操专修男学生的身体素质评价指标由 5 个一级指标和 12 个二级指标构成；上肢及腰腹力量素质因子、速度素质因子、灵敏素质因子、弹跳素质因子以及柔韧素质因子的权重系数分别为 0.369、0.247、0.165、0.145 和 0.074。

第四节　案例研究

案例研究是社会科学研究方法中的一种，这种方法探讨真实环境中正在发生的现象（即案例），通过个案或多个案例的综合观察、描绘和分析，对一个或多个特定的社会现象、事件或情境进行详细、全面、深入的研究，从而了解其本质特征、内在机制、发展规律和影响因素等。案例研究适合用于研究发生在当代但无法对相关因素进行控制的事件或需要说明的典型事件。例如，足球场发生的球迷暴力冲突事件。某些情况下，案例研究需要严格地开展，避免与教学案例混淆。专门的案例研究在期刊中使用较少，多存在于著作或研究报告中，一般与其他方法一起使用。例如，高翔在CBA联赛纪律处罚案例研究中，运用了文献资料法、专家访谈法、问卷调查法、案例分析法等研究方法，该研究的案例从违纪行为发生的原因，以及CBA联赛在处罚违纪行为时存在的不足的角度进行探索，以减少违纪行为的发生并改进CBA联赛纪律处罚中的不足，从而推动CBA联赛的高质量发展。

一、案例研究的优点和缺点

（一）案例研究的优点

1. 过程性较强

案例研究需要在研究过程中持续关注和记录研究对象的各种行为、决策、互动和变化情况，从而更好地理解研究对象的特点和变化情况，识别案例发生过程中的关键节点和转折点，以揭示其内在的规律和机制。

2. 实证性较突出

案例研究以可观察的事实和经验为依据研究现象的归因、解读和预测，强调研究的客观性和科学性，具有极强的求真求实的实证特点。

3. 情境性较强

每个案例都具有其独特的环境和背景。案例研究将现象置于其所在的语境中进行理解和解释，这能够深入地分析和理解特定情境下的问题和现象。

（二）案例研究的缺点

1. 再现性较差

案例研究强调的是特定情境下的个案分析，因此很难将研究结果推广到具有不同情境的其他案例中。

2. 样本数量较少

相比于大样本实证研究，案例研究所涉及的样本数量较少，这意味着结果可能受到个别案例的特殊性和误差的影响。

3. 主观性较强

在案例研究中，研究者的主观判断和研究者自身背景经验可能对结果产生重要影响，导致结论会产生偏差。

此外，由于案例研究主要着眼于特定情境下的个案分析，其理论推广性较低，难以引申出一般性的结论或理论框架。

二、案例研究的类型

案例研究可以用于解释现实生活中各种因素之间假定存在的复杂的因果关系，描述某一刺激及其所处的现实情境，或者列示某一评估活动中的一些主题，适用于在因果关系不够明显或者非常复杂时的探索。因此，按研究的性质和研究的目的，案例研究可分为以下三种类型。

（一）因果性案例研究

因果性案例研究通过访谈、观察或文献资料等方法，对某个特定的、具体的事件或现象进行逻辑推理和统计分析，以了解事件或现象发生的原因和过程，探讨某种特定情境下的因果关系。其能够深入了解两个或多个变量之间的因果关系，如体育锻炼与社区居民满意度的关系。

（二）描述性案例研究

描述性案例研究通过实地调研、访谈、观察等方法，了解事件的起源、发展过程以及可能的影响因素，描述某种特定情况下的事件或现象，分析事件发生的过程及原因，以揭示其中的特征和规律。其调研目的是准确描述调研问题中的各种变量及其相互关系，以便准确认识事件存在的问题和可能的原因。例如，描述社区治理中国家与社会组织分类互动的结构关系，以便准确认识社区治理中存在的问题。①

（三）探索性案例研究

探索性案例研究通过收集和分析多种数据源（如文献、访谈、观察等）深入研究个别案例，揭示问题或现象的细节和复杂性以获得对特定问题或现象的全面理解。其通常用于初步探索和描述一个相对未知的领域或主题，可以帮助研究者获得新的见解、理论生成和提出新的研究问题。例如，王骥等人的研究利用探索性案例研究从治理理念、结构体系、运行机制三个方面对促进一流学科建设的实践探索进行分析并归纳学科共同治理的基本逻辑。②

三、案例研究的基本程序

每一类实证研究（包括案例研究）都有用实证资料把需要研究的问题与最终结论连接起来的逻辑顺序，案例研究的程序一般包含以下几个方面。

（一）确定研究问题，提出理论假设

案例研究最适合回答“怎么样”和“为什么”的问题，所以案例研究首先需要准确分析研究的问题性质，确定研究的基本问题、关键问题，然后根据研究需要明确提出某种具体的假设，引导关注研究范围之内的问题，确定正确的研究方向。

对于一些现在还不能形成合理理论的课题，也要提出如下陈述：探索什么，探索的目的是什么，以及判断探索成功的标准是什么。例如，有关某体育协会组织脱钩情况的理论可以表述为“本研究将以某协会组织为例展示协会组织是如何自我重构以应对脱钩后的种种发展问题”，也可以表述为“本研究将展示为什么仅仅人事脱钩不足以解决体育协会组织的发展问题”。

---

① 王巍. 国家、社会互动结构中的社区治理——一个描述性案例研究［J］. 武汉大学学报（哲学社会科学版），2008（2）：256-262.

② 王骥，许文静. 共同治理视野下的行业特色高校一流学科建设——基于案例的探索性研究［J］. 研究生教育研究，2023（3）：91-97.

（二）筛选研究案例

当研究的是独一无二的案例时，不需要进行筛选。但大多数时候，必须从许多可以成为研究对象的案例中选择一个案例作为单案例研究的对象或者选择一系列案例作为多案例研究的对象。如果是单案例研究，同等条件下，应该选择资料来源最丰富的案例；如果是多案例研究，则应该选择最适合（逐项或差别）复制设计的案例。如果备选案例太多，那么就需要借助档案资料收集有关备选案例总体特征的各项量化资料，划出某种标准，对候选案例进行分层或者压缩案例数量。或者在一定条件下，向熟悉这些案例的人请教，从而在筛选案例方面获得帮助。在收集筛选材料时，需要制定一套具有可操作性的标准，以区分哪些案例是适合作为研究对象的可能案例。

（三）制订收集资料的方案

案例研究调查的研究对象的行为都是在不脱离现实生活情境的日常生活和日常工作中表现出来的，与严格控制的实验室环境不同，也没有严格的调查量表来约束，因此，制订收集资料的方案时必须详细计划，尽可能多地设想各种可能出现的情况，并设计好应对措施。应提前做好以下工作：联系主要机构或研究对象；携带足够的必需品；制订在需要的时候向其他研究者求助的程序；制订工作时间表，对一定时期内的资料收集活动作出明确的安排；预留一定的时间，以应对突发事件等。

（四）进行试验性案例研究

试验性案例研究可以及早发现问题，尤其在进行资料收集之前对调研案例缺乏足够了解的情况下，更需要清楚地了解某些概念，优化资料内容和步骤，选择合适的调研方法，提高资料收集的质量。从某种意义上说，试验性案例研究与其说是一次预试，不如说是一次试测。一般来说，具有便利性、可接近性和在地理上相近的案例可以作为优先选择的试验性案例。

（五）开展正式案例研究

案例研究以大量的真实事件、观测数据、实际参与人员的信息为分析资料，一般来源有 6 种：文件、档案记录、访谈、直接观察、参与性观察和实物证据。资料收集的过程应尽量使用多种来源的资料；应建立案例研究资料库（资料库囊括研究者所有研究笔记、现场调查的文件和表格材料以及研究者对资料的初步阐述和备忘录）；在形成证据链时要保持敏感；使用电子资料源时要谨慎。每个研究问题的后面应该附上与这一问题有关的资料来源，包括研究对象的姓名、有关文件或者观察记录。同时需要考虑整个研究过程中的不确定性，还需要具备一些必要的能力，包括提出好问题、学会倾听、具有适应性和弹性、牢牢驾驭研究主题和懂得避免偏见的能力。

案例研究完成后要及时进行资料整理和分析并撰写研究报告。

四、案例研究的注意事项

（一）设计一套正确的、具有可操作性的且成体系的研究指标

为避免个人主观判断影响资料的收集，案例研究的研究设计必须符合陈述和检验过程的逻辑。因此，需要形成一套正确的、具有可操作性的且成体系的研究指标，来确保案例研究的质量。

案例研究案例

（二）选择的案例要有代表性和典型性

选择的案例要能够充分反映研究问题的本质和特点，能够代表某种社会现象或事件，具有广泛的普遍性，这样才能保证研究结果的适用性或推广性。

（三）收集和整理案例材料时要全面、准确和具体

为确保研究结果的准确性和可靠性，案例研究需要尽可能全面地收集和整理案例相关的数据和信息，并对主要案例研究报告草案进行检查，核对证据的真实性。在资料收集阶段尽量查找多种证据来源，并对各种证据进行相互交叉印证，形成证据链。同时，应细心记下每一个步骤，对每份资料都标注详细信息，确保任何资料都能经得起审核。

（四）分析和解释案例材料时要注重理论依据和论述的逻辑

根据访谈、文件档案等推论某一事件导致某一特定的结果时，需要研究者充分考虑与之相应的不同解释或可能性，所有证据的支持度及分析论证的逻辑性，只要无法直接观察某一事件，就需要进行一次推导，以确保研究结果的科学性和可靠性。

第五节 其他调查法

除以上介绍的几种调查方法外，体育科学研究中经常用到的调查方法还有田野调查法、口述史、网络调查法、电话调查法等。

一、田野调查法

田野调查又称实地调查或现场研究，也称为田野工作，是指研究者获得当地人的允许和合作，直接进入调研群体的生活之中，通过参与观察、深度访谈、直接体验等方式获取第一手研究资料的过程。参与观察和深度访谈是其最重要的研究手段。英国功能学派的代表人物马林诺夫斯基奠定了科学的人类学田野调查法的基础。在我国，这方面卓有成绩的是著名社会学教授费孝通先生。田野调查法是民族学、人类学、民俗学的基本研究方法，体育人类学收集的资料相当一部分来自田野调查。作为一种质性研究方法，自 2005 年罗湘林的《村落体育研究——以一个自然村落为个案》发表后，田野调查法开始被广泛应用于体育学的研究。

（一）田野调查的特点

1. 真实感性

田野调查强调研究者本人“亲临现场”，这也是田野调查的基本态度。研究者应尽心尽力务求资料翔实准确，并把所见所闻及感想体会及时记录下来，获得真实感性且最具说服力的“第一手资料”。

2. 直接参与

研究者直接参与调研群体的社会生活，融入调研群体的日常生活，与调查对象同吃、同住、同劳动、同参与，体验和了解调研群体的价值观和思维模式等。在此基础上，通过观察、访谈等手段，获得与他们局内人一样的共同信息。这是田野调查区别于其他调查的显著特征。

3. 长期性深入

对于生活方式和习俗完全不同的陌生的调研群体，研究者需要对调查对象有一个长期的了解和整体把握，需要长期悉心参与其中，只有这样，才能深刻理解调查对象行为背后的思维与行为规则，进而从中发现问题和研究问题。同时，调研群体短期的伪装和刻意的表现在长期的田野工作面前是无法掩饰的，调研群体常态的真实的日常生活，会真实悉数地展现在研究者面前。

4. 田野调查的思维

田野调查不同于一般的调查，研究者会全身心地投入调查对象的社会生活之中，以当事人的角度观察并理解诸事项及其行为的意义，梳理其整个研究脉络，并加以诠释。坚决避免用现有的理论框架来有意识地收集符合该框架要求的资料，要潜入被调查的社会文化中充当某种角色并体悟和把握该种文化，还要以此为参照来反观研究者自己的思想。

（二）田野调查的方式

1. 参与观察

田野调查以参与观察为重点。参与观察的优点在于：通过参与当地文化和日常生活，研究者可以得到别的途径所无法获得的对于该文化的体验及深刻理解与把握。

2. 深度访谈

访谈是田野调查重要的获取第一手资料的方法。对于特别事例，根据需要应及时跟进和回访，进行个人深入的非结构型访谈（深度访谈），尽可能挖掘现象背后的深层原因。

3. 直接体验

从某种意义上说，田野调查是研究者直接参与其中，以调查对象的视角和思维去体验的实践。参与观察、深度访谈和直接体验是田野调查最重要的具体研究手段。

除上述三种主要的方式外，田野调查工作者经常使用个人生活史、口述史等方法收集第一手资料，并将地方志和其他地方性文本作为补充和参照。

（三）田野调查的程序

1. 田野调查前的准备

田野调查前要做好充分的准备，从网站、书籍和各种途径事先了解调查地的基本情况，如人口、地理环境、产业、资源、经济发展状况、习俗、民风、名人及著作、历史事件等，提前进入调查角色。同时要准备好访谈物品，如笔记本、录音笔、照相机和其他生活物品等。

2. 进行田野调查

（1）研究地点和研究群体的选择。质性研究讲究概念的代表性，即样本能否充分反映事件的多样性。在调研地区的选择上，要根据研究目的选择有代表性、能反映研究对象整体特征的地区，避免选择有极端值的地区或前人调查研究过的著名社区。同时也要考虑调研者对调研地区的熟悉程度，尽量减少对熟悉的调查点进行调查的时间和成本，便于从个案到一般的理论提炼，便于比较、观察其变迁历程。

田野调查案例 1

（2）田野调查的切入方式。田野调查开始前，会遇到的关键问题是以何种身份和形式进入调研群体。通常认为，可以通过两种方式进入：一种是通过正式的方式自上而下进入；另一种是通过非正式的渠道进入。无论采用哪种方式，在调研过程中得到当地行政管理部门的支持是很必要的。通常田野工作者会通过地方行政管理机构进入调查点，由管理者推荐，这种方法容易得到很多管理者掌握的相关资料，缺点在于由于自上而下地进入调查点，真实的调研现象容易被调查对象隐藏，调查资料或事实常因调研群体的敬畏或疑虑而遭到掩饰或更改。例如，曾晓进在贵州省台江县苗族体育的调查中，经过省体育局副局长的介绍，经与施洞镇张书记和龙副镇长交流和商谈，最后选择施洞镇巴拉河村作为田野调查的居住地，对施洞镇进行田野调查。当然，田野工作者可以通过自己的关系网进入田野。再如孙双明在《村落变迁与农村体育的发展——对高桥村农村体育的调查》中，通过个人关系住在村医周大哥家，借助诊所和周大哥的人脉，接触村里锻炼的人群。又如，张智峰多次跟随导师或在导师的帮助下深入浙江省杭州市民俗体育特色乡镇进行田野调查。周德巧在基于重庆“铜梁龙舞”的田野调查中，通过网络与铜梁区文旅委 XY 先生取得联系，借助众多从事龙舞相关事务的人员的人脉，接触到铜梁区铜梁龙舞村民。①

田野调查案例 2

（3）田野调查的过程及要求。田野研究人员可以一次连续完成所有的调研，但事实上田野研究人员不能保证长期连续地待在田野，田野研究人员通常将一段长时间的实地调研和多次简短的探访结合起来，调查可以根据需要分为几次短期调研，因此，田野调研的总历时长也是很重要的。例如，黄亦琳在对福建省莆田湄洲妈祖民俗体育的调研中，从确定该论文的选题开始，先后 8 次赴该论文研究

田野调查案例 3

① 周德巧，张长念. 民族传统体育的现代转型叙事及其“结构 – 功能”逻辑——基于重庆“铜梁龙舞”的田野调查［J］. 体育与科学，2022，43（4）：21–28.

对象所在地——莆田湄洲岛进行实地考察，她在莆田湄洲岛工作时间累计 8 个多月。滕希望在对海阳大秧歌民俗武术活动的调查中，先后 4 次深入田野，与研究对象同吃同住、共同生活，运用参与观察、半结构式访谈、录音、笔记、摄影、摄像、身体动作分析等手段，获取了大量照片、录像、录音资料，在海阳市工作时间累计 4 个多月。[①] 从调研的流程上来说，调研包括前期考察适应预调查阶段，全面调研展开阶段，发现问题、解决问题、回访阶段和结论的求证阶段。一般来说，在资料整理写作初步完成后，研究人员要根据需要再次进入田野点验证调研结果。

3. 田野调查的记录与整理

调查者进入实地以后，不要放过每一个能使自己内心产生感触的材料，如果有什么感想就可以用笔记或录音形式记录下来。田野札记或田野笔记是很好的方式。田野笔记泛指田野调查过程当中的原材料，包括心得、笔记、完整记录等。田野记录应包括时间、地点、调查对象、访问过程的详细资料，此外还应有学术感想、心得体会、所观、所想行迹和心迹的体现。另外，资料记录中要详细记录日期、地点、资料来源、事件，同时应翔实呈现调查者与调查对象之间的互动情形和研究者自己的想法。

二、口述史[②]

口述史，亦称口碑史学，在国际上是一门专门学科，是一种以收集和使用口头史料来研究历史的方法。从严格意义上说，口述史可理解为准备完善的访谈者以笔录、录音等方式收集、整理口传记忆以及具有历史意义的观点的一种研究历史的方式。从广义上说，文字产生之前的人类历史都是口述史，但在今天，口述史已经发展成为一个现代意义上的、具有严格定义和规范的专门学科。口述史反映了对社会的记忆及认同，一般分为生平讲述和专题讲述。口述史经常与文献结合起来进行互证使用。对于非物质文化遗产及民族传统文化等的研究经常用到口述史的方法。例如，侯胜川[③]跟踪调查了 6 位退役健将（武英）级太极拳运动员，对他们的训练、运动损伤、求学、就业等方面进行了口述访谈，以探明精英太极拳运动员的人生轨迹，从而对竞技太极拳运动员的训练、伤病、求学、工作及其与竞技太极拳的关系进行分析。

（一）口述史的特点

1.“自下而上”的个体

口述史重视从个人的角度来体现对历史事件的记忆和认识，以记录个人亲述的生活和经验为主，这些记忆和认识通常来自普通大众，尤其是少数族群。口述

---

① 滕希望，郭玉成．从“文斗”到“武斗”：礼法约束下“斗秧歌”田野调查［J］．上海体育学院学报，2020，44（3）：73-83.

② 定宜庄，汪润．口述史读本［M］．北京：北京大学出版社，2011：1.

③ 侯胜川．我国精英太极拳运动员口述史研究［J］．体育与科学，2022，43（4）：68-74.

史不仅关注普通人的行为，也把他们的愿望、情感、心态和看法等精神交往活动当作口述史研究的主题。

2. 记忆重建

为了解释过去与现在的因果关系或使某种现实状况更加合理化，“过去”常常被有选择性地重建，这种重建混合了自我本身记忆以及与他人共同建立的记忆。口述史体现了一种社会记忆。回忆不是被动地收集事实，即使口述者再诚实，也无法提供完全真实的回忆。记忆受文化和成见等因素的影响，人们会无意识地主观整理、选择和加工，出现与事实有偏差的不同回忆，所以，口述史陈述的事实细节，不可完全采信，需要认真地考据和甄别。

3. 深层含义

口述史是表明社会历史如何建构的珍贵证据，主要是访谈者与访谈对象双方产生互动的现场呈现，研究者通过访谈者与访谈对象的面对面交流来分析语言、声调和说话者的主观意愿，以捕捉历史事件背后的社会含义以及事件对人造成的正面和负面影响。

（二）口述史的模式及程序

1. 口述史的模式

口述史的主要方式有生平讲述和专题讲述。生平讲述由访谈者详细提问，访谈对象讲述口述史对象的生平故事，挖掘并收集其生平经历中的重要信息，一般把社会生活经历、专业工作经历、个人成长经历这样三条线索作为个人生平讲述的基本框架。例如，对体育精英人物或民间老艺人的生平的回忆和讲述。生平讲述是口述史的常规模式。专题讲述是指专门而深入地讲述那些影响超过某个行业、某个具体地域的事件或人物，包括重大历史事件口述史、突发性事件口述史等。例如，2022 年北京冬奥会申奥者口述史。

2. 口述史的程序

口述史工作看似简单，实际上，需要访谈者和访谈对象双方共同参与，访谈者除要掌握必要的口述史学的理论外，还要具备充足的心理、社会学和人类学等方面的知识和访谈技巧，在访谈开始之前要做大量的准备工作，通过实践操作来学习口述史。口述史的程序包括访谈之前的准备、访谈和访谈成果的整理与发表三个过程。

口述史案例

在口述史过程中，还会牵扯许多伦理问题，研究者要尊重访谈对象，注意对访谈对象个人隐私及利益的保护，必要时要签订相关的文字协议，以保护双方的权益。

三、网络调查法

互联网的发展把我们带入了网络时代，传统的调查理论与互联网技术的结合，使得网络调查法应运而生。

（一）常用的网络调查法

1. E-mail 法

E-mail 法即电子邮件法，由于大部分网民都有 E-mail 邮箱，所以 E-mail 法是当前主要的网络调查法。

2. wed 站点法

wed 站点法又称为主动浏览访问法，即将调查问卷放置在访问率较高的 wed 站点的页面上或一些发展较为成熟的专业调查网站页面上，由对该问题感兴趣的访问者完成并提交。

3. net-meeting 法

net-meeting 法即网络会议法，也称视讯会议法、焦点团体座谈法。它是通过直接在上网人士中征集与会者，并在约定时间举行网上座谈会，在主持人的引导下，对某一问题进行深入的或探索性的讨论或研究的一种网络调查方法。

4. app 法

目前，有些常用的手机小程序（app）可以用来进行调查，如在微信中可以分享问卷星的问卷等。除此之外，还可以在 QQ、微信或聊天室中选择网民进行调查。

（二）网络调查的特点

网络调查相对于传统的邮寄调查方式，时效性大大提高，网络调查是 24 小时全天候的，不受区域和时间制约，这对某些时间性较强的调查而言是极其有利的。网络调查可以调查到平时较少接触到的群体，同时调查对象可以自由选择是否接受调查，而不会因为与调查者面对面而感到难以拒绝，能完全自愿地选择感兴趣的问题，在填写问卷时会比较认真，调查者获得材料的可靠性也较高。同时，网络调查还可以避免传统的访问调查中的人为错误所导致的调查结论偏差，从而保证了调查结果的客观性。有些网络调查的结果是开放的、共享的，调查对象可以和调查者一样查看调查结果。此外，实施网络调查还可以节省传统调查所需耗费的大量人力和物力。

由于受网络普及率和网站访问量的影响，网络可调查样本的数量较少，代表性较差。同时，网络问卷的回收率非常低，样本的抽样框难以确定，站点上看到一些问卷，多是娱乐性、趣味性的，或者是对某问题的参考性态度的研究。

（三）网络调查法的程序

一些专业问卷调查网站逐渐发展成熟，承担了大量社会网络调查工作。选择调查网站时，为保证调查结果的准确和个人信息的安全，要查看网站背景、检查网站认证资质、判断网站的合法性与正规性、关注阅读用户评价及有偿分析功能信息等。此处以“问卷星”为例介绍网络调查法的程序。

“问卷星”操作简单、功能性强大、专业性很强，具有导入文档、统计样本、自动生成调查报告等功能，并且不限题目数和答卷数；问卷设计时可以选择专业模板和常用题型；还可以直观显示填写者来自的地域分布图、进入填写问卷的网站等信息，大大方便调查者全面掌握自己的调查情况等。但“问卷星”存在问卷逻辑比较单一、无法在同一份问卷中进行随机试验、样本数据质量参差不齐、高级分析功能需要付费等缺点。使用“问卷星”的程序一般包括以下5个方面。

1. 在线设计问卷

“问卷星”提供了所见即所得的问卷设计界面，支持多种题型，具有信息栏和分页栏，可以给选项设置分数（可用于考试、测评问卷），可以设置关联逻辑、引用逻辑、跳转逻辑，同时还有专业问卷模板供参考。

2. 发布问卷并设置属性

问卷设计好后可以直接发布并设置相关属性，如问卷分类、说明、公开级别、访问密码等。

3. 发送问卷

通过微信、短信、QQ、微博、邮件等方式将问卷链接发给填写者填写，也可通过发送邀请邮件、嵌入到网站等方式分享给填写者。

4. 查看调查结果

可以通过柱状图、饼状图、圆环图、条形图等查看统计图表，也可卡片式查看答卷详情，还可分析答卷来源的时间段、地区和网站。

5. 创建自定义报表

在自定义报表中可以设置一系列筛选条件，不仅可以根据答案来作交叉分析和分类统计（如统计20~30岁女性受访者的数据），还可以根据填写问卷所用时间、来源地区和网站等筛选出符合条件的答卷集合。

6. 下载调查数据

调查完成后，可以下载统计图表到word中保存、打印，也可在线分析或者下载原始数据到excel中作进一步的分析。

四、电话调查法

传统的电话调查法是指调查者根据研究的目的和要求，选取 个调查对象的样本，利用电话同其进行语言交流，询问问卷上列出的一系列问题，从而获取信息、采集数据的一种方法。

电话调查法一般应用于热点问题或突发性问题的快速调查或一些特殊群体的调查等。例如，对2022年北京冬季奥运会滑雪运动员比赛中突发事件的电话调查、关于大学生群体对某一运动品牌的态度的电话调查。

（一）电话调查法的优点

1. 调查对象的指定性弱

在电话调查中，调查者能够调查到的调查对象不局限于某个具体的人群，因而，这种调查法调查对象的指定性弱，调查者能获得更多具有多样性的信息。

2. 地域、范围广

通过电话收集材料，调查者可以达到的地域比他在面访时所能达到的地域更为广泛。

3. 应答率高

电话调查的应答率比邮寄调查问卷的应答率高得多，但比面访的应答率低。

4. 容易控制实施的质量问题

调查对象不需要特殊的读写能力，只需通过语言的沟通及访问员的正确引导，就能够准确地回答问题。

（二）电话调查法的缺点

1. 抽样总体与目标总体不一致

抽样总体实际是全体电话用户，而要调查的目标总体可能包括所有有电话和没有电话的人员。在我国，成年人普遍有电话，但儿童青少年和老年人的电话覆盖率比成年人低。因此，在一些调研中，尤其是在调研一些与老年人相关的问题时，样本的代表性问题是一个较大的缺点。

2. 调查的内容难以深入

由于电话调查的时间不宜过长，问题也不宜太复杂，故其难以调查比较深入的问题。因此，电话调查的问卷一般都比较短，以提高调查对象的应答率。

3. 访问的成功率比较低

尽管电话调查的应答率较高，但拨打的电话可能是空号、占线或错号。此外，调查对象不在或正忙不能接电话，也会降低调查的成功率。

（三）电话调查应注意的问题

电话调查时，应主题突出，问题数量不宜过多，注意选择恰当的提问方式，并尽量避免回忆性问题。

本章小结

问卷调查法是体育科学研究中常用的一种收集资料的方法。问卷由封面信、指导语、问题与答案、编码、结束语组成。问题的表述形式包括填空题、判断题、单选题、多选题、排序题、问答题、关联题等。问卷的设计应遵循具体性原则、单一性原则、通俗性原则、准确性原则、客观性原则、非否定性原则、可接受原则、完备性原则。提高问卷有效回收率的方法有选择具有吸引力的调查内容、提高问卷设计质量、取得权威机构的支持、采用合适的问卷调查方式、对调查员进行培训、对调查对象进行回馈等。

访谈法的基本程序包括访谈前的准备、接近访谈对象、提问、听取回答、引导和追询、访谈后的整理。德尔菲法的基本程序包括根据调查主题设计调查表、选择专家、实施调查。获得专家的意见后要及时整理反馈，并进行信息的汇总和统计。案例研究的基本程序是确定研究问题，提出理论假设；筛选研究案例；制订收集资料的方案；进行试验性案例研究；开展正式案例研究。

在田野调查过程中，要注意研究地点和研究群体的选择、田野调查的切入方式、田野调查的时间和要求、田野笔记的撰写与整理。

调查法还有口述史、网络调查法、电话调查法等。

名词解释

- 调查研究：是社会研究中最常用的研究方式之一，注重寻求真实和逻辑实证。一般采用自填式问卷或结构式访谈等方法，系统地、直接地从一个取自总体的样本那里收集资料，并通过对资料的统计分析来认识社会现象及其规律。
- 问卷调查法：也称问卷法，是调查者根据调查目的和任务把事先周密设计的若干固定问题通过书面形式向调查对象提问以收集研究资料和经验事实的方法。
- 访谈法：也称访问调查法，是访谈者（即调查者）有计划地与访谈对象（即调查对象）通过口头交谈等方式进行交流，从而收集资料的一种方法。
- 德尔菲法：也称特尔菲法、专家调查法，是指调查者针对某些问题（如方案、指标、教学内容、教学手段和方法等）向专家进行咨询调查，依靠专家的专业知识、实践经验、创造性智慧，采用系统的逻辑方法和匿名问卷的形式，分别对事物进行评估与分析、预测与判断，从而获得客观、可靠的意见与信息的方法。
- 案例研究：是社会科学研究方法中的一种，这种方法探讨真实环境中正在发生的现象（即案例），通过个案或多个案例的综合观察、描绘和分析，对一个或多个特定的社会现象、事件或情境进行详细、全面、深入的研究，从而了解其本质特征、内在机制、发展规律和影响因素等。
- 田野调查：又称实地调查或现场研究，也称为田野工作，是指研究者获得当地人的允许和合作，直接进入调研群体的生活之中，通过参与观察、深度访谈、直接体验等方式获取第一手研究资料的过程。
- 口述史：亦称口碑史学，是一种以收集和使用口头史料来研究历史的方法。

推荐阅读文献

1. 卢淑华．社会统计学［M］. 5版．北京：北京大学出版社，2021.

该书系统地介绍了社会统计学的基本内容：统计描述和统计推论，并以变量的4个层次（定类、定序、定距、定比）为切入点，简明扼要地阐述了单变量和双变量的各种统计技术。例证材料多取材于社会现象，采用直观、浅显的叙述，将数理统计方法在社会研究中的应用通俗地呈现给读者，是学习、研究社会统计问题的必读课本。

2.［美］诺曼·K. 邓津，伊冯娜·S. 林肯．定性研究：经验资料收集与分析的方法（第3卷）［M］. 风笑天，等，译．重庆：重庆大学出版社，2007.

本书是定性研究丛书的第四部分。主编诺曼·K. 邓津和伊冯娜·S. 林肯是社会科学定性研究方面的国际旗手。书中检视了收集与分析经验材料的方法，对定性研究的近40个专题进行了讨论，其内容从访谈到观察，到运用文化物质文献和历史记录，到视觉的、个人的经历，再到数据资料管理、计算机应用、叙述、内容分析和语义分析等分析方法，都作了详细的介绍。全书主要包括访谈——从结构式问题到引导式话题，反思观察：从程序到文本、文献和物质文化的诠释，数据处理与分析方法，软件和定性研究，女权主义研究中的焦点小组法，应用民族志等 10 部分内容。

3. [美] 罗伯特 · K. 殷. 案例研究：设计与方法 [M]. 周海涛，史少杰，等，译. 5 版. 重庆：重庆大学出版社，2017.

该书可看作案例研究的工作流程说明，能够帮助读者处理案例研究中一些比较有难度的问题，并为读者展示了来自教育、社区研究、法律等领域的案例研究的“案例”，这些案例为读者提供了开展案例研究的可以直接参考的范本。

问题与思考

1. 调查研究都有哪些具体的方法？讨论这些具体方法的典型特征及各方法的适用范围。

2. 请以“双减”政策下小学课外体育活动为主题编制一份问卷。

3. 请以新课标中提出的“核心素养”为主题设计一份访谈提纲。

观察、实验、分析是科学工作者常用的方法。

——李四光

一切推理都必须由观察与实验得来。

——［意］伽利略

第七章 实验法

本章提要

实验法是指研究者按照研究目的，充分地控制实验的环境，创设一定的实验条件，科学地选择实验对象，以确立自变量与因变量（反应变量）之间的因果关系的一种研究方法。在体育科学研究中，它是一种验证变量间因果关系假设的最好方法。本章主要介绍了实验法的基本要素、实验研究计划的基本内容、实验设计的原则、实验的效度以及常用的实验设计方法。

学习目标

1. 掌握实验法的基本要素、实验研究计划的基本内容、实验设计的原则、控制实验内部效度的常见方法和常见的几种实验设计方法。

2. 培养学生的问题意识、逻辑思维能力、创新能力、解决问题能力。

3. 在实验中培养学生严谨求实、一丝不苟的科学态度。

关键词

随机化原则；内部效度；真实验设计；单因素实验设计；多因素实验设计

本章思维导图

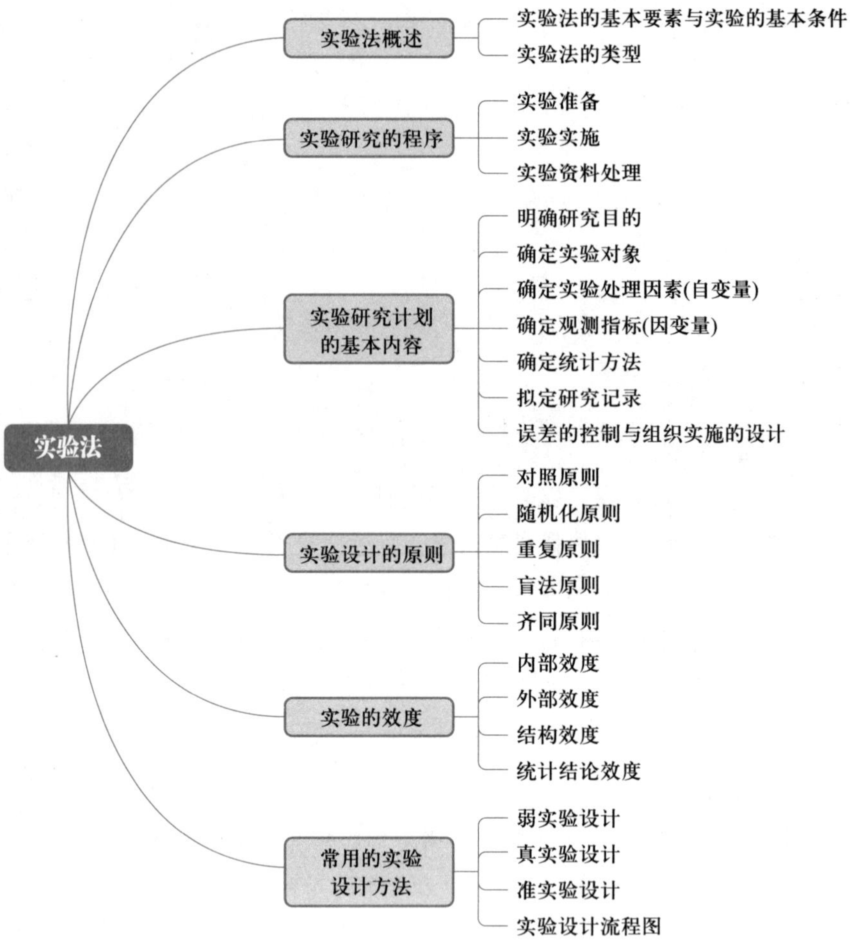

“实验”在《现代汉语词典》中的解释是为了检验某种科学理论或假设而进行某种操作或从事某种活动。实验法作为基本的研究方法之一，在方法论的指导下，主要用来探索和证明两个变量之间的因果关系。实验法不同于调查法，调查法经常用来描述总体的现状，以及探讨不同变量间的相互关系。在实验法中，研究者通过操纵自变量的变化有目的、有条理地观察因变量的变化，实验中的现象及其变化是研究者对实验条件进行控制后人为产生出来的，是研究者主动地制造事实或改变事实而产生的。

实验研究的方式起源于自然科学。20世纪开始，社会科学借鉴了自然科学的实验研究方法，并首先在心理学的研究中应用，之后这种研究方法在社会科学领域得到了较广泛的应用。目前，实验法在体育科学领域中常运用于运动生理学、运动解剖学、运动生物化学、运动心理学、学校体育学等学科。实验法成为认识和探索体育的本质和规律、研究各种体育现象的一种重要研究方法。

第一节　实验法概述

实验法是指研究者按照研究目的，充分地控制实验的环境，创设一定的实验条件，科学地选择实验对象，以确立自变量与因变量（反应变量）之间的因果关系的一种研究方法。在体育科学研究中，实验法是一种验证变量间因果关系假设的最好方法。实验的成功取决于精巧的实验设计和精密的实验操作。

一、实验法的基本要素与实验的基本条件

（一）实验法的基本要素

实验法有三个基本要素，即自变量（实验处理）、实验对象（被试）和因变量（观测指标）。与其他研究方法相比，实验法有两个基本的特点：① 实验法是唯一一种通过操纵和控制特定变量进行研究的方法。② 实验法是对自变量和因变量的因果关系假设进行检验的最佳方法。

1. 自变量

变量源于数学，是数值或类别可变的量，与常量相对应。在实验研究中，研究者考查变量和变量之间的关系时，原因变量就是自变量，结果变量就是因变量。实践中，自变量也被称为实验处理、实验干预或实验因素等。

在传统实验中，自变量只有一个，即单因素实验，它按照伽利略的经典物理学思路，使实验处于一个标准或恒定状态下，只改变多个变量中的一个，观察其对因变量的影响。统计学家费舍尔首创多因素方差分析，使实验能同时考查多个自变量对因变量的影响，因此现在可以进行多因素实验研究，高效地获取各个自变量及其交互作用对因变量的影响。多数自变量是可以被研究者操纵的，如在运动人体科学研究中，经常被操纵的自变量包括运动项目、运动强度、运动量等，常被研究的因变量则包括生理生化指标、心理指标等。在体育教育研究中，经常被操纵的自变量包括体育课的教学方法、体育教学内容、给予学生的奖励等，常被研究的因变量则包括运动成绩、体质健康状况、兴趣、动机和对体育课的态度等。有些变量是被试天生固有的性质，如性别、种族、年龄等这类被试特征，它们虽然是因变量的影响因素，但不能被研究者人为改变，所以不叫自变量，而叫“有机变量”。当需要了解有机变量与因变量的关系时，研究者可根据有机变量的差异进行分组以开展实验研究。

单因素实验研究中，只有一种类型的自变量，自变量的变化主要有以下几种方式：① 某种自变量的出现与不出现，如采用有氧运动模型和不运动；② 同一种自变量的不同水平，如不同训练时间、不同运动强度等。多因素实验研究采用两类或两类以上的不同种类的自变量，如运动与营养补剂等。

实验自变量的水平或类型有时被称为实验处理。下面是几个实验处理的例子（表 7–1）。

▶表 7-1 实验处理举例

实验变量	可能的水平
动物的服药量	5 克 10 克 15 克
体育教学的教学方法	分组教学 集体教学 个别化教学
训练时间（每天）	15 分钟 30 分钟 60 分钟
治疗类型	只用药物 只锻炼 药物和锻炼结合

2. 实验对象

实验对象是指接受实验处理的参与者，也被称为被试、受试者或受试对象等。研究者操纵和控制自变量是通过对实验对象进行实验处理实现的，即研究者需要设计实验处理的对象类型和应用范围等。

实验对象由研究目的和研究方法确定，大致可分为人和动物。

人体是一个具有多种运动形式、多层次、多因素复杂相互作用的开放系统，是体育科学研究的唯一或最后的原型。在体育教育、运动心理学和运动生物力学等学科的研究中，多数研究的实验对象是人。而在运动生理学、运动生物化学等学科的研究中，往往需要疾病模型或组织样本，根据科研伦理的要求，不能让被试有被伤害、致残，甚至丧命的可能性，所以实验多采用动物进行间接研究，用动物模型模拟人的原型，对动物模型进行观察，最后将动物实验结果向所模拟的人的原型转移或外推。

3. 因变量

因变量是实验对象对自变量变化产生反应的变量，所以因变量也被称为结果变量或反应变量。在因果关系中，因变量的变化和自变量的变化有时间上的先后顺序，自变量变化在前，因变量变化在后。

在实验处理（自变量）进行一段时间后，研究者就会对接受不同处理的各组实验对象的反应（因变量）进行观察和测试（后测），从而分析各组实验对象产生的反应之间是否具有差异，如果反应具有差异，研究者需要分析这种差异产生的原因是否是实验处理导致的。研究测量的、代表反应的变量就是因变量。实验研究的中心目标是探讨变量之间的因果关系，其基本内容是考查自变量对因变量的影响，即考查实验处理因素对反应变量的影响。

因变量可以是一个或多个。现代的实验研究多采用多个因变量来多角度、相辅相成、全面地反映实验对象接受自变量变化的效果。

根据数据的来源，因变量可分为主观变量和客观变量，在实践中常称为主观指标和客观指标。主观指标是被试的态度、感受、疼痛、麻木等，主要通过问卷、访谈等获得，是人体实验不可忽视的反应变量，但主观指标的影响因素比较多，可重复性（信度）较客观指标差，准确性（效度）受被试的记忆、感情、认知等因素的影响较大。客观指标是通过相对精密的仪器测量得到的各种生物学等指标，如体温、心率、血压等，与主观指标相比，信度、效度较好。

因变量根据数据的准确程度分为定性指标、半定量指标和定量指标。如描述形态学变化的灰度和面积指标是基于定性指标的半定量指标。另外，在体育社会学研究中，常将抽象的概念作为因变量，如研究体育对肥胖青年自我效能的影响，这时需要对因变量——自我效能进行界定，即给因变量下操作性定义，把抽象的变量转化为可观察的、可度量的观测指标。

（二）实验的基本条件

正式的实验包括两个基本条件：

第一，要使自变量产生变化。为了研究自变量对一个或多个因变量（观察指标）的作用，研究者要有意识地使自变量产生变化。

第二，要有比较。比较是实验研究不可缺少的条件。比较的作用是在研究自变量和因变量的因果关系时，排除无关变量的原因，减少或排除生物学变异和环境等因素的影响，突出显示实验处理的效果，进而验证实验假设。因此，通过比较可以减少自变量和因变量之间的各种偶然性联系，揭示二者之间的必然联系或规律，从而获得可靠而稳定的实验结果。

因此，实验中，根据比较的数量和方式，通常把实验对象分为两组或两组以上。比较实验中常使用实验组、对照组（控制组）、空白组等。实验组是接受某种特异性实验处理（如新的运动方案、新的体育教学方法）的组别，而对照组或控制组是不受实验组被试接受的特异性实验处理（或采用非特异性实验处理）的组别，空白组是对照组中的一类，是指不接受特异性和非特异性实验处理的组别。对照组是同实验组进行对比的基本单位，对照组使研究者能够确定特异性实验处理是否产生效果或是否更有效。独立的组和组之间的比较方式被称为组间比较。另外，与组间比较相对应的是组内比较。组内比较指每个或每组被试都接受多个实验处理后，对同一个或同一组被试不同实验处理效果之间进行比较，就是自己和自己比。自身前后比较则是实验组实验处理前和实验处理结束后的数据比较，是组内比较的一种形式。

二、实验法的类型

实验法按照不同的标准，可分为不同的类型。

（一）实验室实验法与现场实验法

按照实验环境，实验法可分为实验室实验法与现场实验法。

实验室实验法是指仅限于在实验室内进行的实验方法。其特点是实验过程控制严密，指标精确可靠，数据处理及技术手段先进。一般情况下，实验室实验法可以进行从亚分子水平到整体水平的研究。

现场实验法是指直接在运动教学、训练场地进行的实验方法，以应用性研究居多。

（二）定性实验法与定量实验法

从体育科学研究的角度，基本上可以把实验法分为定性实验法与定量实验法。

定性实验法是指通过实验，根据事物的某些特征因素，判定事物的全部或部分属性的实验方法。

定量实验法是指通过实验，以量化指标反映事物变化的根本特征，进而发现事物内在规律的实验方法。

（三）基础研究实验法与应用研究实验法

根据研究问题的性质，可以把实验法分为基础研究实验法与应用研究实验法。

基础研究实验法是指专门研究体育运动中基本理论问题的实验方法。它注重事物之间的内在联系及其规律性，注重对方法与理论的探索，不一定直接解决体育运动中的问题。但是，基础研究实验法在某种程度上对于促进体育运动的发展起着决定性的作用，如训练理论的生物学基础研究、运动技术理论的生物力学基础研究、有氧训练与无氧训练理论研究等。

应用研究实验法是指有针对性地解决当前体育运动中存在问题的实验方法。它重在实用，目的性与实效性并举，但不一定从理论上进行探索，只注重具体的技术方法及手段。

第二节　实验研究的程序

实验研究可以分为实验准备、实验实施、实验资料处理三个阶段。

一、实验准备

（一）明确研究目的，提出研究问题和假说

在实验准备阶段，首先要根据研究目的确定研究问题。研究问题的确定是在

分析总结前人或别人已取得的研究成果和尚未解决的问题的基础上，找出所要探索的研究课题的关键问题所在，或在实际研究工作中发现问题，查阅有关文献，建立假说。实验研究问题常是自变量和因变量因果关系假设的体现。

（二）制订研究计划

为了利用有限的条件得到明确可靠的科学结论，在研究之前，应针对研究目的、内容、方法、观察指标等进行深入的研究和思考，制订切实可行的研究计划，以指导实验的开展。本章将在第三节重点介绍如何制订研究计划。

（三）建方法与建模

建方法与建模（复制动物模型）是进行正式实验前的第一步，是准备物质条件、建立主要实验技术和复制有关动物模型的阶段。通过这一阶段，可以对该研究的实验对象（被试）、自变量（实验处理）和因变量（观测指标）有一个基本的了解。

二、实验实施

（一）预实验

进行新课题的研究或初做科学实验者，很难一开始就作出周密的设计。因此，需要做预实验。预实验是对课题的初步实验，即用少量样本按实验设计初步实施实验。

预实验的作用主要是通过小规模实验，估计假说成立与否及其可能性大小，估计样本量大小，估计实验时间，对原始假说、实验方法和技术操作进行必要的修改，如修正实验对象的数量、改进实验方法和指标、调整处理因素的强度或量等，完善实验设计，为正式实验做好准备。预实验不仅是对原始假说作初步探索和进行非正式验证，还是对初步确定采取什么样的实验方法和操作步骤进行学习。

（二）正式实验

正式实验通常是在预实验的基础上，尽可能消除无关因素的影响，按照研究计划按部就班、一丝不苟地进行观察和记录，积累实验数据，对研究假说作出肯定或否定的判断。正式实验不仅要按照研究计划和研究假说设定的观察内容和指标进行观察，同时要对可能出现的预期之外的现象进行自发性、有效的观察。

三、实验资料处理

研究者设法取得原始资料或数据（后简称“数据”）后，需要对数据进行整理和分析，常规的步骤包括对数据的评价、异常值和缺失值的处理、对数据进行统计处理、对统计结果进行分析。

对数据的评价主要指评价数据的准确性、完整性、一致性和及时性。在确定数据可靠之后，才能开始对数据进行处理。

缺失值一般来说有以下三种处理方式：直接删除、保留和替代。直接删除的优点是删除后整个数据集都变得完整，缺点是缺少了部分样本，可能导致整体结果的偏差。保留的优点是保证了样本的完整，缺点是需要研究者知道保留缺失值的意义和原因，是系统的原因还是人为的原因，这种保留建立在缺失单个数据的情况下，且缺失值是有明确意义的。替代是用均值、众数、中位数或用插值方法等代替缺失值，优点是简单且有依据，缺点是可能会使缺失值失去其本身的含义。

异常值，指的是样本中的一些数值明显偏离其余数值的样本点，所以也称为离群点。异常值分析就是要将这些离群点找出来，然后进行分析。对异常值的判断既依靠研究者的统计学常识，又依靠研究者对研究内容的了解。当数字超过某个标准值或数据大于 ±3 个标准差时，常要判断这个值是不是异常值。如测量成年男子身高，记录为 17.8 米，显然不符合实际情况。3 个标准差原则在数据服从正态分布的时候用得比较多，在这种情况下按照正态分布的性质，3 个标准差以外的数据可以看作异常值。异常值的常见处理包括设为缺失值、填补、不处理。设为缺失值是指直接把异常值删掉，并将其作为缺失值。如果异常值不多时建议使用此类方法。如果异常值非常多时，则可能需要进行填补设置，方法同缺失值的替代。一些异常值也可能同时包含有用的信息，可能现实中这个值就是这样，可予以保留。

统计分析就是运用实验设计时确定的统计学方法进行统计，如先计算各组数据的均值或百分数（率或比），然后进行统计学检验，检验均值或百分数对估计总体的可能程度，由此推论事物的一般规律，或否定原先假说，或上升为结论或理论。

第三节 实验研究计划的基本内容

在实验研究计划中，需要明确研究问题、研究假设、被试的选择、实验处理、实验条件的控制、实验设计的方式、实验材料与工具和实验程序等方面，只有这样，才能保证实验结果具有科学性和有效性。虽然在实验开始后，可以对研究计划作必要的修改，但是如果没有一个周密的计划，很容易导致实验研究的失败。

一、明确研究目的

明确研究目的是进行研究的前提，因为实验对象、研究范围、观察指标等都是依据研究目的确定的。研究目的不明确，实验研究成功的可能性很小。对于一项具体的实验研究来说，应该有明确而具体的研究目的，如主攻方向是什么，目前国内外关于本研究的进展如何，本研究要解决什么问题，近期目标、远期目标是什么，希望得到何种预期结果，本研究在这些相关研究中的创新之处是什么。

一般来说，一项具体的实验研究，最好只解决一两个问题，不要涉及太多问题，避免贪大求全，影响工作质量。

二、确定实验对象

（一）选择实验对象（被试）

实验对象选择得合适与否同实验成败及误差大小有很大关系，实验对象大致可分为人和动物。

1. 以人为实验对象

当实验对象是人时，需要进一步明确纳入标准，即实验对象的具体条件和要求，同时明确规定实验对象的排除标准。选择被试时，除需要考虑种族、地域、性别、年龄等一般条件外，还要考虑爱好、兴趣、生活习惯、居住条件、经济状况、家庭情况和心理状态的一致性或近似性等因素，尽量使样本个体间差异最小，组间具有可比性。另外，尽量不妨碍实验对象的正常活动，且实验要符合当地的法律规范和人文道德标准。

纳入标准和排除标准的案例

2. 以动物为实验对象

选择实验动物的一般原则主要有以下几条：

（1）尽量选择功能、代谢、结构及疾病性质与人类相似的实验动物。

（2）根据实验动物不同品种、品系的特点选择实验动物。

（3）根据对实验质量的要求选择标准化的实验动物。

（4）选择、饲养实验动物时应考虑实验动物的年龄、体重、性别、生理状态、健康状况及实验动物的生活环境等可能影响实验结果的因素。

（5）善待实验动物，遵守3R原则（reduction 减少、replacement 替代、refinement 优化）。

（二）获得实验对象的知情同意

任何涉及人的研究都必须事先征得实验对象或其监护人的书面或口头同意后才能进行，并且应该说明用什么方法获得实验对象的知情同意。

（三）确定样本量大小

在实验中，合理的样本量大小应根据课题研究的需要、指标的性质、误差的大小以及实验对象对处理因素反应的强弱等因素来确定。样本量过小，不具备统计学意义；同样条件下，样本量越大，所得的结论越可靠。但样本量大，工作量也大，工作很难做细致，反而可能会影响工作质量。所以，样本量过大或过小都是不恰当的。

样本量大小取决于：① 处理效果。指标越灵敏，实验处理效果越明显，所需样本量越小。② 抽样误差。抽样误差越小，所需样本量越小。③ 同质性。样本的个体间差异越小，所需样本量就越小。④ 资料性质。计数资料样本量要大一些，计量资料样本量要小一些。⑤ 总体方差。总体方差越小，所需样本量越小。

具体的样本量大小并没有明确规定。实践中，样本量可以根据文献报告或相关统计书上的公式进行估算。现在依靠 G-POWER 等软件计算样本量的研究得到科技期刊的认可。统计学中认为 30 个以下被试为小样本，30 个及 30 个以上被试为大样本，统计学上的大样本被认为近似正态分布，适用于参数统计和相关分析。注意，在实验研究中，确定样本量大小的合适程度是考虑每组被试的数量是否合适，而不是所有组别受试加起来的数量是否合适，因为统计是按照组别来进行的。另外，一般来说，样本量是指提供数据的被试数量，流失的被试不能计为样本（对流失率进行的研究例外），所以研究所用的样本量需要在估算好的样本量的基础上少量增加一些，以防止研究过程中可能因样本丢失导致样本量不足。

（四）明确实验对象代表的总体

实验对象要代表研究总体。绝大多数实验研究是通过样本推断总体的，即从众多实验对象的总体中抽取部分单位作为样本进行观察研究，进而说明总体情况。通过实验对象得到的实验结果外推到总体的程度，与样本特征、总体特征之间的相似程度有关，这种相似程度与抽样误差有关，抽样误差越小，样本特征与总体特征越相似，研究结果外推到总体的程度越好。所以在设计时，需要说明实验的抽样方案。抽样方案不同，抽样误差大小不同，实验对象对总体的代表性的大小也不同。

三、确定实验处理因素（自变量）

实验处理因素是研究者依据实验目的，选择并施加于被试、可产生突出效果的刺激因素，是实验前实验对象所不具备的某些内容、结构等因素。

在一项（次）实验中，实验处理因素可以是一个自变量不同的水平（单因素实验），也可以是多个自变量（多因素实验）。在考虑和确定实验处理因素时，应尽可能使实验处理因素明确而具体，以排除无关变量对实验的干扰。在确定实验处理因素的数量、类型后，可参考有关资料及他人的经验，将实验处理因素具体化，即明确规定和设计实验处理因素的内容范围、结构、强度、施加时间、施加程序、操作方法等，并力求使其规范化、标准化，具有稳定性、客观性和可操作性，从而保证实验的可行性和有连续稳定的实验效应。

训练方案案例

如在体育实验研究中，实验处理因素可能是采用某个运动方案。如果采用某个运动方案，需要确定运动项目、运动强度、运动时间、运动频率、运动负荷等内容，同时要说明训练场地、所使用器材等。

四、确定观测指标（因变量）

观测指标是在实验观察中用来反映实验对象中某些特征、可被研究者或仪器感知的一种现象标志，用来代表因变量的变化。实验结果是通过具体的指标观察和检测得到的，因此，选取合适的观测指标，对获取有意义的实验结果至关重要。

在体育科学研究的实验中，观测指标常常反映实验所导致的生理、心理和行为等变化。最好选取可用具体数值或图形表达的客观指标。因为主观指标容易受到心理因素、经验等的影响而造成较大的误差。客观指标较少受到心理状态的影响，数据具有较好的稳定性和准确性，应用价值较大。

指标应有时间和空间的标准，即指标应规范化与标准化。指标的规范化与标准化是指观测方法、手段、操作标准、操作步骤、时间的规范化与标准化，及观测记录的方式、格式、符号、时间的规范化与标准化。

（一）选择观测指标的基本条件

1. 准确性和精确性

准确性是指所选择的观测指标的测量值与变量客观变化的符合程度，代表观测指标的质量，指标的变化完全是实验处理的本质作用所造成的，能确实、有效地反映实验处理的作用与效应。如运动后即刻心率是反映运动强度的本质性指标，能有效代表运动强度的变化，因此具有较好的准确性。精确性包括观测指标测量的可靠性和重现性。一般来说，客观性指标在相同条件下可以重现，重现性大的指标一般意味着无偏性或偏性小、误差小，能较准确地反映实际情况。重现性大小可能与仪器稳定性、操作误差、被试的机能状态和实验环境条件的影响有关。重现性小的指标不宜采用。

2. 特异性和灵敏性

特异性即要有排他性，是指所选的指标判断所观察事物（现象）的本质及实验处理效应的独特性。所选指标应不易受其他因素干扰，如用于反映有氧能力的最大摄氧量。指标的灵敏性是指实验效应的微量变化能够被检测出来。这意味着指标测量的技术方法或仪器灵敏是极其重要的。如果方法不灵敏，那么应该测量的指标变化就会测不出来；如果仪器不精密，那么所获取的数据就不真实，误差较大。同一个指标难以二者兼具，一般特异度和灵敏度达到 80% 较好。

3. 可行性、代表性和认可性

指标不仅要切合实验要求，而且要切合研究者技术和设备的实际实验条件和经济能力情况，使研究切实可行。处理因素的效应是多方面的，相关的指标也是多样的，根据实验的需要和主客观条件，应选取既有效、灵敏，又有较强代表性的典型指标和关键指标。认可性即选取的指标被以往研究所采用、得到了普遍认可，并有文献依据。如果自己创立指标，这些指标必须经过专门的实验鉴定。

（二）确定指标观测的方法及所需仪器、试剂或工具

指标观测的方法、实验技术的理论基础要明确。运动人体科学实验主要是通过查阅参考文献，明确具体操作方法、技术，初步选定仪器设备、药物试剂、剂量等。如实验所需耗材，要在进行实验设计时就联系好购买渠道，防止因买不到所需试剂而影响正式实验的实施。

而学校体育学和运动心理学等方向的实验往往通过工具获得数据。工具就是研究者用于收集数据的设备（如纸笔测验、调查问卷或评定量表）。对于工具

观测指标案例

的挑选，不仅要选择或设计工具，还要确定这些工具使用的条件。工具要具有效度、信度、客观性和实用性。研究者获得工具主要通过两个途径：一是寻找并采用现成的工具，二是采用研究者自己编制的工具。自己编制的工具需要进行信度和效度检验。

五、确定统计方法

在研究设计中，要考虑好最后用什么方法进行统计分析，因为研究内容、观察指标、资料收集方式和比较方式等均与统计方法密切相关。应根据统计方法要求有目的地收集资料，还可对收集资料的方法及内容提出进一步的要求。如果事先不考虑统计分析方法，就可能导致数据资料无法分析，或是收集了不需要的资料，造成人力、物力的浪费。

六、拟定研究记录

观察和记录在科学实验活动中占有十分重要的地位，因此要重视原始记录。在实验设计中应预先拟定研究记录，用来保存文字、数据、图片、声像等资料。按照研究内容和要求设计实验原始记录本，如制作所需表格、安排图片等资料的留存位置等。记录本必须写明实验题目、实验对象、实验方法、实验条件、实验操作者、实验日期，记录好观察测量的结果和数据。设计时，不要忽略被试辅助变量（如动物不同时段的体重、食量、水消耗、血液学特征等）观察资料的记录位置。

实验观察过程中，通过实验记录把实验中的原始资料或数据完整地收集下来，图形、图片一定要整理保存，规定填写的项目要及时、完整、整洁、准确地记录下来，严禁撕页或涂改，保存好记录本。

七、误差的控制与组织实施的设计

（一）控制误差

误差是指研究观察结果与真实情况之间的差异，包括随机误差和系统误差。任何增加标准差和标准误的因素都可能导致误差的产生。较大的实验误差会影响实验的内部效度和外部效度。因此，要针对误差的来源设法减小误差。

1. 误差来源

（1）随机误差是指由于多种无法控制及不能预料的因素引起的一类表现不恒定、随机变化的误差，包括随机测量误差和抽样误差。在实际工作中，随机误差不可能完全避免，但可以通过合理的方法减小。如实验设计阶段选择被试时的抽样误差，即种族差异、地区差异、生理状况、营养条件、健康状况等社会、自然因素造成的误差。

（2）系统误差是在研究设计阶段或实施阶段由于某种或某些因素的影响，使得研究结果与真实情况存在差异。系统误差是人为的，是可以测量并且可控制或避免的，包括仪器误差、方法误差、操作误差、试剂误差和心理偏差等。产生系统误差的主要原因是所使用的仪器不准或试剂不精、操作人员技术欠佳、采用不恰当的标准等。系统误差是可以掌控的，因此在设计中要尽可能考虑到各种系统误差的具体来源，通过控制实验质量来控制误差。

2. 误差控制

为了减少或排除上述各种误差，可采用标准化（使实验仪器、实验步骤、操作规程等诸多因素标准化和规范化）、均衡性（使非特异因素、外附因素等尽可能均匀分配到不同的样本，使组间齐同）、分层化等措施。设计实验过程要尽量控制各种实验条件，简化或纯化事物的发展过程，采取有效手段消除或控制可能影响实验结果的各种原因（如干扰因素、系统误差、偶然误差、对象条件等），尽量突出特异性处理因素及其作用效果，有效地实现研究目标。在此基础上，也要注意由于人为控制的不当或实验方法、技巧的欠缺导致的实验结果失真。

（二）确定研究时间

研究时间包括研究期限和具体实验时间。研究期限应根据研究需要等确定。具体实验时间是指研究的时间进度，主要依据研究要求、内容及主客观条件来确定。实践中，实验仪器的使用、动物和试剂等的购买、预实验等所需时间都需要考虑在内。实验中要注意时间上的分配，只有合理分配时间，才不会出现一段时间特别忙而一段时间特别闲的情况。研究时间的确定，一定要留有余地，以防意料不到的情况出现。

（三）做好组织工作

在研究设计时，必须思考整个实验的组织工作，如经费预算、研究人员的培训和分工、实验物质条件准备（如安排实验室或训练场地器械、实验对象及实验仪器等现实问题）等。经费预算包括购置必要的仪器设备、消耗用品（动物、试剂等）、交通等后勤开支、实验对象补贴等。要依据财力安排研究工作。有些研究需要多个研究人员合作、设计实验时，要考虑如何充分发挥具有各种知识结构和背景的研究人员的作用，如何进行分工。同时还应初步确认设计中所需的实验对象、实验仪器设备、试剂等是否能如期到位，如若不能，应及时修改研究设计。

第四节 实验设计的原则

科学研究的过程本身就是科学，实验设计的原则体现了逻辑思维的严密性，是保证实验结果准确的基本准则。在实验设计中，必须要充分遵循这些原则，才能保证实验研究的科学性。

一、对照原则

在教学和训练中，学习效果或训练效果并非完全是由教学和训练的影响决定的，其他自然因素、非特异性处理因素也可能对结果产生影响，如生长发育、营养状况、睡眠时间、疾病等。因此，只有通过对照，才能充分澄清到底是何种因素对结果产生影响。

对照是比较的基础，要确定实验处理因素与实验效应的关系，没有对照不能说明任何问题。一般来说，实验都应有实验组（处理组）和对照组，对照组与实验组具有同等重要的意义。通过对照，可以消除非特异性实验处理因素的影响，找出综合因素的主要矛盾，验证实验处理与因变量之间的因果关系。如果想观察某个运动方案是否有效，某个营养剂是否可用，某个因素对某个指标是否有影响，都需要用各种形式进行对照研究，在互相对比中辨别各因素的效应。

（一）常见的对照方式

1. 空白对照

空白对照案例

如在单因素实验中，设立不施加任何处理因素的空白对照组（C），来辨别对实验组（E）施加的实验处理（*F*）的效应有无或高低。如观察有氧运动对实验对象（S）心血管功能的影响，实验组采用某种有氧运动模式，而空白对照组不运动。可以用下式表示这类对照：

对照组 1：$\mathrm{C}=\mathrm{S}$

运动组 2：$\mathrm{E}=\mathrm{S}+F$

如果是双因素实验，那么就有两个自变量，即 *Fa*、*Fb*，如分析有氧运动和抗阻训练两种类型训练对青年肥胖男性心血管功能的影响，就可以随机分组为：对照组（不做任何运动训练）、有氧训练组和抗阻训练组。那么对照可以表示为：

对照组 1：$\mathrm{C}=\mathrm{S}$

有氧运动组 2：$\mathrm{E}_1=\mathrm{S}+Fa$

抗阻训练组 3：$\mathrm{E}_2=\mathrm{S}+Fb$

2. 逻辑对照

穆勒根据逻辑学归纳推理方法，提出 5 种对照方法，并用来解释自变量与因变量之间的因果关系。

（1）求异法

在比较对因变量产生影响的多个变量（*A*/*B*/*C*）中，观察其中一个变量（*A*）的变化与因变量（*a*）的变化是否同步出现，如果同步出现，那么就确定因变量的原因变量为此变量。即：

$$A^{+}BC \rightarrow a\ (+)$$

$$A^{-}BC \rightarrow a\ (-)$$

如分析高脂饮食对高脂血症患病率的影响，其中饮酒和吸烟也是高脂血症的影响因素，因而把被试设置为两组，分别为高脂饮食 + 饮酒 + 吸烟、无高脂饮食 + 饮酒 + 吸烟，分析长期高脂饮食对高脂血症患病率的影响。

（2）求同法

几种不同情况下（*ABC*/*ADE*/*AFG*）同一个效应（*a*）均出现在有一个共同变

量（A）存在的情况，则推断 A 是 a 出现的原因。

$$ABC \rightarrow a\ (+)$$
$$ADE \rightarrow a\ (+)$$
$$AFG \rightarrow a\ (+)$$

如运动前拉伸 + 功能性训练 + 肌力训练、运动前拉伸 + 有氧运动 + 肌效贴、运动前拉伸 + 平衡训练 + 速度训练三种组合均可以降低急性肌肉损伤的风险，运动前拉伸是共同变量，推断运动前拉伸是降低急性肌肉损伤的关键原因。

（3）剩余法

同一种效应（a）出现在多种不同情况（$ABCD/ABC/AB/A$）中，逐一排除一个个变量后，只剩下某一变量（A），则可推断 A 是引起该效应（a）的原因。即：

$$ABCD \rightarrow a\ (+)$$
$$ABC \rightarrow a\ (+)$$
$$AB \rightarrow a\ (+)$$
$$A \rightarrow a\ (+)$$

如跑步新手的损伤出现在解剖因素、鞋子、地面刚度和缺乏跑步经验四种因素组合的情况下，逐一排除变量，当只剩下缺乏跑步经验一个变量时，可推断跑步新手缺乏跑步经验可能是损伤的主要原因。

（4）共变法

如下所示，一些情况下（A），某一变量（A）不容易被排除，如果这一变量的变化（A_1—A_3）与某一效应的变化（a_1—a_3）相伴而且紧密时，推断 A 与 a 的发生有关。即：

$$A_1 \rightarrow a_1$$
$$A_2 \rightarrow a_2$$
$$A_3 \rightarrow a_3$$

如要观察体力活动水平对人体心脏健康的影响，可通过观察不同水平体力活动人群的心脏健康指标（如心率、血压、血氧饱和度）的情况，记录体力活动水平与心脏健康之间的关系，发现体力活动水平和心脏健康指标的变化相关系数很高，推断体力活动水平是影响人体心脏健康的原因之一。

（5）求同求异法

即求同法和求异法的结合，可从阳性和阴性两方面联合判断变量之间的因果关系。即：

$$ABC \rightarrow a\ (+);\ A^{+}BC \rightarrow a\ (+)$$
$$ADE \rightarrow a\ (+);\ A^{-}DE \rightarrow a\ (-)$$
$$AFG \rightarrow a\ (+);\ A^{+}FG \rightarrow a\ (+)$$

如针刺穴位使 A、B、C、D、E 五类传入神经纤维兴奋时，出现镇痛效应；而针刺穴位联合阻断 D 类传入神经纤维时，镇痛效应消失，这提示 D 类传入神经纤维与镇痛效应有关。

3. 假处理对照（实验对照）

假处理对照案例

假处理对照就是对照组不进行特异性实验处理，其他非特异性实验处理相同。当所需研究的特异性实验处理需伴随其他因素时，若这些因素有可能影响实验结果，应设立假处理对照，以保证组间的均衡性。如赖氨酸添加实验中，实验组给予添加赖氨酸的面包，面包是伴随性添加因素，面包的效果也可能影响实验结果，所以设置对照组为添加不加赖氨酸的面包。又如研究某种药物的药效，实验组设置为注射某种实验药物，药物需要注射溶解药物的生理盐水或葡萄糖，考虑到注射的损伤和生理盐水或葡萄糖的潜在效果，对照组应设置为注射无此药物的生理盐水或葡萄糖。类似的假处理还有假照射、假手术等，目的是使对照组和实验组的损伤和刺激相同。

安慰剂对照也是一种假处理对照，即对照组采用一种无药理作用、无害的安慰剂的对照。安慰剂在外形、颜色、剂量和处置上均与实验药物相近，但不含任何有效成分。安慰剂对照有助于避免因对照组和实验组产生不同的心理作用而影响实验结果。

4. 自身对照

自身对照案例

自身对照是比较同一组受试对象接受处理因素前、中、后观察指标的差别，或比较左右成对器官中，肢体一侧接受处理因素后与对称侧的差别。自身对照属于组内配对 / 配伍比较。自身对照简单易行，使用广泛，但有一定的局限性。如果实验前后，处理因素外的某些环境因素或自身因素发生改变，这些变化的因素能够影响观察指标的变化，这时，自身对照就难以说明问题。因此，需要单独设立一个空白或假处理对照组，比较两组处理前后的观察指标之差。

5. 标准对照

以公认的金标准作为对照，如正常人的生理、生化指标正常值，公认的常规有效或最佳的运动干预方案或教学方案。但对照组和实验组的有关数据不是来自同一个实验观察。如利用骨龄标准片来评估骨龄。

6. 历史对照

历史对照案例

用以往的研究结果或历史文献资料进行对照。历史对照仅适用于非特异性实验处理因素影响较小的观测指标，一般不宜使用。使用时，要注意不同时期收集数据的方式、地点和条件等方面是否具有可比性。例如，在体质研究中，某年某地 14 岁男生的肥胖率与某年的 5 年前该地 14 岁男生肥胖率相比就是使用了历史对照。

（二）流行病学对照方式

1. 前瞻性研究

前瞻性研究又称队列研究，指同一类实验对象，分别处于有自变量（暴露组）和无自变量（不暴露组）的条件，比较随着时间的推移，暴露组和不暴露组的因变量发生变化的比率，相当于从“因”到“果”的研究。如研究某药物结合弹力绷带外固定治疗急性踝关节扭伤的疗效，有药物结合弹力绷带外固定为暴露组，无药物结合弹力绷带外固定为不暴露组，观察治疗后两组疗效的差异，就是从“因”（某药物结合弹力绷带外固定）到“果”（疗效）的前瞻性研究。

2. 回顾性研究

回顾性研究也称为病例对照研究，选取因变量为阳性和阴性变化的两组被试，分别回顾或分析该变量的影响因素，比较两组从前接触某自变量的概率，相当于由“果”到“因”的研究。如探讨大学生游泳运动员的高强度训练负荷与非接触性肌肉骨骼损伤之间的关系，选择非接触性肌肉骨骼损伤和健康无非接触性肌肉骨骼损伤的两组被试分别回顾分析两组高强度训练负荷的情况，就是从“果”（非接触性肌肉骨骼损伤）到“因”（高强度训练负荷）的回顾性研究。

3. 横断面研究

在同一特定时间观察被试某一因变量（如某一疾病）是阴性还是阳性，其影响因素（自变量）有无或高低的“因”“果”同查的研究。如通过同一时间观察非特异性下腰痛组（阳性）和健康组（阴性）人员竖脊肌等肌电特征差异，来探索非特异性下腰痛的机制。但横断面研究较难明确变量间的因果关系，因为原因变量和结果变量的发生有时间上的先后顺序。

二、随机化原则

实验的随机化主要包括随机抽样和随机分组。随机抽样是指总体中每一个体都有同等的机会被抽取为受试对象，随机分组是指每一受试对象都有同等机会被分配到不同处理组。随机抽样的目的是减少抽样误差，从而保证样本对总体有较好的代表性。随机抽样也是提高实验外部效度的一种重要方法。随机抽样方法见统计学的抽样方法。随机分组的目的是保证组间均衡性，在分组时实验对象也要进行随机分配，避免人为造成各组之间的非均衡性。均衡性是指在实验研究中，要求各组间除处理因素外，其他可能产生混杂效应的非特异性实验处理因素尽可能保持一致。如在体育科学的某个实验中，将实验动物体重的增加情况作为营养补剂的效果。但体重的增加还同动物健康状况、食量大小等因素有密切关系。如果在实验研究之前，研究者希望某组获得较理想的结果，于是将那些健康状况较好、食量较大的动物都分到该组，就有意夸大了组间差别，会造成实验结果的虚假和不稳定。为了避免此类误差，随机分组便成为一种重要手段。

成功地实施随机分组依赖于两个相关的步骤：① 产生随机分配序列用于实验组和对照组的分配；② 随机分组方案在随机分组实施过程中的隐匿。随机分组的方法很多，主要有完全随机化、配伍组法（或区组随机化）、分段（或分层）随机化、分层区组随机化及动态随机化等（具体的方法见本章）。随机分配方案隐匿的方法有按顺序编码、密封的不透光信封、中心随机系统等。

虽然严格的实验要求对照组与实验组除某种特异性实验处理因素不同外，其他非特异性实验处理因素最好是完全一样、均衡的，但事实上，完全一致和绝对均衡是不可能的，只能做到基本一致和均衡。

随机化是资料分析时进行统计推断的前提。只有合乎随机化原则的资料才能正确应用数理统计方法，因为许多统计理论公式是建立在随机化原则基础上的。那些违反随机化原则、事先加入主观因素的实验，会导致所收集的资料不同程度失真，统计方法是不能弥补其先天不足的，得出的研究结论也必然是错误的。

三、重复原则

重复原则是指实验应重复测量，每一个实验应有足够数量的样本例数或重复次数，样本所含的数目越大或重复的次数越多，则越能抵消和排除无关变量的影响，越能反映客观真实情况，因此重复次数可反映实验结果的可靠性。如果样本例数太少，有可能把个别情况误认为普遍情况，把偶然的现象当作必然的规律现象，以致把实验结果错误地推广到总体。但是样本例数很多或实验重复次数很大，不但在实验上有一定困难，而且也是不必要的，实验设计就是要在不影响实验结果的基础上将实验的重复次数减少到最小。

在实验研究中，还有一个概念——研究的可重复性，是指实验者重复实施实验方案，能够得出较一致的研究结果，其目的是验证整体实验方案的稳定性和研究结果的可靠性。如果一个实验研究没有可重复性，那么这个实验研究是没有价值的。研究的可重复性是整体实验的信度，是指在不同的时间、地点，可以对同一批 / 不同批受试者进行重复实验，来验证实验设计、实验方案、实验测量等整体的稳定性和一致性。实验的重复原则强调实验测量的次数，与实验样本量的设计密切相关。要注意区分二者不同的含义。

四、盲法原则

盲法原则即“不知道”原则。盲法包括单盲、双盲和三盲，其中使用较多的盲法是单盲和双盲。

1. 单盲

单盲指研究者知道分组情况，而被试不知道自己属于实验组还是对照组。单盲法可以控制被试期待心理对实验结果产生的影响。例如，在营养补剂实验中，实验组服用营养补剂，对照组服用安慰剂，但研究者告诉所有被试，所服用的都是营养补剂。

2. 双盲

双盲指实验数据收集者和被试都不知道哪个是实验组，哪个是对照组，整个实验需要研究者来负责安排、控制。双盲法可以控制实验数据收集者和被试主观偏向所带来的误差。

3. 三盲

三盲指实验数据收集者、实验数据分析者和被试都不知道被试的分组和实验处理安排，理论上可以减少来自这三个方面的误差，但科研的安全性不易得到保证，实验也不易运作或执行。

与盲法实验相对应的是开放实验，即研究者和被试都清楚分组情况。开放实验简便易行，但容易产生误差。开放实验主要应用于观察指标受心理作用较小时，如观察指标为血压、血脂、血糖等。

五、齐同原则

齐同是指除特异性实验处理因素外，不同比较组之间，实验对象的其他非特异性实验处理因素或条件相同，即组间均衡，具有良好的可比性。齐同是进行比较分析的前提，许多实验设计技术的目的就是实现齐同，包括合理选择实验对象、采用合适的分组设计方案等。齐同主要包括以下几个方面：

1. 各组被试的条件应相同

不同组间被试的年龄、性别、职业、病程、病情的轻重程度等应相同或相近，动物实验中不同组间动物的品系、月龄、体重、饲养条件应相同或相近。

2. 对实验效应的观察方式要相同

不同组间要采用相同的观察方式和标准，包括采用相同的仪器设备、测试手段、观察方式、观察人员、指导语等。此外，为了克服主观心理因素对观察效应的影响，在观察中应采用盲法。

3. 其他对研究效应有影响的因素也应相同

为排除其他对研究效应有影响的辅助因素，常采用假处理对照。

第五节　实验的效度

效度是指所测量到的结果反映所想要考查内容的程度。测量结果与要考查内容的真实情况越吻合，则效度越高；反之，则效度越低。

实验效度是指实验方法达到实验目的的程度。由于不同的研究者在设计上和无关变量的控制程度上不同，实验效度也会有很大的不同。实验效度分为内部效度、外部效度、结构效度和统计结论效度。

一、内部效度

内部效度是指实验中的自变量与因变量之间的因果关系的明确程度，即实验研究的有效性，如实验结果的可信度、真实性和有效性等。

（一）影响内部效度的主要因素

1. 被试特征

如果被试是动物，在组间比较研究中，各组被试可能在种类、品系、月龄、体重、性别、生理状态、健康状态等方面存在差异；如果被试是人，各组被试可能在年龄、性别、教育背景和经济背景等方面存在差异。这些变量如果未加控制，就会成为实验结果有差异的原因，从而影响实验的内部效度。因此，研究者要尽最大努力控制这些无关变量，保证组间齐同。消除和减小被试特征所导致的影响有很多方法，下面列举几个常见的办法：

（1）随机化。如果实验中各组都实行随机分组，研究者可以假定各组是均等的。但实际上仍然会出现组间的被试特征不够均衡的情况，这时可以通过配对或配伍法进行处理（方法说明见本章相关内容）。

（2）明确纳入标准。设定被试的具体条件，例如，如果研究者怀疑性别会影响到研究结果，就限定被试条件为某一性别。

（3）把被试特征作为研究的一个自变量。即把可能影响结果的被试特征变量作为研究内容，例如，研究不同性别对因变量的作用。

（4）实验设计。如采用随机配对分配法（见本章相关内容），或是平衡对抗设计法（轮组法）。如研究一种新的运动康复方案来帮助恢复短跑运动员的膝关节损伤，使用随机配对法将参与者分为实验组和对照组。在匹配时可以根据参与者的年龄、性别、运动经验等因素进行匹配，然后在每个匹配的组别中，通过随机决定哪个参与者接受新的康复方案，哪个参与者接受传统的康复方案，以此消除潜在的不均衡因素对研究结果的影响。

（5）统计处理。如分析不同训练方法对于运动成绩的影响，受试者的运动水平对结果影响较大时，可以使用协方差分析法，即将运动水平作为协变量，把运动水平对结果的影响去除，就排除了运动水平这个无关变量的影响。

2. 被试缺失

在实验中，多种原因可导致被试缺失，如让小白鼠游泳，可能会有淹死的小白鼠；在体育教学研究中，由于运动损伤，可能有被试退出研究。研究的实际样本并不是所有参加实验的被试，而是实际给研究者提供数据的被试。被试缺失严重（如超过 10%），就会损害样本的代表性；在各组比较研究中，各组被试的缺失数量如果不同，就会造成组间差异，且很难消除这种影响。为了减小被试缺失带来的影响，可以探讨被试缺失的原因，并证明被试退出的原因与研究无关，或者证明缺失的被试和留下来的被试主要特征相似。

3. 被试环境

不同组别被试接受实验处理、采样或测试时的环境不同也可能影响实验的内部效度。如在使用大白鼠的实验中，有的笼子住 8 只，有的笼子住 5 只，在相对拥挤的笼子中，大白鼠的打斗撕咬会更多；或者有的雌雄不分笼，有的雌雄分笼；或者所处环境的明暗程度、温度、湿度、宰杀前受激惹程度等有差异。不同的环境会造成不同组实验动物不同应激的生理、生化表现和行为反应。再如在教学实验中，有的组别学生所处实验环境中体育设施更多、场地更大，而有的组别学生所处实验环境中体育设施少、场地狭窄。要控制这个因素影响，最好的办法是保持各组被试环境一致、恒定。

4. 实验敏感

实验敏感就是被试因知道自己正被实验而产生的异常行为表现。实验组和对照组都可能产生敏感。有些实验中实验敏感可能影响内部效应，主要表现为两种情况。第一，被试隐瞒了自己的真实态度。如对农民工子弟态度的测量，有些被试可能会隐瞒自己的真实态度。第二，霍桑效应。如在采用空白对照的比较实验中，实验组由于受到关注，积极性可能更高，表现可能也更好，这就是霍桑效应。当然相反的情况也可能影响数据的真实性，若实验敏感的空白组不接受任何处理，可能因此产生受挫感或怨恨，表现可能更差，这就大大影响了实验结果。减小这一影响的方法是采用假处理对照。

5. 数据收集者

数据收集者的特征或偏见也可以影响实验的内部效度。如在生理生化实验中，不同水平的实验操作人员分别收集了同一个指标不同组别的数据，由于实验技术水平差异，不同组的同一个指标测量误差可能不同；再如在教育学实验中，数据收集者常常会因为个人偏见给予某组学生更高的评分。为了减小这个因素影响，可以提高数据收集者的操作水平，或可以使用同一个（些）数据收集者收集所有组别的数据，或者使用双盲技术。

6. 前测效应

如在设计了前测的实验中，如果前测的实施和实验处理之间出现了交互作用效应（二者的相互作用所产生的另外一种外加的影响），那么这个前测就会影响实验结果。因为被试在前测时也是一个学习的过程，很可能有利于后测的得分，这个过程的有无也是一个变量。在心理学中，这个问题叫作“练习效应”。前测也可能带来实验敏感。在某些研究中，如果研究者认为前测的影响过于严重，那么就需要取消前测。

7. 突发事件

在研究过程中，突发事件可能影响被试的反应。如运动器材突然损坏会造成被试的训练积极性下降；在大学体育教学实验过程中，由于发布了体育不及格不发毕业证的政策，被试进行体育锻炼的积极性突然提高。一般来说，前测、后测之间的时间间隔越长，突发事件因素影响内部效度的可能性越大。如果突发事件干扰严重，且无法估计出它的干扰效果的话，须重做实验。

8. 生长发育（自然成长因素）

在有些实验中，被试的改变是由时间流逝，被试个体生理上、心理上成长、成熟引起的，而不完全是实验处理本身的结果。例如，在一个学期的学习中，小学生或中学生的生理、心理、运动能力等方面变化都较大，对于没有对照组的前测、后测比较实验，或者持续多年的研究，生长发育因素对实验内部效度的影响是一个严重问题。控制生长发育因素的最好办法是在研究中引入一个对照组。

9. 极端值抽样

如天才儿童自学能力强，理解能力强，无论什么教学法都可能达到很好的效果，所以重点中学成功的教学实验，不能简单推广到普通学校。因此，实验募集被试时要避免出现极端值情况。

（二）控制影响内部效度因素的方法

控制影响内部效度因素就是对无关变量进行控制。在研究中，除实验处理外，还混杂着其他变量的干扰，这些变量的存在会影响实验的内部效度，这些变量统称为无关变量。

例如，通过实验研究小学体育教学中某新教法对学生体育成绩的影响时，研究中可能干扰实验结果的无关变量主要有两个组别学生本来存在的体育学习能力的差别、不同体育教师教学水平的不同、教师性别的不同等。如果不排除这些无关变量的干扰，就很难解释自变量和因变量的对应关系（图 7–1）。

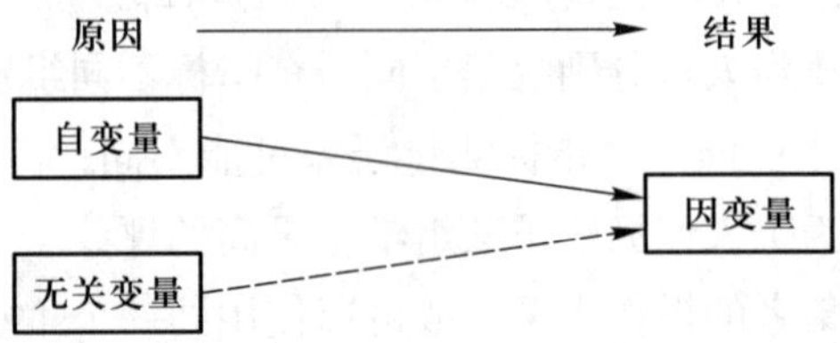

▶图 7–1　自变量、因变量和无关变量的关系

控制无关变量主要有以下几种方法：

1. 对实验条件进行标准化

如保证实验处理的方式、收集数据的方式规范化、标准化、恒定性等。这也有助于控制被试环境、被试态度和操作者等因素的影响。

2. 收集更多有关被试的信息

即得到充分的与实验相关的被试特征的信息，并在分析和解释结果时运用这些信息。这有助于控制被试特征的影响以及可能的被试缺失的影响。

3. 收集更多有关研究细节的信息

即研究在哪里和何时进行的、所发生的无关事件等。这有助于控制突发事件因素、被试态度因素以及实验操作因素等的影响。

4. 选择一种适当的实验设计

合适的实验设计可以在很大程度上控制这些影响内部效度的因素。

二、外部效度

外部效度是指研究结果能够推广到样本所来自的总体和推广到其他总体的程度，即一定条件、时间和背景下的研究结果对所属总体具有的代表性和普遍适用性。外部效度可以分为总体效度和生态效度两类。

总体效度是指研究结果能够适用于研究样本所属总体的程度与能力，或者说对总体的普遍意义。要使研究结果适用于总体，就必须从总体中随机选取样本，并保证足够的样本量。如果研究所选样本有偏差或数量太小，即抽样误差太大，样本不能代表总体，其结果就难以对总体特征进行概括。

生态效度是指研究结果可以外推于其他研究条件和情境的程度和能力，即实验结果对情境相似的其他总体的普遍代表性和适用性。要使研究结果能够适用于其他研究条件和情境，就必须特别设计研究条件与情境，保证研究结果对其他条件、情境有代表性。

影响外部效度的因素主要有以下几种：

1. 前测效应

前测效应是指前测与实验处理发生交互作用，导致结果不能推广到未经前测的群体。例如，在一项体育表演实验中，前测提示被试按照一定的方式对实验处理作出反应，但对于没有接受前测的被试，结果就不一样了。

2. 被试选择

如果被试不是随机抽样，由被试得出的实验结果就不能外推。如被试全部来自某市 6 个行政区中的一个，且不是随机抽样，抽样误差很大，那么由被试得出的研究结果就不能简单推广到这个区或外推到全市。再如研究教师期望对课堂破坏行为的影响，所选择班级的学生在年龄、性别和社会经济背景等方面具有特征，比如是经济较发达城市重点班的学生，那这项研究结果外推的效果就较差，也就是外部效度较低。

3. 实验情境

实验情境与自然情境差距越大，实验的外推性越小，即外部效度较低。如运动生物化学实验研究中常常以小白鼠为实验对象进行研究，虽然小白鼠 99% 的基因与人类同源，但实验情境和现实人类运动的情境差距很大，人体运动的复杂性会使将小白鼠的研究成果推广到人时受到很大的限制。

三、结构效度

结构效度是指变量及变量之间关系构想的准确性，以及实验变量在实验时的操作定义与推理时的定义的一致性程度。提高结构效度需要对实验中的自变量和因变量进行定义以及在实验设计中说明这些变量是如何被操控的。

影响结构效度的因素主要有以下几种：

1. 对自变量或因变量定义不充分

由于事前缺乏准备，对自变量和因变量定义不充分，或在实验设计中未说明这些变量是如何被操控的，会导致结构效度下降。如由于缺少对个别化教学的精确定义，得出的关于某两位教师的个别化教学方式的实验结论差异很大。

2. 混淆结构和结构的水平

在实验中，缺失某些自变量水平就得出结论，会降低结构效度。如只使用一种类型的音乐进行研究，却得出“音乐可以促进训练计划”的结论。

3. 单一方法偏差

只使用一个因变量，用一个指标的结果来说明结论，会降低结构效度。如在一个降低焦虑的实验中，因变量只采用被试用纸笔方式进行的焦虑自陈报告（大题小做）。

四、统计结论效度

统计结论效度是指得出实验组和对照组之间存在统计学差异的结论的效度。如果统计结果错误，就会对自变量是否影响因变量作出错误的研究结论。

影响统计结论效度的因素主要有以下几种：

1. 样本量过小

使用样本量太小，会导致方差较大，因而不能通过统计方法检测出组间差异，但事实上组间可能存在差异关系。例如，在每组只有 5 个被试的教学实验中，组间差异不具有统计学意义，这时研究者可能会得出“两种教学方法同等有效”的结论。

2. 违反统计假设

一些推断性技术假设抽样是随机的，如果不是随机抽样的话，所得到的统计概率在某种未知程度上是错误的。因此，必须注意各种统计方法的原假设是什么，这个原假设就是统计方法应用的条件。如在统计推断中，参数检验是以明确的总体分布为前提的，另外，需要满足某些总体参数的假定条件，如果研究人员对所研究的总体知之不多，或对参数检验中的诸多要求和假设很难完全满足，这时，参数检验就不适用了，此时，应当使用统计学中的另一类检验方法——非参数检验。

3. 偶然发现和错误率问题

利用偶然发现的结果错误地推论整体是不妥当的。如研究者使用 10 个指标来比较两种教学方法，只根据一个具有显著差异的结果得出结论。

4. 测量的信效度

使用的测量技术不科学会影响统计结论效度。如使用未经信效度检验的工具进行指标测量，得出的结论是不具备统计结论效度的。测量工具的信度、效度都依赖于研究者使用工具的方式，如采用的工具是否已经具有信度、效度，是否在先前同样的条件下使用，随时间的变化测量工具的信度、效度是否发生了变化等。依据具有一定精度的测量技术所获得的数据进行统计推论，才能获得较好的统计结论效度。

尽管实验设计的目的是提高实验的所有效度，但在有些情况下，确保一种效度就可能削弱另一种效度。随着实验的控制越来越严格，实验的内部效度会得到提高，但实验结果的推广性（外部效度）就会非常有限。因此，研究者必须设法保持各个效度的平衡，并应注意识别可能影响效度的因素，通过足够的控制达到实验目的。

第六节 常用的实验设计方法

实验设计是否严密，将直接关系到实验结果的准确性和结论的可靠性。良好的实验设计常常可以花费比较经济的人力、物力和时间，获得较为可靠的结果，使误差减至最低限度；还可在很少的几个实验中涉及多种实验处理因素，达到高效的目的。不重视实验设计或设计不周密，获得的数据就不完全或不可靠，结果会导致实验失败，或导致大量浪费而事倍功半。

同一个实验可以采用不同的设计形式，良好的实验设计意味着对影响内部效度的各种因素进行了控制，而较差的实验设计则只控制了很少的一部分。实验的质量往往在于对影响实验效度的各种因素的控制程度。

一、弱实验设计

弱实验设计，又被称作非实验设计，是因为这类设计没有对影响内部效度的无关变量进行内在控制。除自变量外，还有很多因素会影响实验结果，所以很难对自变量的效果作出评价。但弱实验研究可以使研究者对变量之间存在的相关关系作出因果关系的假设，为后续的真实验奠定必要的基础。

（一）单组后测设计

只有一组接受一种实验处理，并对因变量进行后测。我们用 X 代表某种实验处理，O 代表测试结果（后同）。这种设计如表 7-2 所示：

▶表 7-2　单组后测设计

单组被试	X	$O_{后}$

对观测指标在实验处理前进行观察和测量，此为前测；对观测指标在实验处理结束时进行观察和测量，此为后测。这种设计最明显的弱点是缺乏任何控制，研究者无法知道观测指标有没有产生变化，也无法知道观测指标的变化是由实验处理导致的，还是由无关变量导致的。如观察一个新的训练计划对提高耐力水平的效果，可以选择一组被试者，然后实施新的训练计划，完成训练后进行耐力测试，测试结果将用来评估训练计划的效果。

（二）单组前后测设计

在单组前后测设计中，单组被试在实验处理前和实验处理后都接受观察或测量。这种设计如表 7-3 所示：

▶表 7-3　单组前后测设计

单组被试	$O_{前}$	X	$O_{后}$

这种设计要优于单组后测设计，研究者至少知道因变量是否发生了变化，但仍存在无关变量没有得到控制的问题。研究者无法知道前后测之间的差异是由实验处理导致的，还是由无关变量造成的。如在单组后测设计的例子中，在训练开

单组前后测设计案例

始前增加一次耐力测试，在训练结束后，再次测量耐力水平，然后比较两次测量结果，可以评估训练的效果。

（三）固定组比较设计

固定组比较设计就是使用两个已经存在或自然形成的组，如固定组是已经存在的两个班级。其中一个组不接受实验处理，作为对照组，另一个组接受实验处理，作为实验组，这样就矫正了单组设计中实验结果的差异是来自实验处理还是无关变量的问题。这种设计如表 7-4 所示：

▶ 表 7-4 固定组比较设计

固定组 1	X	$O_{后}$
固定组 2		$O_{后}$

由于被比较的两个组是已经存在的，也就是说，被试不是被随机分配到这两个组中去的，那么实验结果会受到这两个组不同的被试特征的影响，而且也比较容易受到被试流失因素和被试环境因素的影响。如研究某一种新的游泳教学法的教学效果，研究者很难对实验组和对照组的实验对象进行随机抽样，因此在实践中常常选取不同时间上课的两个班作为实验对象，测量方式是完成新的游泳教学法和对照教学法后对教学效果进行评价，比较方式是对两组的后测进行比较。

（四）固定组前后测设计

固定组前后测设计对两个固定组都要进行前测和后测。这种设计如表 7-5 所示：

▶ 表 7-5 固定组前后测设计

固定组 1（实验组）	$O_{前}$	X	$O_{后}$
固定组 2（对照组）	$O_{前}$		$O_{后}$

在进行分析时，用后测减去前测得到的差（即获得量或改变量）作为分析数据，比较两个固定组差值之间是否相同。这种分析虽然对被试特征因素进行了一定的控制，因为分析的是被试自身的改变，但是仍然不能完全排除被试特征因素的影响，因为这种改变量可能与初始情况（前测）有关，可能出现好的更好（或差的更差）的情况。为了优化这个设计，可以利用前测来进行组的配对，这种设计就变成配对前后测对照组设计（在准实验设计中介绍）。如固定组比较设计中的例子，实验对象的募集方式和分组不变，只是在实施不同教学方法之前增加前测，并在完成两种教法后进行后测，就成为一个固定组前后测设计，比较的方式是对两组的变化量进行比较。

二、真实验设计

前面已经介绍了实验设计的原则，真实验设计最重要的一点是遵循随机化原则和对照原则。随机化原则和对照原则是实现不同组间齐同的必需措施，能有效地控制被试特征和无关变量对内部效度的影响。随机抽样是统计学的抽样方法。下面介绍几种常用的随机分组方法、单因素实验设计方法和多因素实验设计方法。

（一）随机分组方法

随机分组方法很多，主要有完全随机化、配伍组随机化（或区组随机化）、分段（或分层）随机化、分层区组随机化和动态随机化等方法。

随机分组案例

1. 完全随机化方法

完全随机化方法对实验对象的个体特征不作任何考虑，直接应用随机技术把被试分配到不同组别，然后实施实验和结果分析。实践中，完全随机化方法主要应用于实验对象个体差异较小、个体特征因素对实验效应无明显影响、事先对被试的条件进行了严格控制（如动物实验中，对动物的品系、产地、月龄、体重等作了严格要求）等情况。

完全随机化方法很多，实践中常用的完全随机化方法有抽签法、随机数表法、随机排列表法、计算机随机法等。这里仅介绍其中的一种方法——随机数表法。

随机数表法可将实验对象按一定的顺序（如身高、体重等）排队编号，然后在随机数字表上随机选择随机数字的起点，根据实验对象的数量具体要求，将此随机数字自左向右依次读取，最后把随机数字为奇数的实验对象分为一组，偶数的分为另一组。若两组的实验对象不相等，则可再次使用随机数字表，从人数多的一组中随机选取多余的实验对象，分配到实验对象数少的一组中，直到两组的实验对象数相等为止。

例如，试把体重在一定范围内的20名被试用随机数表法分成甲、乙两组。首先称量被试体重，并按体重编为1~20号。然后在随机数字表中任一数字开始，如自第3行第6列的数字56开始自左向右取20个数目，按编号和随机数字表上查得的20个数目对应排列，并令随机数字属于单数的归于甲组，属于双数的归于乙组，结果如表7-6所示：

▶表7-6　完全随机分组表

组别	编号	人数
甲组	4、5、8、10、11、12、15、17	8名
乙组	1、2、3、6、7、9、13、14、16、18、19、20	12名

为使两组被试相等，须把乙组中的2名用随机数表法分配到甲组。可接着使用前面用过的随机数字表，按顺序在第4行第1列开始查找第21位和第22位

数字为12和56，为使乙组中12名被试都有分配到甲组的机会，故用12除12得余数为0，因为没有0号，故后推一个数字为56和85，用12除56得余数8，则应将乙组中第8名被试改为甲组，12除85得余数为1，则应将乙组中第1名被试分配到甲组。

随机数表法使被试完全有均等的机会被分配到各组而不受任何固定因素的影响，但分配的结果常常会出现各组数目不相等的情况，因而需要进行调整，因此，各组平均体重亦可能有一定差别。

还有一种简单的随机数表分配方法，即从随机数字表中任一数字开始取数，大于20的舍去，这样取到一个随机序列的1~20的数字，与编号的被试一一对应，然后单号归于甲组，双号归于乙组。分配情况如表7-7所示：

▶表7-7 完全随机分组表

被试编号	1	2	3	4	5	6	7	8	9	10	11	12	13	14	15	16	17	18	19	20
随机数字	07	13	14	10	12	05	03	09	06	18	01	16	17	20	04	11	19	15	08	02
组别	甲	甲	乙	乙	乙	甲	甲	甲	乙	乙	甲	乙	甲	乙	乙	甲	甲	甲	乙	乙

此外，确定哪一组为实验组、哪一组为对照组也需要用完全随机化方法，如抽签法。

2. 配伍组随机化方法

配伍组随机化方法也叫区组随机化方法，是将被试按照一定条件划分为配伍组或区组，再将每一配伍组（区组）的各被试随机分配到各个处理组。每个配伍组（区组）的例数等于处理组个数。划分配伍组（区组）的条件是影响实验效应的非处理因素。这种设计的优点是能缩小受试对象间的个体差异，可提高各处理组间的均衡性，从而减少实验误差，提高实验效率。因此，配伍组设计主要应用于被试个体差异较大（如年龄、体重等差异较大）、个体因素对实验效应有明显影响、被试的选取条件未控制等情况。例如，在动物实验中，常按月龄、性别、体重等条件划分配伍组（区组）；在人群实验中，常根据性别、年龄、生活或工作条件等划分配伍组（区组）。

例如，将18个被试用配伍组随机化方法分配到A、B、C三个组。

先把18个被试按条件每三个编为一个配伍组并编号，1~3为第一配伍组，4~6为第二配伍组，以此类推。查随机数字表，随机指定6行，每行只取随机数1~3，其余舍掉，依次标在各配伍组被试编号下。预先规定随机数字1归入A组，2归入B组，3归入C组。分配结果如表7-8所示：

▶表 7-8 配伍组随机化分组表

被试编号	1	2	3	4	5	6	7	8	9	10	11	12	13	14	15	16	17	18
随机数字	1	2	3	2	3	1	3	1	2	3	1	2	2	1	3	3	2	1
组别	A	B	C	B	C	A	C	A	B	C	A	B	B	A	C	C	B	A

配对随机化方法是最简单的配伍组随机化方法。

在实验研究中，为了减少实验对象个体差异对实验结果的影响，可采用配对随机化方法，即将相关条件（如年龄、身高、体重、训练年限、身体素质指标、运动成绩等）近似的两个实验对象配成对子，把配对的实验对象再按完全随机化分配到两组。

配对设计案例

3. 其他随机化分组方法

随机化分组还包括分段（或分层）随机化、分层区组随机化和动态随机化等方法。

（1）分段（或分层）随机化方法。分段（或分层）随机化方法是按实验对象特征，即可能产生混杂作用的某些因素（如年龄、性别、种族、文化程度、居住条件等）先进行分层，然后在每层内随机地分组，最后把实验对象分别合并为实验组和对照组。分段（或分层）随机化对于组间样本均衡性有重要作用，但只适合于 2~3 个分层因素时使用，既适用于小样本，也适用于大样本。

（2）分层区组随机化方法。分层区组随机化方法是配伍组随机化方法和分段（或分层）随机化方法结合的一种方法。

（3）动态随机化方法。动态随机化方法是指在分组过程中被试分到各组的概率不是固定不变，而是根据一定的条件进行调整的一种随机化方法。它能有效地保证各实验组间例数和某些重要的非处理因素接近一致。

（二）单因素实验设计方法

单因素实验设计方法是指实验中只操纵一个自变量（可为多个不同水平）的设计，其他实验因素保持不变，从而研究该自变量与实验结果（因变量）之间关系的方法。在真实验设计的单因素实验设计中，实验组和对照组都是以随机分配被试的方式进行分组的。各个处理组样本例数可以相等，也可以不等，可进行两组或多组设计。

一般对于实验结果的统计分析，如果符合参数检验条件，若观察指标是计数的，则用 u 检验，若观察指标是计量的，则两组比较用 t 检验，多组比较用方差分析。如果不符合参数检验条件，可以采用非参数秩和检验。

1. 随机后测对照组设计

经过预期的实验处理后，两组都要对观测指标进行后测。

例如，想要研究某个运动方案对糖尿病小鼠的疗效，将血糖作为实验效应的观测指标，被试糖尿病小白鼠已用完全随机化方法分成甲、乙两组，试用后测对照组进行实验设计。

本实验只涉及一个实验处理因素（自变量）——某个运动方案，有两个水平——运动和不运动，根据要求，实验组执行运动方案，对照组不运动，比较执行运动方案后两组血糖的差别，只进行后测，设计如表 7-9 所示：

▶表 7-9　随机后测对照组设计

乙组（实验组）	X	$O_{\text{后}}$
甲组（对照组）		$O_{\text{后}}$

这种设计，通过随机分配，很好地控制了被试特征等可能影响实验结果的因素，但还有一些可能影响内部效度的因素没有得到控制，如被试的流失。由于实验处理，实验组中退出实验的被试可能比对照组要多，这可能导致两个组的特征不再相似，而这又会相应地影响实验结果。同时，也可能存在实验操作、突发事件等因素对内部效度的影响。另外，由于实验前没有对两组被试进行前测，无法表明随机分配后，两个组是否真的均衡。

2. 随机前后测对照组设计

与随机后测对照组设计相比，随机前后测对照组设计使用了前测，即实验组和对照组在实验处理前都接受一次测量，在实验处理结束时都接受第二次测量，需注意两组的观察和测量都要同时进行。仍使用随机后测对照组设计中的例子，该设计如表 7-10 所示：

▶表 7-10　随机前后测对照组设计

乙组（实验组）	$O_{\text{前}}$	X	$O_{\text{后}}$
甲组（对照组）	$O_{\text{前}}$		$O_{\text{后}}$

随机前后测对照组设计案例

进行前测，可以使研究者检查随机分配是否成功地使两个组达到均衡，特别是当每个组的被试比较少时（少于 30 个），这个前测是非常必要的。如果前测表明两个组并不均衡，则研究者需要采用配对技术等，使两个组达到均衡后，再进行实验处理。例如，研究者希望确定运动训练是否能够提高篮球运动员的投篮准确性。为了进行这个研究，研究者首先会从一支篮球队中随机选择一部分球员作为实验组，另一部分球员作为对照组。在实验开始之前，研究者会对所有球员进行投篮准确性的评估（前测），记录下每个球员的投篮命中率。然后，实验组接受一段时间的专门投篮训练，而对照组则不接受任何特定的训练。训练结束后，研究者再次对所有球员进行投篮准确性的评估（后测），并与前测结果进行比较。通过比较实验组和对照组的投篮准确性改变情况，研究者可以得出结论，判断训练是否对篮球运动员的投篮准确性产生了影响。

3. 随机化所罗门 4 组设计

随机前后测对照组设计的不足之处在于，前测与实验处理之间可能产生交互作用效应，就是说，实验组可能从前测中受到影响，在后测中比对照组表现得更好（或更差）。随机化所罗门 4 组设计的目的就是减少前测可能导致的影响。但缺点是被试要分为 4 个组，所需样本量增大，实验工作量增加一倍。该设计如表 7–11 所示：

▶表 7–11 随机化所罗门 4 组设计

实验组 1	$O_{前}$	X	$O_{后}$
对照组 1	$O_{前}$		$O_{后}$
实验组 2		X	$O_{后}$
对照组 2			$O_{后}$

4. 单因素随机区组实验设计

前面介绍了配伍组随机化（区组随机化）方法在随机分配时的用法。划分配伍组（区组）后再把配伍组（区组）内被试进行随机分配是为了让各组被试特征更均衡，更利于提高组间齐同。但在有些实验中，各区组之间的差别对因变量有明显的影响，这个差别又不是研究者关注的内容，这时划分区组后，各区组被试不再随机分配，而是作为一个整体，把区组划分条件作为一个协变量引入实验中，可以通过统计处理，消除协变量的影响。

由上可见，随机区组实验设计是在考查自变量影响效应的实验中，考虑到一个额外变量的影响，并将这个额外变量作为协变量，对其在各种实验处理条件下产生的影响进行平衡，同时将该协变量引起的变异从误差项中分离出来，以防止这些无关变量降低实验研究的内部效度。

例如，某实验考查三个体育教学方案的优劣，试设计实验。

处理因素体育教案有三个水平：X_1、X_2、X_3。如果认为被试体育成绩可能会引起因变量的变化，就可以将体育成绩作为协变量，这样就可以形成一个区组实验设计。随机抽取同质被试，按照体育成绩分成三个区组，每个区组内再随机分三个小组，如表 7–12 所示：

▶表 7–12 单因素随机区组实验设计

区组	X_1	X_2	X_3	区组平均
优	O_{11}	O_{12}	O_{13}	O_1
中	O_{21}	O_{22}	O_{23}	O_2
差	O_{31}	O_{32}	O_{33}	O_3
结果	O_{A1}	O_{A2}	O_{A3}	

单因素随机区组实验设计的数据处理采用多因素方差分析方法。

随机区组实验设计的方法是由英国统计学家和遗传学家罗纳德·费希尔（R. A. Fisher）最早提出的。费希尔在实验设计的基本思想中提出了应遵循的三个原则：随机化、局部控制和重复。随机化的目的是使实验结果尽量避免因受到主客观系统性因素的影响而出现误差；局部控制是用划分区组的方法，使区组内部条件尽可能一致；重复是为了降低随机误差的影响，以保证实验结果的重现性。区组实验设计和下面介绍的拉丁方实验设计都体现了上述原则。

一般来说，随机区组实验设计多用于对一个额外无关变量的平衡。随机区组实验设计原则是同一区组内被试尽量同质。对于可能影响因变量的，又不是研究者关注的变量，都可以作为协变量，所以除被试特征外，影响实验结果的其他额外无关变量也可作为协变量，如时间顺序因素、空间位置因素等。协变量和自变量不能有交互作用。和双因素实验设计不同的是，单因素随机区组实验设计通过统计手段——协方差分析法，消除了协变量对因变量的影响，最终考查的是一个自变量对因变量的影响。

5. 拉丁方实验设计

拉丁方实验设计是随机区组实验设计的一种特殊排列，也可以平衡无关变量，以防止这些无关变量降低实验研究的内部效度。一般来说，区组实验设计多用于平衡一个无关变量，拉丁方实验设计可以平衡两个（或两个以上）无关变量。

用单因素随机区组实验设计中的例子，现在做进一步假设：

假如，被试来自不同的班级也可能会引起因变量变化，这样需要对班级这个无关变量进行平衡处理。研究中采用班级和体育成绩两方面因素的平衡方法安排实验，构成了一个单因素的拉丁方实验设计，设计模式如表 7-13 所示：

▶表 7-13　拉丁方实验设计

区组	班级 1	班级 2	班级 3	区组平均
优	X_1	X_2	X_3	$O_{优}$
中	X_2	X_3	X_1	$O_{中}$
差	X_3	X_1	X_2	$O_{差}$
区组平均	$O_{班1}$	$O_{班2}$	$O_{班3}$	

从这一例子可以看出，拉丁方是一个含 P 行 P 列的方阵，在每行、每列中，自变量的每个水平出现一次。按拉丁方行和列安排处理因素位置的实验设计就称为拉丁方实验设计。拉丁方实验设计首先根据自变量处理的水平数确定两个额外无关变量的水平数，然后利用两个额外无关变量的各个水平分别作为行和列构造

一个拉丁方格，最后再将自变量的不同处理平衡地安排在这个方格中。在这种设计中，自变量的水平数或水平结合数、额外无关变量的水平数必须相等。

在拉丁方实验设计中，其选取用来构成拉丁方格的两个额外无关变量之间、额外无关变量与研究的自变量之间不能存在交互效应，所以拉丁方实验设计较多应用于一个自变量多个水平的实验设计，较少用于多个自变量的实验设计。

其数据的处理也采用方差分析方法。

拉丁方实验设计可以使研究者平衡并分离出两个额外无关变量的影响，因而能减小实验误差，可获得对实验处理效应更准确的评估。但是拉丁方实验设计要求每个额外无关变量的水平数与实验处理数必须相等，这也在一定程度上限制了拉丁方实验设计的使用。

随机区组实验设计和拉丁方实验设计中的假设是额外无关变量与自变量之间不存在交互作用，但是研究者可以尝试分析额外无关变量和自变量是否存在交互作用，如果统计结果显示有交互作用存在，研究者应该考虑进一步修正自己的研究假设，把额外无关变量作为实验处理因素，而不是当作无关变量来考虑，同时修改实验设计方案。

（三）多因素实验设计方法

单因素实验设计方法只能解决一个自变量的不同水平间的比较问题。例如教学方法的实验，只能比较在教学时间或教材内容等因素相同的情况下各种教学方法的优劣。若在教学方法和教材都不同的情况下，要分析各种教学方法和教材对教学效果的影响，就需要用多因素实验设计方法。

多因素实验设计是指实验中操纵两个或两个以上自变量（每个自变量可包括多个不同水平）的实验设计。在真实验设计中的多因素实验设计，进行分组时也遵循随机化原则，随机分组方法同前，本部分在介绍该设计方法时，略去了随机分组的具体介绍。

多因素实验设计不仅可检验每个自变量各水平实验效应的差异，而且可以检验各个自变量间的交互作用。两个或多个自变量间如存在交互作用，表示各个自变量不是各自独立的，而是一个自变量的水平有改变时，另一个或几个自变量的效应也相应有所改变；反之，如不存在交互作用，则表示各个自变量具有独立性，一个自变量的水平改变不影响其他自变量的实验效应。

多因素实验设计最简单的是两个自变量，更多自变量的设计方法和两个自变量的设计思路一样。本部分以两个自变量，每个自变量有两个水平为例介绍多因素实验设计，这也被称为 2×2 因素设计。

2×2 因素设计案例

1. 析因实验设计

析因实验设计分别考查自变量 1 的主效应、自变量 2 的主效应和两个自变量的交互作用。

例如，研究某个运动方案（一个自变量的两个水平为采用运动方案和不运动）和某个营养方案（另一个自变量的两个水平为采用某营养方案和常规营养方案）对糖尿病小鼠的疗效，以血糖（因变量）作为观测指标，被试为同质的糖尿病小白鼠 40 只，试作出析因实验设计。

首先，要明确实验处理因素组合的数量。实验处理因素组合的数量是因素个数与水平个数的乘积，本例中有两个自变量（两个因素），每个自变量有两个水平，因此有 2×2 共 4 个组。

其次，把受试对象用随机化技术分组。本例被试可以随机分为 4 组。我们用 A 代表运动方案，用 B 代表营养方案实验设计，实验设计如表 7–14 所示：

▶ 表 7–14 析因实验设计

	A_1	A_2
B_1	A_1+B_1	A_2+B_1
B_2	A_1+B_2	A_2+B_2

最后，进行 2×2 析因实验设计的数据分析。观察指标为计量资料时，用双因素方差分析；观察指标为计数资料时，用 1 ∶ M 配对卡方检验。本例可以通过数据统计分析，考查运动方案的主效应、营养方案的主效应，以及运动方案和营养方案有无交互作用。

2. 裂区实验设计

前面所介绍的单因素随机区组实验设计和拉丁方实验设计是单因素多水平情况下控制额外无关变量的设计技巧。裂区实验设计在控制额外无关变量的情况下，可以考查两个及两个以上自变量的作用。可见，裂区实验设计是区组实验设计的扩展，是把完全随机化设计、随机区组实验设计和拉丁方实验设计结合起来的混合实验设计。下面以完全随机化裂区实验设计为例，介绍这类设计的特点。

完全随机化裂区实验设计通过完全随机化方法进行实验单位的裂区。首先，要把两个自变量分为一级实验处理因素和二级实验处理因素。设计中应把主要分析的因素，以及实验操作难度大、变异大的因素作为一级实验处理因素，然后按一级实验处理因素的水平数进行完全随机化分组（裂区）。如表 7–15 所示，为了更直观，我们用 A、B 表示两个不同的自变量，用 1、2 表示每级处理因素的两个水平，两个自变量 A 和 B 各按一级实验处理因素完全随机分为 A_1、A_2 和 B_1、B_2。其次，按照二级实验处理因素的水平数把已分好的各组再进行完全随机化分组。这种设计相当于几个完全随机化设计的组合。A_1 随机分配为 A_{11} 和 A_{12}，以此类推，然后进行两两组合。本实验设计如表 7–15 所示：

▶表 7-15　完全随机化裂区实验设计

A		B	
		B_1	B_2
A_1	A_{11}	$A_{11}-B_1$	$A_{11}-B_2$
	A_{12}	$A_{12}-B_1$	$A_{12}-B_2$
A_2	A_{21}	$A_{21}-B_1$	$A_{21}-B_2$
	A_{22}	$A_{22}-B_1$	$A_{22}-B_2$

裂区实验设计与析因实验设计不同的是，析因实验设计对各因素不同水平的全部组合进行实验，故具有全面性和均衡性。析因实验设计的不同实验处理全部作用于同一级别的实验对象，实验对象间是独立、平等的。而裂区实验设计中不同处理作用于不同级别的实验对象（上例中，对于 A 这一因素而言，第一级别实验对象接受的实验处理是 A_1、A_2，第二级实验对象接受的实验处理是 A_{11}、A_{12}、A_{21}、A_{22}），测试指标的比较是组间和组内两个层次的比较，并且分析单位间是不独立、不平等的，具有嵌套结构。因此设计思路不同，分析思路也不同。如对慢性踝关节不稳的男青年在不同地面行走的步态分析中，两个自变量分别为慢性踝关节不稳（有和无两个水平）和地面（软和硬两个水平），第一级实验分析单位是男青年有无慢性踝关节不稳，是组间（双因素）比较；当进一步考查优势侧腿和非优势侧腿之间运动学差异时，对男青年有无慢性踝关节不稳这个分析单位进行裂区，这时分析单位变成左腿和右腿，左右两侧腿的比较属于组内比较。而地面因素 B 只分为 B_1（软地面）和 B_2（硬地面），不再对软地面和硬地面的地面条件进行细分。当然也可改变软地面和硬地面的地面条件，如分为上坡和下坡，这时研究设计就变得更加复杂，需要重新按研究目的进行设计。

混合实验设计案例

3. 正交实验设计

单因素和双因素实验设计的实施、统计分析都比较简单，当实验处理因素为三个或三个以上时，实验的规模很大，常常难以实施。

正交实验的基本特点是用部分实验代替全面实验，通过对部分实验结果的分析，了解全面实验的情况。

正交实验设计是利用一套现成规格化的表格，合理安排多种实验处理因素和不同水平，以便能经济、快速地取得实验结果的一种实验设计方案。这种方法是拉丁方实验设计的自然推广，它不仅保持了析因实验设计的特点，而且又克服了析因实验设计中实验处理因素有限这个不足，所以，它是同时确定各实验处理因素间交互作用及实验水平的最佳设计方案，其数据处理也是采用多因素的方差分析法。

最简单的正交表是 $L_4(2^3)$。其中，L 表示正交表，4 表示共需做 4 次实验，

3 表示有 3 个实验处理因素，2 表示每个实验处理因素分 2 个实验水平，$L_4(2^3)$ 表示最多可安排 3 个两水平因素要做 4 次实验的正交表。如 2×2 析因实验设计就可以用正交实验 $L_4(2^3)$ 表示，A、B 两个自变量加上 $A\times B$ 交互作用因素共三个实验处理因素，实验设计如表 7-16 所示：

▶表 7-16 $L_4(2^3)$ 实验安排表

实验次数	实验对象		
	A	B	$A\times B$
1	A_1	B_1	$A_1\times B_1$（1，1）
2	A_1	B_2	$A_1\times B_2$（1，2）
3	A_2	B_1	$A_2\times B_1$（2，1）
4	A_2	B_2	$A_2\times B_2$（2，2）

例如，欲研究某个运动方案和某个治疗药物对糖尿病小鼠的疗效，以血糖测定作为实验效应，被试为某品系、体重在一定范围内的糖尿病小白鼠，试做出正交实验设计。

首先，拟定影响观察指标的因素和水平。

因素 A：水平 1（A_1）某运动方案　　水平 2（A_2）不运动

因素 B：水平 1（B_1）某药物　　水平 2（B_2）不使用这种药物

因素 C：水平 1（C_1）雄性小白鼠　　水平 2（C_2）雌性小白鼠

其次，选择合适的正交表。根据题意，除要分析 A、B、C 的主效应外，还要分析交互作用 $A\times B$、$A\times C$，主效应有三个，分析的交互作用有两个，一共 5 个实验处理因素，每个实验处理因素两水平，显然 $L_4(2^3)$ 不够用，可选择 $L_8(2^7)$，表头设计如表 7-17 所示：

▶表 7-17 正交实验表头设计

列号	1	2	3	4	5	6	7
因素	A	B	$A\times B$	C	$A\times C$		

第六列可以根据实验需要再安排一个因素，如 $A\times B\times C$，也可以与第七列一起作为空列，用作误差分析列。实验设计如表 7-18 所示：

▶表 7-18 正交实验设计

实验号	列号							结果
	1	2	3	4	5	6	7	
	A	B	$A\times B$	C	$A\times C$			
1	1	1	(1, 1) 1	1	(1, 1) 1	1	1	
2	1	1	(1, 1) 1	2	(1, 2) 2	2	2	
3	1	2	(1, 2) 2	1	(1, 1) 1	2	2	
4	1	2	(1, 2) 2	2	(1, 2) 2	1	1	
5	2	1	(2, 1) 2	1	(2, 1) 2	1	2	
6	2	1	(2, 1) 2	2	(2, 2) 1	2	1	
7	2	2	(2, 2) 1	1	(2, 1) 2	2	1	
8	2	2	(2, 2) 1	2	(2, 2) 1	1	2	

在正交实验中，每一次实验都必须严格按照设计方案进行。如本例中，第一次实验取 A_1、B_1、C_1，第二次实验取 A_1、B_1、C_2，第三次实验取 A_1、B_2、C_1……取测得的结果列于表的右侧，进行方差分析。

三、准实验设计

从弱实验设计和真实验设计来看，弱实验设计无关因素控制差，实验结果说服力不强，而真实验设计要求一定满足随机化原则，实验条件苛刻。在体育科学研究中，以动物为被试的实验，比较容易随机分组，以人为被试的实验，实践中难以遵循随机化原则。如在学校体育学研究中，对于教材教法的研究，很难对学生进行随机分组，常常采用相似的自然班代替真实验随机分组方法，在自然环境下采用类似于真实验设计方案来进行研究。因此，准实验设计是将真实验的方法用于解决实际问题的一种研究方法，它不能完全控制研究的条件，在随机分组方面降低了控制水平。准实验的实验假设不一定是因果关系假设，也可能是相关关系假设。

由上可见，准实验是在难以随机分组的情况下，或者为了提高实验情境与实际情境的相似性，运用原始群体进行实验研究的方法。由于实施准实验的情境自然真实，外部效度往往高于真实验。因此，准实验的关键问题是如何在非随机分组的条件下提高组间齐同，进而提高实验的内部效度。因为如果没有一定的内部效度，外部效度再高都没有意义。下面介绍几种准实验设计中控制被试特征对内部效度的影响的方法。

（一）配对设计

这种设计和真实验的配对随机分配的区别在于，它没有采取随机分配的办法。研究者把实验组和对照组中的被试按照特定的条件进行配对，但不能保证这些被试其他特征也是均等的，因为即使进行了实验组和对照组被试的配对，配过对的被试仍然留在原来的自然组内。配对永远不能代替随机分配。因为利用配对能提高组间均衡，所以配对条件与因变量之间的相关关系必须非常强（相关系数在 0.4 以上）。如比较两种不同的体育训练方法（干预措施）对运动员爆发力的影响。从同一个体育项目的运动员中选择具有相似年龄、性别、训练经验等条件的运动员，然后将运动员成对配对，每对配对运动员之间存在某种特定的相似性（如体重、身高、基础能力等），以确保两组运动员之间的初始差异较小。

配对设计如表 7–19、表 7–20 所示：

▶ 表 7–19　配对后测对照组设计

实验组	X	$O_{后}$
对照组		$O_{后}$

▶ 表 7–20　配对前后测对照组设计

实验组	$O_{前}$	X	$O_{后}$
对照组	$O_{前}$		$O_{后}$

（二）平衡对抗设计（轮组法，拉丁方法）

平衡对抗设计是力图使实验组和对照组达到均衡的技术。在这种设计中，每组的被试都要接受所有的实验处理，但是接受顺序不同。如比较不同训练顺序对青少年足球运动员训练效果的影响，可将运动员随机分配到三个组，即顺序 1 组、顺序 2 组和顺序 3 组。顺序 1 组首先接受速度训练（如瞬间加速度训练），然后进行平衡训练，最后进行灵活性训练（如柔韧性训练）。顺序 2 组则先进行平衡训练，然后进行灵活性训练，最后进行速度训练。顺序 3 组先进行灵活性训练，然后接受速度训练，最后进行平衡训练。在每项训练后，都对参与者的平衡、速度和灵活性进行评估。表 7–21 是一个有三种实验处理的平衡对抗设计：

▶ 表 7–21　平衡对抗设计

组 1	X_1	$O_{后11}$	X_2	$O_{后12}$	X_3	$O_{后13}$
组 2	X_2	$O_{后22}$	X_3	$O_{后23}$	X_1	$O_{后21}$
组 3	X_3	$O_{后33}$	X_1	$O_{后31}$	X_2	$O_{后32}$

如何确定不同实验处理的效果呢？只要比较所有组在每种实验处理后后测的平均值就可以。如上面三种处理的例子，就用组 1、组 2 和组 3 在实验处理 1 的后测平均值、实验处理 2 的后测平均值和实验处理 3 的后测平均值来比较。

平衡对抗设计案例

这种设计很好地控制了可能影响内部效度的被试特征，但是实验结果很容易受到不同实验处理相互干扰的影响，用上面的例子来说，在组 1 的实验结果中，实验处理 2 的后测可能因为先进行了实验处理 1 而受到影响，同样，每个实验处理的后测都可能受到一个或几个先前处理的影响。

（三）前后测时间序列设计

前面所介绍的前后测设计都是在实验处理前后各接受一次观察或测量，前后测时间序列设计则是通过在实验处理前后的一段时间内接受多次观察和测量来增加信息量。这里的“增加信息量”不是为了确定实验处理是否有效，而是关心实验处理效果的时间效应、滞后效应，等待稳定实验效果的出现。这种研究设计只适合那些被试积极主动参与且不易引起明显前测影响和实验敏感的研究问题。

前后测时间序列设计包括单组前后测时间序列设计和多组前后测时间序列设计。本节以单组前后测时间序列设计为例进行介绍。这种设计如表 7–22 所示：

▶ 表 7–22 单组前后测时间序列设计

被试组	$O_{前1}$	$O_{前2}$	$O_{前3}$	实验处理	$O_{后1}$	$O_{后2}$	$O_{后3}$

如对网瘾人群的自制力培训干预研究，因为很难找到足够的被试，因此不能实现多组。又因为被试自制力很不稳定，往往需要一段时间稳定情绪，随后，自制力才能逐步稳定，因此，实验应先进行多次前测，当前测波动很小时，才开始培训干预。同样，为了了解干预的效果是否可持续、是否会出现反复现象等，培训结束后的测量也往往不止一次。在这种设计中，进行前、后测结果的差异比较时，由于关心的是时间变化情况，因此不能只用实验处理前后最接近的两次测量结果（$O_{前3}$ 和 $O_{后1}$）进行比较，也不能将几个后测值的回归线直接作为干预结果，而应该采用前测值的回归方程与后测回归方程的差异来判断时间序列前后测数据之间的差异。此外，也可以参考重复测量方差分析的方法进行数据处理。

前后测时间序列设计案例

这种设计能很好地控制自然成长因素对内部效度的影响，但不能很好地控制突发事件（前后测之间的时段内可能发生意外事件）、实验操作（如更换了测量工具）和前测效应（练习效应）等因素对内部效度的影响。

综上所述，为了提高准实验的内部效度，设计时要考虑多组、多处理、多次测量的“三多”策略，还可以加入其他非实验方法来提高实验控制，如增加问卷调查来对受试者的特征进行描述；增加实地观察，补充考虑一些无关因素的出现与否，进而增加准实验的内部效度。当然对于不同的研究问题和实验对象应该有不同的研究方法组合。

四、实验设计流程图

由前所述，进行实验设计的几个关键性的因素是被试、自变量、因变量、无关变量的控制。在明确实验设计思想和统计检验原理的基础上，可根据实验设计的程序化思路和实验设计流程图（图 7-2）完成具体实验设计。

（1）所有被试都接受实验处理采用组内设计，不同被试组采用不同的实验处理采用组间设计。

（2）一个自变量采用单因素设计，两个及两个以上自变量采用多因素设计。

（3）一个自变量有不同水平，就采用多组设计，一个自变量只有一个水平，就采用对照组设计。

（4）控制无关变量可以采用配伍法等。

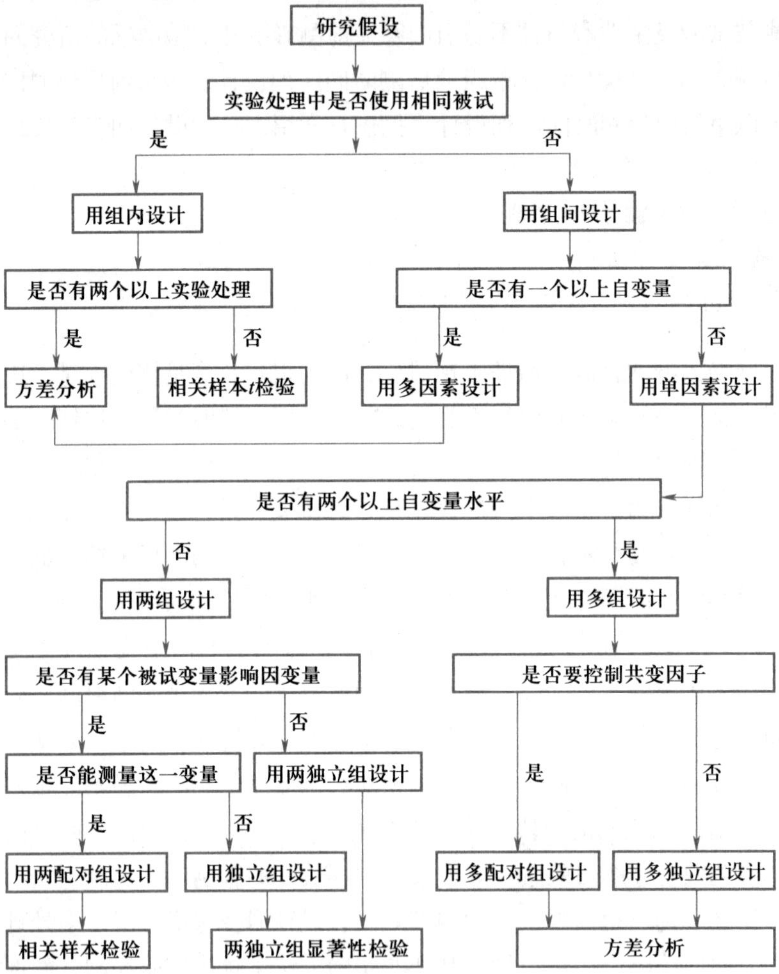

▶ 图 7-2 实验设计流程图

案例 1

高水平短跑运动员跳深动作表现分析：下肢关节生物力学视角

1　研究目的

对比跳深（drop jump，DJ）动作中髋、膝、踝关节之间在生物力学指标上的差异，探究下肢关节生物力学指标与跳深动作表现指标之间的关系，明确影响跳深动作表现指标的下肢关节生物力学因素。

2　实验对象

16 名高水平男子短跑运动员［年龄:（20.31±2.02）岁；身高:（1.83±0.05）m；体重:（70.63±7.52）kg；BMI:（21.00±1.15）kg/m^2］自愿参与本研究。研究对象纳入标准：运动专项为田径 100 m、200 m 或 400 m 的男子运动员且运动等级为一级运动员及以上。排除标准：测试前 1 个月内发生过影响正常训练或比赛的运动损伤或有下肢手术史。测试人员在实验数据采集前已向受试者陈述研究目的、实验流程和测试要求等。

3　测试内容

运动员到达测试地点后先进行 10 min 的准备活动并熟悉测试动作，随后完成 0.45 m 落地高度的跳深动作（Di Giminiani et al.，2020；Peng et al.，2019），采用三维运动学和动力学方法同步采集运动员在跳深动作中髋、膝、踝关节生物力学指标和动作表现指标。

4　数据采集方法

使用红外三维动作捕捉系统（Miqus M3，Qualisys，瑞典）采集运动员在跳深动作过程中上肢、躯干、骨盆和下肢的运动学信号，采集频率为 200 Hz。依据标定的解剖系统技术（calibrated anatomical systems techniquc，CAST）反光球粘贴方案，36 个反光球分别被粘贴在运动员上肢、躯干、骨盆和下肢的骨性标志点；4 块分别由 4 个反光球组成的反光球组被固定在运动员的左、右侧大腿和小腿外侧中段位置（Cappozzo et al.，1995）。使用 2 块三维测力台（9281EA，Kister，瑞士）采集运动员跳深动作的地面反作用力信号，采集频率为 1 000 Hz。在测试开始前，运动员双手叉腰站在跳深架上。当测试人员发出“开始”口令后，运动员抬起优势侧腿使其悬空，随后身体自然前倾并自由下落，落地后以最大努力完成起跳动作。每名运动员每个落地高度下至少采集 3 次有效动作，即离开跳深架时身体重心无明显向上和向前移动，双脚同时着地后以最大努力向上起跳，且在整个动作过程中保持双手叉腰，腾空阶段保持髋、膝关节自然伸展。

5　指标计算方法

利用 Visual 3D 软件（v6.01.36，C-motion，美国）建立上肢、躯干、骨盆和下肢骨骼模型并对跳深动作测试的原始运动学和地面反作用力信号进行四阶递归巴特沃斯低通滤波处理，滤波频率为 15 Hz（Kipp et al.，2018；Kotsifaki et al.，2021）。根据滤波后的运动学和地面反作用力信号计算跳深动作下肢关节生物力学指标和动作表现指标。

《高水平短跑运动员跳深动作表现分析：下肢关节生物力学视角》全文

先采用逆向动力学方法计算优势侧髋、膝、踝关节的矢状面力矩和功率（Winter，2009），随后使用 MATLAB 编程软件（R2018b，MathWorks，美国）通过髋、膝、踝关节功率在时间上的积分计算跳深动作髋、膝、踝关节的负功（离心阶段）和正功（向心阶段）。本研究将运动员优势侧下肢定义为习惯性完成单腿起跳侧的下肢（Yu et al.，2006）。此外，本研究还分别计算了跳深动作离心阶段（从足着地到最大膝关节屈角时刻）髋、膝、踝关节的刚度。关节刚度计算公式如下：关节刚度 $=\Delta M_{joint}/\Delta\theta_{joint}$ [Nm/(°)]，其中 ΔM_{joint} 表示跳深动作离心阶段关节力矩的变化量，$\Delta\theta_{joint}$ 表示跳深动作离心阶段关节角度的变化量（Hamill et al.，2014）。为了消除体重对跳深动作下肢关节动力学指标的影响，使用运动员的体重分别对关节力矩、功率、功和刚度指标进行标准化处理。

本研究根据垂直方向地面反作用力划分跳深动作的阶段。将着地后垂直方向地面反作用力首次超过 10 N 的时刻定义为足首次着地时刻，将着地后垂直方向地面反作用力首次低于 10 N 的时刻定义为足离地时刻，将起跳腾空后足再次着地后垂直方向地面反作用力再次超过 10 N 的时刻定义为足再次着地时刻（Healy et al.，2018）。将足首次着地时刻到足离地时刻这一时间段定义为地面接触阶段（T_c），足离地时刻到足再次着地时刻这一时间段定义为腾空阶段（T_f）。腾空高度 $H_f=1/2g\,(T_f/2)^2$（m），表示为腾空阶段身体质心在垂直方向的位移；反应力量指数 $=H_f/T_c$（m/s）（Barker et al.，2018；Healy et al.，2018；Montal-vo et al.，2021）；平均功率输出 $=g^2\times T_f\times T_t/4T_c$（W/kg），其中 T_t 为地面接触时间和腾空时间之和（Bosco et al.，1983）。

6 统计方法

采用 SPSS 统计学分析软件（Version 22.0，IBM，美国）进行统计学分析，显著性水平定义为 $p < 0.05$。首先，采用 Shapiro-Wilk 检验和 Levene's 检验分析实验数据的正态分布和方差齐性。随后，采用单因素方差分析检验跳深动作髋、膝、踝关节之间在力矩、功率、功和刚度等下肢关节生物力学指标上的差异。最后，采用 Pearson 相关分析检验跳深动作髋、膝、踝关节的力矩、功率、功和刚度等下肢关节生物力学指标与地面接触时间、腾空高度、反应力量指数和平均功率输出等跳深动作表现指标的相关性，若存在显著相关关系，则进一步采用逐步多元回归分析检验跳深动作下肢关节生物力学指标对跳深动作表现指标的影响，并使用调整 R^2 评价跳深动作下肢关节生物力学指标对跳深动作表现指标变异性的解释程度（Gua-dagnin et al.，2019；McErlain-Naylor et al.，2014）。

7 研究结果（略）

8 结论与建议（略）

参考文献（略）

资料来源：臧宇，许贻林，项晓琰，等. 高水平短跑运动员跳深动作表现分析：下肢关节生物力学视角［J］. 体育科学，2023，43（1）：41-49.

案例 1 分析

该案例是一项运动生物力学研究，主要研究动作的生物力学表现和机制。该研究实验对象为人，在有限的现实条件下根据被试特征对被试进行了具体的筛选。该研究的一个优点是实验处理（两个运动方案）和指标测量方法的介绍都比较规范、详细、具体，对广大初涉体育科研的研究者来说，该研究是一个很好的示范。为了让同学们对体育科学的实验研究有更直观的认识，下面将从实验法教学的角度对该案例进行一定的分析。

1. 摘要

文章摘要部分须简要说明本研究的目的、方法、结果和结论。如该案例所示，用简明、概括的语言说明上述四个方面。

2. 背景研究

前言部分主要对该研究相关的重要文献进行回顾，并介绍其研究结果，进而提出自己的研究内容和意义，充分吸引读者对该研究的兴趣。

3. 实验对象

该研究选择实验对象时明确了样本的来源、纳入标准和排除标准，对一部分影响实验内部效度的混杂因子进行了控制，如测试前1个月内发生过影响正常训练或比赛的运动损伤或有下肢手术史。受现实条件的限制，该研究的样本来自某一时段、某一社区的运动员，抽样方式为方便抽样，是非概率抽样，因而，抽样误差可能较大。样本量为16人。

本实验性别单一，为男性，年龄跨度有5岁左右，控制了性别和年龄对因变量的影响。

在科研伦理方面，该研究未说明获得了被试的知情同意书。

4. 实验处理

实验处理需要明确规定和设计处理因素的内容范围、结构、强度、施加时间、施加程序、操作方法等。该研究实验处理为跳深运动。该研究的运动方案明确说明了跳深的初始姿态、进行跳深的动作标准、再跳起的时机、手与身体的相对位置，使组内比较具有一定的可比性，提高了运动方案的规范化和标准化。

5. 观测指标

选观测指标主要考虑指标的有效性、特异性、客观性、重现性、灵敏性、标准化、可行性等方面。该研究的指标在已发表的研究中都使用过，所以有较好依据，都是客观指标，具有一定的重现性、灵敏性和可行性。

6. 测量

该研究明确了观测指标的测量仪器（包括型号、生产厂商）、具体操作方法、技术和计算方法，使测量精度得到了保证。

7. 实验设计

该实验是横断面的研究，同时测量自变量和因变量，为“因”“果”同查。本研究为单组实验后测设计，没有比较组，为弱实验设计，考查的是自变量和因变量的相关关系，为探索性实验。只有一个自变量（运动），是一个单因素设计，有多个自变量，从不同的角度考查了自变量的效果。

案例2

复合反馈对普通高校体育教学影响的实证研究

1 研究目的

根据普通高校体育教学实践特点和社会认知角度理论，提出在普通高校体育教学中实施复合反馈，并结合反馈、建构主义和社会认知等理论，阐述复合反馈机理，最后在乒乓球教学实践中检验效果。

2 实验对象

实验选取了清华大学 2 个男生班，分成普通组和复合反馈组，每班 36 名学生，共 72 名学生参与。为了解决实验对象分组的差异性问题，第 1 次课进行普通教学，通过教学检查和对学生基本情况的调查，将 2 个班中具有一定乒乓球经验或具有明显运动技能（预期将产生学习迁移效应）、左撇子和使用横拍的学生从样本中剔除（对学生不透明，所有学生都参加）。通过预实验后，每个班还剩下 32 名学生作为受试对象，为对比复合反馈和普通反馈对乒乓球技能学习的影响，进行了为期 10 周的教学实践。

3 实验方案

实验分成 2 组，第 1 组是普通反馈组（常规教学组），教师按传统教学方法教学。第 2 组是复合反馈组，同普通反馈组相比，复合反馈组强化引导观察—模仿练习—自我监控指导—自我调节这 4 个阶段的学习过程。学生在第 13 周进行保持测试。测试中学生不接受任何反馈。

4 实验任务

学习乒乓球 3 项基本技术：正手攻球、反手推挡和反手搓球技术。

5 实验仪器

乒乓球拍、乒乓球台、摄像机、摄像机支架、电脑、测量尺、盆（发多球）、乒乓球。

6 实验时间

根据清华大学体育课教学大纲，按照教学进度进行教学，实验一共 13 周，每周 1 次课，每次课 90 分钟。第 1 周为预测试周，主要目的在于观察学生基本情况，从中排除不符合要求的样本，但对学生不透明。第 13 周为保持测试周。

7 测试指标

回球精准性。回球精准性是测量教师发多球至相对固定的位置，学生定点回球的比率，体现学生技术掌握的稳定性。测试中，教师正手攻球、反手拨球和反手搓球各发 20 个多球。正手攻球，受试者以回到 1 区为目标，反手推挡和反手搓球以回球至 4 区为目标。

2 名同学配合对打板数。对打板数测试的是学生在连续击球的能力，反映技术动作的应变性。测试方法是受试者与搭档进行正手对攻、反手对推和反手搓球，每项技术给予 3 次机会，取平均值。

技术评定标准。技术评定反映的是学生正确技术动作结构的掌握程度。采用双盲法，由两位乒乓球专业教师评定。其中站位和还原阶段各 2 分，引拍和挥拍击球阶段各 3 分，总共 10 分。

上课满意度情况调查。学生对该课程的上课满意度情况调查通常采用自我效能（self-efficacy）、技术提高满意度（technique improvement satisfaction）、技术练习过程中的快乐程度（enjoyment）和课堂中付出的努力程度（eddort）这四项指标。

《复合反馈对普通高校体育教学影响的实证研究》全文

8 研究结果（略）

9 结论与建议（略）

参考文献（略）

资料来源：王海燕，杨斌胜，赖勤. 复合反馈对普通高校体育教学影响的实证研究［J］. 北京体育大学学报，2015，38（4）：90-97.

案例2分析

该案例是体育教学的应用研究，主要研究复合反馈对普通高校技能学习的影响。该研究在有限的现实条件下根据被试特征对被试进行了具体的筛选，实验组来自两个自然班，是一个准实验研究。该研究的一大优点是，实验处理和指标测量方法（如对打板数）的介绍都比较规范、详细、具体，对广大初涉体育科研的研究者来说，该研究是一个很好的示范。为了让同学们对体育科学的实验研究有更直观的认识，下面将从实验法教学的角度对该案例进行一定的分析。

1. 摘要

文章摘要部分须简要说明本研究的目的、方法、结果和结论，在该案例中，对研究背景陈述不宜过多，另外，其结果和结论两部分全部在进行“结果”部分的阐述，将两者分开并且分别进行明确阐述更直观清晰。

2. 背景研究

前言部分，该案例首先介绍了反馈在体育教学中的作用，结合大量中外文献，对反馈进行了分类，即第一大类是获得反馈，获得反馈者对反馈信息几乎没有任何主动权，只被动接受施加反馈者提供的反馈，第二大类是自我控制反馈。通过介绍两大现有反馈的方法以及理念，引出本文的核心：发挥教师主导性和学生主体性的复合反馈。这能充分吸引读者对该研究的兴趣。

3. 实验对象

该研究选择的实验对象明确了样本的来源、纳入标准和排除标准，对一部分影响实验内部效度的混杂因子进行了控制，如通过教学检查和对学生基本情况的调查，将2个班中具有一定乒乓球经验或具有明显运动技能（预期将产生学习迁移效应）、左撇子和使用横拍的学生从样本中剔除。受现实条件的限制，该研究的样本来自某一时段（国庆前三周到国庆后九周）、某一大学（清华大学）的运动员，最终样本量为64人。

本实验性别单一，为男性，排除了性别对因变量的影响。

在科研伦理方面，该研究未说明获得了被试的知情同意书。

4. 实验处理

实验处理需要明确规定和设计处理因素的内容范围、结构、强度、施加时间、施加程序、操作方法等。该研究实验处理为学习乒乓球3项基本技术，即正手攻球、反手推挡和反手搓球技术。该研究的学习方案明确说明了动作技术的初始姿态、技术的动作标准、排除测试影响的措施（如为避免测试前学生进行练习，强制规定学生在测试完成之前不能进行与乒乓球技术相关的任何练习），使组内比较具有一定的可比性，提高了学习方案的规范化和标准化。

5. 观测指标

选观测指标主要考虑指标的有效性、特异性、客观性、重现性、灵敏性、标准化、可行性等方面。该研究的指标在已发表的研究中都使用过，所以有较好依据，该研究采用客观和主观指标结合的方式，并且对主观测量指标进行了严格的等级划分，降低了受试者主观判断失误对实验结果产生的影响，使得数据更具说服力。

6. 测量

该研究明确了观测指标的具体操作方法、技术和计算方法（如上台率 = 上台球数 /20×100%；精准率 = 打入规定区域球数 /20×100%；稳定率 = 打入规定区域球数 / 上台球数 ×100%），使测量精度得到了保证，其中在技术评定方面，采用双盲法控制实验数据收集者和被试主观偏向所带来的误差。但没有在方法学部分指明该研究所采用的统计方法。

7. 实验设计

该研究只有一个自变量（复合反馈），是一个单因素设计，实验组是接受复合反馈学习法的组，而对照组是教师按传统教学方法教学的组。

该案例采用了随机前后测对照组设计，进行了前测，很好地控制了被试特征等可能影响实验结果的因素，使两个组达到均衡。但还有一些可能影响实验内部效度的因素没有得到控制，如被试的流失。由于实验处理，实验组中退出实验的被试可能比对照组要多，这可能导致两个组的特征不再相似，而这又会相应地影响实验结果。同时，也可能存在实验操作、突发事件等因素对实验内部效度的影响。

应用专栏：一般实验论文的评价要点

是否准确而醒目地反映该研究的目的

1. 摘要

（1）内容是否简明精练？是否符合结构式摘要的要求？

（2）内容是否与正文一致？结论是否准确？

（3）是否有正文未述及的数据或信息，是否述及正文中重要的数据和信息？

2. 引言

（1）是否扼要地述及有关该项研究的已知和未知内容？

（2）是否有先前的重要发现被忽略或被误解？

（3）实验目的陈述是否清楚？

（4）先前的有关实验观察是否已用来确定一个正式可检验的假说？该假说是否清楚地指明预期效应？

（5）如果先前报告已提到同一研究，那么该项研究的进一步需要是否明确？该项研究所采用的研究途径是否有可能比先前研究更确切或更独特？

3. 方法

（1）对实验对象的描述是否充分？

（2）实验对象群体是否适宜于该研究问题？

（3）样本量是否足够多？即减少Ⅱ型错误的可能性如何？

（4）实验对象是否随机地分配到不同的实验组？

（5）伦理问题是否已得到有关单位的认可或批准？

（6）是否有适宜的对照组和实验条件？

（7）实验设计能否以严格的科学方式验证假说？是否有更好的实验方法可以应用？

（8）实验设计和研究方案是否控制了可能潜在的干扰因素？即实验方法是否有效控制了可比因素和不可比因素？

（9）所用方法阐述是否清楚？对重复该研究是否足够详细？或者是否提供了有关方法细节的参考文献？

（10）所用测量技术是否足够合理、精确和可靠？进行每一测量的原理是否可靠？即该原理是人所共知的，还是对其作了必要性的说明？

（11）是否采用最适宜的方式对数据进行分析？实验在消除可能偏差时是否处于“盲”状态？

（12）对数据处理的细节是否作了足够的说明？可重复性如何？

（13）数据用来支持或否定假说的解释是否清楚？

（14）统计方法、显著性检验对本实验研究是否合适？对任一统计假设（独立性、同质性、正态性）是否有所违反？显著性检验结果表达是否准确？

4. 结果

（1）数据是否清楚、简明，并有逻辑联系？

（2）每一标准差或标准误是否必须？测量数据有无过大的变异？

（3）有无不曾在方法中没有介绍过的某项数据？或者方法中所说明的测量在结果中未有用该项测量测得的数据？

（4）所表述的数据单位是否合适或是否经过统计校准？

（5）表述结果的表、图、文字是否运用合理？是否所有图表均需要？图表中的单位是否予以标注？

（6）所显示的差异或反应如何与测量误差作比较？

5. 讨论

（1）主要的新发现是否清楚地予以说明并予以应有的强调？

（2）主要结论是否有足够的实验数据支持？

（3）除作者对数据的解释外，是否还存在其他不同的解释？

（4）对实验结果的意义是否作了说明？该发现如何扩展已有的知识是否清楚？

（5）对他人报道的重要实验观察是否作了必要性的说明？

（6）是否用适当参考文献支持其陈述？讨论是否提出了超越他人报道的见解？

（7）对该研究的主要不足或阴性结果是否予以说明？

（8）是否对读者或作者本人如何根据该结果做进一步研究提出建议？

（资料来源：吕国蔚. 生物医学研究方法学［M］. 北京：人民军医出版社，2009.）

本章小结

实验法是唯一一种通过操纵和控制特定变量进行研究的方法，同时，它也是对自变量和因变量的因果关系假设进行检验的最佳方法。正式的实验包括两个基本条件：有意识地使自变量发生变化和进行组间比较。

实验研究计划中需要明确研究问题、研究假设、被试的选择、实验处理、实验条件的控制、实验设计的方式、实验材料与工具、实验程序等方面，只有这样才能保证实验结果具有科学性和有效性。遵循对照原则、随机化原则、重复原则、盲法原则、齐同原则等有助于保证实验结果的准确。

实验效度有 4 种类型：内在效度关注的是因变量的变化是否由实验自变量引起；外部效度关注的是实验结论的外推范围；结构效度关注的是对自变量结构和因变量结构的明确界定；统计结论效度关注的是对实验组和对照组之间是否存在差异的精确性检验。

实验设计包括弱实验设计、真实验设计和准实验设计，这几种实验设计对影响实验效度的各种因素控制程度不同。

每种实验设计方式各有优缺点。合适的实验设计，可以提高实验结果的准确性和结论的可靠性。

名词解释

- 实验法：是指研究者按照研究目的，充分地控制实验的环境，创设一定的实验条件，科学地选择实验对象，以确立自变量与因变量（反应变量）之间的因果关系的一种研究方法。
- 随机化：是指总体中每一个体都有同等的机会被抽取为受试对象，或每一受试对象都有同等机会被分配到不同处理组。
- 内部效度：是指实验中的自变量与因变量之间的因果关系的明确程度。
- 外部效度：是指研究结果能够推广到样本所来自的总体和推广到其他总体的程度。
- 结构效度：是指变量及变量之间关系构想的准确性，以及实验变量在实验时的操作定义与推理时的定义的一致性程度。
- 统计结论效度：是指得出实验组和对照组之间存在统计学差异的结论的效度。
- 单因素实验设计方法：是指实验中只操纵一个自变量（可为多个不同水平）的设计，其他实验因素保持不变，从而研究该自变量与实验结果（因变量）之间关系的方法。
- 多因素实验设计方法：是指实验中操纵两个或两个以上自变量（每个自变量可包括多个不同水平）的实验设计。

推荐阅读文献

1. 吕国蔚．生物医学研究方法学［M］．北京：人民军医出版社，2009.

本书系统地介绍了生物医学研究的思维艺术、生物医学研究基本程序、现代生物医学研究基本实验技术，包括选题立项、工作假说、专业设计、对照设计、统计设计、基金申请、实验研究实施、数据处理与分析、统计分析、专业分析、论著写作与评审、科研成果评价与奖励等内容。该书实用性、指导性强，是有志于从事体育科学研究，尤其是初涉运动人体科学的研究者的必备工具书或参考读物。

2. 张力为. 体育科学研究方法 [M]. 北京：高等教育出版社，2002.

该书从科学研究与科学方法、研究课题的规划设计、资料数据的统计分析、不同研究的相互比较和研究结果的相互交流5个方面构筑了体育科学研究方法的体系，对体育科学研究方法体系进行了大胆尝试，增添了跨文化研究设计、结构公式模型、分层线性模型、第三变量分析、元分析等方法，以期在体育科学研究方法上为学生、教师和研究人员提供一个全新的思路和实用的指引。

问题与思考

1. 在提高实验内部效度上，前测和对照组的作用是什么？它们是否有负面作用？

2. 随机分组的作用是什么？

3. 查找采用弱实验设计、准实验设计和真实验设计的文章各一篇，并比较这三种设计的优缺点。

4. 查找一篇实验类文章，试从研究问题、假说、被试选择、实验处理、观测指标、实验设计等方面进行分析，并分析可能影响该实验内部效度和外部效度的因素。

5. 试为“新课程不同体育教法对体育教学效果的影响”或自己感兴趣的课题进行实验设计，并分析可能影响实验效度的因素。

6. 请思考在准实验设计中，多组、多处理、多次测量的“三多”策略有什么作用和意义？

要在深入分析思考上下功夫，去粗取精、去伪存真，由此及彼、由表及里，找到事物的本质和规律，找到解决问题的办法。

——习近平

科学的永恒性就在坚持不懈的寻求之中，科学就其容量而言，是不枯竭的，就其目标而言，是永远不可企及的。

——［俄］卡·冯·伯尔

第八章 体育科学研究资料的整理与分析

本章提要

资料的整理与分析是体育科学研究中的一个重要环节。本章重点阐述了体育科学研究中定性资料和定量资料的整理方法与步骤，阐述了定性分析与定量分析的理论基础、特征、过程、方法，以及定性分析与定量分析的融合方式，说明了各种图表的制作与使用方法，简要介绍了5种常用计算机统计软件的功能及其在体育科学研究资料分析中的应用。

学习目标

1. 掌握定性资料和定量资料的整理方法。
2. 掌握常用图表的编制方法和使用技巧。
3. 基本掌握定性资料的逻辑分析方法。
4. 初步掌握定量资料的统计分析方法。
5. 了解5种常用计算机统计软件在体育科学研究资料分析中的应用。
6. 培养定性和定量资料分析的逻辑思维能力。

关键词

研究资料；资料整理；定性分析；定量分析

本章思维导图

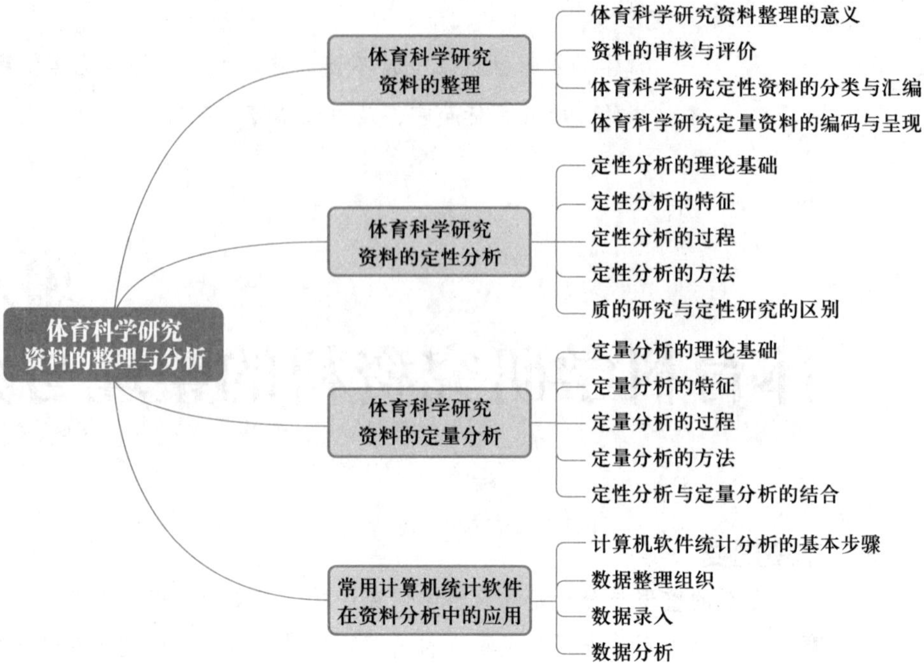

体育科学研究资料的整理与分析是指根据研究目的对通过实验观察、调查访问、数据统计、文献查阅等获得的资料进行分类、整理、加工和分析的过程。通过逐步集中、浓缩、分析的方式将资料中的各种信息反映出来，达到对资料进行意义解释的目的，这是达到科学理论化的必经环节和中间桥梁。在体育科学研究资料的整理与分析过程中，需要运用体育科学知识等理论工具、计算机软件等物质技术手段。体育科学研究资料的整理与分析对体育科学研究具有重要的意义。

第一节 体育科学研究资料的整理

无论采用何种研究方法进行体育科学研究，都会收集到大量杂乱的、复杂的研究资料。对这些资料的整理，是对有价值信息的加工与管理，是对收集到的资料进行检查、分类和简化。整理能使资料系统化、条理化，从而为体育科学研究资料的分析提供基础。体育科学研究资料的整理过程既是收集工作的继续，又是分析工作的前提。整理是由资料收集阶段过渡到分析研究阶段的中间环节。

一、体育科学研究资料整理的意义

资料整理工作在体育科学研究中具有重要的意义。首先，引导研究始终把握主导方向。在资料整理过程中，会发现收集的资料是否符合研究的目标要求，避免研究偏离方向。其次，检验研究资料的可靠程度。在资料整理过程中，可以发现资料的缺失、遗漏、重复、虚假、疑问等信息，从而引导研究者及时补充、修正，提高研究资料的可靠程度。再次，需要根据研究设计的要求区分归类，使资料系统化、条理化，以满足后续资料分析阶段的需要。最后，整理资料的过程还可以通过比较法形成有典型性的资料。

原始研究资料可分为定性资料和定量资料。其中，定性资料是指文字、图形、声像等非数字形式资料；定量资料是指数字形式资料。定性资料有两个来源：实地源和文献源。实地源资料包括访谈、个案研究、开放式问卷、非结构性观察；文献源资料包括与研究主题相关的档案、文件、会议记录、个人日记、著作、论文等。定量资料，按来源一般分为两类：一类是问卷资料、结构性访问及观察记录等，另一类主要是体育测试、实验结果的统计资料。

二、资料的审核与评价

不论是源于文献法、观察法、调查法等收集的定性资料，还是源于观察法、调查法、实验法等收集的定量资料，都必须要进行审查和核实，剔除原始资料中虚假、差错、短缺、冗余部分，以保证资料的真实有效和完整可信。审核主要为完整性、真实性、准确性、适用性和内容分析评价等方面。

1. 完整性审核

完整性审核即对照研究项目检查资料中信息是否填写齐全，避免遗漏或重复，包括审核资料、数据总体的完整性和每份资料的完整性。资料、数据总体的完整性，即要求实际收到的资料要达到研究计划要求。例如问卷调查，如果回收率比较低，则样本对总体的代表性就不够，可能会导致调查结果与实际状况相差甚远。每份资料的完整性，是指没有因为漏填或误报而造成数据的不完整。体育科学研究资料的完整性，将直接影响研究结果。

2. 真实性审核

真实性审核即审核资料是否真实可靠地反映了调查对象的客观情况。进行真实性审核，通常可采用以下几种方法：

（1）经验判断法。根据已有的经验和常识进行判断，一旦发现与经验、常识相违，就要再次根据事实进行核实。

（2）逻辑分析法。根据资料的内在逻辑进行核查，判断有无自相矛盾或其他疑点等，发现问题就必须剔除。

（3）比较法。如果资料是用多种方法获得的，就可将这些资料进行比较，判断有无出入。对于观察资料，如果不同观察者根据对同一观察对象使用相同方法观察同一方面所收集的资料，获得的观察结果一致性较高，一般认为资料真实可信。

（4）来源分析法。根据资料的来源进行判断。一般来说，当事人反映的比局外人反映的更可靠，有文字记录的比传说的更可靠。

3. 准确性审核

准确性审核即审核资料对事实的描述是否准确，特别是有关的体育事件、人物、时间、地点、测量数据等；审核数据计算有无错误、度量单位有无差错、数字之间有无矛盾；审核所有问卷、报表的登记填报方法、同一指标的量度单位；不同表格对同一指标的数量及等级是否准确统一。

4. 适用性审核

一方面审核资料是否符合研究设计要求，同时分析对所研究的问题的有效程度。另一方面审核资料在广度和深度上能否得出研究结论，主要从质量和数量两个方面考查。

5. 内容分析评价

文献资料还需要对其内容进行分析评价。一是进行“外在的批判”，即审查在什么地方、什么时间、什么人、为什么目的、用什么方法编写的这些文献，这些方面都对文献内容有极大的影响。二是进行“内在的批判”，即了解资料的编写者表达的是什么内容、在什么条件下编写的这些资料。要注意：① 要对作者使用的词，特别是多义词、价值语，进行反复的推敲；② 要区分事实描述与对事实的解释、推论；③ 要进行多方面的研究，判断研究资料的叙述是否正确，有无夸张歪曲或偏执于一词的情况。在此基础上，判定这些文献资料的适用性。

体育科学研究资料的审查工作分为两个部分：第一，即时审查，即在收集资料的过程中进行，边收集边审核；第二，系统审查，即在资料收集完毕后集中进行审查。

对于访谈和观察资料，进行即时审查尤为重要。对观察资料进行实地审核要特别注意“测不准效应”和“棱镜效应”对资料的信度与效度的影响。前者是指观察者的参与改变了观察对象的自然状态，观察对象可能做出种种假象来掩饰事实的本来面目，因而测不准观察对象的真实状态；后者是指社会现象的感知和解释都要通过观察者这面“棱镜”，即通过观察者的价值标准和以往的经验再折射出来，这会使观察资料不准确。对访谈资料实地审查时应特别注意访谈对象的态度和访谈者的素质对资料效度和信度的影响，访谈对象对访谈者的信任程度以及访谈者的理解力、记忆表达能力等都会影响资料的可靠性和有效性。

三、体育科学研究定性资料的分类与汇编

（一）体育科学研究定性资料的分类

体育科学研究定性资料的分类，是指按照资料性质确定标准和层级结构的过

程。分类过程中，首先要根据属将资料归为较大的类别，再根据种差将资料划分为层级类别，从而将各种资料区分为具有一定从属关系的系统，使之条理化、系统化，为探索资料内在联系提供依据。

1. 确定分类标准

体育科学研究定性资料的分类的核心工作是选择分类标准。在不同的分类标准下，得到的结果会显示或隐藏资料之间的差异之处。分类标准的选择基于研究假设或理论知识，本身就是对所研究问题的一种分析与认识。

分类标准可分为品质标准和数量标准两大类。品质标准以研究对象的性质或属性特征为标准，如将田径运动分为竞走类、跑类、跳跃类、投掷类和全能类；数量标准以数量差异为标准，如体重属于举重运动员级别的数量标准。

分类标准还可以分为外部形态与内在含义两类。前者是指反映事物外部特征与外在联系的标准，如年代、地别等；后者则是反映事物的本质特征或内部联系的标准，如资料所涉及的问题领域、所采用的研究方法、所体现的思维方式、可能得出的结论等。按外部形态分类能够帮助研究者建立资料的档案系统，便于资料的存取和查找；按内在含义分类常常反映出研究者的理论观点。

选择分类标准要以科学理论为指导，以客观事实为依据，同时还必须遵循下述原则：

（1）有效性原则。有效性原则是指分类标准能有效地反映研究目的，并且能有效地反映体育现象。分类必须服从于研究目的，按照研究的需要选定分类标准，否则研究的问题就无法得到恰当的解释。分类还必须从现象的本质特征出发，保证有效地反映现象的真实情形。

（2）互斥性原则。互斥性原则是指分类标准应当互斥，各小类不能互相包含或者存在交集。同一条资料只能归于一类，不能既属此类，又属彼类。

（3）完备性原则。完备性原则是指分类标准的选定应当能使每一份资料都有所归属，分类结果要使所有资料全部包容进去，无一遗漏。

（4）层次性原则。层次性原则是指各类别必须处于同一分类层次。例如，若把体育分成竞技体育、大众体育和田径竞赛，就混淆了层次界限，因为竞技体育、大众体育属于同一个层次，而田径竞赛属于另一个层次。

2. 确定分类方法

资料分类有两种方法，即前分类和后分类。前分类是指收集资料前就已确定分类标准及指标，然后按指标收集和整理资料；后分类是指在资料收集完成后，再根据资料的性质、内容和特征分类。在多数情况下，先在研究设计过程中将资料进行前分类，再在资料整理过程中根据研究需要进一步进行后分类。

（二）体育科学研究定性资料的汇编

体育科学研究定性资料的汇编是指根据分类标准将资料归类，并按一定的逻辑结构进行编排的过程。研究资料经过汇编后，才能逐步显示出内在规律，指导体育科学认识活动从感性认识上升到理性认识。体育科学研究定性资料的汇编，可以按人物、事件发生的时间顺序，事件发生的背景或分析的要求进行。根据研究需要，还可对各项资料的价值和作用等作简短评述，以便进行进一步研究。

四、体育科学研究定量资料的编码与呈现

（一）体育科学研究定量资料的编码

问卷通常是由多项调查内容组成的，反映了每个研究对象对各项问题的具体回答，构成一份个案档案。回答中有大量答案不是数字，如性别、婚姻状况、职业等。为了便于定量分析，需经过编码给每一个答案编一个特定号数，将文字资料转化为数字形式。例如，回答者的性别，可用数字“1”表示男性、数字“2”表示女性。需要明确指出的是，这里的数字“1”“2”仅起到一种符号的作用，并没有任何数量上的意义。

编码分为两步：第一步是对答案进行分类，第二步是建立答案类别与变量数值间的对应关系。对某一特定变量分类，没有固定的方法和数量要求，应视研究的问题与目的而定。

对于问卷中的封闭性问题，答案的分类在问卷设计时应该完成，编码只剩下第二步工作。对于问卷中的开放性问题，因事先不能预料到回答的情况，无法在设计问卷时事先分类，就需要从对问题的答案进行分类开始。从回收的问卷中抽选出一些问卷（如100份左右），将这些问卷中某一道开放性问题的所有答案全部抄录或摘抄下来，然后根据研究假设与目的对这些答案进行分类。在这种情况下，开始时分类应细一些，然后再根据需要将相近或相同类别进行合并。分类时既要避免因类别数目过多给分析带来困难，又要避免因类别过少而忽视异质性的信息。对于某些调查，除对所有问题进行编码外，还应对问卷编号、所属区域或部门、其他要进行统计的分类进行编码。

资料的编码方法常用预编码和后编码两种。

1. 预编码

预编码是指在设计问卷时对每一个种类答案指定好编码值，并印在问卷上。预编码主要适用于回答类别事先已知的问题，且这些问题主要是封闭性问题，或回答已经是数字而不需要作转换的问题。例如，调查高中生业余体育活动参与项目：

您业余时间喜欢参与的球类活动项目是什么？

□ 1. 篮球

□ 2. 足球

□ 3. 排球

□ 4. 网球

□ 5. 羽毛球

□ 6. 乒乓球

□ 7. 其他

每个答案前的数字就是预编码。如果回答是“足球”，计算机内存储的编码就是“2”。

预编码的优点是处理资料时比较简单，但其无法对开放性问题的问卷答案进行编码。

预编码常用边缘编码，该方法不仅指定了编码值，而且给出了每个项目记录回答（编码）的空间，问卷回收后，可将每份问卷上的回答用编码数字记录到指定位置上。例如：

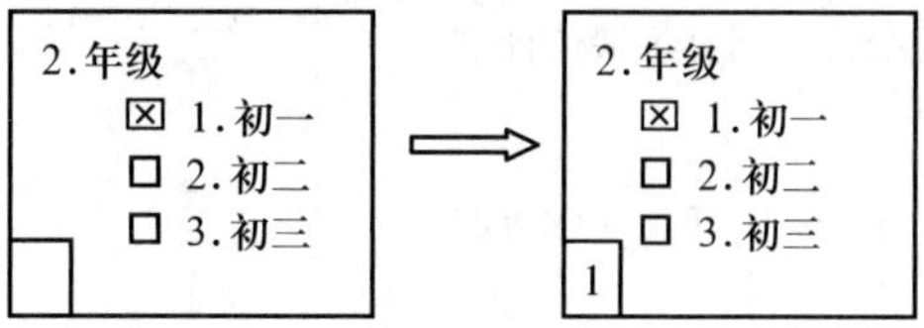

2. 后编码

后编码是指问卷的编码过程是在问卷回收之后进行的，多用于对开放性问题的编码。

该方法工作量大、费时费力。所以，只有当问卷上必须使用开放性问题时，才用此法。这种方法对于较为模糊的答案，容易出现统计归类上的错误。所以，研究者倾向于少用或不用开放性回答，以节省处理问卷的人力和时间，提高资料的准确性。

无论用何种编码方法，都必须制作编码簿，用以指示每个编码的意义和变量的位置。编码簿的作用是建立变量和调查内容、变量值和回答类别之间的一一对应关系。编码簿可以作为编码工作的指南，也便于研究者在分析过程中查找变量及各个编码所代表的意义。下面通过实例的操作进一步说明。

为了了解青少年的体育锻炼情况，现对部分学生进行调查，这里摘选部分调查表。根据下列调查表中的问题制作的编码簿见表 8-1。

1. 性别________　　（1）男　（2）女

2. 年龄________

3. 你参加体育锻炼的频率为________。

（1）每周 3 次及 3 次以上　（2）每周 1~2 次　（3）不锻炼

4. 是否给自己制订了锻炼计划？

（1）有　（2）有，但很少遵守　（3）没有

5. 你喜欢在什么时间参加体育锻炼？

（1）早上　（2）下午　（3）傍晚　（4）晚上　（5）不固定

▶表 8-1 编码簿案例

问题号码	变量号码	变量名称	内容说明	数码序号
—	1	人员编号	—	1~4
1	2	性别	1. 男；2 女	5
2	3	年龄	—	6~7
3	4	你参加体育锻炼的频率	1. 每周 3 次及 3 次以上；2. 每周 1~2 次；3. 不锻炼	8
4	5	你是否给自己制订了锻炼计划	1. 有；2. 有，但很少遵守；3. 没有	9
5	6	你喜欢在什么时间参加体育锻炼	1. 早上；2. 下午；3. 傍晚；4. 晚上；5. 不固定	10

注：

问题号码：表示调查问卷上的问题题号，有了问题号码，就可以看出某题号在资料卡片上是哪几列，如问题 3 号在资料卡片上为 6、7 两列。

变量号码：表示资料分析人员对各变量所编的号码代号。这有利于分析计划的拟订，同时在下面就可以直接用变量的号码代替变量的名称。例如，对性别就可以直呼变量 2。

变量名称：又称项目名称，它告诉调研人员这个项目的意义是什么，使调研人员对该变量（该项目）的含义一目了然。

内容说明：即给每一变量或项目名称的内容分类及各类所对应的数据。为保证问卷调查的内容反映出实际，对该项的内容说明，要求分类详细，各类的具体含义清楚。

数码序号：表示每一变量名称应占的位置，如表 8-1 中的调查对象为 1 000，故数码序号从 1~4 占了 4 位；而年龄的数码从 6~7 占用了 2 位，这是因为学生年龄一般为两位数字。

有了编码簿后，即可按编码簿要求，将问卷调查表上的资料转换成数字录入到登录表上。目前，通用的登录表（卡）每张有 25 行 80 列。这就是说，如果每个调查对象的数据小于 80 的话，一张登录表（卡）就可以登记 25 份调查问卷所反映的数据，而登录表（卡）的每一行都表示一个调查对象的全部资料，每列则表示 25 个个案相对于同一变量取值的记录。如果某一个案的调查观测值的个数大于 80 的话，则在登录满一行后换行继续登录，直到把调查问卷填写的项的数据登录完。上述登录表（卡）如表 8-2 所示。

▶表 8-2 登录卡

研究方案编码________ 登录卡号________

5	10	15	20	25	30	35	40	45	50	55	60	65	70	75	80

续表

5	10	15	20	25	30	35	40	45	50	55	60	65	70	75	80

卡号______　登录______　校对______　日期______

在实际编写登录表的过程中，需要结合具体的调查对标准登录表进行调整，在此以表 8-1 编码簿为例编制登录表，如表 8-3 所示。

▶ 表 8-3　青少年体育锻炼情况登录卡

4	5	7	8	9	10

如表 8-3 所示，若调查对象填写的问卷各变量的数据录入到登录卡上是 1000113123，调查员立即就知道这一调查对象的编号为 1000，性别男，年龄 13，每周参加 3 次及 3 次以上体育锻炼，给自己制订了体育计划，但很少遵守，喜欢在傍晚参加体育锻炼。

随着计算机技术的发展，计算机编码录入方式已成为主流。如用 Excel 下拉菜单进行选项列表录入已在研究中广泛使用，具体使用方式可以参考 Excel 基础课程。

（二）体育科学研究定量资料的呈现

体育科学研究定量资料整理的结果可以采用图表的方式进行展示。图表具有直观、清晰、生动的特点，能够实现数据可视化。资料的主要表现形式有统计表和统计图两种。

1. 统计表

在体育科学研究中，统计表用简明的形式表现所研究的体育现象和过程的数字资料。其优点在于：可以删减文字叙述，使读者一目了然；便于比较各项目之间的相互关系；便于进行总计、平均和其他统计值的计算；便于检查计算错误和遗漏项目。

（1）统计表的结构

统计表应紧随相应文字，一般有表序、表题、标目（横标目、纵标目）、数据、线条、表注等结构，如图 8-1 所示。

表序　表题

表 4 我国优秀冰雪运动员地区分布情况

行政区域	运动员人数	占总数百分比/%	人口总数/百万	占总人口百分比/%
东北地区	211	49	98.51	6.99
华北地区	43	10	169.33	12.01
西北地区	23	5.34	103.53	7.34
华东地区	54	12.53	423.47	30.04
华中地区	39	9.05	223.56	15.86
华南地区	25	5.77	186.22	13.21
西南地区	36	8.31	205.15	14.55
总计	431	100	1409.77	100

注：人口数据来源于国家统计局 2021 年 5 月 11 日发布的第七次全国人口普查公报。
资料来源：李娟,田慧,王敏等.我国优秀冰雪运动员成才背景探究——基于社会生态环境的 SES 分析[J].体育科学,2022,42(7):27-38.

纵标目宾语　横标目主语　数据　表注

▶ 图 8-1　统计表结构名称示意图

① 表序、表题：表序即表的序列，位于表题的前面。在文章中，表序按照表格在文章中出现的顺序依次排列。在教材和著作中，表序按照表在章中的序列排序，如第三章第四张表，标识为：表 3-4。表题是统计表的名称，应简明扼要地反映出统计表的主题，不超过 20 字，不用标点符号。表序、表题一般写在表格上方居中位置。

② 标目：即统计表所要说明的对象。依照排列的位置，标目可分为横标目、纵标目。横标目位于表的左侧，是说明其右侧各横行数字的标目。纵标目在表的上方，是说明纵列数字含义的标目。标目要围绕主题，层次清楚，文字简明、醒目。分组应符合体育科学研究的专业要求，还要符合排列逻辑。

③ 数据：即表内的统计数字，一律使用阿拉伯数字，填写要完整，位数应一致、对齐，表内不能空格，暂缺或没有记录的项目可以用“…”表示，无数字

用"—"表示。若数字为"0"则填写"0"，相同的数字不能用"同上"等文字表述。

④ 线条：按照国标，一律使用三线表。顶线和底线为粗线条，中线为细线条，不得使用纵线与斜线，表两端不置竖线，为开放式。

⑤ 表注：即表的备注以及说明，包括顶注和脚注。顶注是置于标题下面的附注；脚注是置于表底的附注，用简短的小号字注明需要说明的问题，且在表内用"*"标注；资料来源要置于脚注的下面。

（2）统计表的种类

统计表依其构成要素、说明事项或分组比较事项的数量，可分为单项表、双项表和复合表三种。

① 单项表：仅包括一种事项或仅有一种分类的统计表。例如，表 8-4 只有调查对象参加体育锻炼项目的频数这一种事项，属于单项表。

▶ 表 8-4 新疆 8 个民族群众参加现代体育锻炼项目统计一览表

项目	频数	百分比 /%
长走、跑步	801	21.8
足、篮、排球等球类运动	505	13.7
台球、保龄球	377	10.3
乒乓球	367	10.0
各种体操	336	9.1
羽毛球	309	8.4
登山	183	5.0
健身器活动	182	4.9
跳绳	179	4.9
交际舞、体育舞蹈	178	4.8
游泳	150	4.1
冰雪活动	75	2.0
网球	33	0.9
地掷球、门球	3	0.1

资料来源：武杰，张志新．新疆 8 个民族群众体育调查研究［J］．体育科学，2011，31（3）：30-36.

② 双项表：包括两种事项或有两种分类的统计表。例如，表 8-5 显示了城镇和乡村居民在不同场所参加体育锻炼的人数百分比及其差值。表中包括两种事项的比较：同行数字为城镇和乡村居民参加体育锻炼的人数百分比，标目在上边（横标目）；同列数字为居民在不同场所参加体育锻炼的人数百分比，标目在左边（纵标目）。故表 8-5 属于双项表。

▶表 8-5 城镇和乡村居民在不同场所参加体育锻炼的人数百分比及其差值统计一览表

	城镇 /%	乡村 /%	差值 /%
单位或住宅小区体育场所	25.8	15.7	10.1
公园	8.4	1.3	7.1
住宅小区空地	11.5	5.5	6.0
公共体育场（馆）	16.8	11.4	5.4
健身会所	4.6	0.9	3.7
自然区域	2.9	3.7	−0.8
广场	9.5	12.5	−3.0
公路旁	10.2	18.5	−8.3
自家庭院或室内	9.2	28.7	−19.5
其他	1.1	1.8	−0.7

资料来源：江崇民，张彦峰，蔡睿，等. 2007 年中国城乡居民参加体育锻炼现状分析［J］. 体育科学，2009，29（3）：9–19，81.

③ 复合表：包括两种或两种以上事项比较的统计表。这种统计表由于包括的事实项目较多，可以更好地比较和揭示研究现象的重要联系和差别。如表 8–6 包含消费种类、人数比例、人均消费金额三个事项。

▶表 8-6 城乡居民体育消费项目统计一览表

消费种类	人数比例 /%		人均消费金额 / 元	
	城镇	乡村	城镇	乡村
购买运动服装等	68.3	62.2	436	274
购买体育器材	34.5	33.1	306	137
购买体育书刊	16.0	10.2	111	77
到体育场（馆）健身	16.2	4.9	652	382
观看体育比赛	5.7	4.4	265	141
其他消费	1.5	2.7	305	155

资料来源：江崇民，张彦峰，蔡睿，等. 2007 年中国城乡居民参加体育锻炼现状分析［J］. 体育科学，2009，29（3）：9–19，81.

2. 统计图

统计图是由研究对象的特征、内部结构、相互关系和对比情况等方面的数据资料绘制而成的几何图形。

统计图的主要作用有：直观反映统计指标的高低水平；显示研究对象内部组成部分的内部结构和分布状况；反映研究对象的发展趋势、各现象之间的相互关系。

（1）统计图的结构

统计图一般是根据统计表的资料绘制而成的，因此，在使用统计图时，一般都附有统计表。完整的统计图包含图号、图题、图目、图线、图尺、图形、图注等内容结构（图 8-2）。

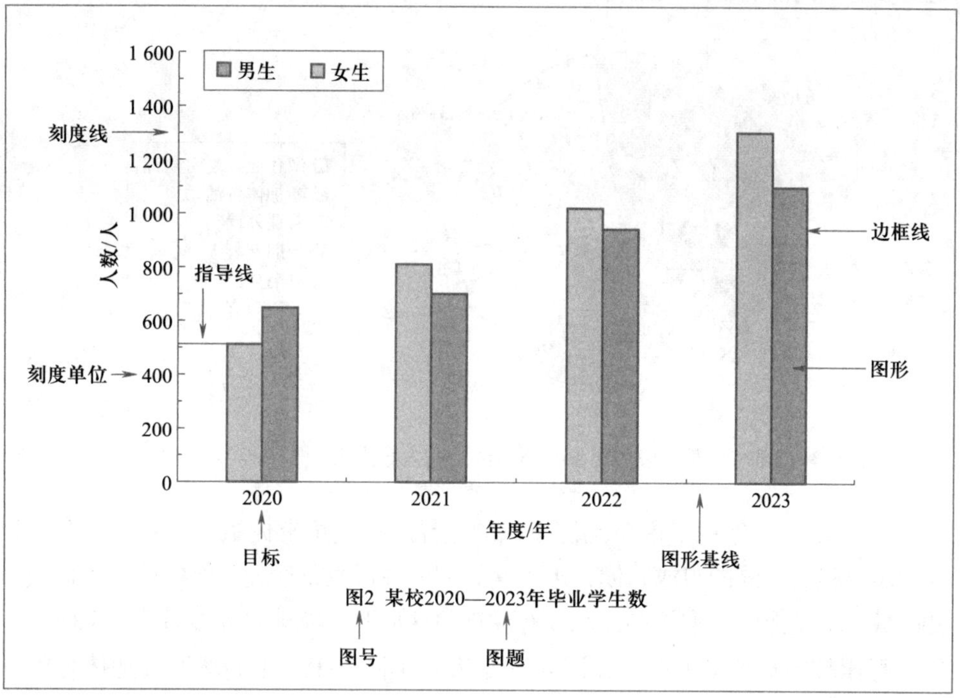

▶ 图 8-2 统计图结构名称示意图

① 图号、图题：是图的编号与图的名称部分。图号是指该图按照一定的类别或顺序排序后形成的编号。在文章中，图号按照图在文章中出现的顺序依次排列。在教材和著作中，图号按照图在章中的序列排序，如第三章第四幅图，标识为：图 3-4。图题是图的名称，应简明扼要地反映出统计图的主题，不超过 20 字，不用标点符号。图号、图题写在图下方居中位置。

② 图目：即在纵轴的侧面和横轴的下面所标注的表明不同类别、地点、时间等的文字或数字，说明纵轴、横轴所代表的事项及其单位。

③ 图线：即构成图示的各种线。

④ 图尺：即在图中测定指标数值大小的标尺部分，亦称为尺度。

⑤ 图形：即图式，是根据具体资料用较粗的图示线绘成的曲线、条形、平面、立体、圆点、方块、象形等图形。

⑥ 图注：即关于图示的注解和说明部分，包括图例、说明、资料来源等。

（2）统计图的种类

常见的统计图有分类变量（定性变量）图和度量变量（量性变量）图。分类变量图主要用于反映研究对象的分类情况，常见的图形有圆饼图、条形图；度量变量图主要反映研究对象的数值大小，常见的图形有折线图、盒形图、直方图。根据研究对象、研究目标以及所依据的统计表，选用的图形也应该有所区别。

① 圆饼图：常用来说明总体结构。该图式以圆的总面积表示事物总体，扇

形面积表示各组成部分的百分比，表现总体的内部结构。如图 8-3 表示某时段主要参与不同活动的人数比例。

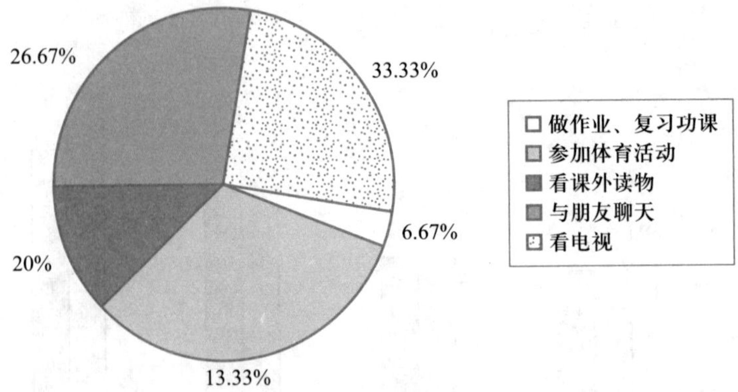

▶ 图 8-3 某时段主要参与不同活动的人数比例

② 条形图：常用来说明统计指标的差异。在直角坐标系中，分别以宽度相等的距离代表不同的组或总体，用不同高度的柱形或条形表示组内相应指标或对象的数值。条形图类型较多，可以有纵排的柱形图、横排的带形图、多个研究对象进行比较的复合条形图。如图 8-4 是表示不同学生在不同场所参加体育锻炼的人数百分比的条形图。

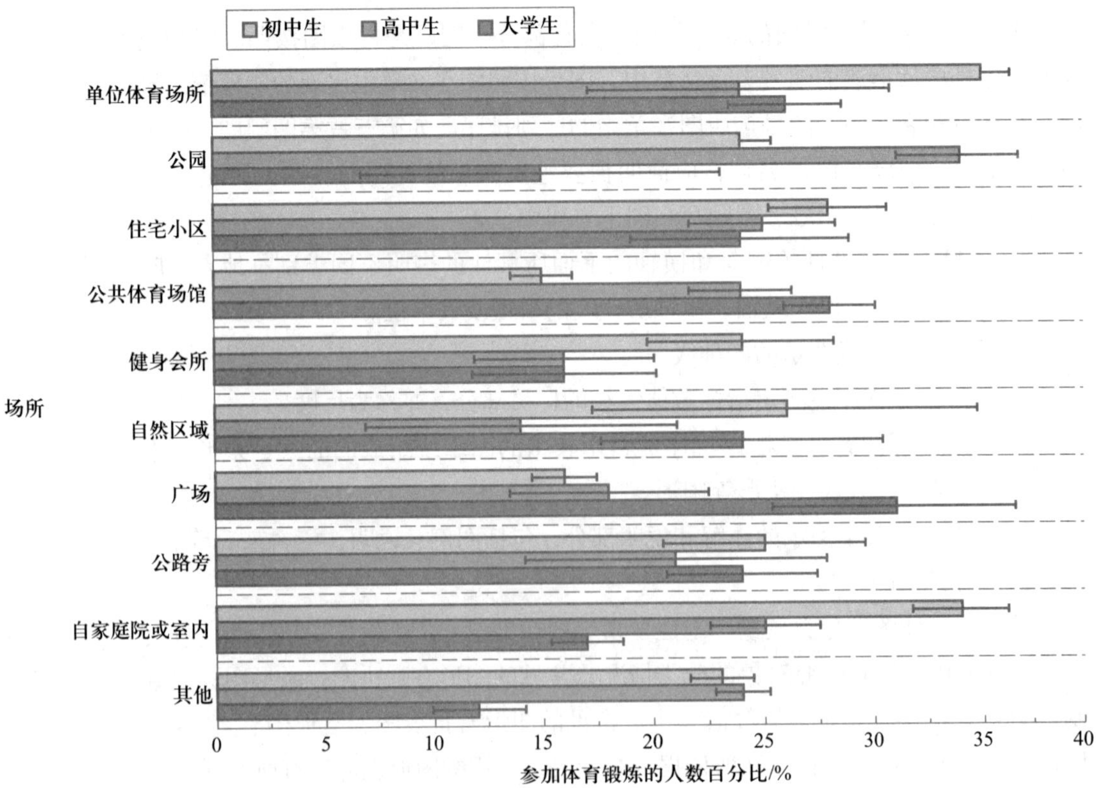

▶ 图 8-4 不同学生在不同场所参加体育锻炼的人数百分比

③ 折线图：常用来说明事物变化过程。折线图以曲线的高低起伏变化来显示研究对象发展变动情况及趋势。例如，用动态折线图表示研究的现象在时间上发展变化的情况；用两个或两个以上的曲线图显示体育运动中一种现象与另一种现象相互之间的关系；用次数曲线图描述研究对象某种标志的变动及分配状况等。如图 8-5 表示投掷动作肩—肘—腕关节速度的变化走势。

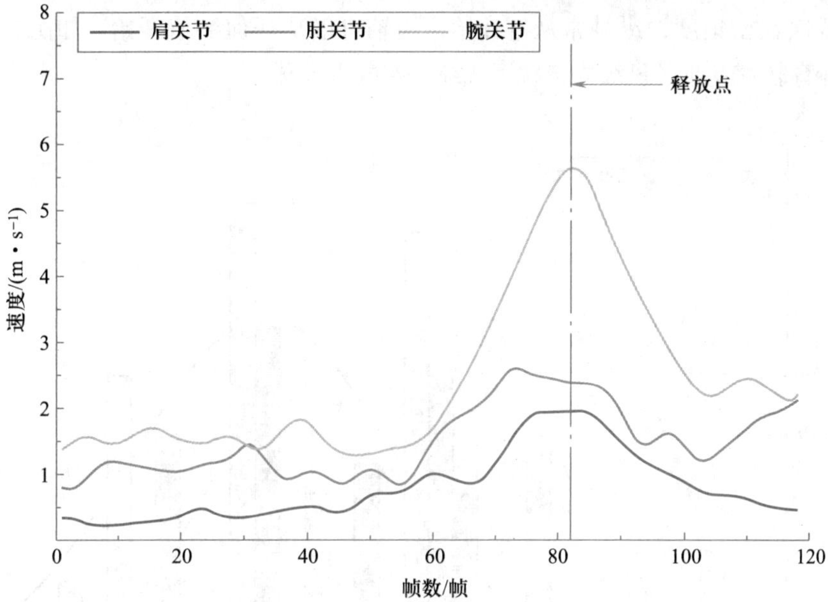

▶图 8-5　投掷动作肩—肘—腕关节速度图

④ 箱线图：常用来反映一组或多组连续型定量数据分布的中心位置和散布范围，还能揭示数据间离散程度、异常值、分布差异等。图 8-6 表示某校体育

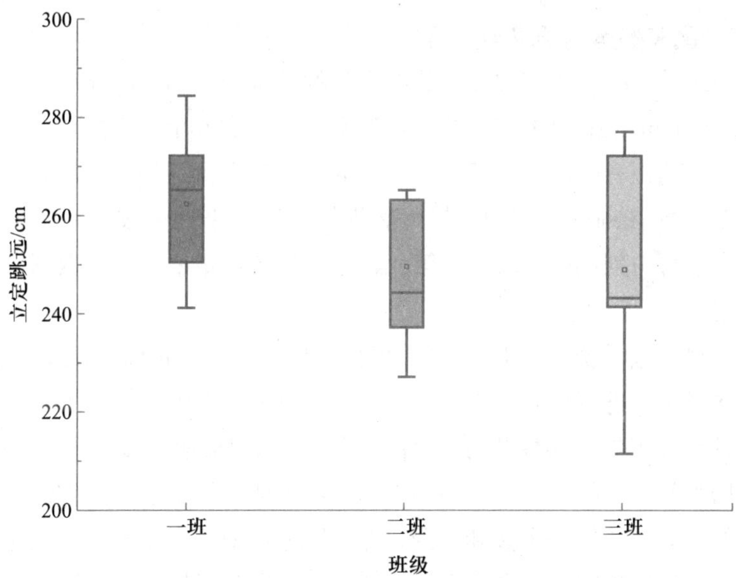

▶图 8-6　某校体育教育专业各班级立定跳远成绩

教育专业各班级立定跳远成绩。矩形框是箱线图的主体，中间的横线是数据的中位数。上下两边分别有一条纵向的线段，叫触须线。上截止横线是变量值本体最大值，下截止横线是变量值本体最小值。

⑤ 直方图：常用来说明次数、频率分布。将一组大小不同的数据划分为等距的分组区间（称为组距），然后将数据按其数值大小列入各个相应的组别内，便可以出现一个有规律的表式。其中，横坐标表示各组组限，纵坐标表示次数、频率或次数密集度，纵轴常从 0 开始，横轴可以从任何数值开始。如图 8-7 是某校体育教育专业各班级立定跳远成绩分布的直方图。

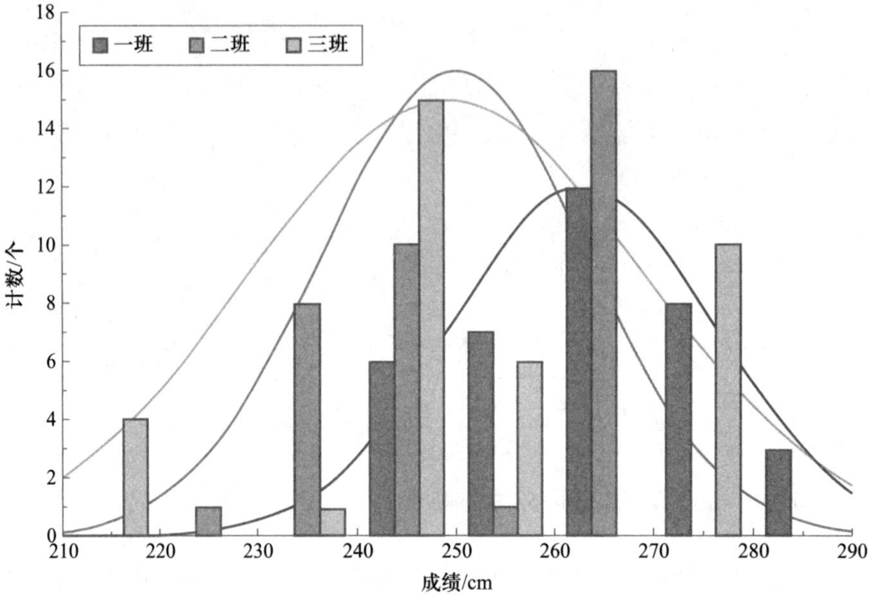

▶ 图 8-7 某校体育教育专业各班级立定跳远成绩分布

3. 统计图表的运用要求与技巧

在编制统计表时，不仅要使其具有完整的基本结构，同时还应遵守美国学者艾伦伯格（Ehrenberg，1977）提出的编制数字表格的 6 个基本要求：第一，把数字四舍五入为两位有效数字；第二，可能的话，列出行与列的平均数；第三，把最重要的数据放在列中；第四，尽可能将数据按从小到大或从大到小的顺序排列；第五，使行与列的间隔较小；第六，用表格表示重要的量性数据，用图形表示定性数据。

用图表整理显示统计数据，形象直观、清晰明了。同时恰当地运用图表可以简洁精练地对文字进行补充和描述。合理使用图表时需要注意以下几点：

（1）注重图表的真实性和与文字的协调性。图表的使用必须以准确的资料和翔实的数据为基础，不可随意调整缩放，更不可凭空捏造、弄虚作假。要注意图表与文字的协调性，做好衔接和配合，保证图表反映的数据和文字叙述的内容一致、互为补充。避免图表与文字产生冲突，从而降低资料与数据的可信度。

（2）合理把握图表的使用数量。使用图表可以把烦琐的文字叙述简练地显示，提高资料的直观性。但仅仅是图形堆积和表格罗列，而缺乏必要文字说明和分析，会显得论据不足、观点不明。图表的设置与使用应该以表现主题为原则，根据资料内容合理安排。对于大量文字描述难以充分说明问题的部分，尽量选用图表进行表达，如文字内容简单，就不需要使用表格，以避免内容重复。

（3）区别运用统计图和统计表。统计图和统计表都是描述数量特征的常用方法，但应根据需要合理使用。统计表比较精确，多用于描述各种离散型变量指标，为分析现象的规模、结构、比例、发展速度等提供便利条件。例如，对竞技比赛中各队排名，队员构成、技术指标进行分组等指标统计表就显得清晰明了。统计图相对直观，着重反映连续型变量间的情况对比、变化趋势和增减幅度。研究体育现象的比重结构时，宜采用圆饼图；分析事物的数值分布时，宜采用直方图；观察问题的规律走势时，宜采用折线图。例如，对足球联赛某队全赛季排名变化分析时，选择折线图会更加直观具体，便于说明问题。

（4）图表设计力求实用美观。统计图表的种类丰富，式样繁多，无论选择哪种样式，必须科学适用、简洁大方、层次清楚、尺寸适中。另外，图表主、谓语的安排，纵、横轴变量的选择亦要通盘考虑，灵活掌握，不宜过细过多，最好一个图表集中说明一个问题。

第二节　体育科学研究资料的定性分析

对体育科学研究资料的分析可以分为定性分析和定量分析。前者主要解释“为什么”，后者回答“是什么”。研究对象是质和量的统一体，只有从这两个方面进行分析，认识才能全面准确。定量分析可以使研究趋于精准，说明研究对象的趋势和结构，但难以深层次地说明产生结果的原因。定性分析使研究趋于深刻，但可能会出现结果片面的现象。因此，在具体研究中需要两种分析方法相互补充，充分发挥各自的长处。本节主要介绍定性分析的特征、过程及方法。

定性分析，也叫质性分析，是运用分析与综合、比较与分类、归纳与演绎等逻辑分析的方法，对定性研究资料进行整理加工，从而认识研究资料的本质特征，揭示体育现象变化的内在规律。

一、定性分析的理论基础

定性分析的理论源于自然主义研究范式，理论基础则包括建构主义、后实证主义、解释学、现象学等各种理论流派。虽然各理论流派的观点有差异，但总体上可以表现为以下几个方面：

第一，对现实的认识，认为存在着一些多元的、无形的并只能从整体上加以研究的现实。这些现实作为一个整体是不可分割的，都有其特性，所以研究也只能是分散的。

第二，关于研究者与研究对象的关系，认为研究者与研究对象是相互作用、相互影响的，这些非但不妨碍研究，反而是研究得以开展的前提条件。如果研究者与研究对象不能实现互动，研究反而不能进行。

第三，认为研究的目的在于形成一种受社会—文化背景制约的独特假设或知识，注重对研究对象差异性的描述，因此，研究结论只适用于特定的情境和条件，不能推论到样本以外的范围。

第四，认为可以把行动解释为多种因素、事件和过程的相互影响。行动可以理解为是从形成它的种种因素的不断相互影响中出现的，而形成它的所有因素又是这一行动的一部分，它们难以与行动区别开来，因此，形成与被形成又是同时发生的。

第五，主张任何研究总是受到价值标准的制约。

二、定性分析的特征

（一）定性分析注重整体性

定性分析的目的在于揭示事物的本质特征和内在规律，因此必须立足于对研究对象的整体全面分析。任何现象都是在相互联系、相互影响、相互制约的诸多因素共同作用下产生的，只有把研究对象作为一个完整系统，从整体上加以研究，从多个视角、全方位地观察分析，才能获得对研究对象的完整认识。

（二）定性分析以描述性资料为主

定性分析以反映研究对象实际情况的描述性资料为主。这些资料通常以书面文字或图片等形式呈现，包括观察记录、交谈记录、现场笔记、照片、录像带、日记、评论、实物等，通过描述来展示现象发生、发展的脉络。有些定性分析的资料来自小样本以及特殊的个案，而不是大样本或随机案例。

（三）定性分析不仅关注结果，而且关注过程

在定性分析过程中，研究者需要将研究对象视为一个发展的整体，对于研究现象为什么发生，如何发生、发展，导致什么样的结果都非常关注，才有可能揭示体育过程中研究对象变化发展的真正原因。

（四）定性分析易受背景、主观因素和价值取向的影响

定性分析的最终目的是通过对现象的理解和解释，寻求事物中普遍存在的意义和本质，是一种价值判断过程。因为只有在发生行为的情境中观察行为，才能更好地理解行为。体育现象或行为表现总是与特定的情景相关联的，定性分析必须注重对背景的分析。研究者和研究对象都具有一定的能动性、独立性和创造性，研究资料的收集整理往往带有很强的主观体验和价值取向，所以分析的结论容易受到主体的主观影响。

（五）定性分析过程灵活，方法倾向于归纳分析

定性分析没有一个标准化程序，也不可能只具有一个单一的研究程序。分析

过程不可能从一开始就拟定出详细的、可操作的步骤，也不可能从一开始就提出研究假设，而是随着研究的进展与事实收集的增多不断调整分析计划，逐步提出分析假设。动态过程的多样性使定性分析过程常常变动，有很大灵活性。定性分析形成理论的方式是自下而上式或是归纳式的，研究者在已经收集到的资料的基础上，抽象概括和归纳出相关的理论，而不是通过资料来评估验证理论假设。

三、定性分析的过程

（一）确定资料

按照研究课题的性质和需要，确定定性分析目标以及分析资料的范围，对资料进行初步的检验、分析。

（二）阅读资料

抛开研究者个人的假设和价值判断，从资料所描述的实际情况出发，寻求主题和统领资料的主线，在对资料产生整体认识的基础上，寻找资料间的关系。

（三）筛选资料

抽取出能说明研究问题的核心内容。筛选资料需要依据两个标准：一是资料能够说明或证明所研究的问题；二是资料本身所呈现的特点适用于研究问题。

（四）归类分析

通过分类，排列类别层次，区分不同情况下资料的差异，分析不同分类是否具有不同的意义以及事情发生是否有先后次序，进而通过解释和价值判断，鉴定各因素之间是否相关或有因果关系，分析研究对象的特征。

（五）结果评价

从研究设计、资料收集、研究过程等方面，对定性分析结果的客观性、有效性和可信性进行评价，以确保分析结果的意义。

四、定性分析的方法

（一）比较、分类和类比

1. 比较

比较就是通过对照各个对象，揭示它们的共同点和差异点的一种逻辑方法。通过比较确定事物的特殊属性和一般属性，是人类认识客观事物最基本的方法。

人们首先是通过比较属性差异来认识事物的。事物的属性还包括属性之间的各种关系。把握事物的属性及其关系越全面，就越能具体深入认识事物。然而，比较的方法有很大的局限性。它只是比较对象一个或几个方面的属性，只能得到某一或某几个方面的共同点和差异点。因此，运用比较时，要更多地注意全面性、整体性和系统性。

运用比较的方法时，必须遵守的逻辑规则有：

（1）同一关系原则。即比较的条件相同，使用的单位一致，一次比较中只有一个指标。如在一次训练课上，对男女运动员完成成套动作的数量进行比较。

（2）同一层次原则。即要从事物的内在联系层面上进行比较，如发达国家同发展中国家在体育制度上的比较。

（3）同一标准原则。即比较时所采用的参照系要明确。如对运动前后体内酸碱度变化情况进行比较时，均采用国际统一的 pH 计量标准。

2. 分类

分类就是按属性异同将事物区分为不同种类的思维方法，即按照种类、等级或性质分别归类。显然，分类是以比较为基础的。关于分类的标准、原则和方法在前一节资料的分类中已作说明，此处不再赘述。

3. 类比

类比也称为比较类推法，是指根据两个或两类不同对象的部分属性相似，而推出这两个或两类对象的其他属性也可能相似的一种推理方法。

类比的模式可以表示为：

A 具有属性 a、b、c、d

B 具有属性 a、b、d

所以，B 可能具有属性 c

类比推理对科学发现的意义在于，可以依据两个对象的已知相似性，把一个对象已知的特殊知识推移到另一个对象上去，从而获得对后一对象的新知识。类比推理包含比较和联想两个环节，推理方向是从特殊到特殊，缺乏逻辑上的严格性和充足的理由，带有假定和猜测的色彩。因此，它所推出的结论也就带有或然性。要提高类比结论的可靠程度，就要尽可能地确认对象间的相同点。相同点越多，说明类别越接近，结论的可靠性程度就越大。反之，结论的可靠性程度就会越小。此外，要注意的是类比前提中所根据的相同情况与推出的情况必须是具有本质性的情况。

（二）归纳与演绎

归纳与演绎反映着人们认识事物的两条思维途径。归纳本质上是从个别到特殊再到一般的思维运动，演绎本质上则是从一般到特殊再到个别的思维运动。两者的共同本质特征都是为了解决个别和一般之间的矛盾。

1. 归纳法

归纳法是对个别事实、直接经验加以概括，推演出有关事物的一般属性和本质的思维方法，可以分为完全归纳法和不完全归纳法。完全归纳法的结论范围不超出归纳对象范围，具有必然性；不完全归纳法的结论范围超出了归纳对象范围，具有或然性。由于各种体育现象复杂、多样，完全归纳法在体育研究中应用极少。不完全归纳法又分为枚举法和科学归纳法两种。枚举法是通过列举有代表性的事实来研究结论的思维方法。科学归纳法是根据对某一门类部分对象本质属性和因果关系的分析，得出研究结论的思维方法。科学归纳法分为契合法、差异法、契合差异法、共变法和剩余法几种。

2. 演绎法

演绎法和归纳法相反，是从一般性的前提出发，通过推导即“演绎”，得出具体陈述或个别结论的过程。演绎法也叫演绎推理，主要形式为三段论和假言推理。

3. 归纳法与演绎法的关系

归纳法与演绎法是对立统一的辩证关系，二者既有区别，又有联系。其辩证关系如下：

第一，演绎必须以归纳为基础。演绎的基本功能在于使思维从一般的原理过渡到特殊或个别的知识。要进行演绎，必须将一般的原理作为出发点。而这种作为出发点的原理就是人们运用以归纳为主的方法对这些个别事物进行认识的结果。没有归纳，就不能从个别事物中概括出一般原理，那么演绎就失去了赖以存在的前提。

第二，归纳要以演绎为指导。归纳必须依赖演绎，以确定其研究的目的和方向。要运用归纳法从许多个别事实中得出一般原理，必须先进行观察、实验和调查，收集有关个别事例的经验材料，然后才能根据大量的经验材料归纳出一般原理。当为归纳作准备而收集经验材料时，必须以一定的理论原则为指导，才能按照确定的方向有目的地进行。此外，在进行归纳时也必须以一般原理为指导，才能按照归纳的原则得出应有的结论。

第三，归纳与演绎可以相互转化。人类的认识过程总是先认识许多不同事物的特殊本质，然后进一步概括，认识其共同的本质；再以共同的本质为指导，继续对尚未研究或尚未深入研究过的各种具体事物进行研究，找出其特殊的本质。这样由特殊到一般，再由一般到特殊，循环往复地进行。与这种认识过程相适应的归纳和演绎也是相互转化的。不过，这种转化是有条件的，即当运用归纳法认识一般之后，继续以一般为指导认识个别时，在思维过程中归纳就转向演绎；当认识了许多个别之后需要进一步认识一般时，在思维过程中演绎又转向归纳。这就是归纳和演绎在一定条件下相互转化的主要形式。

（三）分析与综合

分析就是把研究对象分解为不同的组成部分、方面、层次和有关因素，然后分别进行考察的研究方法。通过分析，可以清晰地考查事物各组成部分与有关因素在整体中的地位和作用，从而把握其特殊本质。分析可分为三个步骤：首先是把所研究事物的整体加以解剖，把组成这一整体的各个部分分割出来，或分离出来；其次是深入分析各部分的特殊本质；最后是进一步分析各个部分之间相互联系、相互作用的情况，阐明它们的地位、作用，以及它们以何种方式与其他部分发生相互作用的规律性。

综合就是在分析的基础上，把研究对象的各个组成部分、方面、层次和有关因素联系起来加以考虑，达到在整体上把握事物的本质和规律的一种思维方法，也就是对系统的结构机理和动态功能进行的科学概括。通过综合，可以完整把握研究对象的各个组成部分，从事物内在的相互关系中把握整体特征，揭示其整体特质。从思维意义上讲，综合的特点就在于把事物的各个部分联结为整体的过程，力求通过全面掌握事物各部分的特点以及它们之间的内在联系，将认识进行概括和上升，从而使各部分及其属性关系能真实地联结，形成整体性认识。

分析与综合是认识过程统一体的两个侧面。从出发点和思维运动的方向来说，它们是完全相反的。从认识过程来说，它们共同承担着揭示事物本质的任务，又是统一的。两者是辩证的关系，表现为以下几个方面：

第一，分析与综合相互依存、互为前提。分析是把整体分解为各个部分、因素来研究、认识，并从中揭示事物的本质和事物的内部联系。分析的结果与活生生的现实比较起来，是极其抽象和片段的东西。黑格尔曾指出："虽然肉也是由碳、氧等元素组成的，可是，这些抽象的物质只能反映对象的一个侧面或一种联系。"综合则是将部分联成一个整体，揭示事物发展过程中的矛盾以及总体上及其相互联结上的特殊性。因此，任何综合都必须以分析为基础，分析是综合的前提或基础。任何分析又必须以综合为指导，综合为分析提供了在整体性认识的指导下对某种性质进行探究的思路。一般来说，首先有分析，然后才有综合，但有时候却是先有综合，后有分析。当人们只能对部分情况有所了解的时候，才提出综合性的假设或假说，然后再通过实验及分析来证实、修正或推翻。可见，综合为进一步分析打下基础、开辟道路，而分析反过来又为假设或假说作出论证。

第二，分析与综合互为补充。在认识的全过程中，分析与综合各自只能完成一个阶段或者一部分任务。在认识事物的过程中需要二者相互渗透、相互包含和交叉，即在分析中有综合，综合中有分析，在对复杂事物的认识过程中更是如此。如果思维只限于分析，而不进行综合，那么就会"只见树木，不见森林"。而只综合而不分析，就只可能是"只见森林，不见树木"。分析与综合有机地结合在一起，互相补充，才能完成认识的全过程。

第三，分析与综合互相转化。人的认识是由现象到本质、由浅显到深刻，不断深化的过程。在这个过程中，从现象到本质、从具体到抽象是以分析为主要方式的。一旦达到了对事物本质的认识阶段，就要用这个本质说明原有的现象，这就是建立理论的过程。这一过程以综合为主。随着认识的发展，当发现新的事实与原有的理论存在矛盾时，认识则可能在新的层次上转入分析。人们的认识就是在这种分析—综合—再分析—再综合的相互转化过程中不断深入的。

（四）类属分析与情境分析

在定性研究方法中，质的研究是目前国内外常见的一种方法。在质的研究中，资料分析往往依赖于描述，很少使用统计。即使使用统计，也倾向于使用描述性统计，而不是推理性统计。类属分析和情境分析是质的研究中主流的资料分析方式。

1. 类属分析

类属分析是指在资料中寻找反复出现的现象以及可以用来解释这些现象的

重要概念的过程。在这个过程中，具有相同属性的资料被归入同一类别，并且以一定的要领名称表示。类属的属性包括组成类属的要素、内部的形成结构、形成类属的原因、类属发挥的作用等。类属分析通过比较设定有关的类属，对类属之间的关系进行识别，如因果关系、时间前后关系、语义关系、逻辑关系、平行关系、包含关系、下属关系等，进而可以发展出一个或数个核心类属或下属类属。

2. 情境分析

情境分析是指将资料放置于研究现象所处的自然情境之中，按照事物发生的时序，对有关事件和人物进行描述性分析。情境分析强调对事物整体作动态的呈现，注意寻找那些将资料连接成一个叙事结构的关键线索。情境分析有前因后果排列、时间流动序列、时空回溯、圆周反复等表现方式；具体内容可以是研究现象中的主题、事件、人物、社会机构、时间、地点、状态、变化等；具体手段包括轮廓勾勒、片段呈现、个案、访谈片段、观察事件、故事等，也就是说，既可以形成一个情境片段，也可以写成一个故事，还可以组成一个综合个案。

定性分析案例

五、质的研究与定性研究的区别

定性研究比较宽泛，非定量研究均可纳入定性研究的范畴，如哲学思辨、个人见解、政策宣传和解释，甚至包括定量研究之前的问题界定以及后期的数据分析。定性是定量的基础，定量是定性的精确化。

质的研究与定性研究的差异之处在于：首先，定性研究与定量研究二者均坚守实证主义的立场，认为存在绝对的真理和客观的现实，都是为了寻找事物普遍存在的“本质”。而质的研究已经超越了早期对自然科学的模仿，开始对“真理”的唯一性和客观性进行质疑。其次，定性研究在研究方法上没有系统收集和分析原始资料的要求，具有随意性、习惯性和自发性，发挥的主要是议论和舆论的功能。质的研究十分强调研究者在自然情境中与研究对象进行互动，在原始资料的基础上构建研究结果和理论。再者，质的研究更加强调研究的过程性、情境性和具体性，定性研究比较强调结论性、抽象性和概括性。最后，质的研究强调研究中的经验主义成分，必须有深入、细致和系统的调查资料作为基础，定性研究却没有以原始资料为基础，主要使用的是一种形而上学的思辨方式。

第三节　体育科学研究资料的定量分析

定量分析又叫统计分析，即对体育科学研究中可以量化的资料进行处理和分析，通过对数据资料的计算、统计检验、分析解释作出科学推断，揭示各种体育现象中所蕴含的规律的一种方法。其理论源于理性主义研究范式，理论基础是实证主义哲学，目标是探寻变量间的相关性，解决“是什么”的问题。通过定量分析对资料进行简化和描述，对变量间的关系进行描述和深入地分析，通过样本资料推断总体，可以为体育科学研究向深度和广度发展提供新的可能性。

一、定量分析的理论基础

定量分析的理论源于理性主义研究范式，理论基础是实证主义哲学，表现为以下几个方面：

第一，认为存在着一个单一的、有形的、可分割成独立变量和过程的现实，其中任何一个变量和过程都能独立地予以研究。

第二，认为在科学研究中，研究者要在自己和研究对象之间保持一段距离，即做到相互独立，只有这样才能确保研究的客观性。

第三，认为研究的目的在于提出或形成一种超越背景的普遍性规律，注重对研究对象相似性的概括，因此研究的结论能够推论到样本以外。

第四，认为每个行动都能被解释为一个具体原因或几个原因的结果，原因在时间上先于结果，研究者可以运用适当的方法，明确地用函数关系或概率形式去确立这种因果关系。

第五，主张研究不应受价值标准约束，并且应使用一套客观的方法使这一点得到保证。

二、定量分析的特征

（一）定量分析是对实验情境下现象的分析

定量研究者是在特定实验条件下进行研究的，以便把研究目标以外的影响排斥在外。

（二）定量分析以数量化资料为主

定量分析以反映研究对象实际情况的数量性资料为主，主要应用量化的方法。资料主要通过量表、问卷或实验测试等方法获取，资料是可测量、可统计的。研究得出的结论是概括性的、普适性的、不受背景约束的。

（三）定量分析关注事前与事后的测量

在定量分析过程中，研究者主要关心研究现象在某种条件下事前与事后的状况。也就是说，定量分析对条件是否发生变化，会导致什么样的结果非常关心，表现出对研究现象结果的敏感性。

（四）定量分析主要运用统计分析

定量分析主要依据统计数据，建立数学模型，并用数学模型计算出分析对象的各项指标及其数值，分析结果明确、客观。

三、定量分析的过程

（一）对前提条件进行考查

定量分析主要运用统计分析，是建立在数理统计理论基础之上的，必须满足一定的理论前提。例如，资料在总体中的分布是否满足了统计分析的要求，抽样方法是否为随机抽样等。统计分析的前导步骤正确与否，是分析能否成功运用的实际前提。例如，资料的信度与效度如何，收集方法是否科学等。

（二）制订统计分析方案

在研究设计时，研究人员应根据研究目的确定指标，从统计分析的需要出发决定测量中的有关事项。在对资料是否满足统计分析的前提条件进行考查后，还需要制订详细的统计分析方案，之后再进行统计分析。具体方案包括以下几方面内容：

1. 再次确定自变量与因变量

根据调查、实验的实际，对在设计中确定的自变量与因变量进行取舍或调整。

2. 定义复合变量

根据研究的实际需要及基本变量的性质，用基本变量组合成新的复合变量，缩减变量的数目，突出资料特性。

3. 变量分组

确定变量后，要进行分组。将类别、属性相同的变量组合成数组，以便后期统计分析。

4. 明确统计要求，选择分析方法

明确各组变量所需的统计内容及要求，拟定统计分析方法，制订说明后期统计分析的依据。

（三）选择统计分析方法

各种统计分析方法都有特定的假设前提、应用范围以及功用，主要依据研究目的和资料特点选择适当的统计分析方法。

1. 研究目的

体育科学研究根据研究目的可分为描述性研究、解释性研究和探索性研究。描述性研究目的在于说明体育现象的状况，一般可采用描述性统计方法表示其量变情况，常比较百分比、均数、标准差、方差等数据。解释性研究目的在于寻找体育现象或变量之间（两个变量之间、一个变量与另一组变量之间、两组变量之间）是否存在某种关系、关系的程度如何、关系存在的条件、关系发展的规律等，除采用描述性统计方法之外，还要使用控制变量、建立因果统计模型、分类及综合变量等多种统计分析技术，常用差异性检验、相关分析、回归分析等。探索性研究目的在于揭示未知体育现象的状况，统计方法需要根据研究实际进行选择。

2. 资料特点

依据资料特点选择统计方法时，主要考虑变量的测量层次、资料的收集方法、数据的分布形态和变量的个数。

变量的测量层次分为四种：第一层次为定类测量，以类别或数字标记来区别事物的不同情况；第二层次为定序测量，对研究对象的特征或属性作次序的鉴

别；第三层次为定距测量，对测量对象之间真实差距进行鉴别，测量的数值可以进行加减运算；第四层次为定比测量，确立测量对象之间的比率，测量的数值可以进行加减乘除运算，运算结果都有实在意义。

资料的收集方法有三种：普查、抽样调查和实验测量。如果是普查获得的资料，则使用描述性统计方法；如果是抽样调查或实验测量得到的资料，不仅要用描述性统计方法，还必须运用推断性统计方法，将资料从样本推演到总体。

数据的分布形态有正态分布、偏态分布、连续分布、离散分布等。各种具体的统计公式，都是基于数据不同的分布形态推演出来的。所以选择统计公式时，必须确定数据的分布形态与统计公式假设前提相符。

对于变量的个数而言，如果要概括研究对象的特征，则可对单变量进行分析。如果分析的目的是说明社会现象间的关系，就要用到多变量分析方法。

（四）解释统计分析结果

解释统计分析结果，要从实事求是的立场出发，与定性分析相结合，参考各类分析方法所得结果，反映和揭示出各种体育现象的本质、规律和意义。如果统计分析结果与理论假设不相符，则需要对造成这种矛盾的原因进行分析，判断是由原来的假设或理论错误造成的，还是由研究过程不严谨造成的，并对这一判断结果进行说明。解释统计分析结果时要做到：突出研究主题、观点与材料统一、判断推理符合逻辑、结构严谨、语言文字生动简练。

四、定量分析的方法

描述性统计与推断性统计的常用统计量数

体育科学研究中定量分析的方法通常有两种类型：描述性统计方法和推断性统计方法。

（一）描述性统计方法

描述性统计方法是指通过整理、分析，对数据的分布状态、数字特征和随机变量之间的关系进行估计和描述，以显示研究对象特征的统计方法，主要包括数据集中趋势、离散趋势以及相关程度等。常用的统计量数有集中量数、差异量数和相关分析等。集中量数有算术平均数、中数、众数等；差异量数有方差与标准差、标准误、标准分数；相关分析用相关系数表示。

（二）推断性统计方法

定量分析案例

推断性统计方法是指从要研究的总体中随机抽取样本，根据对样本的观测来推断总体情况的统计方法，主要包括参数估计和假设检验两方面的内容，而假设检验是推断性统计中最重要的内容。假设检验通过比较两样本间统计值的差异，推断样本是否为两个总体。假设检验分为两类：参数检验（Z 检验、t 检验等）和非参数检验（χ^2 检验等）。

五、定性分析与定量分析的结合

随着体育科学研究领域的不断扩大和深度增加、学科的日益融合以及科学哲学和科学方法论的不断发展，定量研究与定性研究在体育科学研究中越来越多地结合起来。二者结合分析的方法，能够更好地提高分析结果的信度和效度、提高研究结果的广度和深度，达到提高体育科学研究整体质量和水平的目标。

做好定性分析与定量分析的结合，需要注意以下三点：

（一）把握定性分析与定量分析的范围和条件

分析方法必须服务于研究问题。不论是选择单一分析方法，还是选择结合的分析方法，首先要根据体育科学研究资料的特性，判断其具备使用何种分析的条件。在分析过程中，不仅要熟练掌握各种分析方法，而且要针对性地运用这些分析方法。如果对分析方法的适用范围和条件缺乏必要的了解，可能会出现错误使用分析方法的情况。

（二）主动地进行定性分析与定量分析的结合

通过对体育科学研究资料的整理，发掘出研究资料的内在特性和外部联系。定性分析与定量分析应相互补充，服务于研究整体。定性分析能为定量分析提供基本前提条件，从而确定定量分析的方向、目标以及研究价值；定量分析能为定性分析提供基础支撑，从而使定性分析更加科学、准确、可信。

对于复杂的体育科学研究资料，往往不是一次分析就能够得到透彻认识的。必须通过"分析—发现—再分析—再发现"的循环往复过程，才能全面、真实、深入地挖掘出体育经验事实和资料的本质，体育科学的认识活动才能从感性认识上升到理性认识。因此，在分析过程中应根据具体的研究资料，将定性分析与定量分析结合起来，形成混合型的具体分析方式。具体结合形式可分为三种：① 依序分析，即定性分析与定量分析按照一定的先后顺序使用；② 平行分析，即同时使用两种分析方法，并进行相互补充与验证；③ 交叉分析，即在分析初期采取一类方法，随着分析逐渐深入，再结合使用另一种方法。

（三）根据资料特征合理结合定性分析与定量分析

定性和定量结合的分析方法，实现了不同分析方法之间的相互补充。需要明确的是，结合是为了促进研究，应根据研究资料采用结合方式，而不是在确定了分析方法以后，再选择研究资料。另外，在运用结合分析方法时，必须注意数据的整合。两类分析方法针对的是性质完全不同的数据，兼用两类方法就意味着必须兼用两类数据。这就需要正确判定两类数据的重要性和权重，如此才能使两类数据更好地起到相互补充的作用。

第四节　常用计算机统计软件在资料分析中的应用

体育科学研究已经广泛应用计算机统计软件进行统计分析。其优点有：统计内容广泛，获取分析信息量大；易掌握，使用便捷，处理速度快，能提高研究效率；能提高工作效率和准确性，延伸人的智能；利用网络还可以提高资料的共享性和利用率。采用计算机统计软件进行统计分析，对数据录入与程序编制有较高的要求，研究者必须掌握必要的计算机知识和技能，否则，操作失误会带来严重后果。同时，应注意计算机软件不能自行判断输入的数据质量，不能判断分析结果是否有效，更不能对反向结果进行解释，研究者仍然需要对这些情况进行认真审查。

本节主要介绍计算机软件统计分析的基本步骤、数据整理组织、数据录入、数据分析，此外介绍了 Excel、SAS、SPSS、Origin、Nvivo 等程序与软件。

一、计算机软件统计分析的基本步骤

计算机软件统计分析的基本步骤如图 8-8 所示：

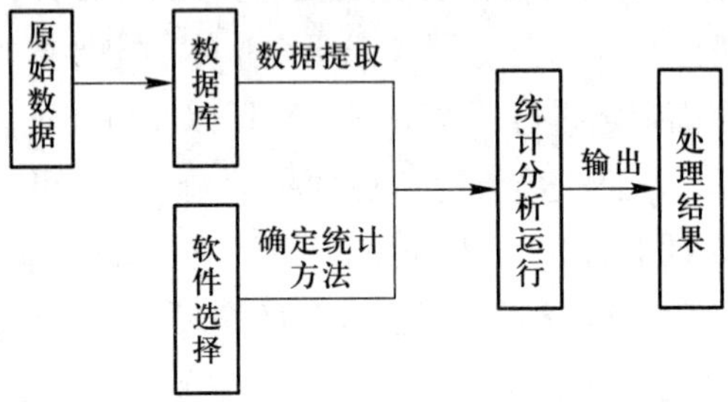

▶ 图 8-8 计算机软件统计分析步骤图

二、数据整理组织

在将原始数据录入计算机之前，必须对数据进行整理组织。整理组织的方法在本章第一节中已述及。

针对计算机录入的特点，在编码过程中，必须注意以下事项：

（1）按照研究资料顺序逐一进行编码，避免遗漏。

（2）码值和编号必须填写在相应的规定位置，保证无差错。

（3）在赋予码值的编码表内不允许出现空格，如遇资料缺失，用“0”替代。

（4）编码完毕必须复核检查。

三、数据录入

数据录入就是将已经编码的数据录入到计算机内，也就是输入到预先建立的专业数据库结构中，从而形成分析用数据库。

数据录入必须保证录入的准确性，这是采用计算机软件统计分析的前提。录入数据的正确与否决定了统计分析结果的正确与否，所以录入人员必须格外认真、仔细、耐心。

数据录入后必须进行检验。经常使用的检验方法有：① 重复检验。将相同的内容重复执行多次，比较其结果。② 分批汇总检验。对重要数据分批进行汇总，然后进行检验。③ 逻辑检验。检查数据项的值是否合乎逻辑和业务上的要求。④ 界限检验。检查某项数据是否在预先指定的范围之内。⑤ 人工检验。通过计算机显示或打印显示，由校对者对照数据编码表进行人工核对。

四、数据分析

数据录入检验后，数据库即建立起来，这时便可以进行统计分析了。首先，必须根据研究目的和任务确定需要采用的统计方法；其次，根据研究者的习惯或计算机能力，确定和选择与统计方法相适应的程序。

统计软件由一系列的统计分析程序组成，并有相应的操作规程和专门指令。统计软件的使用包括建立数据库和编写并运用程序两个步骤。每种统计软件都具有多种统计分析功能，但具体功能各自又有所差异。

最常用的分析程序是 Excel，统计软件有 SAS、SPSS、Origin、Nvivo等。

（一）Excel 简介

1. Excel 的基本情况

Excel 是微软公司的软件，可以进行各种数据的处理、统计分析和辅助决策操作，广泛应用于众多领域。目前，应用较多的版本有 Excel 2021、Excel 2016、Excel 2013。

2. Excel 的功能

（1）建立电子表格。Excel 提供了多张大容量空白工作表，可以满足大多数数据处理的业务需要。操作时，将数据存入 Excel 工作表中，使数据从静态变成动态，利用计算机进行处理。在 Excel 中，不必进行专门编程就能完成数据的检索、分类、排序、筛选等操作，利用系统提供的函数完成各种数据的分析。

（2）管理数据。启动 Excel 之后，屏幕上显示由横竖线组成的空白表格，直接填入数据，即形成各种表格。表中不同栏目的数据有多种类型。用户建表类似于日常习惯，不用特别指定。Excel 会自动区分数字型、文本型、日期型、时间型、逻辑型等。表格编辑方便，可任意插入和删除表格的行、列或单元格，对数据进行字体、大小、颜色、底纹等修饰。

（3）制作图表。Excel 提供了 14 类 100 多种基本的图表，包括柱形图、饼图、条形图、面积图、折线图、气泡图以及三维图。可以直接利用表格中的数据，在图表向导的引导下，制作出不同类型的图表，对数据进行全方位的分析和评价。

（4）网上共享数据。Excel 提供了强大的网络功能，用户可以创建超级链接获取互联网提供的共享数据，也可将自己的工作簿设置成共享文件，保存在互联网的共享网站中，以给其他用户分享自己的数据。

Excel 2013 中常用函数的名称、说明及语法形式

3. Excel 函数

Excel 2013 在函数库中内置了 11 类 400 余种函数，利用这些公式和函数，可以进行数据统计和计算。

在 Excel 菜单栏中选择“公式”，之后在工具条栏内就可以根据需要选择相应的函数类型，进而选择具体的计算函数，如图 8-9 所示：

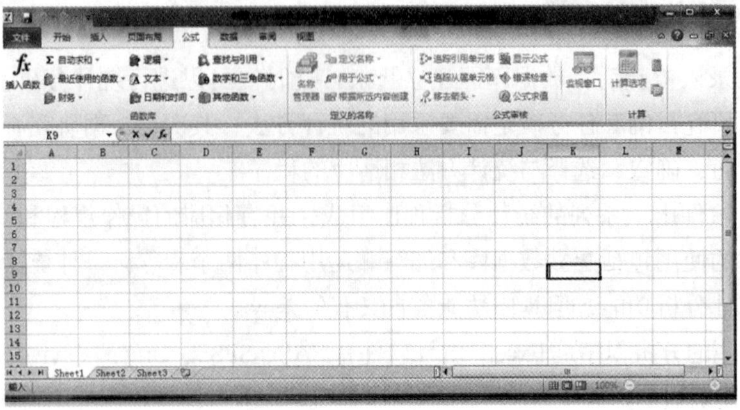

▶ 图 8-9 Excel 2013 函数插入示意图

（二）SAS 简介

1. SAS 的基本情况

SAS 是目前国际上最流行的一种大型统计分析系统。SAS 为“Statistical Analysis System”的缩写，意为统计分析系统。该系统于 1966 年开始研制，1976 年实现商品化。SAS 集数据存取、管理、分析和展现于一体，为不同的应用领域提供了卓越的数据处理功能。SAS 采用模块式设计，用户可根据需要选择不同的模块组合。当前，该软件最新版本为 SAS 9.4。

2. SAS 的功能

SAS 是数据管理和分析软件，能够完成各种统计分析、矩阵运算和绘图等。

SAS 的各项功能由功能模块完成。其中，基础模块（BASE）为必需模块，其他模块可任选。供选择的模块有统计模块（STAT）、矩阵运算模块（IML）、绘图模块（GRAPH）和全屏幕操作模块（FSP）等 20 余个。

基础模块（BASE）具有以下功能：进行数据存储、调入、追加、拷贝和文件处理；编写报告、打印图表；进行数据排序、分类等操作；完成一些基本统计数计算（如平均数和相关系数）；与一些软件包（DBASE、LOTUS 等）及大型机进行数据交换和通信。

统计模块（STAT）可提供一些高度可靠、完整的统计分析过程，主要有方差分析（包括一元、多元的单因素及多因素实验设计的方差分析）、线性相关和回归分析（包括聚类分析、主成分分析、因子分析、典范相关分析）以及非参数测验等，共计 26 个过程。每个过程还可提供多种不同算法和选项。

矩阵运算模块（IML）是一种交互式矩阵语言，可直接进行矩阵运算（加法、乘法、求逆、计算特征值和特征向量等），适用于高级统计、工程运算和数学分析。

绘图模块（GRAPH）能在微机的绘图设备上绘制图形，可制作三维图形、地图和幻灯片等。

全屏幕操作模块（FSP）为一交互式全屏幕软件，可以建立、修改和浏览SAS数据集中的观察值，定义用户屏幕等。

3. SAS的特点

SAS把数据存取、管理、分析和展现有机地融为一体。主要特点有：

（1）功能强大，统计方法齐、全、新。SAS提供了多种统计分析过程，包括所有最新分析方法，其分析技术先进、可靠。分析方法的实现通过过程调用完成。许多过程同时提供了多种算法和选项。对于中间计算结果，可以全部输出、不输出或选择输出，也可存储到文件中供后续分析过程调用。

（2）使用简便，操作灵活。SAS以一个通用的数据（DATA）产生数据集，然后以不同的过程调用完成各种数据分析。其编程语句简洁、短小。结果输出以简明的英文给出提示，统计术语规范易懂。对运行时的错误，它可以尽可能地给出错误原因及改正方法。因而SAS将统计的科学、严谨、准确及方便使用有机地结合起来，极大地方便了使用者。

（3）提供联机帮助功能。使用过程中按下功能键F1，可随时获得帮助信息，得到简明的操作指导。

（三）SPSS简介

1. SPSS的基本情况

SPSS是“社会科学统计软件包”（Statistical Package for the Social Science）的简称，是一种集成化的计算机数据处理应用软件，创建于1968年，至今广泛应用于教育、医疗、银行、证券、制造、市场研究、科研等多个领域和行业。SPSS是为广大非专业人士设计的，操作简便，好学易懂，简单实用。当前，该软件的最新版本为SPSS 27.0。下面使用的图例是根据SPSS 20.0版截图制作的。

2. SPSS的特点

（1）该软件集数据录入、资料编辑、数据管理、统计分析、报表制作、图形绘制为一体。从理论上说，SPSS可以处理任意大小的数据文件，无论文件中包含多少个变量，也不论数据中包含多少个案例。

（2）统计功能囊括统计学中所有的项目，既包括常规的集中量数和差异量数、相关分析、回归分析、方差分析、卡方检验、t检验和非参数检验，又包括多元统计技术，如多元回归分析、聚类分析、判别分析、主成分分析和因子分析等方法。SPSS还能在屏幕（或打印机）上显示（打印）如正态分布图、直方图、散点图等各种统计图表。

（3）SPSS界面操作简单，便于学习使用。SPSS for Windows界面完全是菜单式的，稍有统计基础的学习者经过简单培训即能使用SPSS进行简单的数据分析。

3. SPSS的主要窗口及其功能

SPSS提供两种操作运行方式：窗口菜单运行方式和程序运行方式。本节主要介绍窗口菜单运行方式。在这种运行方式下，用户在数据编辑窗口准备好数据后，可利用窗口相应菜单项中的各功能进行管理和统计分析。用户通过点选某菜单项选择一种统计分析过程，系统用对话框接受用户设定的参数和选择项后即执行该过程，并将结果在输出窗口中显示出来。

SPSS的窗口都具有Windows风格和功能，具备各种窗口控件，主要有三类：数据编辑窗口（Data Editor）、结果输出窗口（Viewer）和语句编辑窗口（Syntax Editor）。下面分别介绍其功能及特点。

（1）数据编辑窗口

系统启动后自动打开的窗口就是数据编辑窗口，即SPSS的主窗口，主要用于准备、整理数据以及调用统计分析过程等。

① 窗口结构

数据编辑窗口结构见图8-10。在窗口标题栏中会显示当前打开的数据文件名，若是新建数据文件则系统默认文件名为Untitled。

▶ 图8-10 SPSS数据编辑窗的数据窗口

数据显示区是数据编辑窗口的主要区域，由两张工作表组成：数据视窗（Data View）和变量视窗（Variable View），可以通过点选左下方的视窗标签进行视窗的切换，也可以通过菜单项View→Data/Variables进行切换。每张工作表都是一张可扩展的二维数据表格。其中数据视窗主要用于显示和编辑数据，所以专门提供了当前数据栏（显示当前记录号和变量名）和数据输入栏（显示当前记录号和变量名对应的数据值）。在数据表中，系统自动取最左列显示记录号，最顶行显示变量名，要分析处理的数据存放在表格中。

变量视窗则用来定义编辑变量的有关属性。一个变量的属性占用一行，每种属性各占一列，包括变量名（Name）、类型（Type）、宽度（Width）、精度（Decimal）、标签（Label）、值标签（Values）、缺失值（Missing）、列宽（Columns）、对齐方式（Align）和测量类型（Measure）等。

② 窗口菜单和工具栏

窗口上方的菜单栏提供了 SPSS 全部可调用功能，共有 10 个选项：

文件管理菜单（File）：有关文件的调入、存储、显示和打印等。

编辑菜单（Edit）：有关文本的编辑及系统选项设置等。

视图菜单（View）：可定义窗口视图。

数据管理菜单（Data）：可定义及修改变量属性，对记录进行选择、排序、加权以及对数据文件进行转置、连接、汇总等。

数据转换处理菜单（Transform）：有关数值的计算、重新赋值、缺失值替代等。

统计分析菜单（Analyze）：包含 SPSS 提供的所有统计分析过程。

图形菜单（Graphs）：包含各种统计图的绘制。

用户选项菜单（Utilities）：可显示变量列表、文件信息，定义及使用集合，运行脚本文件和编辑菜单项等。

窗口管理菜单（Window）：有关窗口的排列、选择、显示等。

求助菜单（Help）：调用各种帮助文件。

除菜单选项外，系统还提供快捷工具条栏，栏内包含多个常用功能的快捷按钮，用户点击就可直接完成相应功能。当鼠标在图标按钮上停留片刻后，还会自动出现文字说明，对该图标按钮所执行功能进行简单的解释。系统默认的工具条如图 8-11 所示，各按钮的对应功能及菜单项如下：

：File→Open→Data，打开数据文件。
：File→Save，保存文件。
：File→Print，打印当前文件。
：Dialog Recall，调历史记录。
：Edit→Undo，撤销前次操作。
：Edit→Redo，重复前次操作。
：Go to chart，指向图像。
：Data→Go to case，使光标转到特定的记录。
：Utilities→Variable，查看变量信息。
：Edit→Find，查找。
：Insert→Case，插入记录。
：Insert→Variable，插入变量。
：Data→Split File，拆分文件。
：Data→Weight case，对记录加权。
：Data→Select case，选择记录。
：View→Value Labels，显示变量标签值。
：Utilities→Use sets，调用数据。

▶ 图 8-11 按钮功能图

③ 窗口视图的管理

SPSS 系统提供给用户较大的自主性，可以管理窗口的显示，包括控制某些窗口部件是否显示、自定义工具栏或建立新的工具栏以及选择窗口中数据显示的字体。这些都通过 View 菜单项的下一级子菜单项进行控制（图 8-12）。

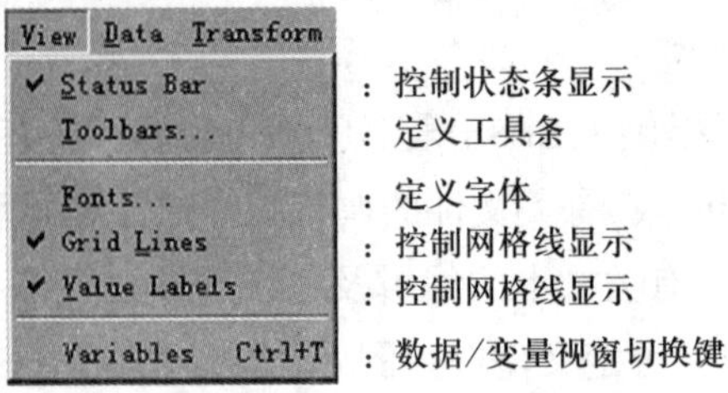

▶ 图 8-12　View 下一级子菜单图

其中，状态条、网格线和变量值标签都是开关键（又称乒乓键），即该键只有两种状态，通过点击控制交替出现，在键前用“√”标示其进行显示（有“√”则表示显示，没有“√”则表示不显示）。图 8-12 就表示当前为数据视窗，在其中显示状态条、网格线和变量值标签。

单击菜单 File → Toolbars，就可以控制工具条的显示、自定义工具条或建立新的工具条。此时系统弹出工具条对话框（图 8-13），可在框中进行相应的定义与修改。或者也可将光标置于工具栏上，单击右键，在弹出的快捷菜单中进行相应的选择。

同样单击菜单 File → Fonts，即可在相应的对话框中选择各种字体、字体样式及大小（图 8-14）。

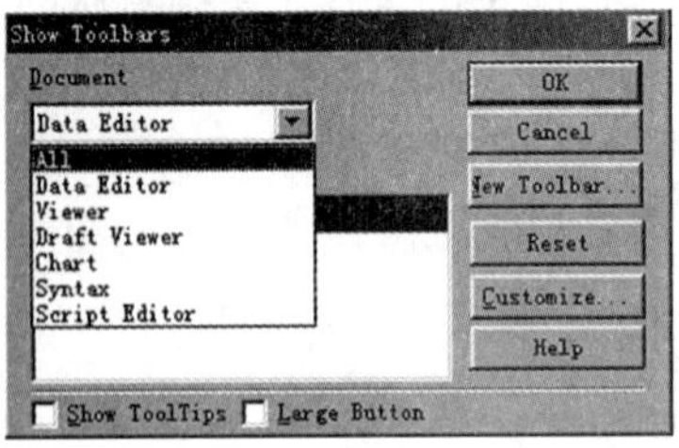

▶ 图 8-13　工具条对话框图

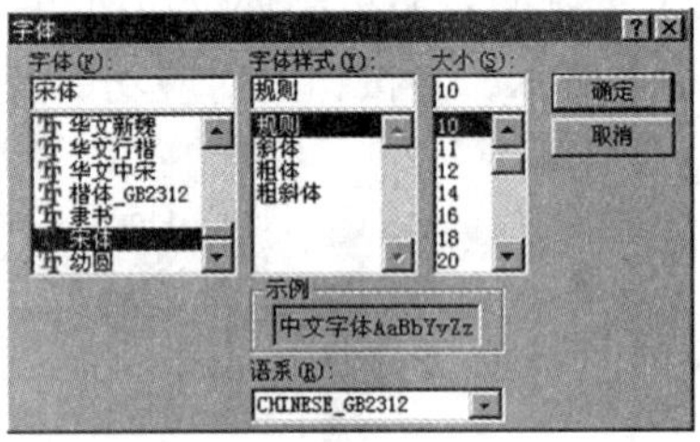

▶ 图 8-14　字体定义对话框

（2）结果输出窗口

结果输出窗口用于显示分析结果和系统信息。系统启动时并不打开输出窗口，当完成首次统计分析过程后会自动打开。如果处理成功，就显示处理结果；如果处理过程中发生错误或失败，则提示出错信息。用户也可以通过菜单，单击 File → New → Output，打开一个新的输出窗口。

系统允许同时打开多个输出窗口，在窗口标题栏自动显示其对应的输出文件名；若是新开的窗口，按顺序自动标记为“Output 1”“Output 2”……在同时打开的多个输出窗口中，只有一个为活动输出窗口，当前操作的输出结果在活动输出窗口中输出。在窗口的工具栏中有一个图标按钮，活动输出窗口为灰色，其他窗口则为红色。要指定某输出窗口为活动输出窗口，可以通过单击该窗口的按钮，使其变为灰色即可；在该窗口中单击菜单项 Utilities → Designate Window，也会使当前窗口变为活动窗口。

输出窗口的结构类似于 Windows 的资源管理器窗口（图 8–15），左侧窗格显示输出内容的大纲视图（又称导航器），右侧显示具体内容，包含所有的输出结果。输出结果有文本、图形和表格三种形式。系统都提供相应的编辑器，只要双击某对象就可以进入编辑状态。

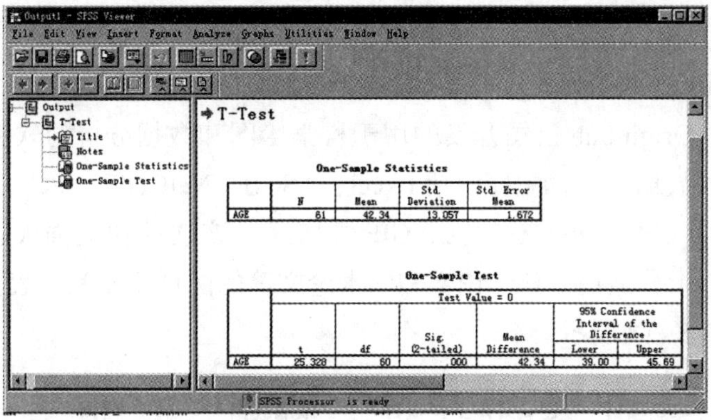

▶ 图 8–15　SPSS 标准结果输出窗口

输出窗口有自己的菜单栏和工具栏，菜单栏中“Analyze”“Graphs”“Utilities”“Window”“Help”的功能与数据编辑窗口一致，“File”“Edit”“View”中添加了相应的编辑输出结果的功能，菜单项“Insert”和“Format”则提供了插入功能和格式调整功能。工具栏中也有部分图标按钮与数据编辑窗口相同，另外部分是专用于结果编辑操作的按钮。

（3）语句编辑窗口

语句编辑窗口用来输入和编辑用 SPSS 命令语言编写的程序。在 SPSS 几乎所有过程对话框中，均存在为编程准备的“Paste”按钮，单击此按钮，系统就会自动打开语句编辑窗口，并将该过程对应的 SPSS 语句粘贴到窗口中。单击菜单 File → New → Syntax，也可以打开一个新的语句编辑窗口。语句编辑窗口也可以同时打开多个，新的按顺序自动标记为“Syntax 1”“Syntax 2”……也可用按钮 标示活动语句窗口，同样可单击语句窗口的菜单项 Utilities → Designate Window，使当前窗口变为活动窗口（图 8–16）。

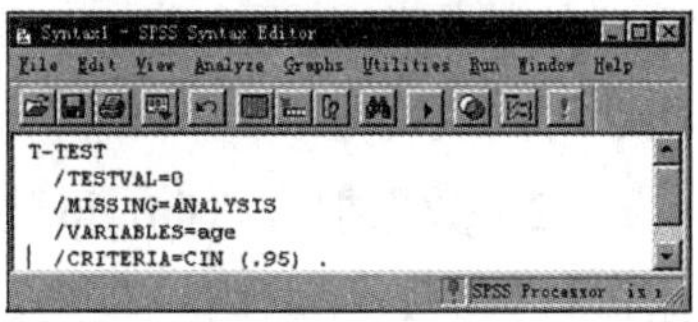

▶ 图 8–16　SPSS 语句编辑窗口

在语句编辑窗口也有相应菜单，可以输入、编辑和运行 SPSS 命令，并可将窗口内容存为后缀为“.spss”的语法文件。

语句编辑窗口还有相应的菜单栏和工具栏，大部分与数据编辑窗口相同，不同的菜单项“Run”，可执行全部或选定的命令语句。在语句窗口也可以调用菜单项执行所有的统计分析功能。

在实际操作中，用窗口方式提交某项分析后，系统会直接将窗口内容翻译成程序语句（即 Syntax 窗口中的语句）并执行。打开语句窗口，可查看程序语句，对某些无法通过对话框指定的参数，可以在语句窗口对程序进行相应修改，实现仅用菜单方式无法完成的统计分析功能。如不用程序运行方式，只要关闭语句编辑窗口，系统就会自动用菜单方式运行。

除此三种窗口外，SPSS 中还有图形编辑窗口和帮助窗口，分别用于用户在结果窗口中编辑统计图形和寻求帮助，详情参见相关书籍。

（四）Origin 简介

1. Origin 的基本情况

Origin 软件操作简介

Origin 是 OriginLab 公司开发的用于科学绘图和数据分析的软件，Origin 支持多种格式的数据导入，主要包括 Excel、ASCII、NetCDF、SPC、DIADem 等。图形可输出为 EPS、JPEG、TIFF、GIF 等格式。该软件功能强大、操作简便、应用范围广，十分适用于科学论文和学术论文等的图形绘制和图表分析。Origin 操作流程如图 8-17 所示。

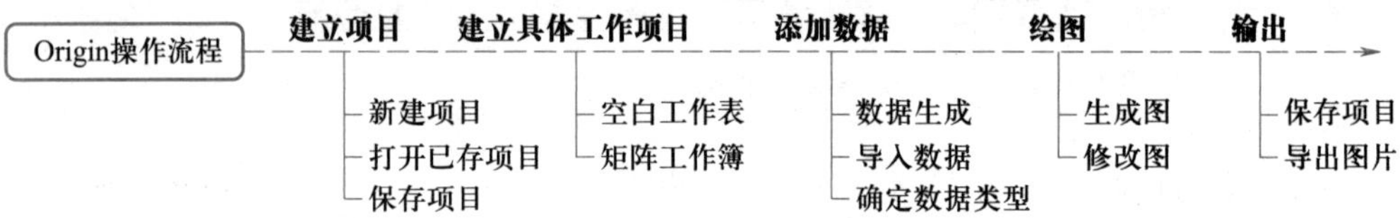

▶图 8-17 Origin 操作流程

2. Origin 的特点

Origin 可以用于绘制直线图、散点图、柱状图、饼图、等值线图和统计图等各种数据图，并且可以对这些图进行额外的编辑和排版工作。此外，还可以进行线性回归、非线性拟合、信号处理、统计分析、图像处理等方面的数据处理。在医疗、工程、环保、科研等领域应用广泛，被广泛认为是最强大的科学绘图和数据分析工具之一。

（1）数据可视化。数据可视化是 Origin 最重要的特色功能之一。它可以将复杂的数据变得更有意义，更容易理解，如将数据绘制成二维和三维图形、热图、等高线图等。

（2）数据拟合。Origin 还提供了数据拟合的功能，它可以通过数学公式对数据进行拟合，帮助用户找到数据背后的规律和趋势。使用 Origin 进行数据拟合，可以提高分析数据的效率和准确性。

（3）峰值分析。Origin 还提供了峰值分析的功能，它可以对数据中的峰值进行识别、分离和分析。对于一些复杂的数据，峰值分析可以帮助用户找到其中的重要特征和趋势。

（4）Excel 数据的导入和导出。Origin 还具有方便的 Excel 数据导入和导出功能。可以将 Excel 表格中的数据直接导入到 Origin 中，并对其进行进一步的分析和可视化。同时，也可以将 Origin 中的数据导出到 Excel 表格中，以便对其进行进一步的处理和分析。

（5）数据批处理。Origin 还带有数据批处理功能，它可以对同一类数据进行批量处理，从而提升处理效率和准确性。可以使用 Origin 进行数据批处理，对数据进行快速、准确的计算和分析。

（6）自动化操作。Origin 还具备自动化操作功能，可以自动完成一系列复杂的操作，提高处理和分析数据的效率，可以进行自动化操作，对数据进行快速、高效的分析和处理。

（五）Nvivo 简介

1. Nvivo 的基本情况

Nvivo 是一款由澳大利亚 QSR 公司开发的质性分析软件，是用于文字处理的编码与分析的工具，能够有效分析多种不同类型数据，如文字、图片、录音、录像等数据，是实现质性研究的最佳工具。可以根据研究需要，为节点实现自定义编码，生成二轴或三轴列图、饼状图、散点图、雷达图等，其科学性、简便性、强大的分析功能吸引了各个领域的研究者。

2. Nvivo 的分析流程

Nvivo 的分析流程可分为准备阶段、编码阶段、分析阶段。

（1）准备阶段。首先设置新增项目，点击新建项目，输入标题和文件名，选择计算机中的文件，即可建立新项目，新项目位于“我最近的项目”中。此外，也可以通过打开项目，指定项目所在路径开启文件，原始资料可分为内部资料、外部资料和备忘录三种，可支持访谈记录、文档、音频、视频和图片的原始资料。对于程序不支持的文件类型，可通过连接外部文件的方式进行处理，建立好的外部文件只能通过外部程式来处理。研究过程中研究者可能会针对主题、资料收集、资料内容或分析过程心有所感，可将其记录在备忘录中，通过新增、导入或借由联结的方式产生一份备忘录文件。

（2）编码阶段。研究者需要选择适当的节点类型建立节点系统，常用到自由节点和树状节点，自由节点是进行试探性执行分析所建立的节点，树状节点能被分类且具有树状结构，即存在主从关系。此外，还可选择个案节点进行属性分析，也可选择关节节点说明项目之间的关联性，通过查询矩阵编码结果来形容概念存在交集的节点。建立节点系统之后，可对节点进行编码，根据需求查询关键字、字词频率、条件编码、矩阵编码，也可在编码比较的基础上进行二次编码。

（3）分析阶段。树状节点分析包括如下步骤：观察了解涉及信息较多的节点，浏览节点并将其与相关论述进行对比，将节点感想记录于备忘录中。矩阵节点分析步骤如下：通过交叉分析方式分析个案，查询矩阵编码，将分析结果变为节点，以图表形式将矩阵结果展示出来，整合分析结果与讨论，通过组合、图表或关系模型整合研究结果。

3. Nvivo 的信效度检验

内容分析中的信度可定义为不同编码人员对内容归类的一致性。例如，选择两名同专业领域的研究人员作为编译员，对编译员进行培训，使其充分了解各编码节点的定义以及编码规则。在两名编译员达成共识，并认可培训人员的编码定义和规则之后，研究者便可开始进行编码信度检验。根据内容分析法专家建议，检验编码内容占总体 5%～7% 即可。编码信度可通过统一百分比或 Kappa 系数进行评估，Kappa 系数在 0.9 以上表示具有较高的稳定性和一致性，低于 0.7 则要考虑调整编码或重新编码。内容分析法中的效度问题可从外部效度进行检验，相关内容对受众具有普遍性和重要性，内容分析的外部效度就越高。

本章小结

资料整理就是对收集到的资料进行检查、分类和简化，使之系统化、条理化，为进一步分析提供条件的过程。

定性资料和定量资料的整理都要经过审核、分类和汇编三个阶段。

使用统计图表，要做到保证内容真实、结构完整，注重与文字的协调使用，合理把握使用数量，区别运用统计图和统计表，力求实用美观。

定性分析的过程可分为：按照研究性质和需要，确定分析目标及资料的范围，进行初步的检验、分析；悬置前设和价值判断，通过阅读寻求资料所表达的主题和主线；抽取出能说明研究问题的核心内容；通过分类排列类别层次，区分资料的差异；通过解释和价值判断，鉴定各因素之间是否相关或是否有因果关系，寻求研究对象的特质规范；进行客观性、有效性、可信性评价。

统计分析作为定量科学研究的手段有描述性统计和推断性统计两种类型。描述性统计可以使数据清晰直观地显示出研究对象的特征，常用的统计量数有集中量数、差异量数、相关分析。推断性统计可以根据对样本的观测来推断总体的情况，主要包括参数估计和假设检验两方面的内容。

定量分析与定性分析的结合使用已经成为体育科学研究资料分析的主要方式。定性分析与定量分析的结合，需要注意把握两种分析的范围和条件，并应有意识地将两种分析进行结合，同时，应避免盲目生搬硬套。

计算机已经成为统计分析的必备工具。使用统计软件可以简便地进行多种基本统计运算。常用的计算机统计程序与软件有 Excel、SAS、SPSS、Origin、Nvivo 等。

名词解释

- 定性资料：是指文字、图形、声像等非数字形式资料。
- 定量资料：是指数字形式资料。
- 定性分析：也叫质性分析，是运用分析与综合、比较与分类、归纳与演绎等逻辑分析的方法，对定性研究资料进行整理加工，从而认识研究资料的本质特征，揭示体育现象变化的内在规律。

● 归纳法：是对个别事实、直接经验加以概括，推演出有关事物的一般属性和本质的思维方法，可以分为完全归纳法和不完全归纳法。

● 演绎法：是从一般性的前提出发，通过推导即“演绎”，得出具体陈述或个别结论的过程。

● 定量分析：又叫统计分析，即对体育科学研究中可以量化的资料进行处理和分析，通过对数据资料的计算、统计检验、分析解释作出科学推断，揭示各种体育现象中所蕴含的规律的一种方法。

● 描述性统计方法：是指通过整理、分析，对数据的分布状态、数字特征和随机变量之间的关系进行估计和描述，以显示研究对象特征的统计方法。

● 推断性统计方法：是指从要研究的总体中随机抽取样本，根据对样本的观测来推断总体情况的统计方法，主要包括参数估计和假设检验两方面的内容。

推荐阅读文献

1. 陈向明. 质的研究方法与社会科学研究［M］. 北京：教育科学出版社，2000.

该书是国内第一部系统介绍“质的研究方法”的专著，其中第四部分“质的研究的资料分析”共四章（第十八章至第二十一章），呈现的是质的研究对原始资料进行分析的方法，包括初步资料整理、概念分析与归纳、建立结论和初步理论，以及研究报告的写作成文。另外，该书第十五章详细介绍了观察法的实施，尤其是参与观察法的特质与类型，可供学习观察法时参考。

2. 张文彤. SPSS 统计分析基础教程［M］. 3 版. 北京：高等教育出版社，2017.

本书在第 2 版的基础上为进一步拓展读者的知识面，除介绍 SPSS 新版本提供的新模型外，还对插件使用模型进行了介绍。

3. 梅雪雄，魏德样. 体育统计与 SPSS 应用［M］. 北京：高等教育出版社，2023.

该书在介绍体育统计的基本概念、基本原理和基本方法的基础上，着重介绍了 SPSS 软件（版本为 SPSS 26.0）的基本使用方法，比较详细地阐述了体育科学研究中常用的数理统计方法及其在 SPSS 中实现的步骤，涵盖目前体育科学研究中涉及的大部分统计问题。书中对每一种统计分析方法，都先对其数学原理作必要但并不艰深的理论阐述，再通过案例说明其在 SPSS 系统中实现的步骤，最后再解释输出图表的意义，这就使读者不仅能迅速掌握 SPSS 在体育统计中的实际应用，而且能“知其然且知其所以然”。

问题与思考

1. 请比较定性资料和定量资料整理的步骤有哪些不同？
2. 在整理资料的过程中发现资料的真实性存在问题，应当做哪些处理？

3. 请说明各种资料适宜的图表表达形式，尝试把一张表格转换成多种图示，并选出最适宜的一张。

4. 请阅读《体育科学》等刊物，试各找一篇采用定性分析方法和定量分析方法的论文，并写出读后感。

5. 应用 Origin 软件建立一个关于高中学生课外运动项目调查的数据库，并对数据进行一般统计学分析。

盖文章，经国之大业，不朽之盛事。

——曹丕

年轻科学家还要注意科学论文写作的技巧和艺术。

——［英］贝弗里奇

第九章 体育科学研究论文的撰写与评价

本章提要

本章主要阐述了体育科学研究论文的类型及基本特点，简述了学位论文的基本结构，并就论文的题名、署名、摘要、关键词、引言、研究对象与研究方法、研究结果与讨论、结论与建议、致谢、注释、参考文献、等写作体例与要求进行了陈述，介绍了体育科学研究论文的评价指标、评价标准和评价方法，对本科生毕业论文报告与答辩等环节提供了操作性指导。

学习目标

1. 知晓体育科学研究论文的基本结构、写作体例及内容评价。
2. 掌握体育科学研究论文写作的基本学术规范、答辩程序及要求。
3. 培养学生实事求是、认真严谨的科学态度和科学精神。

关键词

学位论文；基本结构；写作体例；论文评价；答辩

本章思维导图

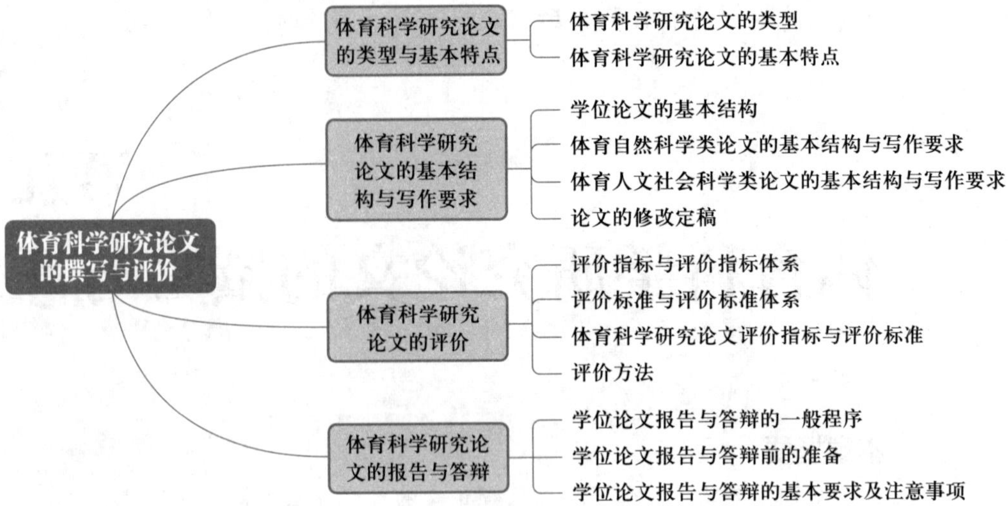

体育科学研究是运用科学方法，有目的、有计划地探索体育的本质及其规律的创造性活动。体育科学随着体育运动实践的发展而不断发展，体育运动的发展推动着体育科学研究的进步与繁荣。在信息技术快速发展的时代，体育科学在促进人的全面发展、增进人的身心健康以及提高运动水平等方面发挥着越来越重要的作用。高等学校是体育科学研究的主要场所之一，学生通过撰写体育科学研究论文，综合运用大学期间所学的基础理论、专业知识和所掌握的基本技能去发现、分析、解决问题，进行科学研究工作的初步训练。例如，撰写毕业论文和进行毕业设计是学生掌握正确提出问题、深入分析问题、科学解决问题的有效方法，也是培养学生科研能力和创新精神、提高学生科学素养的综合训练过程。对学生而言，这既是一次锻炼，又是一次检阅，这也是学校检验教学质量的重要手段，是学生申请学位的必要条件。

第一节 体育科学研究论文的类型与基本特点

科学研究论文是以文字形式对科研成果进行记录，是运用概念、判断、推理、证明或反驳等手段与方法，分析、表述科学研究成果的文章。一篇高质量的科学研究论文不仅与选题、研究方法、研究对象和研究结果紧密相连，还与论文素材的组织与撰写、语言表达、论文基本格式等基本技能有着直接关系。

一、体育科学研究论文的类型

科研成果的表述形式可以是科学技术报告、学术论文、专著、译著、工具书，也可以是系统软件、应用软件等。研究成果的内容和性质不同，其表述形式也不同。通常，科学技术报告是指描述一项科学技术研究的结果和进展，或阐述一项技术研制试验和评价的结果，或论述某项科学技术问题的现状和发展的文件。而学术论文与科学技术报告略有差异，但无论是学术论文、学位论文还是科学技术报告，其撰写和编排都需要遵循一定的规范。实质上各学科之间有着内在的、本质的联系，是一个有序的完整体系，因而，体育科学研究论文基于不同的标准又可分为不同类型。

（一）按论文的性质和目的分类

1. 学术论文

学术论文是对某个学科领域中的学术问题进行研究后，记录科学研究的过程、方法及结果，用于学术交流、讨论或出版发表，或用作其他用途的书面材料。学术论文应提供新的科技信息，其内容应有所发现、发明或创造，具有较强的学术性和创新性。

2. 学位论文

学位论文是表明作者从事科学研究取得创新性成果和创新见解，并以此为内容撰写的、作为提出申请授予相应学位时评审用的学术论文。学位论文依申请的学位层次可分为学士学位论文、硕士学位论文和博士学位论文。

（1）学士学位论文。其表明作者较好地掌握了本门学科的基础理论、专门知识和基础技能，并具有从事科学研究工作或承担专门技术工作的初步能力。本科生的毕业论文（设计）作为一种学习、实践、探索和创新相结合的综合教学形式，强调的是一种研究性学习，注重过程，是对学生综合运用所学知识，解决本专业实际问题能力的考核，是学习深化和提高的重要过程，也是衡量学校教育质量和办学效益的重要评价内容。

（2）硕士学位论文。其表明作者在本门学科上掌握了坚实的基础理论和系统的专门知识，对所研究的课题有新的见解，并具有从事科学研究工作或独立承担专门技术工作的能力。硕士论文是在硕士生导师指导下完成的，必须具有一定程度的创新，强调撰写者的独立思考和新的见解。

（3）博士学位论文。其表明作者在本门学科上掌握了坚实宽广的基础理论和系统深入的专门知识，在科学和技术上作出了创造性成果，并具有独立从事科学研究工作的能力。

虽然学位论文因学位层次的不同在具体要求上有所差异，但都反映了申请者掌握相关学科知识的深度和广度，反映了其创新和独立从事科学研究的能力。因此，学位论文是申请者申请学位和对申请者进行学术水平、科研能力考查鉴定的重要依据。撰写学位论文是大学本科和研究生学习过程中一个十分重要的环节，一篇好的学位论文常常对学生一生的学术道路与研究方向产生深远的影响。

学位论文作为一种特定类型的论文，“是一次唯一的做一些可以使你终身受益的作业的机会”。因此，“一篇论文所提供的收集研究经验对我们未来的生活将产生永恒的影响（专业上或政治上都如是），在很大程度上不是所选题目，而是它所提供的严格性训练和论文所要求的材料方面的组织能力。”① 在学位论文写作中，学生获得了相应的知识与训练。为避免论文写作过程中的抄袭、剽窃、侵占、拼贴等情况，无论是指导老师还是学生本人，都应高度重视学位论文的写作，充分了解学位论文写作的基本规定及其原则。一篇好的学位论文应当做到观点正确、论据充分、论证有力，有创新性、结构严谨、逻辑性强、层次清楚、引文正确、图表清晰、行文流畅，并能实事求是地得出正确结论。

（二）按体育学科的领域分类

1. 体育自然科学类论文

体育的本质特点之一是通过人体的自身活动，增强体质，挖掘潜力，掌握运动技术技能。在这一过程中，不仅要研究人体的生物学特征，还要研究在运动条件下人体的机能变化和适应过程。根据这一特点，体育自然科学类论文一般包括运动解剖学、运动营养学、运动生理学、运动生物力学、运动生物化学等体育生物学科的科研论文。这类论文的特点主要表现为：研究范围相对微观；较多地运用实验法、观察法、测量法等；以定量分析为主，定量研究与定性研究相结合；大多有明确的研究假设；研究结果多能进行重复验证；研究成果的应用价值比较明确。

2. 体育人文社会科学类论文

体育是一种社会现象，是文化教育不可分割的有机组成部分。要把握其自身发生和发展的特殊规律，必须广泛运用社会科学的基本原理来分析体育现象，揭示体育规律。根据这一特点，体育人文社会科学类论文一般包括体育教育学、体育史学、学校体育学、体育社会学、体育经济学、体育管理学、体育法学、社会体育学、体育美学、体育信息学、比较体育等学科的论文。这类论文的特点主要表现为：研究范围相对较广，涉及的因素与问题较多；运用文献法、调查法和各种逻辑方法较多；以定性研究为主，定性研究与定量研究相结合；研究成果具有认识世界、传承文明、创新理论、咨政育人、服务社会的重要作用。

二、体育科学研究论文的基本特点

科研论文的形式和内容都有其内在的特点和要求。体育科学研究论文具有成果的创新性、内容的科学性、结构的规范性、论理的逻辑性、表达的简洁性等基本特点，这些特点有其各自独立的内涵，但又相互联系，不能孤立地强调某一方

① [意] 翁贝托·埃科. 大学生如何写毕业论文 [M]. 高俊方，等，译. 北京：华龄出版社，2003: 45-47.

面而忽视另一方面。

（一）成果的创新性

创新性是科学研究的生命，是科研论文的显著特征，是论文的“亮点”所在，也是衡量科研论文价值的最根本标准。首次发现，首次提出，当然是具有重大价值的研究成果，但毕竟为数不多。在某一问题上有新意，对某一学术领域有发展，或者在关键点上有所突破和创新，弥补某一缺陷，都是创新性的具体体现，属于创新的范畴，决定了论文的价值。科学研究论文的创新性着重体现在新见解的提出、新规律的发现、新技术的设计、新成果的报道、新理论的阐述、新方法的应用、新器材的研制等诸多方面。采用新方法或技术，对已有方法进行改进，揭示新的现象、提出新概念或界定新的概念、提出新的观点、建立新的理论体系等，都突出体现了“创新”。

科研论文的创新性还体现在以下两个方面：一是在对问题的分析和研究中，发现别人没有发现或没有涉及的问题；二是在总结别人的基础上创新，提出自己的独特见解。学生应针对前人研究成果和研究方法中存在的失误、漏洞和不足之处，予以修正、补充、完善，从而提出新的观点，得出新的结论，做出新的发现和新的创造。

（二）内容的科学性

科学性就是要正确反映事物的本质和规律。科学性是由科学研究的任务所决定的，是科研论文的核心和灵魂，是科研论文的基本特征，是审核科研论文的首要问题，也是评价科研论文价值的重要依据。进化论的奠基人达尔文曾明确指出：“科学就是整理事实，以便从中得出普遍的规律和结论。”一篇科研论文的科学性如何，主要看它所体现的内容是否真实可靠，是否以理论和实践为依据，是否正确反映客观事物的现象、本质和规律，是否体现了科研论文的科学、准确、严谨。因此，科研论文要求所采用的资料必须真实可靠，每个概念和数据等必须准确无误，实验的设计、技术路线的确定、实验材料的选择、实验方案的实施、实验结果的统计分析等都必须科学、公正，经得起科学的验证，做到立论客观明确、论据充分、论证严谨。

科研论文的科学性体现在以下几个方面：第一，过程的正确性。科学实验的设计方案应合乎科学，采用的测试方法应正确、先进，调查资料和科学数据应当充分，应用的逻辑推理方法应当严密，要对采用的资料和数据加以综合分析，得出恰如其分的结论。得出的结论不仅要揭示事物的本质，为人们认识、改造客观世界提供依据，而且要具有科学的预见性，提出新见解，预示发展规律，这是科研论文在方法论上的特征。第二，资料的正确性。科学实验都离不开数据。科学研究工作者为寻求一个或一组科学数据，往往就要进行几百次乃至上千次的实验研究，以求数据的科学性和有效性。实验研究得出的数据具有严格的单值性，如果同一个数据在论文前后出现的数值不一致，哪怕是微小的差异，也会失去数据的科学性和有效性。因此，在论文写作中切忌出现常识性错误或技术上的误差，数据和文献的引用要准确无误，论证所使用的材料和知识必须真实可靠。第三，结果的确证性。论文的数据、结果要忠于事实和材料，不能违背客观事实，主观臆造，随意夸大或缩小研究中的数据和结果，要做到研究方法可重复，实验结果可重现。得出的结论应有充分的论据，能重复再现，使写出的论文能真实地揭示客观事物的本质和事物发展的规律。发表的论点应明确，论点、论据要经得起实验检验和学术批评。

在体育科学研究过程中，要充分体现研究过程中所收集资料和调查数据的真实准确，要注重知识层次之间的逻辑性和客观性，确保实验方法真实可靠，能经得起检验，结果可再现。例如，实验方法真实可信，结论客观；实验结果忠于事实和原始材料；介绍的事实准确，数据经过统计处理，采用的数据合理有效；论点正确，论据充分，论证严密，推理符合逻辑；论文结构严谨，层次清晰，说理透彻，合乎逻辑，能客观、实事求是地评价自己和他人的工作；引文得当等。

在具体实践中，学士学位论文在科学性方面容易出现的问题主要有：概念、原理、定义和论证等说理性内容叙述不够清楚确切，历史事实、时间以及图表、数据、符号、术语和参考文献等书写不够准确、不适用或者前后不一致等。

（三）结构的规范性

规范就是可供效法的标准和范式，是人们在实践中不断创造、发现并总结出的优化准则和最佳模式。规范化则是使事物合乎优化准则并成为最佳范式。科学研究论文必须具备充分的论据，运用严密论证来阐述观点、验证假说、构建理论，形成新观点、新成果。在文体结构上，要按一定的规范格式写作，这样既便于读者快速而简捷地理解论文本身所要表达的真正含义，又便于信息的交流和传播。

撰稿过程的规范是指科学研究论文的撰写者在写作过程中应该遵循的科学程序。操作层面上的规范要求主要涉及以下内容：① 编写格式的标准化；② 文字细节和技术细节表达的标准化或规范化，主要包括名词、名称、数字、量和单位、数学式等的规范表达，以及插图和表格的合理设计；③ 语言和标点符号的规范运用。

科技名词、术语的统一和规范是指要使用国家审定的科技名词术语，量和单位的使用要以我国法定计量单位为依据，与国际上通用的国际单位制接轨。编写格式规范化的学术论文能准确表达科学的内容，反映作者严谨的治学态度，体现科学的内涵，从而有利于信息的传播、储存、检索和利用。具体而言，学位论文编写格式的标准化和规范化是指对章、节的编号、题名、著者、摘要、关键词、引言、正文、结论、致谢、参考文献和附录等方面的规范要求。

在文字表达和技术细节方面，包括名词术语、数字、符号的使用，图表的设计，计量单位的使用，文献的著录等都应符合规范化要求。题名简明、确切；摘要具备目的、方法、结果、结论四要素，采用第三人称撰写，字数符合规范；关键词标引规范，标题层次采用阿拉伯数字分级符号，全文统一；插图和表格具有自明性，主题突出，与文字无重复；参考文献著录格式符合国家标准，项目齐全，正文引用处与文后参考文献表相对应。

（四）论理的逻辑性

逻辑性是科研论文的结构特点。要实现论理的逻辑性，必须运用科学的概念、判断、推理、证明和反驳等逻辑手段，分析和表达在实验、理论、观测方面的研究成果或见解，做到说理透彻、明确，推理严密，观点与材料、数据与结论统一。从某种意义上来说，逻辑思维能力能反映出一位科学研究工作者的创造性才能。逻辑思维常体现在比较与分类、分析与综合、归纳与演绎、具体与抽象等方法中。

（五）表达的简洁性

科学研究的任务就是要用简明的方式概括说明极其复杂的自然现象和社会现象的本质特征与规律。科研论文所表达的观点和结论要鲜明、突出，语言表达要明确、准确、简洁。这不但是学术论文区别于其他类型作品的重要方面，而且以此形成了科研论文的语言风格。科研论文要想以较少的文字表达较大量的信息，就要做到措辞精练、简练明确，使用规范汉字、规范名词和法定计量单位，数字用法合乎规定，外文字母、标点符号书写正确。

第二节　体育科学研究论文的基本结构与写作要求

《中华人民共和国学位条例》第四条规定："高等学校本科毕业生，成绩优良，达到下述学术水平者，授予学士学位：（一）较好地掌握本门学科的基础理论、专门知识和基本技能；（二）具有从事科学研究工作或担负专门技术工作的初步能力。"本科生的学士学位论文侧重于科学研究规范的基本训练，综合考查大学生运用所学专业理论、知识、技能分析和解决问题的能力。本节主要针对本科生培养目标和申请学位的要求，简述体育科学学位论文的基本结构与写作要求。

一、学位论文的基本结构

国家标准《学位论文编写规则》（GB/T 7713.1—2006）对学位论文的基本结构作了明确的规定。学位论文的基本结构由前置部分、主体部分、参考文献表、附录、结尾部分（如有）组成。以下重点介绍前置部分和主体部分。

《学位论文编写规则》（GB/T 7713.1—2006）

（一）前置部分

前置部分主要有封面、封二（如有）、题名页、英文题名页、勘误页、致谢、摘要页、序言或前言（如有）、目次页、插图和附表清单（如有）、缩写和符号清单（如有）、术语表（如有）等内容。

（二）主体部分

主体部分主要有引言（绪论），章、节，图，表，公式，引文标注，注释，结论等内容。主体部分是学位论文的核心组成部分，由于其涉及的学科、选题、研究方法、结果表达方式等有很大的差异，国标不能对其作统一的规定，但主体部分的撰写必须实事求是、客观直切、准备完备、合乎逻辑、层次分明、简练可读。

二、体育自然科学类论文的基本结构与写作要求

体育科学研究论文因其研究内容、研究方法的不同，在论文的基本结构与写作要求上有所差异，但总体结构要素大同小异，都应简洁明了地表述研究成果或提出作者的见解。体育自然科学类论文的基本结构一般包括题名、署名、摘要、关键词、引言、研究对象与研究方法、研究结果与讨论、结论与建议、致谢、注释、参考文献等部分。

（一）题名

题名是论文的总纲，是反映论文中重要特定内容的恰当、简明的词语的逻辑组合。题名撰写的基本要求是“准确、简洁和清楚”。题名是读者通览全文的窗口和检索文献的标识，也是编制目录、索引等二次文献的重要内容。题名一般要体现研究对象和范围、研究内容、研究方法或研究程度等基本要素。题名写作应根据选题准确地表述“研究什么”“怎样研究”“研究的方法或程度”等问题，然后提炼句子的主要成分缩写成题名。题名应当言简意赅，一般不用完整句子，多用名词、名词词组或动名词，应避免出现非公知公用的符号，避免使用不常见的缩略词、首字母缩写字、字符和公式等，以便读者检索和引用。有时亦可加用一个副标题，副标题处于从属地位，是对主标题的补充。中文标题一般不宜超过25个字；英文题名一般不宜超过10个实词，英文题名的第一个字母大写，专有名词除外，其余都小写。

学位论文应反映出作者能够准确地掌握大学阶段所学的专业基础知识，基本学会综合运用所学知识进行科学研究的方法。一般而言，题名的范围不宜过宽，一般选择本学科某一重要问题的一个侧面或一个难点。当然，题名还应避免范围过小、内容过旧或文字过长。有人把毕业论文的题目比喻成“篮球架”式的题目，这个比喻很形象贴切，即题名要难易适中，研究者经过一定努力能够达到目标。

（二）署名

署名是指对于那些选定研究课题和制订研究方案、直接参加全部或主要部分研究工作并作出主要贡献以及参加论文撰写并能对内容负责的人，按其贡献大小排列名次。它不仅是作者辛勤劳动的体现和应获得的荣誉，而且也承担着相应的责任。论文的署名必须实事求是，列名者必须是真正参加该项研究的人，而非挂名。个人的研究成果个人署名，合作的研究成果集体署名，对于只参加部分工作或在某一方面给予帮助、支持的人，可由作者在脚注或致谢项中加以说明。论文题名下应有作者的署名及其所在单位名称和地区邮政编码等。

在书写中，署名等列于题名下方居中，其顺序和格式为：第一作者姓名（单位名，单位所在城市名，邮政编码）；其他作者只写姓名、单位名，分行依序排列。如为多单位协作完成课题，单位署名与个人署名顺序不能一致时，可将作者名居中列题名下方，单位名列作者下方，并用相应符号将二者统一。单位是编辑部与作者、读者与作者间联系的桥梁，便于信息交流与沟通。

（三）摘要

摘要是对论文的内容不加注释和评论的简短陈述，应具有独立性和自明性，即不阅读全文就可以获得必要的信息。摘要的撰写应符合《文摘编写规则》（GB/T 6447—1986）的规定。

1. 摘要的类型

根据摘要内容，摘要可分为指示性摘要、报道性摘要和报道/指示性摘要。摘要一般包括研究目的、研究方法、研究结果、结论等内容，能够体现和反映研究的创新之处。

2. 摘要的特点

独立性和自明性是摘要的主要特点。独立性即独立成篇，自明性则要求摘要应包含论文的基本信息，它是对报告、论文的内容不加注释和评论的简短陈述。

3. 摘要的作用

摘要的作用有以下几点：一是摘要乃审定论文价值的最初依据，可以了解论文的重要内容，以弥补题名的不足；二是摘要可以提高论文的可读性，摘要担负着吸引读者的任务；三是便于体育科技情报的检索和储存。

4. 摘要的内容

（1）研究目的。摘要应简要说明研究目的，说明提出问题的缘由，表明研究范围及研究的重要性，或对研究的背景、基础、任务、局限以及该研究的起源、发展和现状等作概要描述。

（2）研究方法。摘要应简要说明研究问题的基本设计，使用的材料和方法，如何分组、对照研究范围及精确程度，如何取得数据，经过何种统计学处理，各类材料、仪器、资料和数据采用何种计量标准等。

（3）研究结果。摘要应简要列出研究的主要结果和数据，说明其价值及局限。研究结果的叙述要具体明确，需给出结果的可信值，统计学显著性检验的确切值。

（4）结论。摘要应简要说明取得的正确观点、理论价值或应用价值以及是否可推荐或推广，突出对结果的分析、研究、比较和评价，提出研究的新见解和研究成果的独到之处、创新之处。另外，结论可以提出是否还有与此有关的其他问题有待进一步研究，对今后该项研究有何启发、建议与预测等。

5. 摘要写作的基本要求

摘要内容应独立、完整，摘要写作要把握以下基本要求：

（1）应尽可能反映全文的信息量，忌用含糊不清的词语，不用引证前人的见解。

（2）应说明此项研究或调查的目的、基本步骤、主要发现和重要结论。

（3）应着重于研究或观察中所发现的新的问题和重要的情况。

（4）应概括出研究目的、研究方法、研究结果、结论等主要内容。

（5）应多用简单句型，慎用长句，多用陈述句和判断句，慎用疑问句和感叹句。

摘要写作要注意表达准确，不叙述研究过程、不举例和论证，不宜使用非公知公用的符号和术语，对首次出现的非公知公用的简称、外文缩略语和缩写词，应给出全称、中文翻译或解释，多用陈述句，不用引文，不加注释和评价，更不应进行自我评价。注意使用规范化的名词术语，对教科书已有的知识应避免重新描述和论证。

摘要写作要简明扼要。摘要虽然放在论文最前面，但往往是在最后写成的。在通常情况下，撰写摘要的要求是短小、精练、完整。短小，即摘要内容的行文要简短扼要，在一般情况下，报道性摘要以400字左右为宜、报道/指示性摘要以300字左右为宜、指示性摘要以150字左右为宜；精练，是指语义确切，结构严谨，逻辑性强，不列图表；完整是指摘要能够独立成文，不分段落，便于计算机检索。不要简单重复题名中已有的信息，切忌罗列各章节的标题，同时避免过于笼统、空洞无物的一般论述和结论，过简过繁都不适宜。

摘要写作应使用第三人称，不要使用“本文、本人、作者、我们”等作为摘要陈述的主语。常用“结果表明……”“结果提示……”之类的表达式。对于指示性摘要，因其属“简介性质”，研究目的要写得详细些，研究方法、研究结果、结论可写得简单些；对于报道性摘要，重点应放在研究方法、研究结果、结论上，这些内容要尽可能写得详细具体，研究目的则可以写得简单些；对于报道/指示性摘要，其既要归纳概括论文全貌，揭示研究范围，又要呈现论文的主要信息和数据，充分反映该研究的创新之处，其可以独立成篇。

若有英文摘要，一般写在中文摘要后面，也可以附在正文后面。英文摘要一般包括题名、作者及单位、内容摘要诸项。英文摘要一般有两种写法：一种是按照中文摘要译成英文；另一种是将中文摘要扩大或简缩，或按正文内容重写后译成英文。英文摘要与中文摘要的写作要求一致，动词时态一般用现在时，语态一般用被动态，标点符号应遵循英文的习惯用法。英文摘要的撰写也应简短、完整、明确和精练。

应用专栏：摘要写作示例

1. 指示性摘要示例

摘要：通过总结35年参加国内外多类运动会团体操编训实践的经验，针对团体操项目的特点，探索与构建出一个包括决策定向、创建奠基、组织保障、纪律制约、程序掌控、方法提速等内容的团体操高效训练模式。该模式将有助于促进运动会开幕式表演以尽可能小的消耗和尽可能短的训练时间，取得最佳的表演效果。

（选自：黄宽柔. 团体操高效训练模式的探索与构建［J］. 中国体育科技，2014，50（6）：67-71.）

2. 报道性摘要示例

摘要：目的：利用元分析方法检验身体活动对主观幸福感的影响，并对影响两者关系的调节变量进行分析，从而为有效提高个体主观幸福感提供身体活动建议。方法：运用 Review Manager 5.2 统计软件进行数据处理，采用随机效应模型对效果量进行元分析，并对相关变量进行调节效应检验。结果：元分析发现，身体活动干预能够提高个体的主观幸福感，达到中效果量 $d=0.51$，95% 置信区间（0.40，0.62）；锻炼时间和锻炼频率对两者之间的关系有影响；干预周期、干预内容、年龄、健康状况、研究质量对两者之间的关系并没有影响。结论：在提高个体幸福感方面，运动干预是一个经济合理的选择。具体来说，每周 3 次、每次 30~45 min 的身体活动产生的效果最大。

（选自：徐雷. 身体活动对主观幸福感影响的元分析——来自实验研究的证据［J］. 体育科学，2014，34（10）：29-38.）

3. 报道 / 指示性摘要示例

摘要：公共体育场馆引入企业运营是当前政策所指亦是实践所需。较之于事业单位，企业运营场馆取得的经济效益得到了较为广泛的认可，但公共服务水平是否仍具有比较优势尚存争议。研究采用定性和定量混合研究设计，选取 2013—2018 年享受中央免低收费开放财政补助资金的 1 044 个场馆的共 4 180 条数据信息，建立倾向得分匹配模型，对企业和事业单位两种场馆运营主体供给的公共服务水平进行比较研究；结合对场馆案例的实地调研和深度访谈，进一步解释不同运营主体供给公共服务水平存在差异的原因。研究发现，企业运营场馆在公共服务方面与事业单位相比存在一定差距。企业在运营场馆的过程中，存在着逐利性、公共服务标准操作性不强、公共服务合约不完善、政府服务与支持不足、财政补助资金发放不到位、政府监管不到位、考核评价体系有待完善等影响公共服务供给的因素。针对上述问题，提出如下建议：① 加大对企业运营支持力度，确保相关扶持政策落实到位；② 遴选优秀场馆运营企业，规范企业运营行为；③ 明确企业运营场馆的基本公共服务标准，提高标准的可操作性；④ 优化运营商公共服务评价体系，激励运营企业提高公共服务供给水平；⑤ 完善企业运营场馆监管机制，加强履约监管等。

（选自：陈元欣，方雪默. 公共体育场馆不同性质运营主体供给公共服务水平的比较研究［J］. 体育科学，2022，42（8）：85-97.）

（四）关键词

关键词是论文的文献检索标志，是表达文献主题内容信息款目的自然语言词汇，其重要功能是帮助读者通过其检索到该篇文章，关系到该文献被检索的频率和利用率。这些词汇要能代表论文的主题内容，合乎规范，通用性强，为同行所熟知，适用于信息检索。关键词数目一般为 3~8 个，按词条的外延层次排列

（外延大的排在前面）。关键词选词要符合规范，应尽量从《汉语主题词表》中选取，若主题词表中尚无合适的词可供使用，则可用目前通用的词代替。中英文关键词应一一对应。关键词书写时，应使用能覆盖论文主要内容的规范化的主题词，每个关键词之间空一格，或用逗号、分号隔开，最后一个关键词后不用任何符号。关键词的撰写可参照《学术出版规范 关键词编写规则》（CY/T 173—2019）。

（五）引言

引言又称导言、序言或绪言，用来说明论文写作的背景、理由、主要研究成果及其与前人工作的关系等，目的是引导读者进入论文工作的主题。引言有总揽论文全局的重要作用，也是论文中较难写的部分之一。

1. 引言的内容

引言内容的安排可以有较大的弹性，但基本内容应包括研究背景、存在问题和研究目的三个方面。在引言中，介绍研究背景的目的是说明论文主题与较为广泛的研究领域有何关系，同时提供足够的背景资料。引言通过背景的介绍，指出已解决哪些问题，还有哪些问题尚未解决。另外，引言还包括对前人研究成果的客观评价；实践需要的程度和可能条件；具体、明确地提出要研究的问题和范围，表明研究目的；概述本课题研究的重要性和必要性，说明其理论意义和现实意义，强调研究的价值和理由，但切忌评价式用语，如“首次提出”“达到先进水平”“填补空白”等。

2. 引言的写作要求

科学研究以问题为逻辑起点，任何一篇学位论文首先要点题，其目的是阐明问题。因而，常常用“问题的提出”“选题依据”或“前言”等标题来介绍论文选题。在实证性研究中，一般常用“问题的提出”这一标题来介绍论文选题。论文所提出的科学问题，主要表现为理论自身的矛盾，不同理论之间的矛盾，理论和经验事实之间的矛盾。实证性研究常从提出存在问题和解决这一问题的必要性、重要性和迫切性入手，并在此基础上提出所要研究的课题。基础理论研究则多从综述前人的研究成果着手，指出该课题相关领域的前人工作和知识空白，前人尚未解决的问题，从而提出本文所要研究和解决的问题。评述前人研究成果，不必列述篇名，不要引述原文，只需用自己的语言概括说明，但要加注序号并在“参考文献”中说明出处，以示言之有据。

引言应尽量准确、清楚且简洁地指出所探讨问题的本质，不要等同于文摘或成为文摘的注释。引言的篇幅没有统一的标准，应根据论文的篇幅以及论文内容的需要来确定。引言切忌过于详尽，不必详述同行熟知的，包括已有的基本理论和实验方法。引言对前人的研究状况可择其主要进行综合概述，对前人成果的评价要客观公正，既不夸张也不贬低。说明研究意义的价值要恰如其分，切忌自吹自擂。如果在正文中采用比较专业化的术语或缩写词时，最好先在引言中定义说明。

总之，引言要切题，要简要地描述该论文的研究背景、研究目的、范围、意义及重要研究结果和结论，起到提纲挈领的作用。

（六）研究对象与研究方法

研究对象与研究方法的选择，是评审论文质量的重要依据，也是衡量该论文的科学性的一个重要部分。研究对象的选择是否合理，研究方法的采用是否妥当，直接影响到研究结果的可靠性、真实性和科学性。这一部分的段落标题常常写成“研究对象与方法”“资料与方法”“材料与方法”等。这部分的内容主要体现该项研究的科研构思与实验设计，使读者了解具体的研究方法和有关研究对象的各种情况。

1. 研究对象

研究对象是指本课题研究的具体人或事物，如学生、运动员、城市居民等。对抽样选取的实际研究对象应说明其数量、构成和具体方法等，实验对象则要求说明主要条件和指标（如对照分组的条件）等。在说明研究对象时，要写清楚研究对象的一般情况和特征，如写具体的人时，要写明其年龄、性别、身份、身高、运动等级水平，另外，还要写明样本含量大小及其代表性如何等。

2. 研究方法

研究方法是指本课题研究采用的主要方法与手段。这一部分应对方法运用的主要环节与过程作简要说明，对新的有创见的方法应有更为详细具体的说明，以便于他人根据说明重复作者的实验。

根据研究的不同问题采用不同的研究方法，如观察统计法，应写明统计尺度的概念；对于实验法而言，要写清楚实验设计与步骤，主要是受试对象（性别、年龄、体重）、实验方法、受试因素、实验效应指标以及主要仪器检测的灵敏度等。实验法依据体育科学研究课题的目的和内容，利用专门的仪器和设备，人为地对研究对象通过控制、模拟等手段进行观察，从而取得研究对象的特征及变化规律。采用实验法时还应对测试用的仪器、材料作简明的介绍，注明型号和规格，若是自制的仪器要写明其可靠程度，目的就是使人了解实验的可靠性和准确性。因此，在研究方法中要说明研究对象的取样与选择，研究因素的实施与控制，文献资料的收集与处理等方面所采用的方法和手段。而对于调查法而言，主要是把调查对象、调查项目以及调查项目的具体指标等交代清楚。第一要介绍抽样方法和样本数量的设计以及在实施过程中的结果，可据此评价研究结论的适用范围和偏差状况；第二要说明问卷设计的基本原则和内容安排，以便了解资料的可靠性和准确性；第三要说明资料收集的方法，并对资料收集中的优点和缺点作出评价，资料收集工作中存在的缺点应公开指明，不得掩饰，这是科学研究严谨性的体现；第四要重视对资料处理的说明，以确保资料处理过程客观、科学。

研究方法的介绍一般可按实验研究过程的进展顺序逐一展开，这一部分的主要内容包括：实验研究中所出现的主要概念的释义或界定和有关名词的解释；实验设计的组织形式；实验对象的选择和组合；实验措施的实施和无关变量的控制；实验研究采用的设备和测量工具；实验资料的处理方法等。实验报告中方法和过程这一部分，主要是要说明实验研究方法及实验研究过程，以便评价整个实验研究在体育科学理论和实验上的科学性和客观性，并据此决定是否承认和接受该实验研究所得出的结论。但是，不论是哪一种类型的研究，均应交代清楚该项研究的统计学设计和数据处理方法。体育科学研究的研究对象与研究方法还涉及许多统计学问题，正确使用统计学方法，关系到研究数据的收集、整理、分析，关系到研究结果的正确解释和认识以及结论的真实、可靠等问题。数理统计以概率论为基础，是认识体育现象数理特征的重要工具，为体育科学研究的设计、资料的收集和整理、结果的分析提供了有效的手段。必须认识到，统计学的问题关系到科研论文的科学性和可信性。一篇统计学方法和结果有重大缺陷的论文，其科学价值将会受到质疑。

因此，要重视研究方法和研究结果的阐述，研究价值是以方法的科学性和结果的可靠性为条件的，材料不够确切、没有经过核实的不要写出来。一般来说，研究方法和研究结果部分往往体现了论文的科学性，在写作时应十分重视这一环节。有经验的学者在评价一篇科学论文时，往往不只看其结论，还会看论文作者是通过什么样的方法取得的结论，道理就在于此。

综上所述，在叙述“研究对象与研究方法”时，要特别注意其完整性、客观性、准确性和可比性。研究对象部分主要说明具体的实验观察对象。研究方法部分则重点介绍研究对象与实验数据的取得，使人们可以客观地了解与评价样本的代表性、组间可比性、指标与观测方法的精确性，并可按作者提供的材料和方法重复验证论文取得的成果。

（七）研究结果与讨论

研究结果与讨论是科研认识过程中主要的理性认识阶段，是科研论文论述的重点所在，是论文结论和推论赖以产生的基础。这一部分的主要任务就是根据研究结果或文献资料提供的材料，引用已有理论来分析和论证研究课题所提出的问题，力求从客观事实和逻辑分析中，验证、补充、修正和完善研究假说，揭示事物的本质与规律，形成科学理论。

1. 研究结果

研究结果是指研究中所获得的数据和所观察到的现象，它是结论的依据，是形成观点与主题的基础。研究结果通常以文字、表格和插图的形式体现。在叙述研究结果时，要实事求是，用最能反映事物本质的数据或现象体现。研究结果的中心内容是经过甄别与统计处理的数据而不是原始的数据，更不是原始的记录。论文中写的研究结果并不是实验结果的全部，在选择过程中，既不能按个人实验前的观点假设取舍数字和现象，更不能伪造数据和现象。全文的一切讨论由此引发，一切推论由此推出，一切结论亦由此得到。

因此，研究结果的表述要指标明确、数据准确、层次分明，要在对材料进行加工整理的基础上，选取最能反映问题本质的东西，制成便于分析讨论的图和表。在叙述数字和现象时，要考虑它们的逻辑顺序，充分选取和精练数据，以满足“讨论”部分的需要。在书写实验性研究结果或数据时，通常用表格、图等方式进行表达，表格的设计要符合规范化要求。一般来说，应先见文字后见表格，要善于将研究结果数据系列化，以图表的精确性、简明性、规律性特征弥补文字表达的不足，但应注意尽可能避免图表在内容上的重复。要按照逻辑顺序在正文、表格和图中表述所得研究结果，文字叙述无须重复图表中的全部数据，也不要详述，只需强调或概括重要发现，图表中有统计学差异的数据应做出标记并在图或表下面说明。

在对研究结果作定性和定量分析时，应说明数据的处理方法以及误差分析，说明现象出现的条件及其可行性，交代理论推导中认识的由来和发展，以便他人以此为依据进行实验验证。

2. 讨论

讨论是作者对研究结果的解释、推断与评价，是研究过程的理论升华，是更深刻、更完整、更有指导实践意义的部分。这一部分内容主要包括：研究结果的理论阐述；所得研究结果有何意义；能否证实有关假说；研究结果中有何内在联系、规律；与其他作者的研究结果及理论阐述的比较；对相矛盾的资料提出自己的见解等。

讨论是从研究目的出发、以研究结果为依据、对研究结果的科学解释与评价。研究结果的讨论旨在阐述实验的意义，对研究中获得的材料进行归纳、概括和提炼，进而找出事物的内在联系，进行理论上的论证。在叙述“讨论”部分时，应着重讨论研究中的重要方面和新的发现以及从中得出的结论，不必重述已在引言和研究结果都分述过的材料和数据。讨论中应包括该发现的含义和限度，进一步研究的启示，并将客观结果与其他有关研究联系起来，应避免交代不成熟的论点和不足以支持的结论，避免工作尚未完成时就提出或者暗示要求首创权，有充足的理由时可提出新的假说，但应恰如其分，对研究结果作出科学解释与评价。叙述“讨论”部分还应提出影响实验的根本因素、实验中发现的规律、实验中的测量误差分析、实验结果与理论推导结果对比等，必须以事实为基础，以理论为依据，对实验结果进行科学分析。对于实验中出现的异常现象或反结果现象，应予以解释，不要随意删掉，要反复验证，查明原因。

在讨论分析中，对每一个问题的材料事实，作者都要运用分析、综合、归纳、演绎、比较、类比、证明、反驳等一系列逻辑方法，运用与课题有关的科学理论，对研究结果进行客观解释、全面分析、正确推理判断和充分论证。

在讨论分析中，应注意以下要求：

（1）论点正确、可靠、新颖。论点是作者从材料中提炼出来的观点和见解，是论文的核心内容。正确、可靠是指从客观事实出发，判断推理合乎逻辑，避免片面和前后矛盾；新颖是指论点有新意，有独立的见解，有深刻性，由作者首先提出或与前人比较有所突破。

（2）论据真实、充分、典型。论据是用来论证论点的理由和根据，即论文中引用的客观事实和数据。真实是指引用的客观事实数据来源于实际研究；充分是指根据研究课题，客观事实或数据要能充分说明问题；典型是指客观事实或数据应具有代表性，避免材料的堆积。

（3）论证合乎逻辑，有说服力。论证是作者运用论据来证明论点、验证假说、形成科学理论的过程，论点和论据必须高度统一。论证要主题明确，重点突出，分析要深刻透彻，避免模棱两可，论证的问题要排列合理，层次分明。

具体而言，研究结果与讨论部分要重视以下几个问题：

（1）应将研究过程具体陈述出来，以便人们鉴定这样的研究设计是否科学，得出的研究结果是否可靠，同时还可让别人重复自己做过的实验，看能否得出同样的研究结果。对研究结果部分要设法提出其证明原理、说明其相互关系以及作出归纳性的解释，但对研究结果应只进行论述，而不应重述。

（2）分段讨论时，每段应集中围绕一个论点，提出论据，加以论证。每个讨论最好有一个小标题，提示讨论的中心内容。讨论按研究结果栏目中的顺序并结合文献分段撰写，或标出序号。

（3）要指出该研究结果和解释与以往文献相一致或不一致的地方。对分歧部分寻求原因，并为进一步研究提出问题。解释因果关系，说明偶然性与必然性，要能指出任何的例外情况或相关关系中有问题的地方，并且明确提出尚未解决的问题及解决的方向。

（4）讨论应紧紧围绕自己的成果恰到好处地引证前人或他人的论点，不要过多地引用文献，从而冲淡作者自己的观点和见解。讨论既要有理论的高度和深度，也要以论述自己的材料为主，切忌大量引用，对自己的材料反而一带而过。

（5）在讨论中，应指出研究结果所揭示的原理和普遍性以及在理论上和实践上的价值。要写好讨论部分，作者必须对研究结果数据及背景数据进行深刻的思考，充分论述研究工作的理论含义以及实际应用的各种可能性。

（6）要对自己的创新部分加以强调，指明与他人研究的异同点。从“材料与方法”和“结果与分析”两者的逻辑关系来看，“结果”的可靠性取决于“材料与方法”的合理性，同时，“讨论”和“结果”也关系密切，“讨论”是直接围绕研究结果而生发出来的，二者在逻辑关系上紧密相连。

（7）研究结果与讨论部分的分析应是对实验结果获得过程的分析，重在说明实验结果的可靠性以及对实验可能产生误差的分析。该部分的分析要避免出现以下的情况：应在材料与方法部分交代的内容却呈现在结果部分、摘要中出现的内容在文中却未出现、文中未提到的内容却在结论中呈现等。

总之，研究结果与讨论部分，在语言文字运用上应力求简洁、通顺准确、用词恰当、语法正确、合乎逻辑、没有语病。在具体撰写研究结果与讨论时，实验性研究论文多将两部分分开来写，其他类论文多将两部分融为一体。

（八）结论与建议

结论是用简明扼要的语言对研究结果和论点的高度概括，一般采用条目的形式将结论逐一呈现。结论是全篇论文的精髓所在，是研究结果和理论分析逻辑发展的必然结果，是研究结果的高度概括和总结。结论通常包括：得出了哪些新观点、新理论、新方法，解决了哪些实际问题，揭示了哪些规律、特征与法则，验证了什么原理与方法，发现了什么新问题等。特别要注意的是，结论并非研究结果的简单罗列，也不是正文各部分的简单概括，而是在研究结果和理论分析基础上的理论升华，是感性认识上升成的理性认识。

1. 结论的内容

结论主要回答"研究出什么"。它应该以正文中的实验或考察中得到的现象、数据和阐述分析为依据，完整、准确、简洁地指出以下方面：

（1）对研究对象进行考察或实验得到的结果所揭示的原理及其普遍性。

（2）研究中有无发现例外或本论文尚难以解释和解决的问题。

（3）与先前已经发表过的研究论文的异同。

（4）本论文在理论上与实践应用上的意义与价值。

（5）对进一步深入研究本课题的建议。

2. 结论写作的要求

（1）要抓住最本质的内容。实事求是、客观地评价研究结果，切忌"可能""或许"之类不确定性的语句；不适合写结论的论文可以写结语；用词精练，不要重述前面的结果和讨论；切忌夸大拔高，该肯定就肯定，该否定就否定。论文各部分之间，每部分内容之间，应该存在清晰的逻辑联系，不能只是内容的机械堆砌。例如，对体育教育训练学这门实践性很强的学科来说，论文的内容结构应体现其核心部分——新的观点、新的方法、新的技术，贯穿一条逻辑线索，切不可泛论成文或堆砌成文，应时刻突出自己的工作内容。

（2）要与研究目的结合，但不应出现不能由自己的数据完全证实的不适当的陈述和结论。"引言"是因，"结论"是果，判断论文的理论价值，必须将二者联系起来。有的作者忽视了科学研究的逻辑过程，有的作者误认为只要研究结果能说明问题就行了，因而忽略了作为论据的研究结果应有的逻辑地位。

（3）结论必须回答科研构思或科学假设提出的问题。最关键的问题是下结论时，要特别注意结合取样范围、材料来源以及整理材料的方法等一并考虑。结论要视表达需要而定，不能千篇一律。

（4）要突出重点，观点鲜明，避免创造性成果被一般知识淹没。结论的导出是整个研究过程中十分重要的一环，如果只是研究过程中的资料堆积，忽视了对研究结果的概括总结，那是十分可惜的。有些学士学位论文，常不单独列出"结论"部分，而将其隐含于"讨论"部分的文字中，且常见于最后部分，并用最简短的文字来概括，这也是一种可行的处理方法。

（5）要讲求写作技巧。结构要有一定的逻辑顺序，层次分明。形式上可用分条式或分段式表达。文字要高度精练，措辞严谨。在节段安排上，要单立结论节段，在结论节段之内，要把意义最大、水平最高的结论放在前面。如果结论节段的内容较多，可以分条来写，并予以编号，反之则可以整段叙述。凡结论之外的内容，都不要写入结论节段。

在概括研究结论时，要特别注意以下几点：

（1）“毕业论文常犯的一个错误就是，作者不愿下结论，却一直在重复结果，把它当作结论。”① 因此，下结论的过程主要是逻辑推理的过程，最忌与材料、结果、讨论相割裂，甚至互不相关，结论必须从材料中提炼出来。凡是结果与讨论中未提到的以及论据不足的内容都不能在结论中出现。

（2）结论主要不是对实验方法和结果的总结，而是对所要研究的论题作出研究性判断。重要研究结果的得出，首先来自论文引言中研究问题的提出，其次是科学的选材及正确实验方法的应用。结论必须明确说明该项研究成果是否填补了“引言”所述的知识空白。可见，研究论文的“引言”与“结论”具有内在的逻辑联系。写结论时，应注意避免不切合实际，如果只做了某些局限性工作，而结论尚难肯定时，应有分寸，留有余地，因为科学问题的探索是永无止境的。要实事求是地介绍自己的研究成果，切忌言过其实，在结论的提法上不宜绝对化，大多避免用全称肯定或全称否定的用语，可提出尚需深化研究的一些问题，供大家研究讨论。

（3）结论并非论文中各分论点的若干局部，也不是各个分论点的简单相加，而是各项、各分论点经过辩证分析后综合而成的总观点。结论是对论文的一种新的归纳，也是更深层认识的结果。结论不是论文中各段小结的重复，应陈述自己发现了什么规律，解决了什么问题，自己的研究对现有理论和知识有哪些发展，与先前已经发表过的研究工作的异同，对前人或他人的相关问题作了哪些检验。如果意识到研究中有哪些不足，尚遗留一些有待解决的问题，应进一步深入撰写本课题的建议，亦可将其写在结论之中。当作者无法从实验结果中导出可靠的结论时，必须通过讨论存疑并提出问题，以引起同行的关注，为进一步研究奠定基础，或对文中初步涉及但未解决的问题，提出自己的设想和建议。总之，凡是无法得出具体明确结论的，必须指明该问题将留待进一步探讨。

建议是对论文虽涉及但尚未解决，或推广、参考本研究成果时应注意的问题与某些条件要求等的简要说明，放在结论之后。不涉及这些内容的可以不写建议。

总之，学位论文的摘要、引言、结论是论文写作的关键，表 9-1 将其写作的特点和要求概括如下：

① ［美］威廉·维尔斯曼. 教育研究方法导论［M］. 袁振国，主译. 窦卫霖，校. 北京：教育科学出版社，1997：502.

▶表 9-1　学位论文中摘要、引言、结论的特点和要求①

论文部分	特点	写作要求
摘要	侧重于“摘录”和“浓缩”	写出论文的核心内容、研究对象、实验方法、实验结果、主要论点、论据和结论
引言	侧重于“说明”和“解释”	写出研究工作的目的、依据、背景、前人已做的工作、目前研究的现状和存在的问题
结论	侧重于“结果”和“讨论”	说明最终得出的结论，该结果说明的问题和规律，阐述不足和遗漏问题，解决前景如何

（九）致谢

致谢是作者对论文的生成具有贡献的组织或个人予以感谢的文字记录，内容应客观、真实，语言宜诚恳、真挚、恰当。可以对下列方面表示致谢：

（1）国家科学基金，资助研究工作的奖学金基金，合同单位，资助或支持的企业、组织或个人。

（2）协助完成研究工作和提供便利条件的组织或个人。

（3）在研究工作中提出建议和提供帮助的人。

（4）给予转载和引用权的资料、图片、文献、研究思想和设想的所有者。

（5）其他应感谢的组织或个人。

在学位论文撰写中，对致谢写作的基本要求：

其一，致谢的对象：① 对曾经给予论文的选题、构思或撰写以指导或建议者。② 曾对本项研究给予支持、帮助的人或单位，包括论文审阅者和修改者，资料提供者，帮助收集数据和统计、校对的人，允许使用他们的研究工具和资料的人，在实验过程中作出某种贡献的人员，提供基金资助者等。③ 曾从知识方面为科研论文作出贡献者，可在致谢中提及其姓名和所起的作用，或者具体说明其贡献。上述这些，作者均应向其致以谢意，这也是对他人的尊重和礼貌。

致谢案例

其二，致谢的要求：① 致谢必须实事求是，并应征得被感谢者的同意。② 致谢一般多置于正文与参考文献之间，或单独成段，有时放在论文的最后一页，但亦可作为文首的脚注。③ 致谢段可以列出标题并贯以序号。致谢的措辞，常用“谨致谢忱”“深表谢意”“谨此致谢”等。书写方式常为“致谢：本文曾得到 ××× 帮助、审阅、指导”或“本文承蒙 ××× 帮助、审阅、指导，谨此致谢”。对被感谢者不要直书其姓名，为了礼貌起见，对被感谢者应冠以敬称，如“某教授”“某博士”“某老师”等，尤其要注意不可把他们的工作单位和姓名写错。

① 黄汉升，周登嵩．体育科研方法导论［M］．北京：北京体育大学出版社，2008：365.

（十）注释

注释是为论文中的字、词或短语作进一步说明的文字，没有具体的文献来源。

注释的作用主要有：① 注明论点、论据、论证方法的出处，其中主要是注明论据的出处。② 提高文章的观点、结论的置信度和说服力。③ 节省篇幅，同时给读者指出深入了解、研究某问题可查找的文献。④ 对文中的概念、观点加以注释，作进一步解释。⑤ 表明作者学风严谨，态度端正，避剽窃之嫌，尊重知识产权。注释方法有标注方法和注释方法两种。标注方法是针对文中需要说明的内容进行直接标注，标注编码就标在该项内容的右上角。注释方法有 4 种：① 脚注。即某页的注释就按此页标注序号的大小安排在本页的左下角。② 注。须注释之处，注释就注在其后的正文中。③ 章末注。某章的所有注释，统一注在各章之后。④ 文末注。全文所有注释一律按统一顺序编码注在全文之后。4 种注释中，脚注方法简捷、醒目，论文修改时又便于删减和补充，所以，一般情况下，学位论文的注释以脚注为主。参考文献序号用方括号标注（如［1］、［2］），而注释用数字加圆圈标注（如①、②）。

（十一）参考文献

参考文献是指对一个信息资源或其中一部分进行准确和详细著录的数据，位于文末或文中的信息源。参考文献可分为阅读型参考文献和引文参考文献。学术论文中引用他人的文章、数据、论点、材料等都应列出参考文献的出处，这不仅表明研究者对引用的学者劳动表示尊重，说明论文中引用的资料是有根据的，而且为读者深入探讨这些问题提供了寻找有关文献的线索。因此，参考文献既是一篇完整学术论文的重要组成部分，也是判定论文质量的重要指标。参考文献必须是作者直接阅读过的与引用过的，必须有准确完整的出处，以便读者查找。

关于参考文献的著录格式，我国国家标准《信息与文献　参考文献著录规则》（GB/T 7714—2015）有明确规定。国标给出了顺序编码制和著者 - 出版年制两种著录体系，前者指引文用序号标注，参考文献表按引文序号排序；后者指引文用著者 - 出版年标注，参考文献表按著者姓氏和出版年排序。顺序编码制中各类参考文献著录格式及举例如表 9-2 所示。

▶ 表 9-2　顺序编码制中各类参考文献著录格式及举例

序号	文献类型	格式及条例
1	学术期刊（共著录 8 项）	①　②　③　④　⑤　⑥　⑦　⑧ ［序号］主要责任者. 文献题名刊［J］. 刊名，出版年份，卷号（期号）：起止 - 页码. ［1］田野，任海，冯连世，等. 中国体育科学发展现状与展望［J］. 体育科学，2005，25（1）：5-10.

续表

序号	文献类型	格式及条例
2	学术著作（至少著录7项）	①　②　③　④　⑤　⑥　⑦　⑧ [序号] 主要责任者. 书名 [M]. 翻译者. 版次（初版免注）. 出版地：出版社，出版年：起止－页码. [2] 黄汉升. 中华人民共和国体育科技发展史 [M]. 北京：科学出版社，2002：1-6. [3] [美] 雷·R. 牛顿，克叶尔·埃里克·鲁德斯坦，乔迪·威洛夫. 大学论文写作十二讲 [M]. 颜晓维，译. 北京：首都师范大学出版社，2005：2-3.
3	有ISBN号的论文集（共著录9项）	①　②　③　④　⑤　⑥　⑦　⑧　⑨ [序号] 主要责任者. 题名 [C]. 主编. 论文集名. 出版地：出版社，出版年：起止－页码. [4] 黄辅周，冯炜权，卢鼎厚，等. 现代排球科研动态及多学科研究成果应用 [C]. 全国排球运动高级研讨班研讨成果专辑——排球运动科学探蹊. 北京：北京体育大学出版社，1996：89-96.
4	学位论文（共著录6项）	①　②　③　④　⑤　⑥ [序号] 主要责任者. 题名 [D]. 授予单位所在地：授予单位，授予年. [5] 方千华. 竞技运动表演论 [D]. 福州：福建师范大学，2008.
5	专利文献（共著录6项）	①　②　③　④　⑤　⑥ [序号] 专利所有者. 专利题名 [P]. 专利国别：专利号，发布日期. [6] 陈天石. 体育多用测试仪 [P]. 中国：89221914.9，1989.
6	技术标准（共著录6项）	①　②　③　④　⑤　⑥ [序号] 主要责任者. 标准名称：标准号 [S]. 出版地：出版者，出版年. [7] 全国信息与文献标准化技术委员会　信息与文献　参考文献著录规则：GB/T 7714—2015 [S]. 北京：中国标准出版社，2015.
7	报纸文章（共著录5项）	①　②　③　④　⑤ [序号] 主要责任者. 题名 [N]. 报纸名，出版日期（版次）. [8] 卢元镇. 为农民健身做点实事 [N]. 中国体育报，2006-4-5（5）.
8	报告（共著录6项）	①　②　③　④　⑤　⑥ [序号] 主要责任者. 文献题名 [R]. 报告地：报告会主办单位，年份. [9] 史康成. 体育科学的使命与追求 [R]. 南京：第十届全国运动会科学大会组委会，2004.

续表

序号	文献类型	格式及条例
9	电子文献（共著录6项）	① ② ③ ④ [序号]主要责任者. 电子文献题名[文献类型/载体类型]. 出版地：出版者，出版年 ⑤ ⑥ (更新或修改日期)[引用日期]. 获取和访问路径. [10]吴月辉. 帮助青年科技人才走好科研“第一步”[EB/OL].[2023-09-25]. http://kpzg.people.com.cn/n1/2023/0925/c404214-40084452.html.

案例1：体育自然科学类学士学位论文评鉴

提高论文写作能力的一个有效途径就是阅读和研究体育科学论文的范文，仔细分析这些范文的创新内容、写作格式、构思技巧和表达方式，从中汲取营养。本节遴选了不同专业方向本科学生的毕业论文，提供给写作毕业论文的学生。认真阅读几篇好的论文能得到启迪，激发灵感，理清思路，开阔视野，为做好课题研究、撰写论文打好基础。

游戏结合“平衡”性疗育方法作用于痉挛型脑瘫儿童康复训练的疗效观察

摘要：本文以20例痉挛型脑瘫儿童为研究对象，探讨运用游戏结合“平衡”性疗育方法对痉挛型脑瘫儿童进行康复治疗的康复效果。文章用GMFM量表评定，对患儿的粗大运动功能进行分析，找出问题，采用WeeFIM量表对患儿的疗效进行评定。实验组以设计游戏结合台湾物理治疗师叶仓甫总结的“平衡”性疗育方法对患儿进行康复治疗，对照组单纯应用“平衡”性疗育方法进行康复治疗。两组患儿入组时GMFM-88比较差异无统计学意义（$P>0.05$），康复训练后的GMFM-88评分均较治疗前明显提高，$P<0.01$，说明两种治疗方案均有效，但实验组的有效率高于对照组。游戏结合“平衡”性疗育方法作用于痉挛型脑瘫患儿的康复训练取得了较好的训练效果。

关键词：痉挛型；脑瘫；“平衡”性疗育方法；游戏

1 前言

该案例在前言中陈述了研究选题的价值与意义，述评了传统康复治疗方法的不足，引出了游戏这种有别于其他传统康复治疗的新型训练方法，并表明游戏在治疗痉挛型脑瘫儿童方面的可能疗效及其在4个方面的重要作用。

《游戏结合“平衡”性疗育方法作用于痉挛型脑瘫儿童康复训练的疗效观察》全文

2 研究对象与方法

2.1 研究对象

此部分确定了研究对象选择的标准，样本量20例，其中，男生13例，女生7例，年龄为3~15岁，平均年龄6.5岁，并介绍了痉挛型脑瘫儿童的特征。

2.2 研究方法

该文采用了观察法、访谈法、实验法三种研究方法；详细介绍了实验法的设计，将患儿随机分为了实验组和对照组，每组10例，实验组采用了“平衡”性疗育方法与游戏结合的方法，对照组采用了单纯的“平衡”性疗育方法，实验中采用了三种游戏项目训练方案，并采用GMFM量表对患儿的粗大运动功能改善情况进行了测试分析。数据分析采用了t检验和卡方检验。

3 研究结果

该论文对实验组与对照组治疗前后的GMFM量表评分及治疗效果的百分比进行了统计比较分析。

4 讨论

讨论部分作者从“平衡”性疗育方法新观念入手，简析了游戏可作为康复训练的主要原因及其在脑瘫康复训练中的作用。

5 结论与建议

论文得出了“游戏式训练在脑瘫患者康复治疗中不仅能使患儿充分发挥主动性而提高疗效，而且增进了医患沟通，促进了家庭环境的改善，是可行、有效、有价值的训练方法”的结论。据此，论文提出了自己的认识和建议。

论文评鉴（该论文为全国体育院校2011届优秀学士学位论文一等奖）：

该论文是一篇格式比较规范、较好的体育自然科学类学士学位论文。全文由前言、研究对象与方法、研究结果、讨论、结论与建议5个部分组成。残疾儿童康复训练是残疾人体育领域的重要问题之一，论文选题能注重理论联系实际，具有现实针对性，具有一定的实践价值。

前言的特点是介绍了选题依据，说明了探索小儿脑瘫康复训练方法的意义，从而说明课题研究的重要价值。前言主要写了两方面内容：一是交代课题研究的必要性和研究的价值；二是简要说明新方法的特点和作用，在此基础上顺理成章地引出下文。主体部分简明地介绍了研究对象与方法，尤其是对研究方法的写作较为清晰，对实验法及其过程作了说明；研究结果采用两个表格来呈现。论文从三个方面进行了讨论分析，据此得出结论，并提出了合理的建议。全文文字简明，层次清楚，图表清晰，参考文献著录格式符合学术规范，是一篇写得较好的学士学位论文。

该论文不足之处在于：一是在前言中对相关研究成果的述评不足，对核心概念没有明确界定，如“平衡”性疗育方法；二是对实验中训练方案设计的陈述太简单，对获得的数据处理不充分，如文中两个量表得到的分维度数据等；三是实验伦理问题没有提及。另外，建议部分应分层撰写。

三、体育人文社会科学类论文的基本结构与写作要求

（一）体育人文社会科学类论文的基本结构

目前，体育人文社会科学类论文的基本结构一般与体育自然科学类论文相同，部分体育人文社会科学类论文因论述问题的需要不写结论。由于学科、专业

以及具体题材的不同，学术论文的写作格式也不完全一致。体育人文社会科学类论文较为通用的格式有“三段式”和“多项式”。

1.“三段式”论文

除标题外，“三段式”论文通常包括绪论、本论、结论三个部分。绪论是全文的开端，提出为什么要研究这个课题，说明研究的目的、方法等。本论是全篇文章的主体，是对所研究的问题进行充分、全面、有说服力的论述，一般应详细阐述研究的手段、方法和取得的成果，或提出有创见性的论证和结论，同时还要对论据性的资料和现实状况的调研材料进行介绍，可通过制表、绘图和附加图片等方式作出充分论证。结论一般包括总结本论部分内容，回答绪论部分提出的问题，提出基本的论点。体育人文社会科学类论文习惯于按照提出问题—分析问题—概括结论的模式展开。此类论文的内容构成及表达格式均有要求，其表达格式由“论点＋论证过程＋结论”构成，写作顺序遵循严格的“三段式”逻辑。

2.“多项式”论文

“多项式”论文所包含的款项较多，有标题、摘要、关键词、引言、正文、结论、参考文献以及附录等。以科学研究成果为内容的学位论文，一般多采用这种格式。“多项式”论文的结构可归纳为：提出命题，阐明研究方法，得出研究结果，给出明确结论。从对作者的要求考虑，一篇学位论文的结构形式应在层次、段落、开头、结尾、过渡和前后照应诸方面体现出结构的严密、思路的清晰、体系的完整性，要注重确立论点，即表明主题，安排好结构，组织好材料，并合理运用逻辑方法通过论据来论证论点，最后得出客观的结论。

（二）体育人文社会科学类论文的写作要求

1. 引言（绪论）

引言（绪论）主要简介课题的研究概况，表明课题的来源和依据。在写作要求上，引言（绪论）应开宗明义，提出中心论点，阐释论题各概念定义，说明研究背景、课题研究的价值和意义。引言（绪论）的主要任务是提出问题。换言之，引言（绪论）一般涉及如何提出作者的研究问题，如何客观、公正、准确地表述前人和他人的研究成果，以及如何说明论文研究的研究价值和意义。有时，引言（绪论）中会涉及主要概念定义。概念是科学思维的细胞，学术论文中的概念，其外延和内涵都应有明确性、准确性和确定性。概念与观点往往构成论文的实质内容，尤其是对体育人文社会科学来说更是如此。体育人文社会科学类论文的引言必须重视概念的科学界定和准确运用。因此，作者在说明研究问题的性质、意义、目的和假设之后，对论文中出现的一些重要名词，必须给予界定，有的还要写出操作定义。概念的表述和运用以及观点的表述是否明确、清晰、准确、科学，是反映论文水平的最主要方面。

2. 本论

本论是引言（绪论）之后、结论之前的部分，也是论文的主体部分，包括论点、论据和论证过程，是作者研究成果的集中表现，因此在整篇论文中占据较大的篇幅。作者论点的提出、论据的陈述、论证的过程都要在此得以呈现。本论部分不使用节段大标题，如“研究结果与讨论”，而是直接分问题、分论点逐一展开论述和阐释，从引言直接转入主题论述。论述问题的展开多以标题作论点，论点带问题，逐层进行论证与阐述。在思路上先是用演绎法，提出各个问题的论点结论，然后再围绕各个论点，运用大量材料和逻辑方法，进行论证和说明。本论部分的撰写要处理好论点的提出与论据的陈述的关系，处理好论文论点与相关论点的关系，处理好论文论点与论据的关系，处理好总论点与各分点，以及各分论点之间的逻辑关系。

体育科研论文是由论题、论据、论证三个基本要素组成的。学术论文的议论方法有立论和驳论。立论多是正面阐述，实事求是，以理服人，以实验数据服人，同时还要接受读者的检验。驳论，往往是针锋相对，据理力争。对于科研领域中不同观点、不同学派的争论，应当摆事实，讲道理。在科学研究中，尤其是在推翻旧理论、建立新理论，推翻旧学说、建立新学说中，驳论的方式经常被采用。总之，科学性与创造性的统一，学术性与思想性的统一，理论性与可读性的统一是体育人文社会科学类论文的基本特点，也是体育人文社会科学类论文的基本要求。

案例 2：体育人文社会科学类学士学位论文评鉴

中国“女排精神”时代价值的探析

摘要：中国“女排精神”为构建和谐社会提供精神助力，为实现体育强国目标和伟大的中国梦提供精神支持，中国“女排精神”在社会主义现代化建设中化为一种有形的力量，激励着人们积极投入到祖国现代化建设中。论文以中国“女排精神”为研究对象，运用文献资料及逻辑分析，对中国“女排精神”的源起与形成、科学内涵、时代价值及实现途径进行了分析，为在新时代弘扬和传承中国“女排精神”，挖掘中国“女排精神”的文化价值，助力体育强国建设提供思路。

关键词：中国；女排精神；时代价值

1　绪论（引言）

该案例在绪论（引言）中简要陈述了研究中国“女排精神”的时代背景、研究目的及研究方法。

2　本论

该部分是论文的主体部分，作者从中国“女排精神”的源起与形成、科学内涵、时代价值、价值实现4个方面进行了论述，提出了中国“女排精神”为构建和谐社会提供精神动力、为建设体育强国提供精神支持、为实现伟大中国梦注入强大精神力量等论点；对形成的以祖国至上、团结协作、顽强拼搏、永不言败为核心且具有中国特色和时代象征的中国“女排精神”进行了论证分析。

《中国“女排精神”时代价值的探析》全文

3　结语

论文采用了结语的形式，与绪论形成了前后照应。

论文评鉴（该论文为 ** 师范大学体育学院 2023 届优秀学士学位论文）：

该论文是一篇体育人文社会科学类学士学位论文，全文由（绪论）(引言)、本论、结语三大部分组成。中国“女排精神”是近年来体育人文社会科学领域研究的一个热点问题，对挖掘和拓展运动项目发展视域具有一定的引领作用，选题具有一定的时代意义和现实价值，但就从事科学研究工作的初学者而言，有一定的风险性和挑战性。论文整体上采用了“三段式”结构，本论部分是全文的主体，主要包括 4 个部分内容，紧扣主题，分问题和论点逐一展开论述和阐释，论点突出，论据较充分，有自己的见解，写作格式规范，全文逻辑性尚可。论文存在的问题与不足之处是：① 全文论据性的资料和现实状况的调研材料呈现不足；② 研究方法陈述不足。

四、论文的修改定稿

修改定稿是体育科学研究论文的最后一环，一篇论文往往要几易其稿才能最终完成。初稿完成后，应在导师的指导下反复修改，直至最后定稿。对于本科生来说，要写出一篇优秀的论文，除导师的精心指导之外，对论文初稿进行反复细致的修改也是必不可少的工序。而事实上只有不厌其烦地反复修改论文初稿，学生才能做出一篇质量较高的学位论文。对于初学者来说，一篇好的论文不是写出来的，而是“改”出来的。

（一）论文修改的范围

一般情况下，论文修改应从论文的思想内容与呈现形式两个方面来考虑。

论文的思想内容主要包括：论文的论题是否有意义，论文的论点是否正确，论文的论证是否充分必要，论证过程是否严密而且符合逻辑，其中最重要的是该篇论文是否有新见解与新观点。

论文的呈现形式主要包括：论文的结构是否合理，论文的语言修辞是否正确，论文的风格是否符合题意，论文的论点与引用的资料是否统一，论文的思想内容与呈现形式是否和谐一致，论文的表述是否符合学术规范，论文的内容和表达是否按导师意见认真修改并有提高等。

总之，论文修改要做到突出主题、深化主题、完善结构、修正观点、取舍材料、推敲语言。

（二）论文修改的方法

观点、材料、结构、语言是论文的构成要素，也是检查论文的着眼点。要在检查的基础上，通过订正、删减、增补、改换、调整、润泽等手段，对论文进行反复修改，直至其达到令人满意的程度。

一般情况下，第一，要明确修改的方法，常用方法有听取导师和其他专家的意见。第二，要选择核查论文的中心论点和分论点，即大标题和小标题是否正确、全面、深刻，论据是否充实，推理是否严密，分析是否合理。第三，要抓住重点，做到主、次、详、细恰当分明。第四，要检查论文结构、表达方式以及语言运用，即结构是否完整，各部分之间是否连贯，字、词、句、标点符号是否正确，语言是否准确、简练。学士学位论文的具体修改方式可用以下 4 个字来概括，即“增、删、换、调”。其各自的含义解释如下：

所谓“增”，是指增加补充。如果发现论文中有资料不足、论据不充分的情况，就要着手去增补。同样，如果发现论文中的段落之间缺乏必要的衔接或转折过渡，就要把相关的词语增加上去。

所谓“删”，是指删繁就简。学士学位论文本身就是一种严谨简洁的文体，每一句话都应十分干练。修改论文的一项重要工作就是要敢于删除论文中的繁文赘句，即将论文中那些多余、重复、冗长的段落、语句、词字等删去。

所谓“换”，是指更换。如果发现论文初稿中存在着不正确、不全面、不准确的地方，或者自己又找到了更典型、更具有代表性、更具有说服力的资料或词句，就要敢于以新换旧。

所谓“调”，是指移动调整。如果发现论文初稿中的章、节、段、句安排得不合理或不够恰当，或是内容层次不合乎逻辑等，就要进行调整。如果论文经过几次修改后未发现明显缺陷，根据导师的意见，就可以定稿了。

因此，论文修改要有全局观点，要整体着眼，审定全篇。修改时，先整体，后局部，先观点，后材料，先内容，后形式。一般要注意下面一些问题：一是控制篇幅；二是修正论点；三是增删材料；四是推敲语言；五是核对注释。

学位论文的写作与修改还有一些技术性的问题，也是值得一提的。从规范上来看，按照要求，学位论文的写作中经常会涉及计量单位、数字、表格、插图、统计符号、标点符号、日期、地名、人名、拼音字母的拼写、参考文献等，这些均有国家颁布的相应的标准。在写作时，要遵循国家标准。

一篇学士学位论文的质量高低，主要取决于作者专业基础理论与专门知识的扎实与否以及文献阅读量的多少和文献资料的新颖与否，只有具备扎实的专业基础理论与专门知识以及认真仔细地阅读大量专题文献，才能做出合格的学士学位论文。

第三节　体育科学研究论文的评价

体育科学研究论文的评价指的是对照一定的标准，对体育科学研究人员通过探索体育科学领域，获取新的看法、观点、结论而撰写的研究论文进行评判。通过论文的评价，对研究者的研究工作及其成果予以客观的鉴定，确认其价值所在，有利于研究者总结经验，寻找差距，调动科学研究工作者的主动性、积极性和创造性，不断提高科研水平；有利于科学研究成果的推广应用；有利于去伪存真，促进科学的健康发展。

目前，体育学术界尚未形成一个公认的、全面的和科学性很强的体育科学研究评价指标体系，我们要在理论和实践上积极探索。

一、评价指标与评价指标体系

评价指标就是评价的着眼点或构成因素，这些因素构成了论文质量评价的内容体系。由多个评价指标按一定逻辑层次排列的指标群又称作评价指标体系。

（一）建立评价指标与评价指标体系的方法

体育科学研究论文评价指标与评价指标体系的确定是整个评价工作的基础，涉及评价内容的效度和信度，起着总揽全局的作用。要在把握评价指标体系设计的科学性、独立性、完备性、可测性和导向性的同时，采用经验总结、调查统计、理论推导、专家评判等方法，通过初拟指标、归类筛选、实验修正，建立较稳定科学的评价指标与评价指标体系。

（二）学位论文评价指标体系的主要内容

学位论文评价指标体系包括以下几个方面的主要内容：

1. 论文选题

论文选题应新颖，论题立意要深刻。要求论文选题符合专业培养目标，与本专业密切相关，难度及工作量适当，能结合体育实际和科研实践进行，理论或实际意义与价值较高。文献资料要求中外文文献充实、全面，理解准确，引用无误。

2. 研究设计

论文研究设计的要求体现在：研究计划是否详尽、可行、切合实际；研究任务是否具体、明确、合理；研究手段方法是否与课题任务、内容相适应，主要方法设计是否科学、严谨；研究范围是否合理；研究方法是否适切、可行。实验设计应合理，研究方法要得当，数据要可靠。

3. 材料与分析

材料与分析方面的要求体现在：引用的材料是否真实、可靠、客观、准确，是否具有代表性、说服力；样本量是否充足；资料收集是否合理、可靠，材料的整理和数据处理是否妥当；分析是否透彻，是否既有深度又有广度。

4. 论点

要求观点正确、鲜明、客观，有新意或对某些问题有较深刻的分析、有自己的见解。论文主要内容和表达能力要反映出学生对专业基础理论、专门知识和基本技能的理解和掌握程度。

5. 论据

要求论据充分，资料翔实，数据准确、可靠，对资料的运用和对观点的论述表明学生已经具有从事科学研究的初步能力；内容完整，考虑问题深入细致，问题解决正确，学生具有独立钻研精神和独立工作能力；论据确凿，论文表现出学生对实际问题有较强的分析能力和概括能力，文章材料可靠，有说服力，学生有较强的实际动手能力；原始数据收集得当，实验或计算结论准确、可靠，学生能够正确使用计算机进行研究工作。

6. 论证

要求思路清晰、周密严谨、论述充分，逻辑性强；论证有深度，论文（设计）研究方案合理，观点鲜明，见解独特，富有新意，或对问题有深刻的分析，有较高的学术价值或较强的应用价值；能熟练地综合运用本专业的基本理论和基本技能，概念表述清楚；论证符合逻辑规律，推理方法运用合理，论证的中心突出，论证范围与研究范围一致；结论正确、恰当、全面、客观、有独到见解；引文准确规范。

7. 结构与格式

要求论文（设计）写作格式规范，结构严谨、合理，层次分明、条理清晰、逻辑缜密，符合论证体系要求；外文内容摘要正确清楚，参考文献丰富，学生能独立查阅并正确引用中、外文有关文献；论文中的图表设计和制作规范，栏目齐全，能够执行国家有关标准。

8. 语言

要求语言表述通顺、精练、准确、恰当；书写规范，标点符号使用正确，篇幅适中，可读性强；论文完全符合规范化要求，书写工整或用计算机打印成文；语言基本功扎实，有较强的语言表达能力，具有一定的语言修辞水平，论文质量高。

9. 报告与答辩

在论文（设计）答辩时，能够简明、正确、流利地阐述主要内容，内容要全面，重点要突出，能够准确深入地回答主要问题，观点正确、有充分的论证、能理论联系实际、说服力强，效果及时间掌握得好；语言表达流畅、准确、清晰、生动、严谨，条理清楚、思路清晰、逻辑性强，音量适中。

在论文（设计）写作过程中，要进一步培养学生从事科学研究工作和专门技术工作的初步能力，让学生初步掌握科学研究的基本方法，具体可归纳为：

（1）培养学生综合应用知识的能力，即综合运用所学的基础理论、专门知识、方法和基本技能，解决体育实践问题的能力。

（2）培养学生应用文献资料的能力。其主要包括：① 对资料、信息的获取及独立分析问题的能力。② 外语应用能力，即能运用一门外语阅读和翻译本专业的外文资料。

（3）培养学生的创新意识和创新精神，以及探索与创造的能力。

（4）培养学生较熟练地使用计算机，独立操作使用软件，或根据课题需要进行编程、信息检索、计算机绘图、数据处理、多媒体软件应用等方面的能力。同时，要让学生了解和学习收集资料的方法，掌握访谈、上网、问卷设计等技能。

（5）培养学生撰写论文（设计）的能力，论文（设计）答辩时的口头表达能力。

二、评价标准与评价标准体系

所谓标准，就是衡量事物的准则。体育科学研究论文评价标准是对评价对象的各项指标所要达到的程度，在数量和质量上进行价值判断的准则和尺度。有了这一准则和尺度，评价才能做到有章可循、准确公正。

评价标准的制订是一项政策性强、技术性强、涉及面广的工作，必须按照一定的规格和程序进行。应专门成立专家组，对评价方案的指标体系、指标内涵、指标间关系等内容进行认真细致的调查研究，再初拟标准初稿，征求意见，试行修订，从而建立起较为合理的评价标准体系。

三、体育科学研究论文评价指标与评价标准

体育科学研究成果的评价具有一定的评价指标与评价标准，但由于成果类型的差异，评价指标与评价标准也有所不同。体育科学研究论文作为体育科学研究成果的一种类型，其参考评价指标与评价标准如表 9-3 所示。

▶表 9-3 体育科学研究论文参考评价指标与评价标准

评价指标		评价标准					占总分的比例 /%	
		优秀（90～100 分）	良（80～89 分）	中（70～79 分）	一般（60～69 分）	差（60 分以下）		
选题	价值	有创新、实用价值较高	有特色、有实用价值	有意义、有一定价值	意义不大、可以研究	无意义、无实用价值	10	15
	依据	充分、必要、清楚	充分、清楚	较充分、较清楚	不够充分、不够清楚	不充分、不清楚	5	
研究设计	研究计划	周密、可行、切合实际	周密、可行、符合实际	较周密、可行	不够周密、尚可行	不周密、脱离实际	4	20
	研究任务	明确、具体、合理	明确、较具体	较明确、较具体	尚明确、不够具体	不明确、不具体	5	
	研究方法	科学、严谨、综合、动手收集第一手资料	科学、合理、动手收集第一手资料	合理、符合研究需要	较简单、基本符合研究需要	简单、难满足研究需要	7	
	研究范围	合理、有广泛代表性、符合研究任务	较合理、有一定代表性、符合研究任务	较合理、可行、基本符合研究任务	不太合理、基本可行	不合理、难以完成研究任务	4	

续表

评价指标		评价标准 优秀（90~100分）	良（80~89分）	中（70~79分）	一般（60~69分）	差（60分以下）	占总分的比例/%	
材料与分析	材料来源与处理	材料可靠、丰富、准确、符合统计学要求	材料较丰富、可靠、基本符合统计学要求	材料能满足课题需要、基本可靠	材料较少、可靠性不高	材料缺乏、零乱、可靠性较差	10	35
	分析	论点突出，论据充分，论证全面、深刻、逻辑性强	论点清楚，论据可靠，论证较全面、有一定深度、逻辑性强	论点较清楚，有一定论据，论证正确、深度不足	论点基本清楚，论据不足，论证基本正确、不够全面	论点不清楚，论据不足，论证缺乏或有误	25	
结论	结论、见解	准确、恰当、有创新见解	较准确、恰当、有独立见解	较准确、有自己的观点	基本准确、观点明确	不准确、偏离课题	15	15
论文撰写与答辩	论文撰写	格式规范、结构严谨、文字通顺	格式较规范、层次较清楚、文字通顺	格式基本规范、层次较清楚、文字尚通顺	格式基本规范、层次不够清楚、文字一般	格式不规范、层次凌乱、文字不通顺	5	15
	报告与答辩	表达清楚、条理性强、生动	表达清楚、简练、有一定条理性	表达较清楚、简练	表达不够清楚、不够简练	含糊不清、拖泥带水	10	

四、评价方法

根据评价方式和性质，可选用不同的评价方法对体育科学研究论文进行评价。

（一）专家个人评价与专家集体评价

专家个人评价一般是邀请某一方面的专家学者，对科研论文或成果单独进行审阅、鉴定，并写出详细评语或评审意见。选择的专家一般为3~5人或5~7人，以确保评价的客观性和准确性。一般而言，本科毕业论文的评语内容包括：①论文选题是否符合专业培养目标并有一定的意义；②对中外文献运用是否充实、全面，理解是否准确；③研究方法是否得当，数据是否可靠；④是否论点明确、论证充分、有自己的观点并有新意；⑤结构、语言、图表等是否符合写作规范。

专家集体评价一般是邀请多名某一方面的专家、学者，以专家会议的形式，现场征求专家对科研论文或成果的意见，经讨论形成较集中的评价意见。有时专家集体评价还可通过举手表决、无记名投票的方式对论文质量进行评价。除上述专家会议的形式外，论文评价还可采用论文报告与答辩的公开评议形式，即对研究者的论文质量、报告与答辩情况、科研能力进行客观公正的评价。

（二）专家定性评价与专家定量评价

专家定性评价主要是邀请有关专家在审阅论文后，对其质量、水平写出较全面的评语，作定性描述。这种方法的特点是评价比较具体，容易发现科研论文或成果的价值、优点所在以及存在的不足。

专家定量评价是先制订评价指标体系及标准，然后邀请若干专家按标准进行评分。学位论文主要根据评价指标体系及标准，采用评阅人定性评价和定量评价相结合的综合方法来评定。论文是否进入下一步的答辩程序，既取决于评阅专家的综合意见，也取决于论文评阅人的意见。

第四节 体育科学研究论文的报告与答辩

根据《中华人民共和国学位条例》和《中华人民共和国学位条例暂行实施办法》，学位授予单位应设立本科生、研究生学位评定委员会，并组织有关学科的学位论文答辩委员会，对本科生和研究生的论文进行审查与答辩。学位论文的报告与答辩，是考查学生知识与能力综合水平的主要环节，也是学生全面回顾、总结、鉴定自己学习成绩的机会，又是培养学生创新能力的重要手段与途径，更是大学生进一步将自己所学投入所用的新起点。

一、学位论文报告与答辩的一般程序

学位论文报告与答辩，是以专业或学科成立的答辩委员会对学生论文的集体审查。答辩委员会由3~5人组成，如果是本科生的论文答辩，也可以设若干个答辩小组。学位论文报告与答辩的一般程序如下：

（1）答辩委员会主席介绍答辩委员，并宣布注意事项。

（2）学生自述，作论文报告。

（3）答辩委员提出问题。

（4）学生回答问题。

（5）答辩委员会主席（或小组长）作小结。

二、学位论文报告与答辩前的准备

学位论文报告与答辩，其听众是该领域的专家，他们将通过听取学生对所作研究工作的报告，对学生的研究能力和学术水平作出评价。因此，学生要熟悉自己所写论文的全文，尤其是要熟悉主体部分和结论部分的内容，明确论文基本观点和主要论点的基本依据，以及论文中所使用的主要概念的确切含义，所运用的基本原理的主要内容。对自己所写论文的各个部分，尤其是本论部分和结论部分要作进一步的推敲，仔细审查论文基本观点的论证是否充分，同时还要仔细审查、反复推敲文章中有无自相矛盾、谬误或模糊不清的地方等。要掌握与自己所写论文相关联的知识和材料，如自己所研究的这个论题学术界的研究已经达到什么程度、目前存在着哪些争议、有几种代表性观点、各有哪些代表性著作和文章、自己倾向哪种观点及其理由、重要引文的出处和版本、论证材料的来源等。要明确哪些观点继承或借鉴了他人的研究成果，哪些观点是自己的创新观点，这些新观点、新见解是怎么形成的。

为了参加答辩，学生在答辩前应积极准备，要写好讲稿。为在一定时间内把论文的核心和主要内容报告清楚，必须先拟好报告内容摘要，绘制报告图表，制作 PPT 等，写好报告提纲，并进行学位论文报告试讲，确保按照学位论文报告会的要求进行试讲，在试讲过程中发现问题要及时改进。

学位论文报告开始，学生简要报告论文的主要内容时，应围绕论文的中心内容，先报告论文题目及论文包含的几个主体部分，而后从序言开始引到正文，着重报告选题的目的、意义、依据以及课题研究的科学价值和理论意义。

注意理清自己研究的起点和终点，了解所研究的课题前人做过哪些研究，其主要成果和观点是什么，自己从哪些方面研究，解决了哪些问题，提供了哪些新观点或有何发展，是通过什么主要途径、采用什么方法解决的等等。必要时可对论文的主要观点、论文立论的主要理论依据和事实依据，列出完整、典型的材料和数据以及主要的引文及其出处。要科学分析本课题研究获得的主要创新成果、学术价值及理论意义，还有哪些问题应涉及和需要进一步解决，并尝试提出继续研究的打算和设想，或研究过程有哪些意料之外的发现未写入论文，对这些发现有何想法及处置意见等。

在学位论文报告与答辩前，应做好以下几个方面的准备工作：

（一）撰写报告提纲和答辩稿

一篇好的广播稿并不一定适合在报刊上发表。同样，一篇好的科研论文，如果逐字逐句照读，不一定能达到理想的效果。照本宣科难以使听众了解论文的要点，因此，学生在报告前必须根据论文整理一份报告提纲，按照逻辑顺序，依次列出为什么要进行这项课题研究、研究是怎样进行的、通过研究发现了什么，根据这三个要点，分别从论文中提取有关内容，写成一份答辩稿。

（二）制作 PPT 等演示文件

报告时，如果涉及插图或表格，需要采取措施将其放大，以便台下的每个人都能看清。一般采用 PPT 来辅助报告，因此，要提前做好 PPT 等演示文件。报告用的图表数量宜少不宜多，宜精不宜粗，图片要选可视性强、能充分表达报告意图的图片，表格项目尽量简化。要突出多媒体的视听效果，一来能强化报告的时效性，给他人留下深刻的印象；二来生动形象的多媒体演示，可以充分反映和发挥答辩者的创造性，展示答辩者的研究成果。

（三）模拟报告

为使报告达到较好的效果，掌握报告时间，在完成讲稿和有关图表准备后，还可进行模拟报告。通过模拟报告，一方面可以进一步熟悉报告内容，检查一下读起来是否上口，是否有听起来容易发生误会的词句，哪些地方需要适当地重复或提高声调，以引起听众的注意，加深记忆。另一方面可以掌握报告节奏，避免因节奏过快或过慢影响报告效果。模拟报告时，力求逐步实现脱稿。

（四）将答辩委员可能提出的问题做成卡片

在学位论文答辩准备过程中，对论文所涉及的基本概念、原理、相关学科的理论以及论文中的一些细节，如数据计算的公式等，限于论文篇幅，不可能全部写在论文中，但在学位论文答辩中又有可能提问的内容，可预先做些卡片，以便在学位论文答辩过程中参考使用。

三、学位论文报告与答辩的基本要求及注意事项

（一）学位论文报告的基本要求及注意事项

1. 仪表仪态

学位论文报告是一个比较严肃的场合，报告者走上讲台时，首先应该给答辩委员和与会者一个良好的印象。报告者应穿着整齐庄重、精神饱满、举止大方、充满信心，让答辩委员从言行举止就可以判断出报告者的品德修养，切忌不修边幅、无精打采。

2. 语言表达

学位论文报告要语言简练，口齿清晰、抑扬顿挫，讲话的声音大小和速度与听众人数相吻合。讲到论文的中心要点时，如有必要，应加以重复或加重语气，这些报告时应掌握的技巧对于提高报告质量都是很有益的。在开始讲述每一个问题时，要尽快涉及要点，用恰当的表情语言和身体语言吸引听众听讲的兴趣，但过分夸张或过于拘谨，则会给人以信心不足的印象。

在报告过程中，除查看数字、板书、解释图表等必须转身低头外，应始终面对听讲人，注意观察他们的反应，以便了解哪些内容已阐述清楚，哪些内容还需进一步解释。

报告的结尾要给人以深刻印象，若时间许可，可扼要复述主要论点和结论，以加深听讲人对论文的理解。

3. 时间掌控

如何在有限的报告时间里把要讲的内容讲完，同时让听众全部理解报告者所讲的内容，是报告成功的关键。要想掌控时间，一要制订演讲计划：先简单介绍研究的目的和过程，然后阐述要点，围绕要点提出有关论据，最后在演讲快要结束时总结主要论点，从而引出结论；二要注意每部分时间的分配，以便根据剩余时间调整讲话速度和叙述的详略。

4. 板书及 PPT、投影等多媒体的使用

可用教鞭或激光笔点示报告内容，尤其是图表，并留有一定的时间恰如其分地使用板书，这往往会给报告带来意想不到的效果。如有些曲线图，在黑板上随画随讲，一部分、一部分地添画，最后成为完整的画面，就比用挂图集中展示出来的效果更好。使用黑板时，用黄色或白色粉笔书写较为清楚醒目，字体以最后排听众能看到为宜；保持黑板整洁，字迹图表给人以醒目之感。

正确地使用板书及 PPT、投影等多媒体，不仅可节省时间和精力，而且可以调节听众的情绪，使报告更为生动活泼、直观清晰。PPT、投影等的内容应是论文中最有学术价值或最有说服力的部分，制作要精细、准确、美观，应事先排列好使用的顺序，并编好号码以免报告时放错位置。

（二）学位论文答辩的基本要求及注意事项

1. 学位论文答辩的基本要求

学位论文报告完毕，接下来的环节是答辩委员对答辩者报告内容中的某些问题提出疑问。这些疑问有些是答辩委员没听明白或答辩者没讲清楚的，有的是答辩者虽然知晓，但论文没有涉及的，有的则是论文本身不完备或立论不明确处，有的甚至是本课题之外的内容。

在答辩过程中，要听清和理解提问者的原意，当未听清问题或提出的问题一时难以理解时，应礼貌地请求复述或解释，切忌贸然回答，给对方造成答非所问或回答错误的印象。对事先已有准备的问题，回答时要简短扼要，一般不要展开回答，除非提问者有展开回答的要求。对事先无准备的问题，不要急于回答，要理解发问的目的是什么，问题的要点在哪里。在稍加考虑后，实事求是作答，可以重述自己讲过的有关内容，也可提出新的证据加以补充，除非有绝对把握，不要试图用反驳代替回答。对于答不出的问题，不要勉强回答，或者勉强应付，更不要强词夺理或故弄玄虚。

2. 学位论文答辩的注意事项

（1）答辩前，要充分做好答辩的准备工作，要熟悉自己的研究内容、手段、方法等；预先考虑与本课题有关的一些问题，如本研究的基础理论、基础知识、研究工作和论文写作的某些细节；备齐需要的论文底稿、重要资料和笔记本等，将答辩内容写在卡片上，以便查找。

（2）回答问题时，要严肃、冷静、大方、从容、礼貌，这是取得答辩成功的重要条件，要正面回答、实事求是、直截了当、层次分明，表达力求清楚明白、简洁有节奏，不要拖泥带水，切忌文不对题。总之，回答问题要简明扼要，基本概念要清楚，主要问题要回答准确、分析深入。答辩时要突出重点、抓住关键、简要清晰、逻辑性强，最好不要照读原文。以流畅扼要的语言，说明自己的成果和意义，可以获得更好的答辩效果。

（3）答辩结束后，应礼貌退场，并认真思考答辩委员所提问题和意见，认真总结经验教训，使自己在知识、能力和经验上有所提高，以便在今后的研究工

作和论文写作上迈出更加扎实的步伐，打下坚实的基础。

答辩委员一般围绕论文（设计）的内容及相关知识对学生进行提问，主要考核学生对基础理论、专业知识和基本技能的掌握程度，着重考核学生的创新意识和科研能力。答辩时答辩委员提出的问题，不论学生能否当场作出正确、系统的回答，都是对学生很好的指导和帮助。

本章小结

科研成果的表述形式可以是科学技术报告、学术论文、专著、译著、工具书，也可以是系统软件、应用软件等。根据不同的标准，可将体育科学研究论文分为不同的类别。按论文的性质和目的，可将体育科学研究论文分为学术论文和学位论文；按体育学科的领域，可将体育科学研究论文分为体育自然科学类论文和体育人文社会科学类论文。

体育科学研究论文具有成果的创新性、内容的科学性、结构的规范性、论理的逻辑性和表达的简洁性等特点。

学位论文的基本结构主要包括前置部分、主体部分、参考文献表、附录、结尾部分（如有），其中，前置部分主要有封面、封二（如有）、题名页、英文题名页、勘误页、致谢、摘要页、序言或前言（如有）、目次页、插图和附表清单（如有）、缩写和符号清单（如有）、术语表（如有）等内容；主体部分主要有引言（绪论），章，节，图，表，公式，引文标注，注释，结论等内容。

体育自然科学类论文的基本结构一般包括题名、署名、摘要、关键词、引言、研究对象与研究方法、研究结果与讨论、结论与建议、致谢、注释、参考文献等部分。

体育人文社会科学类论文的基本结构一般与体育自然科学类论文相同，部分论文因论述问题的需要不写结论。体育人文社会科学类论文一般包括引言（绪论）、本论和结论三个部分。

体育科学研究论文的评价指的是对照一定的标准，对体育科学研究人员通过探索体育科学领域，获取新的看法、观点、结论而撰写的研究论文进行评判。学位论文一般从论文选题、研究设计、材料与分析、论点、论据、论证、结构与格式、语言、报告与答辩等方面来评价。由于成果类型的差异，评价指标与评价标准也有所不同。通常采用专家个人评价、专家集体评价、专家定性评价、专家定量评价等评价方法。

论文答辩是考查学生知识与能力综合水平的主要环节。学位论文报告与答辩，是以专业或学科成立的答辩委员会对学生论文的集体审查。学位论文报告与答辩应从撰写报告提纲和答辩稿、制作 PPT 等演示文件、模拟报告、将答辩委员可能提出的问题做成卡片等方面做好准备工作。学位论文报告与答辩要注意仪表仪态，语言表达，时间掌控，板书及 PPT、投影等多媒体的使用等。

名词解释

- 学术论文：是对某个学科领域中的学术问题进行研究后，记录科学研究的过程、方法及结果，用于学术交流、讨论或出版发表，或用作其他用途的书面材料。

• 学位论文：是表明作者从事科学研究取得创新性成果和创新见解，并以此为内容撰写的、作为提出申请授予相应学位时评审用的学术论文。

• 题名：是论文的总纲，是反映论文中重要特定内容的恰当、简明的词语的逻辑组合。

• 署名：是指对于那些选定研究课题和制订研究方案、直接参加全部或主要部分研究工作并作出主要贡献以及参加论文撰写并能对内容负责的人，按其贡献大小排列名次。

• 摘要：是对论文的内容不加注释和评论的简短陈述，应具有独立性和自明性，即不阅读全文就可以获得必要的信息。摘要的撰写应符合《文摘编写规则》(GB/T 6447—1986)的规定。

• 关键词：是论文的文献检索标志，是表达文献主题内容信息款目的自然语言词汇，其重要功能是帮助读者通过其检索到该篇文章。

• 引言：又称导言、序言或绪言，用来说明论文写作的背景、理由、主要研究成果及其与前人工作的关系等，目的是引导读者进入论文工作的主题。

• 研究方法：指本课题研究采用的主要方法与手段。这一部分应对方法运用的主要环节与过程作简要说明，对新的有创见的方法应有更为详细具体的说明，以便于他人根据说明重复作者的实验。

• 研究结果：是指研究中所获得的数据和所观察到的现象，它是结论的依据，是形成观点与主题的基础。研究结果通常以文字、表格和插图的形式体现。

• 讨论：是作者对研究结果的解释、推断与评价，是研究过程的理论升华，是更深刻、更完整、更有指导实践意义的部分。

• 结论：是用简明扼要的语言对研究结果和论点的高度概括，一般采用条目的形式将结论逐一呈现。

• 建议：是对论文虽涉及但尚未解决，或推广、参考本研究成果时应注意的问题与某些条件要求等的简要说明，放在结论之后。

• 致谢：是作者对论文的生成具有贡献的组织或个人予以感谢的文字记录，内容应客观、真实，语言宜诚恳、真挚、恰当。

• 注释：是为论文中的字、词或短语作进一步说明的文字，没有具体的文献来源。

• 参考文献：是指对一个信息资源或其中一部分进行准确和详细著录的数据，位于文末或文中的信息源。参考文献可分为阅读型参考文献和引文参考文献。

推荐阅读文献

1. 全国信息与文献标准化技术委员会. 学位论文编写规则：GB/T 7713.1—2006 [S]. 北京：中国标准出版社，2006.

《学位论文编写规则》(GB/T 7713.1—2006)是对《科学技术报告、学位论文和学术论文的编写格式》(GB/T 7713—87)的第一次修订。该标准规定了学位论文的撰写格式和要求，以利于学位论文的收集、储存、加工、检索和传播，主要包括学位论文的范围、规范性引用文件、术语和定义、一般要求、要素、编排格式及附录等。

2. 全国信息与文献标准化技术委员会. 信息与文献 参考文献著录规则：GB/T 7714—2015［S］. 北京：中国标准出版社，2015.

《信息与文献　参考文献著录规则》(GB/T 7714—2015) 代替《文后参考文献著录规则》(GB/7714—2005)。该标准规定了各个学科、各种类型信息资源的参考文献的著录项目、著录顺序、著录用符号、著录用文字等。

3. 全国信息与文献标准化技术委员会. 学术论文编写规则：GB/T 7713.2—2022［S］. 2022.

《学术论文编写规则》(GB/T 7713.2—2022) 部分代替《科学技术报告、学位论文和学术论文的编写格式》(GB/T 7713—87)，该标准规定了学术论文的撰写要求和编排格式，以便于学术论文的检索和传播、促进学术成果的交流和使用。该标准适用于一切反映自然、社会和人文等的科学体系的学术论文。

问题与思考

1. 简述体育科学研究论文的基本结构。
2. 如何撰写学位论文的引言和结论?
3. 请思考体育科学研究论文中的“结果”“讨论”“结论”侧重点有何不同。
4. 请在近期体育类中文核心期刊上选择不同类型的论文 2~3 篇，试分析其写作特点和存在的问题。

科学尊重事实，服从真理，而不会屈服于任何压力。

——童第周

大多数人都以为是才智成就了一个科学家，他们错了，是品格。

——［美］爱因斯坦

第十章 体育科学研究者的科学素养

本章提要

本章根据体育科学研究工作对研究者科学素养的要求，概括了科学素养的概念和内涵，着重阐述了体育科学研究者科学素养的主要内容，介绍了体育科学研究者应具备的科学态度、科研道德修养以及所需的知识、智力、能力结构，明确了体育科学研究者应遵守的学术道德规范。

学习目标

1. 了解体育科学研究者的科学素养所包含的内容；领悟科学态度、科研道德修养，以及知识、智力、能力结构等概念及内容。

2. 通过案例剖析引导学生形成正确的科研态度，涵养优良学风，坚持创新并遵守学术规范，做到学术诚信，并落实到言行。

3. 引导学生弘扬科学家精神，树立加快实现我国高水平科技自立自强的意识，让学生能勇于投身体育科研事业，并热衷体育科学研究和创新工作。

关键词

体育科学；研究者；科学素养；学术道德规范

本章思维导图

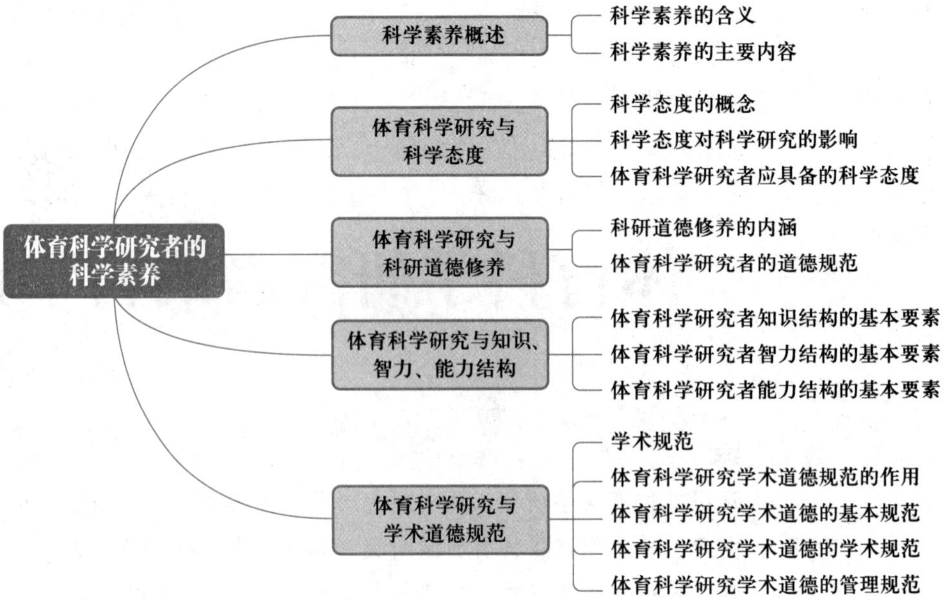

体育科学是体育实践经验的结晶，是对体育客观规律的正确概括和把握。体育科学研究者必须以科学的态度，在求真务实的前提下，虚心学习，深入研究，掌握事物的本质和规律，兼顾理论上的科学性和操作上的可行性，在习近平新时代中国特色社会主义思想的指导下提出意见和建议，不断推动体育科学向前迈进。在人类历史发展的进程中，曾不断有人因坚持科学的态度而付出巨大的代价，如布鲁诺、华佗、张志新等。但正是由于这些千千万万坚持真理的人，才捍卫了科学的严肃性和纯洁性。

秉持科学精神，坚持实事求是，也是新时代体育科学研究者所必需的品格。体育科学研究者要不断加强自身的科学素养，遵守科学研究规范，保持职业规范，做到学术诚信。那些无视科学规律，不遵守科学精神和伦理的弄虚作假和抄袭剽窃行为，终究会遭到社会和科学界的唾弃，并受到法律的惩罚和道德的谴责。

第一节　科学素养概述

一、科学素养的含义

素养是指人在学习和发展中所形成的那些内在的、比较概括的、相对稳定的身体和心理方面的特征，是影响人的活动状况及其质量的决定性内在因素。或者说，人在学习和发展过程中，会形成一些对人的活动状况及其质量产生根本影响的特征，这些特征被称为素养。素养是通过某一情境体现出来的，与情境密切相关，人在某一特定真实情境中所表现出来的具有个人独特性的、体现个人独特色彩的行为，需要知识、技能、态度三者统一整合才能实现，体现了个人所具有的能力水平和综合素质。素养不受遗传因素的制约，是知识、技能、能力在相关工作领域与个体特质相互作用的结果，是个体学习经验的整合，并通过一定的方式表现出来。

科学素养是科学研究者所具备的基本科学素质，科学素养影响到科学研究者的研究水平和研究质量，科学研究一般要求科学研究者有较高的科学素养。

科学素养是由文化素养引申而来的，素养和素质含义接近，但素养与素质相比更强调后天修习涵养的作用，即学习提高的重要性。经济合作与发展组织（OECD）认为：科学素养包括运用科学基本观点理解自然界并能作出相应决定的能力。科学素养还包括能够确认科学问题、使用证据、作出科学结论并就结论与他人进行交流的能力。乔恩·米勒（Jon Miller）认为，科学素养是一个与时并进的概念，时代不同，科学素养的内涵也会发生变化。乔恩·米勒在当时的时代背景下界定了科学素养的三个维度：① 对科学原理和方法（即科学的本质）的理解；② 对重要科学术语和概念（即科学知识）的理解；③ 对科技的社会影响的意识和理解。

虽然世界各国学者对科学素养内涵的见解各异，但又不乏共同之处。综合学者们的观点，科学素养的内涵主要涉及科学术语、科学基本观点、科学的探究过程及科学对个人和社会的影响几个方面。1961 年，美国科学促进会（American Association for the Advancement of Science）强调，科学素养为科学概念、科学过程及科学态度的平均发展。郭鸿铭、沈青嵩在《科学教育》月刊创刊号中叙述了科学素养的含义，提出了具有科学素养的研究者应具备的条件：

（1）具有科学素养的研究者，能了解科学知识的本质，能正确选择适宜的科学概念、原理、原则及理论并将其应用于其所处的任何环境之中。

（2）具有科学素养的研究者，能运用科学过程来解决问题，作出正确抉择及拓展自己对环境的了解。对自己所处环境中各方面的交互作用的判断，符合科学的价值标准。

（3）具有科学素养的研究者，了解并鉴赏科学与技术领域两者之间互为影响的关系及其与社会各方面的紧密关系；在科学与技术方面，能继续不断地发展出无数的操作技巧。

（4）具有科学素养的研究者，能借助科学教育培养出一种更宽宏、更满足、更积极的心态，并在其有生之年继续培养此种涵养。

二、科学素养的主要内容

科学素养的主要内容主要有以下几个方面：

（一）科学知识

科学知识包括概念、定律、理论等。概念是指从感性认识上升到理性认识，把所感知的事物的共同本质特点抽象出来加以概括，它是人类所认知的思维体系中最基本的构筑单位。定律是为实践和事实所证明，反映事物在一定条件下发展变化的客观规律的论断。定律是一种理论模型，它用以描述特定情况、特定尺度下的现实世界。理论是系统化的科学知识，是关于客观事物的本质及其规律性的相对正确的认识，是经过逻辑论证和实践检验，并由一系列概念、判断和推理表达出来的知识体系。

（二）技能

技能是主体在已有知识经验的基础上，经练习形成的执行某种任务的活动方式。操作技能亦称“动作技能”，是在操作性知识指导下，经练习而形成，由人体动作构成的符合法则的随意行动方式，它是培养人的技术能力或才能的重要因素。

（三）科学方法和思维方法

科学方法是人们在科学研究中所遵循的途径和所运用的各种方法和手段的总称。科学方法通常指各个科学部门中较为通用的一般科学方法。科学方法是人们揭示客观世界奥秘、获得新知识、探索真理的工具。科学方法还可以按照适用范围的大小，区分为一般科学方法和特殊科学方法两个层次。一般科学方法通常分为经验性科学方法、理论性科学方法和横向学科方法三类。科学方法的优劣、正误，决定着科学研究成果的大小及科学研究的成败。

思维方法是人们认识世界和改造世界的精神活动形式、方式和程序的总称。人的一切活动，无论认识活动还是实践活动，都离不开思维和思维方法。当前，国家特别倡导创新精神，高校对创造性思维方法应予以特别重视。

（四）价值观

党的十八大以来，社会主义核心价值观广泛传播。习近平总书记多次作出重要论述、提出明确要求。大学是学生价值观形成的重要时期。大学教育的重要使命就是在培育和弘扬社会主义核心价值观、弘扬中华优秀传统文化的同时，适时塑造大学生的科学价值观，从而真正落实立德树人根本任务。在复杂的、具有多重价值及多元文化的社会中，具有科学素养的人要能进行价值判断，要具有与人、与自然进行协商的能力，尊重他人的意见。

（五）创新精神

创新是一个国家和民族发展的不竭动力，也是一个现代人应具备的素质。党的二十大报告强调“坚持创新在我国现代化建设全局中的核心地位”“加快实施创新驱动发展战略”。创新属于科学思想范畴，包括创新意识、创新兴趣、创新胆量、创新决心以及相关的思维活动。不人云亦云，不唯书唯上，坚持独立思考，说自己的话，走自己的路；不喜欢一般化，追求新颖、独特、与众不同；不僵化、呆板，灵活地应用已有知识和能力解决问题……都是创新的具体表现。创新又要以遵循客观规律为前提，只有当创新符合客观需要和客观规律时，才能顺利地转化为创新成果，成为促进自然和社会发展的动力。

（六）科学家精神

2020 年 9 月 11 日，在科学家座谈会上，习近平总书记指出“科学家精神是科技工作者在长期科学实践中积累的宝贵的精神财富”。2019 年 5 月，中共中央办公厅、国务院办公厅印发了《关于进一步弘扬科学家精神加强作风和学风建设的意见》，要求大力弘扬“胸怀祖国、服务人民的爱国精神，勇攀高峰、敢为人先的创新精神，追求真理、严谨治学的求实精神，淡泊名利、潜心研究的奉献精神，集智攻关、团结协作的协同精神，甘为人梯、奖掖后学的育人精神”。

（七）科学态度

科学态度是通过对科学知识的正确理解和科学发展的整体把握而形成的科学信念和科学习惯。科学既是真实可见的，又是不断发展的。科学还是可信的，是因为科学来自经验，并经过实验检验，具有可重复性。科学的本性是拒绝权威的，更是拒绝权力的，科学是没有意识形态的。任何超出经验、臆想、传闻的东西都不能轻易进入科学的领域。

（八）科学伦理和情感

我们应学会用辩证唯物主义与历史唯物主义思想对待科学和科学事业。科学应以造福人类为目标，我们在科学活动上要深入钻研，刻苦探索，追求真理，力争创新；努力塑造献身科学事业的崇高品格，反对伪科学，反对迷信邪说，反对利用科学做假冒伪劣的产品，反对在科学上剽窃；坚持实事求是、严谨治学的行为准则和谦虚谨慎的精神。

（九）科学普及与担当

科学普及简称科普，是一种社会教育活动，通过传媒等手段以浅显的、通俗易懂的方式推广科学知识、技术、方法，传播科学思想、弘扬科学家精神。科普要成为每个人的自觉行为，科学研究者更要担负起科普知识的编写与创作工作，共同撑起国家的科普工作，为热爱科学、愿意献身科学研究事业的青少年做好引导和培养工作。

《科学家故事 100 个》简介

自主创新与科学态度案例：“九九八十一道难关”与科学精神

我在“骂声”中生活了 17 年，最终自己还是成功了。

——王选（北京大学教授，中国科学院、中国工程院、第三世界科学院院士）

回首 17 年顶住“骂声”，王选说过一句话——唐僧取经，终于过了“九九八十一道难关”。取经的起点在 1976 年，王选用了近一年时间，终于决定跨过当时国际流行的第二代、第三代照排机，直接研制第四代激光照排系统。终点则在1993年，国内99%的报社和90%以上的黑白书刊都采用了国产激光照排系统，基本告别了沿用上百年的“铅与火”传统印刷术。

这17年，王选的研究本身就是个突破，就是创新。“巨大压力主要有两点：一是国外系统大举进入中国，二是王老师勇于挑战大家更信任的国外流行的二、三代。”北大方正电子公司上海办事处数字媒体事业部的王经理说。1979年和1984年，国内出现了两次引进高潮，尤其是1984年，面对国外产品的汹汹来势，连王选研究的个别协作单位都表现出信心不足，某单位发出几千封信给领导和用户，指责国产照排系统，甚至有人放话：“北大设计的系统即使搞出来也是落后的。”

自然，原本是北大一重病休养多年、默默无闻的“小助教”，怎可有此痴心妄想？“那时日本连第三代阴极射线管照排机都还没有过关。人们说，你想搞第四代，我还想搞第八代呢。”可王选从未动摇，“有人批评过我喜欢一鸣惊人，我觉得这种雄心壮志不坏，关键在于还要有严谨细致、脚踏实地和锲而不舍的实干精神。”

回首往事不易，记者陆黛写道：那年一次规模空前的论证会，听的人全都摇头：“简直异想天开，不可能！”大会淘汰了北大最先进的方案。王选沮丧地返校。在车上，他想起了美国的克雷。这位设计出世界上许多巨型计算机的专家说过：“我做每一件事，都有人说：‘你做不成，做不成！’对这种议论，最好的回答就是自己动手，亲自去做。”王选不由得习惯性地抿抿嘴，自言自语道：“是的，我也得亲自做出来。”

令“骂”不倒、“骂”不怕的王选觉得苦涩的是，1985年5月成果得到校方和国家认可时，却无一用户愿意采纳。但王选坚持不懈，最后，自主创新成果终于迎来戏剧性的胜利：到1989年底，来华研制和销售照排系统的英、美、日等大公司纷纷放弃竞争，退出中国。可王选并不停步，他已经习惯了在一代产品方兴未艾时，就开始继续创新、再创新：报纸远程传版、彩色桌面出版系统、新闻采编系统等不断推出。

（资料来源：《解放日报》数据库）

点评：王选院士坚持自主创新和献身科学的精神成为我国科学家的典范。其激光照排系列产品一举超越日本，成为后来者居上的成功典范。王选院士咬定青山不放松的科学精神，前瞻性的科学视野，不人云亦云、敢于挑战权威的精神气质，正是自主创新这一创造性活动所应具备的、所应呼唤的。很多时候，自主创新的难不在于技术，而在于研究者是否具有坚持不懈的精神。多年形成的科学素养给王选院士带来了巨大的科学成就。

第二节 体育科学研究与科学态度

体育科学研究工作要求研究者具备基本的科学素养水平，正确的科学态度是必备的科学素养之一。

一、科学态度的概念

态度是指一个人对人和事的认识和看法。所谓科学态度，是指人们对科学、科研工作以及与此相关的人和事的认识和看法。E. KiopIer 对科学态度的解释是：对科学及科学家有好感，对科学及与科学有关的活动感兴趣，喜欢学习科学，喜欢科学经验，能接受科学探究为思考方式。而森川认为，科学态度可以通过以下方面得到体现：关心自然界，对自然事物感兴趣；善于质疑，并能发现问题和解决问题；能够有逻辑地思考、比较、分析综合性问题；接受他人的意见及想法；尝试构想更好的方法等。吴岱变等将科学态度分为自发的态度、积极的态度、率直的态度和客观的态度等，他强调真实、主动、积极客观地对待科学与科学问题，讲究诚信与守信。比较各国文献，科学态度的含义可分为两类：一类是对自然界及科学世界所持的基本态度，如爱、憎或嗜好等态度；另一类是在科学学习、科学实验时应具备的态度。

二、科学态度对科学研究的影响

对于体育科学研究者来说，正确的科学态度对其从事的科研工作有着极其重要的意义。科学研究活动是一种对研究者的主观能动性要求很高的活动，而最能反映研究者主观能动性的，就是其在科学研究活动中表现出来的态度。科研工作需要正确的科学态度，而科学态度又在很大程度上影响着科研工作的顺利进行和科研成果的取得。具体地说，科学态度对科研工作的影响主要表现在以下几个方面：

（一）有了科学的态度，才能深刻理解科研工作的意义及其特有的规律

科学研究既是崇高、伟大的工作，又是平凡、艰辛的劳动。那些在科研领域中取得过伟大成就的科学家，都对科学的价值和意义、科研工作特有的规律以及科研工作的复杂性和艰巨性有着深刻的认识和理解。而正是这种深刻的认识和理解，促使他（她）们在科研工作中表现出正确的态度行为，从而取得辉煌的成就。

（二）有了科学的态度，才能客观地认识事物，获得真实的研究材料

客观地认识事物，客观、详细、全面地获得研究材料，是确定研究课题后科研工作的中心环节，这是形成正确的科学结论的前提和条件。客观地认识事物和获得材料，就是要从客观事实中发现客观规律，本着实事求是的原则，既不能为了为我所用而不顾材料的真伪和多寡，更不能为了盲目否定他人而对真实、丰富的客观材料视而不见或拒不承认。

（三）有了科学的态度，才能在研究中不畏艰辛、勇往直前

科学研究活动是复杂而艰苦的脑力活动与繁杂而精细的操作劳动的高度统

一。客观详尽地获得事实和材料，并作出正确的理论概括更是非常艰辛的。居里夫妇在完成了历时 4 年多、近 6 000 次的实验后，惊讶地发现他们并未得到预期的“一小撮盐那么多”的纯镭。面对这个意外的结果，居里夫妇凭着锲而不舍和冷静客观的科学态度，最终以“或许只是量的问题”这种正确的理论认识完成了他们伟大的发现。

（四）有了科学的态度，才能勇于在实践中检验和发展理论

每当辛勤研究的成果从研究者的思维中脱胎而出的时候，研究者在庆幸和珍惜自己成果的同时，难免会对自己的成果产生沉醉和偏爱之情。这时，研究者需要用冷静、客观、严谨的科学态度控制这种沉醉和偏爱之情的膨胀，否则，就有可能自我堵塞进一步认识真理的道路。而那些卓有成就的研究者总是能在取得一定成果之后虚心听取各种意见，并尽力将理论成果在实践中进行反复检验和验证，不断修正和完善自己的研究成果，以求取得更新、更有价值的突破。

三、体育科学研究者应具备的科学态度

古往今来，许多在崎岖的科学道路上不断攀登的人们，以其成功的经验和失败的教训昭示世人：科学态度对研究工作成败的影响是巨大而深远的，只有坚持正确的科学态度，才能在科学研究的道路上取得更卓著的成绩。体育科学研究者作为体育科学的研究人员，同样要坚持正确的科学态度。正确的科学态度主要表现在以下几方面：

（一）正确的动机和目的

正确的动机是正确态度的基础。献身科学、造福人类，消除愚昧和贫穷，是许多优秀的科学家抱定的共同信念。崇高的理想加上卓越的才能，是他们取得辉煌成就的基石。

（二）勇于探索的精神

科学研究是运用有限的知识向无限的未知世界探求新知的过程。这就要求研究者必须具备勇于探索的精神，必须具备对新事物的强烈好奇心和敏感性，必须具备探知自然界和人类社会各种秘密的强烈志趣，必须具备通过不断修正谬误去发现真理的精神和心理准备。妄自菲薄、自暴自弃或知难而退的人，永远无法叩开成功之门。

（三）客观严谨的学风

客观而言，崇高的信念和勇于探索的精神是研究者必备的可贵品质，而客观严谨的科学态度则是其走向成功的第一要素。所有成就卓著、名垂青史的科学家，其取得成就的领域、途径或方法可能各不相同，但他们都具有一个共同而显著的特征——客观严谨的学风。

（四）谦虚谨慎的态度

有成就的科学家总是以“我是站在巨人的肩膀上”或“我的成就是建立在前

人研究成果的基础上的”这些话来评价自己的科研成就。谦虚谨慎，是有成就的科学家的另一个共同而显著的特征，也是他们能够取得成功并且不断取得新的成就的重要品质基础。而那些稍有成绩就沾沾自喜、目中无人的人，则很难在科研领域取得巨大成就。

《共和国科学家颂》简介

应用专栏：科学研究之勇于探索的精神和乐于奉献的行为

屠呦呦，女，诺贝尔生理学或医学奖获得者，共和国勋章获得者。现为中国中医科学院首席科学家，青蒿素研究开发中心主任。

20世纪60年代，在氯喹抗疟失效、人类饱受疟疾之害的情况下，作为卫生部（现“国家卫生健康委员会”）中医研究院中药研究所实习研究员的屠呦呦接受了国家疟疾防治“523”重大研究项目，并担任中药抗疟研究组组长。在艰巨的任务面前，她先通过整理中医药典籍、走访名老中医，精简筛选并汇编了640余种《治疗疟疾的中药单秘验方集》，为寻找到后来认为更有效的抗疟中药青蒿素奠定了基础。当时青蒿提取物实验药效一直不稳定，在不断寻找更好的提取手段的漫长道路中，东晋葛洪《肘后备急方》中有关青蒿治疗疟疾的记载“青蒿一握，以水二升渍，绞取汁，尽服之”给了屠呦呦新的灵感。通过改用低沸点溶剂的提取方法，她和团队成功提取了富集青蒿的抗疟组分，青蒿提取物第191号样品出现了对疟疾100%的抑制率，进而在猴子身上的动物实验也达到了100%的抑制率。这时已是1971年10月，她在科研探索的道路上已历经十余载。之前，屠呦呦团队对青蒿提取物做了190种样品，一直都没有取得成功。但现在青蒿提取物药效明显，却在动物实验中呈现出毒副作用。屠呦呦团队需要进一步验证青蒿素对人体到底有多少毒副作用、到底多少剂量才是安全的，这样才能将药物进行推广。但当时很难做人体试验，在极为艰苦的临床试验条件下，屠呦呦舍小我为大我，“以命试药”，亲自检测“青蒿提取物”的安全性。后来在采访中她轻描淡写地说道：“祖国需要我，我义无反顾。”

2000年以来，世界卫生组织把青蒿素类药物作为首选抗疟药物。世界卫生组织《疟疾实况报道》显示，2000—2015年期间，全球各年龄组危险人群中疟疾死亡率下降了60%，5岁以下儿童死亡率下降了65%。由于青蒿素对于全球全人类的抗疟贡献，屠呦呦也因此荣获了2015年诺贝尔生理学或医学奖。她成为第一位获诺贝尔科学奖项的中国本土科学家，诺贝尔科学奖项是中国医学界迄今为止获得的最高奖项，也是中医药成果获得的最高奖项。中国中医科学院院长张伯礼评价道：“我们应该学习屠呦呦研究员这种埋头苦干、潜心钻研、坚韧不拔、持之以恒的工作作风，去掉浮躁、淡泊名利，始终围绕科学目标脚踏实地勤奋工作。”

屠呦呦对青年寄语：“既要有自己的研究兴趣，也要关注人类的需求，并为此作出努力和贡献。衷心期待年轻的一代能勇于担当，能栋梁辈出，能超越前人，为人类创造一个更加美好的明天。”

点评：“感动中国”栏目对屠呦呦的评价是：“青蒿一握，水二升，浸渍了千多年，直到你出现。为了一个使命，执着于千百次实验。萃取出古老文化的精华，深深植入当代世界，帮人类渡过一劫。呦呦鹿鸣，食野之蒿。今有嘉宾，德音孔昭。”屠呦呦作为我国老一辈科学家，在具有战略性全局性前瞻性的国家重大科技项目面前，挺身而出、不畏挫折、敢于试错，肯下“十年磨一剑”的苦功夫，坚持国家利益和人民利益至上，是我国重大科研成果的创造者、建设科技强国的奉献者、崇高思想品格的践行者。

第三节 体育科学研究与科研道德修养

良好的科研道德修养是体育科学研究者科学素养的核心内容。体育科学研究者进行体育科学研究时，要重点提高自身的科研道德修养水平。

一、科研道德修养的内涵

道德是调解人与人、人与社会之间关系的行为规范。在人们的社会化水平不断提高的前提下，道德主要依靠人们对公共道德规范的认识和理解所形成的内心信念，并借助公共舆论的力量，促使人们在各种社会活动中表现出适宜的态度和行为。

科研道德是用于职业性（或特定活动领域内）的行为规范，它是以一般意义的道德规范为基础，结合科学研究活动的特点和对人们态度行为的特殊要求而形成的，是用于科研活动领域的行为规范。而科研道德修养，就是研究者对这种行为规范的认识和理解所达到的一定水平及以此为基础在科研活动中表现出的态度和行为。

然而，科研道德并不是调节和控制科研领域人们态度和行为的系统之全部，当内心信念及公众舆论的力量不足以促使某些人表现出适宜的态度和行为的时候，或是某些人表现出违背科研道德的行为的时候，国家和社会还将运用法律、纪律或行政条令等方式对人们的社会行为实行“硬控制”。《中华人民共和国著作权法》《国家体委体育科学技术成果鉴定办法》《国家体委软科学研究管理暂行办法》等法律法规的颁布实施以及各单位制定的“科研人员工作条例（或守则）”，都是保证科研人员权益和明确其义务的具体体现。需要明确的是，国家和社会对人们社会行为实行的“硬控制”，只是在一定历史时期内运用的调节和控制手段，其根本目的是规范社会行为，强化道德意识，促成良好的道德行为习惯，最终实现由“硬控制”向“软控制”的转变。

学术道德问题的核心就是学术诚信问题。诚信是国家、社会和个人发展的基本要素，但现实中一些科研人员却在学术上造假，危害人类、国家及他人。因此，科研道德修养中要特别强调诚信教育，这方面可以借鉴国外一些很好的经验和方法。

科研道德修养是成为德才兼备的优秀科学家的重要条件。概括地说，优秀的科研道德品质具体表现在以下几个方面：

（一）献身科学，造福人类

一般来说，优秀的科学品质总是以崇高而鲜明的情感倾向为基础的。热爱科学、献身科学，利用科学知识造福人类，为社会创造物质文明和精神文明，这种崇高的情感倾向和认识，不仅体现了科研人员对社会、对人民的高度责任感，也是科研人员必须具备的最主要的道德品质。

（二）尊重事实，捍卫真理

科研工作是一个以事实为依据，以科学的方法和手段为工具去认识、探索并揭示客观规律的过程，容不得半点的虚假和谬误。只有尊重事实，才有可能认识事物的本质，揭示其发生发展的客观规律性，进而求得具有科学意义的客观真理。而当一种新的科学理论、一项新的成果受到质疑或遭到反对时，科研工作者还必须表现出捍卫真理的大无畏气概。布鲁诺、伽利略等科学家都是不惜用鲜血和生命捍卫真理的楷模。

体育科学研究在实验的实施、调查的过程等所有科研活动中，要尊重事实，在任何情况下，不能伪造实验过程，隐瞒实验的失误，主观改动实验数据；要保证研究的整个过程在严密的科学控制、合理的自我控制下平稳进行，能接受由于选题失误而造成的整个研究失败的事实。

（三）严谨求实，客观公正

严谨求实、客观公正不仅是一种正确的科研态度，同时也是科研工作者必须具备的科研道德品质。科学研究的客观性要求科研工作者在科研工作的全过程，乃至每一个细小的环节上，都必须体现出严谨求实的作风和客观公正的态度。这既是决定科研工作能否取得具有科学意义成果的决定因素，也是衡量科研工作者科研道德水平的重要标准。这一点，通常在能否客观公正地评价自己或他人的科研成果上表现得较为充分。

（四）不慕虚名，甘于奉献

有突出贡献的科学家之所以名垂青史、流芳百世，是因为他们不慕虚名、甘于奉献的精神和经过辛勤劳动所取得的科研成果得到了世人的承认和赞赏。然而，大多数优秀的科学家之所以致力于科学研究，并不是以博得赞赏或获得相应的物质利益为目的的。相反，许多科学家和科研人员毕生淡泊名利，甚至拒绝接受各种社会地位、荣誉和奖赏，而把执着地追求真理、献身科学作为其人生的最高目标。

（五）团结协作，尊重他人的劳动成果

有资料表明，1901—1972 年间，在 286 位获得诺贝尔奖的科学家中，有 2/3（185 位）是与他人合作进行研究并取得成果的。联合研究攻关已成为当前“大科学家”发展的必然趋势。在联合攻关中，必然要求研究人员与其合作者同心同德、互相学习、密切合作，既要思想活跃，彼此互相鼓励、互相启发，又要谦虚谨慎，相互学习、相互帮助。只有这样，才有利于聚集人才，充分发挥整体效

能，更快更多地取得科研成果。

W. I. B. 贝弗里奇在其《科学研究的艺术》一书中指出：“不利用别人得到的知识而作出新发现几乎是不可能的……在报道研究成果时，作者对他所参考利用的前人成果以及任何曾经实质上为他的研究提供过帮助的人，有责任给予应有的肯定和感谢。”充分尊重他人的劳动成果，念念不忘别人提供的各种研究基础、参考材料和指导帮助，已成为当代绝大多数科研人员表现出的崇高的道德风尚和自觉恪守的科研工作守则。科研道德修养是科研人员的灵魂。一个有才无德的科研人员，最终往往会走上与真理相悖的道路，从而断送自己的科研生涯。而德才兼备的科研人员，其优良的道德修养必然会燃起他的智慧之光，使其才能得到充分的发挥，最终叩开成功之门。

（六）遵守职业规范，坚持学术诚信

学位论文作假行为处理办法

莫让“论文买卖”沦为学术诚信之殇

科学研究有相应学业协会在监督和保障本行业的发展。中国科学技术协会是中国科学技术工作者的群众组织，是中国共产党领导下的人民团体，是党和政府联系科学工作者的桥梁和纽带，是国家推动科学技术事业发展、建设世界科技强国的重要力量。其下设有各个研究领域的分支协会，为我国科学事业保驾护航。各协会和学会一项重要职责就是制定职业规范，作为研究者，遵守和执行职业规范是研究工作的重要组成部分，这也是从事科学研究的最基本要求。对于研究者，职业规范的首要要求就是诚信。诚信的科研品行是每位研究者的立身之本、立业之基。每一位研究者都应继承和发扬这一优良传统，遵守学术规范、坚守学术诚信、完善学术人格、维护学术尊严，自觉抵制学术不端行为，弘扬求真务实、严谨自律的精神。

二、体育科学研究者的道德规范

清华大学关于学术不端行为的处理办法（试行）（2010年10月7日）

学术不端案例

体育科学研究者是建设科技强国、人才强国的重要力量。为了承担起新时代赋予的使命，体育科学研究者要有胸怀祖国、服务人民的爱国精神。科学道德规范是科学研究者从事科学活动的行为准则，是树立良好学风和科学道德的一种重要形式，有助于推动科学事业的健康发展。

体育科学研究者要遵守如下道德规范：热爱祖国，忠于人民，以国家战略需求为导向，集聚力量进行原创性引领性科技攻关，坚决打赢关键核心技术攻坚战。勇于探索，敢于坚守，不畏艰险，锲而不舍，为追求科学真理而奋斗终生。严谨治学，实事求是。报告成果，准确无虚假；评定成果，公正无私。发扬学术民主，坚持百家争鸣，支持发明创造，鼓励别人超过自己。树立民族自尊心、自信心，虚心学习国外新成就，既不夜郎自大，又不妄自菲薄，为建设世界科技强国汇聚磅礴力量。

第四节 体育科学研究与知识、智力、能力结构

合理的知识、智力、能力结构是科学素养的重要组成成分。理解知识、智力、能力结构是从事科研工作的物质基础。没有完备或基本完备的知识、智力、能力结构，就无法从事科研工作。“边干边学”“学中干，干中学”，对于以简单的操作技能为主的工作或许适宜，但对于以运用知识、智力、能力为主的科研工作则是不适宜的。因此，从事或准备从事科研工作的人，必须具备或基本具备与所从事或将要从事的科研工作的要求相符的知识、智力、能力结构。

科学发展史的研究表明，古代科学家多为“通才”，即由于认识事物的方法和观察事物的条件限制，其知识、智力、能力结构大多具有“博而浅”的特点。近代科学家多为“专才”，即由于认识事物视角的转变和观察事物条件的改善，许多科学家倾其毕生精力在某个逐渐独立的学科领域进行纵向的研究，而成为某学科领域中杰出的专才，其知识、智力、能力结构呈现出“窄而深”的特点。尽管也出现了像牛顿那样的通才，但其主流仍是专才。而从现代科学的发展来看，一方面学科的分支越来越细，另一方面学科间的联系也得到了加强。这种既高度分化又高度综合的发展趋势，从客观上要求科研人员既要成为横跨自然科学和社会科学两大领域的多面手，又必须具备精深的专业理论知识。换言之，现代科学的发展要求科研人员成为既“深”又“博”的通才。

一、体育科学研究者知识结构的基本要素

（一）语言知识与逻辑知识

1. 语言知识

语言是一种最重要、最基本的社会工具，没有扎实的语言基础，既不利于用人类已有的经验和知识充实自己，也不利于用自己的科研成果去丰富人类知识的宝库。语言知识分为口头语言和书面文字两个方面，二者既关系密切，又不能相互代替。说它们关系密切，是因为口头语言与书面文字互为基础，相辅相成。说它们不能相互代替，是因为善写作不善言辞者并不少见，而几乎无写作能力但能言善辩者也颇多。

另外，外语是进行学术交流和直接掌握外文第一手资料的工具。对于一名科研人员来说，精通一至两门外语具有重要意义。

2. 逻辑知识

逻辑知识是一种常常被忽略但在科研工作中起着重要作用的知识。一方面，逻辑推理是揭示客观规律、形成科学认识的重要途径和方法。另一方面，在思考过程中，在选择课题和进行研究设计的过程中，在科学论文的撰写和科研成果的展示及交流过程中，由于语言、定义、概念的准确性和逻辑结构的严谨有着紧密的关系，必备的逻辑知识不容忽略，其重要的作用和地位也是其他知识无法替

代的。

（二）哲学与历史知识

作为一名科研人员，必须高度重视先进的哲学思想对自己研究工作的指导和启迪作用，缺乏哲学思想的科研人员是很难取得显著成就的。

学习任何一门科学，其中一种有效的方法就是从学习这门科学的历史入手。任何科学都有其发生和发展的过程，人们可以从中了解这门科学的过去和发展过程，获得经验和教训，探索其发展的规律，进而可以预测这门科学的发展趋势，以使自己的研究符合其发展方向。作为一名体育科研人员，应该学习和掌握辩证唯物主义、历史唯物主义的哲学思想和自然辩证法以及相应的科学发展史、体育史知识。

（三）科学研究方法与数学知识

科学研究方法是研究者认识事物、探索规律及获得科研成果的工具，每一名科研人员都必须全面、熟练地掌握科学研究方法及相关的知识。在我们身处的这个数字化时代，科学技术的发展和应用拓展极其迅速，迭代更加频繁，掌握数学这把开启一切科学之门的钥匙，显然也是非常重要的。

（四）基础理论知识

作为一名科研人员，无论从事哪一方面、哪一个层次及哪一类问题的研究，都必须具备宽厚、扎实的基础理论知识。体育基础理论知识，对于研究现代体育所包含的各种问题，具有很高的指导价值。同时，体育科学又是应用性的、多学科交叉的科学，这就要求体育科研人员必须在自然科学和社会科学两大领域里拓宽自己的知识面，不断充实、更新自己的基础理论知识。

（五）专业理论知识

绝大部分的体育科研成果都是本专业或本专项的科研人员以运用专业理论知识为主，辅之以基础理论知识，并采用尽可能先进的研究方法取得的。因此，专业理论知识的全面和精深程度，对能否取得研究成果及所取得成果的价值起着至关重要的作用。就初涉科研工作的人来说，在“专”的基础上的“通”，胜过在“通”的基础上的“专”。但达到一定研究水平后，广博的基础理论知识必将对专业研究工作产生极其深刻的影响。

二、体育科学研究者智力结构的基本要素

一般认为，智力包括观察力、注意力、记忆力、想象力和思维能力 5 个基本要素，这 5 个要素相辅相成，共同构成并决定了一个人的智力水平。

（一）观察力

观察力主要是指能迅速、准确、全面地对有意注意的事物或现象进行观察，并能发现其显著或并不那么显著的特征的能力。

经典条件反射理论的创始人巴甫洛夫指出：“应当先学会观察、再观察。不学会观察你就永远当不了科学家。”他还亲笔在他的实验大楼的正面题写了“观

察、观察、再观察”的警句。从中可以看出观察力的高低对科研工作者的智力水平和科研成就的影响程度。

观察力的品质主要从敏锐性、准确性和全面性三个方面来考查和判断。观察力的敏锐性表现为善于发现易忽略或不易被发现的东西，这种品质对科研人员捕捉机遇和确定研究方向极为重要。观察力的准确性决定着观察者能否正确地获得观察对象的有关信息，并以此为基础，通过思维对观察的事物及其规律性产生正确的认识。同时，观察的准确性也是及时发现并纠正谬误的重要条件。观察力的全面性表现为能否对事物的各个方面及发生发展的全过程进行观察并获得完整系统的观察结果，这对于能否正确、全面地揭示事物的规律性有着重要的意义。综上所述，不难看出，观察力水平的高低是影响科研水平的一个主要智力条件。

（二）注意力

注意力是一个人对客观事物的一种定向反射能力，意指能保证头脑稳定、清楚地感受和接收外界事物的信息。有研究表明，智力水平的下降，首先来自注意力的减退。注意力的减退必然会影响到观察力的敏锐性和准确性，而观察不深入，大脑的记忆也不会深刻，从而也就造成了想象力和思维能力的下降。因此，提高和保持良好的注意力，对于科研人员来说是十分重要的。

（三）记忆力

记忆力是大脑储存和提取各种信息的能力，是想象、判断、推理的基础。“博闻强识”几乎是每个有成就的科学家都具备的显著的特征。因为记忆在人的知识积累过程中，即在掌握前人的知识和经验的过程中起着非常重要的作用。离开了记忆，观察、思维和想象就无法进行。现代科学技术的发展，尤其是计算机、互联网技术的发展，为科研人员提供了丰富而又迅捷的储存、提取及运用信息的手段，但在科研工作中，最具实效性的储存、提取及运用信息的手段，仍是优良的记忆品质。因为人类记忆中所具有的理解和认识水平的成分，是任何其他仪器无法替代的。

（四）想象力

想象是一种在头脑中利用原有形象形成新形象的思维活动。想象力不仅是人类知识进化的重要条件，而且是从事创造性活动不可缺少的智力因素。爱因斯坦指出：“想象力比知识更重要，因为知识是有限的，而想象力概括着世界的一切，推动着进步，并且是知识进化的源泉。严格地说，想象力是科学研究中的实在因素。”因此，对于从事创造性活动的科研人员来说，想象力有着重要的地位。

（五）思维能力

思维能力指正确、合理思考的能力，即对事物进行观察、比较、分析、综合、抽象、概括、判断、推理的能力，也可以说，是采用科学的逻辑方法，准确而有条理地表达自己思维过程的能力。

美国著名心理学家霍华德·加德纳在其著作《迈向未来的五种思维能力》一

书中解释了人类面对21世纪需要具备的5种思维能力：① 条理性思维能力。在当今信息变幻无穷的数字化时代，学会应用条理性思维是重要和必要的。具备这一思维能力的学生将有能力在各种繁杂的信息中分辨出哪些才是重要的，并将无关紧要的知识排除。② 综合性思维能力。综合性思维能力有助于把各种分散的事物综合在一起。加德纳认为，历史上最具备综合性思维能力的人就是自然学家达尔文，"他的这一思维能力正是今天我们所需要的，也是未来最重要的思维能力之一"。③ 创造性思维能力。这种思维能力既被爱因斯坦在科学领域发挥得淋漓尽致，也被弗吉尼亚·伍尔夫在艺术领域充分演绎。有创造力的人就是那些总能有一些新想法跳入脑中的人，而由他们所想的新鲜事物则需要时间才能被人接受。加德纳说："认知学告诉我们，平均需要10年时间才能掌握一项手艺。"莫扎特虽然在15岁时就写出了优秀的作品，但那也是因为他从4~5岁便开始了尝试，同样的例子也发生在著名画家毕加索身上。④ 尊重的思维能力。加德纳认为，这种思维能力是最容易理解的，却是最难做到的。在我们生活的这个复杂世界中，人类必须永远把尊重置于首要地位，要尊重个体之间的差异。⑤ 道德思维能力。这种思维能力比上述所有思维能力都更加抽象化。加德纳指出："道德思维能力并非说，霍华德·加德纳应该如何对待他人，而是说我是一名老师、作家、科学家，同时我也是公民，是我任教的大学、生活的社区、我的国家，乃至全世界中的公民，在这些角色中，我该如何行为处事？"在瞬息万变的当今时代，时间和空间概念都会随技术的发展而迅速地发生变化，市场变得越发强大，而且缺乏一种力量去改变它，因此在这样的环境下，人面对的挑战就是如何把美德、责任和道德结合起来运用。

三、体育科学研究者能力结构的基本要素

能力是与活动的要求相符合并影响活动效果的个性心理特征、个人经验及技能的综合。从事体育科研工作的人必须具备与体育科研工作要求相符合并能对其科研活动产生积极影响的能力结构。这种能力结构通常包括：

（一）自学能力

自学能力是指通过独立学习获得知识，掌握技术、技能的能力，它是支撑和调整知识结构的支柱。在现代科学技术高度发展、知识更新越来越快、科学知识成果越来越多的信息社会中，自学能力显得极其重要。

自学能力是一种综合性的能力，大致包括确定主攻方向、优选学习内容、制订学习计划、运筹时间、加工整理文献资料等能力。自学能力对于科研工作者按照研究方向和研究课题的要求充实、完善原有的知识结构，更好地完成科研工作，有着极其重要的意义。缺乏自学能力的科研人员很难有所作为。

（二）获取信息、发现和提出问题的能力

勤于且善于收集和获取大量的信息，几乎是每一个有成就的科学家和科研工作者的共同特点。作为一名体育科研人员，要善于在学习、训练、科研工作以及

学术活动中捕捉有价值的信息，这样可以开阔视野，更新知识，提高认识水平，更重要的是能从所获得的信息中发现和提出问题，有助于确定新的研究方向和研究课题。爱因斯坦指出："提出一个问题往往比解决一个问题更重要。因为解决问题，也许只是一个数学上或试验上的技能而已，而提出新的问题，则需要有创造性和想象力，而且标志着科学的真正进步。"可见，发现和提出问题的能力对于一名科研工作者的重要性。

（三）创造能力

创造能力是科研人员能力的核心，是指产生新思想、新观点、新理论和发展新技术的能力。渊博的知识、有效的观察、丰富的想象以及严谨的思维，无疑是创造能力的基础。而只有创造能力强的人，才有可能在科学研究领域作出开创性的贡献。

（四）实际动手能力

实际动手能力是指按照研究计划和设计去亲身体验、动手操作、收集和处理研究信息与资料，以及完成研究步骤和任务的能力。体育研究是一种创造性的实践活动，大量的课题需要研究人员深入到教学、训练、锻炼的活动现场进行观察、实验、调查以及安装、调试、操作甚至维修相应的仪器和设备。如果研究人员动手能力强，既能提高获取到的材料的直接性和可靠性，加快研究进程，又能积累研究经验，改进和提高研究方法。

（五）写作能力和口头表达能力

作为一名体育科研人员，在社会交往、学术交流、论文答辩及课题的论证中，都需要阐明和宣传自己的观点，需要把自己的新认识、新观点、新结论及建议清楚地表达出来。如果缺乏口头表达能力，就很难取得应有的阐述和宣传效果。而撰写研究工作报告、学术论文及学术专著等，更是科研人员经常且必须从事的工作。在科研实践中，有些科研人员虽有满腹经纶却缺乏建树，其中一个重要的原因，就是缺乏应有的写作能力。

（六）社会活动能力和组织管理能力

体育研究活动离不开与别人的合作和交流，这种合作与交流不仅是较熟悉的研究者之间的合作与交流，还牵涉与许多不太熟悉的参与单位以及完全不熟悉的科研对象之间的合作与交流。这种合作与交流客观上要求体育科研人员具有一定的社会活动能力和组织管理能力。

体育科研人员的知识与智能结构上包括上述知识、智力、能力三个方面的基本要素，其形成和建立，是一个漫长的由无意识到有意识、由不完善到逐渐完善的过程。任何一个受过系统的基础教育和专业教育的体育科研人员，都具备一个具有特定功能的知识、智力、能力结构。一般来说，不可能在本职工作或科研方向确定之后，再重新设计和建立自己的智力、能力结构，但是，为了更好地胜任本职工作和满足科研工作的需要，必须按照完整性、层次性、比例性和动态性原则，不断地调整和完善自己的知识、智力、能力结构。

第五节 体育科学研究与学术道德规范

科研诚信是科学研究者的生命。能坚持和执行学术道德规范要求，并与违反学术道德规范的人和事作斗争，是体育科研工作者科学素养水平的体现。

一、学术规范

我国关于学术规范讨论肇始于20世纪80年代中期。从那时起到1991年《学人》丛刊创办，可以看作是学术规范讨论的萌芽阶段。从1991年11月《学人》创办至2000年初《历史研究》等7家刊物《关于遵守学术规范的联合声明》的正式公布，是学术规范讨论全面展开的阶段。进入21世纪，学术规范建设问题进一步受到学界的普遍关注，并引起了政界人士的高度注意。规范不立，学术难以昌明。所谓学术规范，是指学术共同体根据学术发展规律参与制定的有关各方共同遵守而有利于学术积累和创新的各种准则和要求，是整个学术共同体在长期学术活动过程中的经验总结和概括。这个定义包含4层含义：一是学术规范的目的或精髓是要求学术积累和学术创新；二是学术规范必须是学术共同体的产物；三是学术规范的表现形式是条文化的、简明扼要的各种要求、规则等；四是学术规范的研究对象是学术活动的全过程，即研究活动的产生、结果、评价等。体育作为我国的一个快速发展的事业，相应的研究也得到了科研人员的关注，加强体育科研人员的学术规范要求，自然就提到了重要位置。特别是针对体育专业大学生的学术规范学习与要求，逐渐成为体现其科研素养的重要窗口。

学术规范主要是为学术研究确立一般性的基本原则与主要准则。它立足于对学术进步的总体关怀，不是简单的空洞说教，不是学术的教条主义，也不是生硬的条条框框，而应内化为学者的自觉意识。换言之，在学术这一领域，学术规范和学术规范意识应潜移默化，无处不在。学术规范的目的和作用，主要在于促进学术交流，增进学术积累，加强学术创新；有利于整治学术生态，培养学术新人，增强学术自主意识，提高学术研究的效率。学术规范涉及学术道德规范、学术引用规范、学术注释规范、学术评价规范和学术批评规范。

二、体育科学研究学术道德规范的作用

体育科学研究学术道德规范对于规范体育科学研究工作，促进体育科学研究工作的可持续发展，推动体育科学研究与管理的规范化，防止学术腐败，营造良好的学术氛围和制度环境，加强学风建设和职业道德修养，保障学术自由、学术交流、学术积累与学术创新，进一步发展和繁荣体育科学研究事业，都有非常重要的作用。

三、体育科学研究学术道德的基本规范

（1）体育科学研究工作者要以习近平新时代中国特色社会主义思想和党的二十大精神为指导，树立良好的学术道德，以探索真理为科学研究的目的，自觉维护学术的高尚、纯洁与严肃性。

（2）体育科学研究工作者要坚持实事求是的科学精神和严谨的治学态度，自觉维护学术尊严和学者的声誉，把学术价值和创新性作为衡量学术水平的标准。在学术研究工作中要坚持严谨细致、一丝不苟的科学态度，反对投机取巧、粗制滥造、盲目追求数量而不顾质量的浮躁作风和行为。

（3）体育科学研究工作者要正确对待学术研究中的名和利，将个人的事业发展与国家、民族的发展需结合起来，反对沽名钓誉、急功近利、自私自利、损人利己等不良作风。

（4）体育科学研究工作者应遵守《中华人民共和国著作权法》《中华人民共和国专利法》《中华人民共和国国家通用语言文字法》等相关法律法规。

四、体育科学研究学术道德的学术规范

（一）引文应以原始文献和第一手资料为主

（1）科研成果凡直接引用各种文献资料，须注明出处；凡引用他人的观点、数据和论述，须注明来源。引用文献为图书者，须注明版本、页码；引用文献为期刊者，须注明篇名、卷次和时间。所有引文均须认真核对，中间有省略的，须打省略号。

（2）凡转引文献，须注明转引出处，不能把转引文献当作原始文献来引用。

（3）凡只通过中文译文而引用的外文文献，须注明中文译文的出处，不得直接注明引自外文文献。

（4）完全没有阅读过的文献不能列入参考文献。

（二）互联网资源的引证规范

（1）引用从网上直接获取的资料时，要加引号并指明来源。如果将一大段文字进行了改写，要指明原文的作者。

（2）如果唯一的资料来源是个网站，要把它复制下来，再提供该站点的在线网址（URL）、检索的日期和所有相关的信息。

（3）在使用、引证联合国、欧盟和多数欧洲国家政府版权保护力度很大的网站信息时，要指明信息的链接，而不仅仅是复制内容。

（三）作品发表要以实事求是为原则

（1）未参与作品写作及未经他人允许，不得以任何理由在他人作品里署上自己的名字，或在自己的作品里署上他人名字。

（2）合作作品，其署名次序、方式由所有合作者事先约定，若有争议，应通过协商、调解或司法等途径解决，不得影响正常的工作关系。

（3）图书出版时，应正确标识作者的创作性质，即准确界定“著”“编著”“主编”“参编”“译”“校”“注”“资料汇编”等不同的创作类型。

（4）汇编、出版有他人文章的文集、论文集等，须事先征得原作者的同意，取得相关的授权文件，并按国家有关规定支付报酬。

（四）准确客观地表述研究成果

（1）不得贬抑或故意忽略他人成果以抬高或吹嘘自己。

（2）不得以任何方式抄袭、剽窃或侵吞他人学术成果。

（3）应注重学术质量，反对粗制滥造和低水平重复，避免片面追求数量的倾向。

（4）学术成果不得重复发表。另有约定再次发表时，应注明出处。

（5）学术成果的署名应实事求是。署名者应对该项成果承担相应的学术责任、道义责任和法律责任。

（6）凡接受合法资助的研究项目，其最终成果应与资助申请和立项通知一致；若需修改，应事先与资助方协商，并征得其同意。

（7）研究成果发表时，应以适当方式向提供过指导、建议、帮助或资助的个人或机构致谢。

（8）文字表达应符合现代汉语规范，力避病句、错别字、标点符号错误、外文拼写错误、笔误或校对错误。

（五）要自觉维护学术评价的客观公正

在参与各种推荐、评审、鉴定、答辩和评奖等活动时，应坚持客观公正的评价标准，不徇私情，自觉抵制不良风气的影响和干扰。

（1）机构应做到程序公正、标准合理，采用同行专家评审制，实行回避制度、民主表决制度，建立结果公示和意见反馈机制。

（2）评审意见应措辞严谨、准确，慎用“原创”“首创”“首次”“国内领先”“国际领先”“世界水平”“填补重大空白”“重大突破”等词语。

（3）机构和评审专家应对其评价意见负责，并对评议过程保密。对不当评价、虚假评价，泄密、披露不实信息或恶意中伤等造成的后果应承担相应责任。

（4）评价者不得干扰评价过程。否则，应对其不正当行为引发的一切后果负责。

（六）大力倡导学术批评

学术批评应该以学术为中心，以文本为依据，以理服人。批评者应正当行使学术批评的权利，并承担相应的责任。被批评者有反批评的权利，但不得对批评者进行压制或报复。

上海交通大学学生学业诚信守则（节选）

五、体育科学研究学术道德的管理规范

凡承担各级各类科研项目者，有义务遵守项目审批（合作）单位提出的规定、要求，有责任按期开展项目研究，接受中期检查，上报阶段成果，按时结

项。如因特殊情况（出国进修、重病等）不能按时结项者，应及时提供书面说明，并确保该项目能在推迟的期限内完成。各高校及相关机构可根据国家学术规范的文件，结合具体情况，制定相应的学术道德规范及其实施办法，并对侵犯知识产权或违反学术道德的学术不端行为加以监督和惩处。

学术不端行为检测系统

本章小结

本章围绕体育科学研究者的科学素养展开论述，科学素养主要与科学态度、科研道德修养，以及知识、智力、能力结构等有关。科学素养是运用科学基本观点理解自然界并能作出相应决定的能力。

正确的科学态度要求从事科学研究要有正确的动机和目的，要勇于探索，要保持客观严谨的学风，做到谦虚谨慎。对体育科学研究者而言，应有的科研道德修养包括能献身科学，造福人类；尊重事实，捍卫真理；严谨求实，客观公正；不慕虚名，甘于奉献；团结协作，尊重他人的劳动成果；遵守职业规范，坚持学术诚信。合理的知识、智力、能力结构，是从事科研工作的素质基础。体育科学研究者知识结构的基本要素包括语言知识与逻辑知识、哲学与历史知识、科学研究方法与数学知识、基础理论知识、专业理论知识。体育科学研究者智力结构的基本要素包括观察力、注意力、记忆力、想象力、思维能力。体育科学研究者能力结构的基本要素通常包括自学能力，获取信息、发现和提出问题的能力，创造能力，实际动手能力，写作能力和口头表达能力，社会活动能力和组织管理能力。

科研诚信是体育科研工作者科学素养水平的体现。科学素养也表现在学术研究能严格按照学术规范进行。学术规范的目的和作用主要在于促进学术交流，增进学术积累，加强学术创新，有利于整治学术生态、培养学术新人、增强学术自主意识、提高学术研究效率。

名词解释

- 科学素养：是科学研究者所具备的基本科学素质。
- 科研道德：是用于职业性（或特定活动领域内）的行为规范，它是以一般意义的道德规范为基础，结合科学研究活动的特点和对人们态度行为的特殊要求而形成的，是用于科研活动领域的行为规范。
- 科研道德修养：即研究者对科研道德的认识和理解所达到的一定水平及以此为基础在科研活动中表现出的态度和行为。
- 自学能力：是指通过独立学习获得知识，掌握技术、技能的能力。
- 创造能力：是科研人员能力的核心，是指产生新思想、新观点、新理论和发展新技术的能力。
- 实际动手能力：是指按照研究计划和设计去亲身体验、动手操作、收集和处理研究信息与资料，以及完成研究步骤和任务的能力。

推荐阅读文献

1. [英]W. I. B. 贝弗里奇. 科学研究的艺术 [M]. 北京：科学出版社，1979.

本书分析了在科学上作出新发现的方法，总结了科学研究中有益而又有趣的经验教训，提出了可供各种学科参考的指导原则与思维技巧，素材简明易懂，语言生动活泼。

2. 钱时惕. 重大科学发现个例研究 [M]. 北京：科学出版社，1987.

本书主要通过历史上各个时期的重大科学发现：生物进化论、信息论、控制论等内容，着重阐述各个发现的思维方法、研究艺术、孕育过程以及科学发现的规律性。

3. 李仰智，卢有泉. 学风九编 [M]. 北京：中国社会科学出版社，2019.

该书力图借中外知名学者有关治学的论述，从九个方面阐述学风建设问题。该书涉及学术理念、学术道德、学术规范及学术传承与创新等，针对近年来学术界出现的种种不良现象，为大学生提供可借鉴的治学门径，使之从治学之始便树立良好的学风。

4. 王子舟. 学术规范守则 [M]. 北京：北京大学出版社，2021.

该书将概念理解与操作方法打通，理论与实践相融合，借鉴了《芝加哥手册》《牛津基础写作指南》等为写作提供具体、可操作的规范性指引。该书内容分为两个部分，分别涉及理论、方法等，分为上、下两篇：上篇为“术语篇”，阐释学术规范相关定义、概念，主要包括学术理念、学术建制、学术研究、学术规范、学术不端、学术成果等内容。下篇为“规范篇”，阐述学术研究、写作、发表、评价、批评等各种学术活动中要遵循的原则、具体规范要求等，主要包括诚信与反诚信、研究类型与方法、论文要求、写作规范、引文与注释、引用与著录及索引编制、学术发表、项目申请、伦理审查、学术评价、学术批评等内容。

问题与思考

1. 作为体育科学研究者，科学素养主要体现在哪些方面？

2. 查找 1~2 例由于科研道德修养的缺失而出现科研违规的事例并进行小组讨论。

3. 围绕学术诚信，谈谈作为一名大学生在体育科学研究中应该如何形成良好的学术规范。

4. 许多大学为学生建立了诚信档案，你认为其作用和价值是什么？

附　　录

附录1:《学术论文编写规则》(GB/T 7713.2—2022)主要内容

学术论文编写规则

1 范围

《学术论文编写规则》(GB/T 7713.2—2022)全文

本文件规定了学术论文的组成部分以及撰写和编排的基本要求与格式。

本文件适用于印刷版、缩微版、电子版等所有传播形式的学术论文。不同学科或领域的学术论文可参考本文件制定本学科或领域的编写规范。

2 规范性引用文件

下列文件中的内容通过文中的规范性引用而构成本文件必不可少的条款。其中，注日期的引用文件，仅该日期对应的版本适用于本文件；不注日期的引用文件，其最新版本（包括所有的修改单）适用于本文件。

《科技报告编写规则》(GB/T 7713.3—2014)全文

GB 3100　国际单位制及其应用

GB/T 3101　有关量、单位和符号的一般原则

GB/T 3102（所有部分）　量和单位

GB/T 6447　文摘编写规则

GB/T 7408　数据元和交换格式　信息交换　日期和时间表示法

GB/T 7714　信息与文献　参考文献著录规则

GB/T 8170　数值修约规则与极限数值的表示和判定

GB/T 15834　标点符号用法

GB/T 15835　出版物上数字用法

GB/T 19996　公开版纸质地图质量评定

《学位论文编写规则》(GB/T 7713.1—2006)全文

GB/T 28039　中国人名汉语拼音字母拼写规则

CY/T 35　科技书刊的章节编号方法

CY/T 119　学术出版规范　科学技术名词

CY/T 121　学术出版规范　注释

CY/T 170　学术出版规范　表格

CY/T 171　学术出版规范　插图

CY/T 173　学术出版规范　关键词编写规则

ISO 80000-1　量和单位　第1部分：总则（Quantities and units—Part 1: General）

ISO 80000-2　量和单位　第2部分：数学（Quantities and units—Part 2:

Mathematics)

3 术语和定义

下列术语和定义适用于本文件。

3.1 学术论文 academic paper

对某个学科领域中的学术问题进行研究后，记录科学研究的过程、方法及结果，用于进行学术交流、讨论或出版发表，或用作其他用途的书面材料。

注：在不引起混淆的情况下，本文件中的“学术论文”简称为“论文”。

3.2 正文部分 main body

论文的核心部分，通常由引言开始，描述相关理论、实验（试验）、方法、假设和程序，陈述结果并进行讨论分析，阐明结论，以参考文献结尾。

3.3 参考文献 reference

对一个信息资源或其中一部分进行准确和详细著录的数据，位于文末或文中的信息源。

［来源：GB/T 7714—2015，3.1］

4 组成部分

4.1 一般要求

论文一般包括以下 3 个组成部分：

a）前置部分；

b）正文部分；

c）附录部分。

论文各部分的构成及相关的元数据信息按照附录 A 进行。

4.2 前置部分

4.2.1 题名

题名是论文的总纲，是反映论文中重要特定内容的恰当、简明的词语的逻辑组合。

题名中的词语应有助于选定关键词和编制题录、索引等二次文献所需的实用信息，应使用标准术语、学名全称、药物和化学品通用名称，不应使用广义术语、夸张词语等。

为便于交流和利用，题名应简明，一般不宜超过 25 字。为利于国际交流，论文宜有外文（多用英文）题名。

下列情况允许有副题名：题名语义未尽，用副题名补充说明论文中的特定内容；研究成果分几篇报道，或是分阶段的研究结果，各用不同副题名以区别其特定内容；其他有必要用副题名作为引申或说明者。

题名在论文中不同地方出现时应保持一致。

4.2.2 作者信息

论文应有作者信息。作者信息具有以下意义：拥有著作权的声明；文责自负的承诺；联系作者的渠道。作者信息的内容，一般包括作者姓名、工作单位及通信方式等。为利于国际交流，论文宜有与中文对应的外文（多用英文）作者信息。

对论文有实际贡献的责任者应列为作者，包括参与选定研究课题和制订研究方案、直接参加全部或主要部分研究工作并作出相应贡献，以及参加论文撰写并能对内容负责的个人或单位。个人的研究成果，标注个人作者信息；集体的研究成果，标注集体作者信息，即列出全部作者的姓名，不宜只列出课题组名称。标注集体作者信息时，应按对研究工作贡献的大小排列名次。

如需标注中国作者的汉语拼音姓名，应执行 GB/T 28039 的规定，即姓在前名在后，双名连写，其间不加短横线，名不准许缩写。国外作者的姓名，应尊重其各自的姓名拼写规则。

作者信息的位置宜置于题名之下。

论文可标注通信作者的有关信息。此项目也可标注在文末。

4.2.3 摘要

论文应有摘要。摘要是对论文的内容不加注释和评论的简短陈述，应具有独立性和自明性，即不阅读全文就可以获得必要的信息。为利于国际交流，宜有外文（多用英文）摘要。摘要的撰写应符合 GB/T 6447 的规定。

摘要的内容通常包括研究的目的、方法、结果和结论。宜采用报道性摘要，也可采用报道 / 指示性摘要、指示性摘要。报道性摘要可采用结构式。

摘要中可以有数学式、化学式、插图、表格等，但不应含有数学式、化学式、插图、表格、参考文献等的编号，不宜使用非公知公用的符号和术语。对摘要中首次出现非公知公用的简称、外文缩略语和缩写词，应给出全称、中文翻译或解释。

中文摘要的字数，原则上应与论文中的成果多少相适应，在一般情况下，报道性摘要以 400 字左右、报道 / 指示性摘要以 300 字左右、指示性摘要以 150 字左右为宜。中文摘要、外文摘要内容宜对应，为利于国际交流，外文摘要可以比中文摘要包含更多信息。

摘要宜置于作者信息之后。外文摘要可置于中文摘要之后，也可置于正文部分之后。

4.2.4 关键词

论文应有关键词。关键词是为便于文献检索从题名、摘要或正文部分选取出来用以表示论文主题内容的词或词组。关键词要有检索意义，不应使用太泛指的词，例如“方法”“理论”“分析”等。关键词的撰写应符合 CY/T 173 的规定。

关键词宜从《汉语主题词表》或专业词表中选取，未被词表收录的新学科、新技术中的重要术语以及地区、人物、产品等，可选作关键词。

为利于国际交流，宜标注与中文对应的外文（多用英文）关键词。

每篇论文以选取 3 个~8 个关键词为宜。

关键词宜置于摘要之后。

4.2.5 其他项目

论文前置部分要求、建议或允许标注的其他项目。

a）基金资助项目产出的论文，应标注该基金名称及项目编号。

b）宜标注收稿日期，可同时标注修回日期。此项目也可标注在文末。

c）可标注引用本论文的参考文献格式。

d）可标注论文增强出版的元素以及相关声明，如二维码、网址链接、作者声明等。此类元素也可标注在论文其他部分的适当处。

4.3 正文部分

4.3.1 一般要求

正文部分通常包括引言、主体、结论和参考文献等。正文的表述应科学合理、客观真实、准确完整、层次清晰、逻辑严密、文字顺畅。

4.3.2 引言

学术论文一般有引言。引言内容通常包含研究的背景、目的、理由，预期结果及其意义和价值。

引言的编写宜做到：切合主题，言简意赅，突出重点、创新点，客观评介前人的研究，如实介绍作者自己的成果。

4.3.3 主体

主体部分是论文的核心，占论文的主要篇幅，论文的论点、论据和论证均在此部分阐述或展示。

主体部分应完整描述研究工作的理论、方法、假设、技术、工艺、程序、参数选择等，清晰说明使用的关键设备装置、仪器仪表、材料原料，或者涉及的研究对象等，以便于本专业领域的读者可依据这些描述重复研究过程；应详细陈述研究工作的过程、步骤及结果，提供必要的插图、表格、计算公式、数据资料等信息，并对其进行适当的说明和讨论。

主体部分的结构，一般由具有逻辑关系的多章构成，如理论分析、材料与方法、结果和讨论等内容，均宜独立成章。

4.3.4 结论

结论是对研究结果和论点的提炼与概括，不是摘要或主体部分中各章、节小结的简单重复，宜做到客观、准确、精练、完整。结论应编章编号。

如果推导不出结论，也可没有“结论”而写作“结束语”，进行必要的讨论，在讨论中提出建议或待研究解决的问题等。

4.3.5 致谢

致谢是作者对论文的生成作过贡献的组织或个人予以感谢的文字记录，内容应客观、真实，语言宜诚恳、真挚、恰当。

致谢内容可用与正文部分相区别的字体，排在结论或结束语之后，一般不编章编号。

4.3.6 参考文献

论文中应引用与研究主题密切相关的参考文献。

参考文献的著录项目、著录符号、著录格式以及参考文献在正文中的标注法，应符合 GB/T 7714 的规定。

参考文献表既可采用顺序编码制，也可采用著者－出版年制，但全文应统一。采用顺序编码制组织的参考文献表应置于文末，也可用脚注方式将参考文献置于当页地脚处。

列于文末的参考文献表可以编章编号。

4.4 附录部分

附录部分是以附录的形式对正文部分的有关内容进行补充说明。

论文一般不设附录；但那些编入正文部分会影响编排的条理性和逻辑性、有碍论文结构的紧凑性、对突出主题有较大价值的材料，以及某些重要的原始数据、数学推导、计算程序、设备、技术等的详细描述，可作为附录编排于论文的末尾。

5 编排格式

5.1 一般要求

论文应遵守《中华人民共和国国家通用语言文字法》，采用国务院发布的《通用规范汉字表》的规范汉字编写，遣词造句应符合汉语语法，标点符号使用应符合 GB/T 15834 的规定，文字表达做到题文相符、结构严谨、符合逻辑、用词准确、语言通顺。

论文涉及的编号、量和单位、插图、表格、数字、数学式、注释、科学技术名词等的表达，均应符合规范性引用文件的规定。

印刷版论文宜用 A4 幅面纸张。用纸、用墨、版面设计等应便于论文的印刷、装订、阅读、复制和缩微。

电子版论文应采用通用文件格式，并可提供音频、视频、数据集等数字化资料。

论文中各部分文字的字号和字体见附录 B。

5.2 编号

5.2.1 一般要求

为使论文条理清晰，易于辨认和引用，章、节、条、款、项、段以及插图、表格、数学式等的编号方法符合 CY/T 35 的规定。

论文如有需要，也可采用传统的编号方法。

5.2.2 章节编号

正文部分应根据需要划分章节，一般不宜超过 4 级。章应有标题，节宜有标题，但在某一章或节中，同一层次的节，有无标题应统一。章节标题一般不宜超过15字。

章节的编号宜采用阿拉伯数字。不同层次章节数字之间用下圆点相隔，末位数字后不加点号，如：引言编号“0”；章编号“1”“2”……；节编号“2.1”“2.2”……，“3.2.1”“3.2.2”……。各层次章节编号全部顶格排，其后空1个汉字的间隙接排标题，标题末尾不加标点，正文另起行。

章节的编号如选择传统方法，可混合使用汉字数字和阿拉伯数字。

注：如果引言部分不用“引言”二字，则不编章编号“0”。

5.2.3　列项说明编号

列项说明指论文的某些内容需要分条或分款来说明的一类表述形式。

列项说明时，宜在各项前添加采用阿拉伯数字或小写拉丁字母的编号，如：“1）”“2）”，“（1）”“（2）”，“a）”“b）”，“（a）”“（b）”。如果论文中已经把形式为“（1）”“（2）”的编号作为数学式的序号，则不宜将其用于列项说明。列项说明的各项前，也可采用符号，如“——”“·”等。

5.2.4　插图、表格、数学式编号

插图、表格、数学式等一律用阿拉伯数字分别依序连续编号。

一般按出现先后顺序全文统一编号，如“图1”“图2”、“表1”“表2”、“式（1）”“式（2）”等。

只有1幅插图、1个表格时，应编为“图1”“表1”。

5.2.5　附录编号

论文如有附录，采用大写拉丁字母依序连续编号，如附录A、附录B等。

5.3　量和单位

5.3.1　论文中使用量和单位的名称、符号、书写规则都应符合GB 3100、GB/T 3101、GB/T 3102（所有部分）的规定。

5.3.2　应采用标准化的量名称，不应使用已废弃的量名称（如“电流强度”“定压质量热容”“体积百分浓度”应分别为“电流”“质量定压热容”“体积分数”）和用“单位+数”构成的量名称（如“克数”“天数”“摩尔数”应分别为“质量”“时间”“物质的量”）。

5.3.3　应采用标准化的量符号。量符号通常为单个拉丁字母或希腊字母，描述传递现象的特征数由2个字母组成，并一律用斜体（pH除外）。为区别不同的使用情况，可按有关规定在量符号上附加下标或其他的说明性标记，并注意区分量的下标字母的正斜体、大小写。

5.3.4　应使用法定计量单位，不使用已废弃的非法定计量单位。个别科技领域如有特殊需要，且相关学科国际组织的规范中也允许使用，则可使用某些非法定计量单位，如可用bar（巴）、var（乏）、Å（埃）、Ci（居里）、mmHg（毫米汞柱）等。

5.3.5　在插图、表格、数学式和文字叙述中，表达量值时，一律使用单位的国际符号，且无例外地用正体字母。单位符号与其前面的数值之间应留适当空隙，如 20 ℃、1.84 g/mL 不应写作 20 ℃、1.84 g/mL。不准许对单位符号进行修饰，如添加上下标，或在组合单位符号中插入化学元素符号等说明性记号。

5.3.6 不应把单位英文名称的缩写（如 rpm、kmph、bps）和表示数量份额的缩写（如 ppm、pphm、ppb、ppt）作为单位符号使用。对 ppm 等缩写，宜采用 10 的乘方形式替代。

5.3.7 宜使用国际单位制（SI）词头构成十进倍数或分数单位，并应符合相关规则：

a）词头不准许独立使用，如 μm 不应写作 μ；

b）词头不准许重叠使用，如 GHz 不应写作 kMHz；

c）平面角单位°、′、″和时间单位 d、h、min 等不准许用 SI 词头构成倍数或分数单位；摄氏温度单 位℃前允许加词头，如 k ℃；

d）词头符号与所紧接的非组合单位的符号应作为一个整体对待，并具有相同的幂次，如：$1\ \mu s^{-1}=(10^{-6}\ s)^{-1}=10^{6}\ s^{-1}$。

5.3.8 正确书写二进制倍数词头。依据 ISO 80000-1，8 个二进制倍数词头符号应分别为：Ki（2^{10}），Mi（2^{20}），Gi（2^{30}），Ti（2^{40}），Pi（2^{50}），Ei（2^{60}），Zi（2^{70}），Yi（2^{80}）。

5.3.9 量和单位的使用还应注意以下问题：

a）量值相乘表示面积、体积等时，每个量的单位应重复写出，如 40 m×60 m 不应写作 40×60 m 或 40×60 m^2；

b）单位相同的量值范围，前一个量的单位宜省略，如 1.5~3.6 mA 不必写作 1.5 mA~3.6 mA，但 20%~30% 等例外，前一个量的单位不应省略；

c）单位相同的一组量值中，可只保留最末一个量值的单位，如 15、20、25 ℃；

d）“%”“‰”是 1 的分数单位符号，“%”可用来替代 0.01 或 10^{-2}，“‰”可用来替代 0.001 或 10^{-3}。

5.4 插图

5.4.1 插图是论文重要的组成部分，包括坐标曲线图、构造图、示意图、框图、流程图、记录图、地图、照片等。插图应具有自明性、简明性、科学性和艺术性，大小适当，图中文字清晰可见，其编排应符合 CY/T 171 的规定。

5.4.2 插图应有编号，编号方法见 5.2.4。

5.4.3 插图应有图题，置于图编号之后，并空 1 个汉字的间隙。图编号与图题应居中置于图的下方。必要时，可有简明的图例、图注或说明。图注或说明为多条并需编序号时，宜采用阿拉伯数字加后半圆括号或圈码，置于被注对象的右上角，如 ××××$^{2)}$或 ××××^{②}。图注或说明的末尾应加“。”。

5.4.4 不同类型的插图有不同的编排要求，编排时应符合下列要求。

——坐标曲线图的标目应分别置于横、纵坐标轴的外侧，一般居中排。横坐标标目应自左至右；纵坐标标目应自下而上，“顶左底右”；如有右侧纵坐标，其标目排法同左侧。当标目同时用量和单位表示时，应采用“量的符号或名称 /

单位符号”的标准化形式，如 c_B/（mol/L）、B 的浓度 /（mol/L）、BMI/（kg/m²）（BMI 为身体质量指数的缩写词）。

——照片图的主题和主要显示部分应轮廓鲜明。如采用放大或缩小的复制品，应图像清晰、反差适中。照片上应有表示目的物尺寸的标度。

——构造图、装配图中的尺寸数据如具有相同的单位，宜将共同单位标注在图的右下角或左下角，写作“单位：××”。

——地图插图应确保准确无误，应符合 GB/T 19996 的规定。

5.4.5　插图宜紧置于首次提及该图编号的正文之后，先见文字后见图。由几个分图组成的插图如需转页接排，可在所有分图都排完之后排图编号、图题。

5.5　表格

5.5.1　表格是论文重要的组成部分，应具有自明性、简明性、规范性和逻辑性，其编排应符合 CY/T 170 的规定。

5.5.2　表格应有编号，编号方法见 5.2.4。

5.5.3　表格应有表题，置于表编号之后，并空 1 个汉字的空隙。表编号和表题应置于表格顶线上方，宜居中排。必要时，可将表中的符号、标记、代码及需要说明的事项，用简练的文字，作为表注置于表的下方。表注为多条并需编序号时，宜采用阿拉伯数字加后半圆括号或圈码，置于被注对象的右上角，如××××[3)]或××××[③]。表注的末尾应加“。”。

5.5.4　表格应有表头，表头中不准许使用斜线。表格的编排，宜将内容和测试项目由左至右横排，数据依序竖排。

表头栏目的标注应正确、齐全。表格中内容相同的相邻栏或上下栏，应重复写出，或以通栏表示，不应用“同左”“同上”等字样代替。表格中的“空白”表示无此项或未测量，“—”表示测量过而未发现，“0”表示实测结果为零。

注：当“—”可能与代表阴性相混时，可用“…”。

当表格中某一栏目同时用量和单位表示时，应采用“量的符号或名称 / 单位符号”的标准化形式，如 c_p /［J/（kg · K）］、质量定压热容 /［J/（kg · K）］、CHT/kK（CHT 为临界高温的缩写词）。若全表格所有栏目的单位都相同，宜将共同单位标注在表格的右上方。

5.5.5　表格宜紧置于首次提及该表编号的正文之后，先见文字后见表。如果某个表格需要转页接排，则应在随后接排该表的表格上方加“表 ×（续）”或“续表”字样。续表应重复表头。

5.6　数字

5.6.1　数字用法应符合 GB/T 15835 的有关规定。鉴于阿拉伯数字具有笔画简单、结构科学、形象清晰、组数简短、国际通用等优点及科技语言的特殊性，论文中数字使用的总原则是：凡是可以使用阿拉伯数字，而且又很简明清晰的地方，宜使用阿拉伯数字。

5.6.2　为达到醒目、易于辨识的效果，下列场合应使用阿拉伯数字：

a）计量和计数的数字，如应写作 20 kg、35 m/s，30～40 mL、365、15.8%、2/3、4 人等；

b）编号的数字，如应写作 010-62736603、104 国道、国发〔2020〕8 号文件等；

c）表示公历世纪、年代、年份、日期和时刻的数字，应符合 GB/T 7408 和 GB/T 15835 的相关规定，如应写作 20 世纪 50—70 年代、2016—2020 年、2020 年 8 月 28 日 9 时 38 分 5 秒（也可采用全数字表示法写作 2020-08-28T09：38：05）等；

d）已定型名称中的数字，如应写作 5G 手机、$PM_{2.5}$ 质量浓度、维生素 B_{12}、97 号汽油、“3・15”消费者权益日等。

5.6.3 科学计量中的数值修约和极限数值的表示和判定，应符合 GB/T 8170 给出的规则。连续性数据分组时，每组数据的量值范围应准确表示，如长度 0～20 m 平均分为 4 组，应写作 0～<5 m、5～<10 m、10～<15 m、15～20 m，也可写作［0，5）m、［5，10）m、［10，15）m、［15，20］m，但不应写作 0~5 m、5～10 m、10～15 m、15～20 m。

5.6.4 阿拉伯数字的使用还应注意以下规范：

a）大于 999 的整数和多于 3 位数的小数，均宜采用三位分节法分节，即从小数点起向左或向右每 3 位留适当空隙，如写作 1 000、0.000 1；

b）数值的有效数字应全部写出，如“1.50，1.75，2.00”不应写作“1.5，1.75，2”；

c）阿拉伯数字不准许与除“万”“亿”和 SI 词头中文符号以外的数词连用，如 3 500 元不应写作 3 千 5 百元，我国 2020 年人口普查人数 1 411 778 724 人可写作 14 亿 1 177 万 8 724 人；

d）有起点和终点的时间段之间应采用一字线连接，如 2020-09-01—12-01 不应写作 2020-09-01～12-01。

5.6.5 下列场合应使用汉字数字：

a）作为词素构成定型的词、词组、惯用语、缩略语等的数字，如二倍体、三叶虫、二元三次方程、四氧化三铁、十二指肠、五行、五运六气、三焦、“十四五”规划等；

b）2 个数字连用表示的概数和“几”字前后的数字，如三五天、五六小时、七八十米、三十几摄氏度、几十吨等；

c）非公历纪年的数字，如清咸丰十年九月二十日（1860 年 11 月 2 日）、民国二十七年（1938 年）。

5.7 数学式

5.7.1 数学式中的变量、变动的附标、函数、有定义的已知函数、其值不变的数学常数、已定义的算子、特殊集合符号、矢量或向量、矩阵以及说明性的字符等，编排时使用的大小写、正斜体、黑白体等，均应符合 GB/T 3102.11 的规定。

5.7.2 注意区分与单位无关的量关系式和与单位有关的数值关系式，二者之间宜首选前者。数学式应以正确的数学形式表示，由字母符号表示的变量，应随数学式对其含义进行解释。示例 1 和示例 2 分别为量关系式和数值关系式的式样。

示例 1：

$$v = l/t$$

式中：v 为匀速运动质点的速度，l 为运行距离，t 为时间间隔。

示例 2：

$$v = 3.6l/t$$

式中：v 为匀速运动质点的速度的数值，单位 km/h；l 为运行距离的数值，单位 m；t 为时间间隔的数值，单位 s。

注：在一篇论文中，同一个符号不应既表示一个物理量，又表示其对应的数值。

5.7.3 数学式不应使用量的名称或描述量的术语表示。量的名称或多字母缩略术语，不论正体或斜体，亦不论是否含有下标，都不应该用来代替量的符号。

示例：

正确

$$t_i = \sqrt{\frac{S_{\mathrm{ME},\ i}}{S_{\mathrm{MR},\ i}}}$$

式中：t_i 为系统 i 的统计量，$S_{\mathrm{ME},\ i}$ 为系统 i 的残差均方，$S_{\mathrm{MR},\ i}$ 为系统 i 由于回归产生的均方。

不正确

$$t_i = \sqrt{\frac{MSE_i}{MSR_i}}$$

式中：t_i 为系统 i 的统计量，MSE_i 为系统 i 的残差均方，MSR_i 为系统 i 由于回归产生的均方。

5.7.4 数学式一般串文排，下文要提及的编有式编号的公式、大公式（如繁分式、积分式、连乘式、求和式、矩阵、行列式等），应另行居中排，式编号标注于该式所在行（或转行式的末行）的最右端。居中排数学式的结尾，允许按其在行文中的语法关系添加标点符号。

依据 GB/T 3102.11，数学式需要断开转行排的首选规则为：在 =、≈、<、>、≠、≥等关系符号或 +、−、±、∓、×、·、÷、/ 等运算符号后断开，而在下一行开头不应重复这一符号。

示例 1：

$$W(N_1) = H_{0,\ 1} + \int_{\tau^{-1}}^{-\tau^{-1}+1} L_\alpha^r \mathrm{e}^{-2\pi\mathrm{i}\alpha N_1}\mathrm{d}\alpha = R(N_0) + \int_{\tau^{-1}}^{-\tau^{-1}+1} L_\alpha^r \mathrm{e}^{-2\pi\mathrm{i}\alpha N_1}\mathrm{d}\alpha + O(P^{r-n-v})$$

按照 ISO 80000−2，数学式也可在 =、≈、≠、≤等关系符号和 +、−、×、

/ 等运算符号前断开，上一行末尾不重复这一符号。

示例 2：

$$f(x,\ y)=f(0,\ 0)+\frac{1}{1!}\left(x\frac{\partial}{\partial x}+y\frac{\partial}{\partial y}\right)f(0,\ 0)$$
$$+\frac{1}{2!}\left(x\frac{\partial}{\partial x}+y\frac{\partial}{\partial y}\right)^2 f(0,\ 0)+\cdots$$
$$+\frac{1}{n!}\left(x\frac{\partial}{\partial x}+y\frac{\partial}{\partial y}\right)^n f(0,\ 0)+\cdots$$

5.7.5 关于数学式表示的建议：

a）在行文中宜避免使用多于 1 行的表示形式，如 m/V 优于 $\frac{m}{V}$；

b）在数学式中宜避免使用多于 1 个层次的上标或下标符号，如 $P_{1,\ \min}$ 优于 $P_{1_{\min}}$；

c）在数学式中宜避免使用多于 2 行的表示形式。

示例：

使用

$$\frac{\sin[(N+1)\alpha/2]\sin(N\alpha/2)}{\sin(\alpha/2)}=\cdots\cdots$$

不使用

$$\frac{\sin\left[\frac{(N+1)}{2}\alpha\right]\sin\left(\frac{N}{2}\alpha\right)}{\sin\frac{\alpha}{2}}=\cdots\cdots$$

5.8 注释

除图注、表注及参考文献的地脚注外，论文中的文字内容需要加以说明又不适于作正文来叙述时，可采用注释，

注释的标注应符合 CY/T 121 的规定。宜用文中编号加脚注的方式，置于所注释正文所在页的底部。注释编号应与参考文献脚注的圈码相区别。

5.9 科学技术名词

科学技术名词简称科技名词，也称术语，其使用应符合 CY/T 119 的如下规定。

a）科学技术名词应首选全国科学技术名词审定委员会审定公布的规范名词。“全称”和“简称”均可使用，减少使用“又称”，不宜使用“俗称”或“曾称”。

b）不同机构公布的规范名词不一致时，可选择使用。同一机构对同一概念的定名在不同学科或专业领域不一致时，宜依论文所在学科或专业领域选择使用规范名词。

c）尚未审定公布的科学技术名词，宜使用单义性强、贴近科学内涵或行业习惯的名词。

d）尽量少用字母词。如果使用未经审定公布的字母词，应在首次出现时括

注其中文译名，必要时还应同时括注其外文全称。

e）同一篇论文使用的科学技术名词应保持前后一致。

附录 2:《科技工作者科学道德规范（试行）》

扫描二维码查看附录 2

附录 3:《高等学校哲学社会科学研究学术规范（试行）》

扫描二维码查看附录 3

附录 4:《教育部办公厅关于加强普通高等学校毕业设计（论文）工作的通知》

扫描二维码查看附录 4

附录 5:《教育部关于印发〈关于加强学术道德建设的若干意见〉的通知》

扫描二维码查看附录 5

附录 6:《学术出版规范　期刊学术不端行为界定》（CY/T 174—2019）主要内容

扫描二维码查看附录 6

附录 7:《涉及人的生命科学和医学研究伦理审查办法》

扫描二维码查看附录 7

主要参考文献

[1] Papadimitriou I D, Lucia A, Pitsiladis Y P, et al. ACTN3 R577X and ACE I/D gene variants influence performance in elite sprinters: a multi-cohort study[J]. BMC Genomics, 2016, 17 (1): 285-293.

[2] [英] J. D. 贝尔纳. 科学研究的战略 [C] // 科学学译文集. 北京: 科学出版社, 1980: 28.

[3] [美] 艾尔·巴比. 社会研究方法 [M]. 邱泽奇, 译. 13 版. 北京: 清华大学出版社, 2020.

[4] [美] 罗伯特·K. 殷. 案例研究: 设计与方法 [M]. 周海涛, 史少杰, 等, 译. 5 版. 重庆: 重庆大学出版社, 2017.

[5] [美] 劳伦斯·马奇, 布伦达·麦克伊沃. 怎样做文献综述——六步走向成功 [M]. 高惠蓉, 陈静, 肖思汉, 译. 2 版. 上海: 上海教育出版社, 2020.

[6] [美] 诺曼·K. 邓津, 伊冯娜·S. 林肯. 定性研究: 经验资料收集与分析的方法 (第 3 卷) [M]. 风笑天, 等, 译. 重庆: 重庆大学出版社, 2007.

[7] [美] 威廉·维尔斯曼. 教育研究方法导论 [M]. 袁振国, 主译. 窦卫霖, 校. 北京: 教育科学出版社, 1997.

[8] [意] 翁贝托·埃科. 大学生如何写毕业论文 [M]. 高俊方, 等, 译. 北京: 华龄出版社, 2003.

[9] [英] 戴安娜·里德利. 会写才会读: 完成文献综述的 10 个要点 [M]. 李涤非, 刘武阳, 译. 重庆: 重庆大学出版社, 2023.

[10] [英] W. I. B. 贝弗里奇. 科学研究的艺术 [M]. 北京: 科学出版社, 1979.

[11] 陈向明. 质的研究方法与社会科学研究 [M]. 北京: 教育科学出版社, 2016.

[12] 陈小平. 科技助力体育运动创新 [N]. 人民日报, 2022-2-23 (16).

[13] 定宜庄, 汪润. 口述史读本 [M]. 北京: 北京大学出版社, 2011.

[14] 风笑天. 社会研究方法 [M]. 6 版. 北京: 中国人民大学出版社, 2022.

[15] 黄汉升，周登嵩．体育科研方法导论［M］．北京：北京体育大学出版社，2008．

[16] 黄忠廉，刘丽芬，等．十大文献综述：妙理与实例［M］．北京：科学出版社，2021．

[17] 黄汉升．体育科学研究方法高级教程［M］．北京：高等教育出版社，2023．

[18] 林聚任，刘玉安．社会科学研究方法［M］．济南：山东人民出版社，2004．

[19] 吕国蔚．生物医学研究方法学［M］．北京：人民军医出版社，2009．

[20] 李仰智，卢有泉．学风九编［M］．北京：中国社会科学出版社，2019．

[21] 卢淑华．社会统计学［M］．5版．北京：北京大学出版社，2021．

[22] 梅雪雄，魏德样．体育统计与SPSS应用［M］．北京：高等教育出版社，2023．

[23] 裴娣娜．教育科学研究方法［M］．沈阳：辽宁大学出版社，1999．

[24] 钱时惕．重大科学发现个例研究［M］．北京：科学出版社，1987．

[25] 全国体育学院成人教育协作组，《体育科学研究方法》教材编写组．体育科学研究方法［M］．上海：世界图书出版公司，1994．

[26] 水延凯，江立华．社会调查教程［M］．6版．北京：中国人民大学出版社，2014．

[27] 王维．科学基础论［M］．北京：中国社会科学出版社，1996．

[28] 巫兰英．全国体育院校2011届优秀学士论文集［M］．北京：人民体育出版社，2012．

[29] 王子舟．学术规范守则［M］．北京：北京大学出版社，2021．

[30] 喻立森．教育科学研究通论［M］．福州：福建教育出版社，2001．

[31] 袁方．社会研究方法教程（重排本）［M］．北京：北京大学出版社，2013．

[32] 周登嵩．体育科研概论［M］．北京：北京体育大学出版社，1995．

[33] 中国体育科学学会，香港体育学院．体育科学词典［M］．北京：高等教育出版社，2000．

[34] 张力为．体育科学研究方法［M］．北京：高等教育出版社，2002．

[35] 郑旗．体育科学研究方法［M］．2版．北京：人民体育出版社，2007．

[36] 张黎．怎样写好文献综述——案例及评述［M］．北京：科学出版社，2008．

[37] 郑真真．社会科学研究方法的应用［M］．北京：中国社会科学出版社，2013．

［38］张文彤．SPSS 统计分析基础教程［M］. 3 版．北京：高等教育出版社，2017.

［39］詹思延．系统综述与 Meta 分析［M］. 北京：人民卫生出版社，2019.

［40］邵伟德，陈伟明．论现代体育科学研究方法论的几个特征［J］. 北京体育大学学报，2002，25（4）：454-456.

［41］冯欣欣，曹继红．制度理性与生活理性：城市体育社团组织系统的比较研究［J］. 中国体育科技，2015，51（1）：104-120.

［42］黄汉升．现代体育科学研究的方法学特征［J］. 体育科学，1999，19（2），6-10.

［43］郝霖霖，葛春林，于作军．中国女排与巴西女排集体拦网战术运用分析［J］. 中国体育科技，2015，51（2）：51-56.

［44］黄志剑，陈梦霖．不同经验水平教师大学健美操课堂教学行为的系统观察研究［J］. 河北体育学院学报，2019，33（3）：52-61.

［45］侯胜川．我国精英太极拳运动员口述史研究［J］. 体育与科学，2022，43（4）：68-74.

［46］姜达维．再说体育科研方法［J］. 天津体育学院学报，2002，17（3）：14-18.

［47］刘嘉津，孙桂云，戴美仙．灰色系统理论与方法在体育科研中的应用状况研究［J］. 中国体育科技，2005（3）：137-140.

［48］邵伟德，陈伟明．论现代体育科学研究方法论的几个特征［J］. 北京体育大学学报，2002，25（4）：454-456.

［49］时维金，沈建华，蔡皓．初中体育教师课堂教学活动空间的研究——基于师生互动言语行为的视角［J］. 体育学刊，2016，23（4）：91-96.

［50］滕希望，郭玉成．从“文斗”到“武斗”：礼法约束下“斗秧歌”田野调查［J］. 上海体育学院学报，2020，44（3）：73-83.

［51］王巍．国家、社会互动结构中的社区治理——一个描述性案例研究［J］. 武汉大学学报（哲学社会科学版），2008（2）：256-262.

［52］王晓桐，高峰，王泽杰．世界高水平女排比赛逆转现象研究［J］. 天津体育学院学报，2019，34（4）：350-357.

［53］王骥，许文静．共同治理视野下的行业特色高校一流学科建设——基于案例的探索性研究［J］. 研究生教育研究，2023（3）：91-97.

［54］徐燕，李爱菊，郭帅新，等．居民户外休闲性身体活动和环境空间研究——基于社区玩耍与游憩观察系统方法［J］. 武汉体育学院学报，2018，52（4）：32-37.

［55］杨毅，王秉彝．体育科学研究应用数学方法的思考［J］. 体育科学，1998，18（1）：14-15.

［56］郑湘平，袁卫华，陈义龙．基于因子分析的体育院校体操专修学生

身体素质评价标准及模型构建研究［J］. 北京体育大学学报，2014，37（2）：107-113.

［57］周德巧，张长念. 民族传统体育的现代转型叙事及其“结构－功能”逻辑——基于重庆“铜梁龙舞”的田野调查［J］. 体育与科学，2022，43（4）：21-28.

［58］李阳. 幼儿基本动作的发展干预研究［D］. 北京：北京体育大学，2020.

［59］刘莹. 户外体育活动中男女幼儿教师师幼互动特征的个案研究［D］. 上海：华东师范大学，2022.

［60］宋陆陆. 高校高水平女子篮球运动员身体运动功能训练实证研究［D］. 北京：首都体育学院，2022.

［61］全国信息与文献标准化技术委员会. 学位论文编写规则：GB/T 7713.1—2006［S］. 北京：中国标准出版社，2006.

［62］全国信息与文献标准化技术委员会. 信息与文献　参考文献著录规则：GB/T 7714—2015［S］. 北京：中国标准出版社，2015.

［63］全国信息与文献标准化技术委员会. 学术论文编写规则：GB/T 7713.2—2022［S］. 2022.